商解《孙子兵法》

制胜之道

李建军 著

经济管理出版社
ECONOMY & MANAGEMENT PUBLISHING HOUSE

图书在版编目（CIP）数据

商解《孙子兵法》制胜之道／李建军著 . —北京：经济管理出版社，2023. 11

ISBN 978-7-5096-9513-5

Ⅰ.①商⋯ Ⅱ.①李⋯ Ⅲ.①《孙子兵法》—应用—商业经营 Ⅳ.①F713

中国国家版本馆 CIP 数据核字（2023）第 246497 号

组稿编辑：王光艳

责任编辑：王光艳

责任印制：许　艳

出版发行：经济管理出版社

　　　　　（北京市海淀区北蜂窝 8 号中雅大厦 A 座 11 层　　100038）

网　　　址：www. E-mp. com. cn

电　　　话：(010)51915602

印　　　刷：北京市海淀区唐家岭福利印刷厂

经　　　销：新华书店

开　　　本：720mm×1000mm /16

印　　　张：22. 5

字　　　数：417 千字

版　　　次：2024 年 3 月第 1 版　　2024 年 3 月第 1 次印刷

书　　　号：ISBN 978-7-5096-9513-5

定　　　价：68. 00 元

自序

真正的制胜是保持不败

此书作为笔者十年讲授"商解《孙子兵法》制胜之道"课程的总结,既能带你感受《孙子兵法》的思想魅力,又能让你掌握经营管理知识,还能激发你的人生思考,赋予你企业经营智慧。

《孙子兵法》作为一部军事方面的旷世奇书,历代有很多名家为孙子继绝学,注解孙子。其中最著名的有十一人,即宋本《十一家注孙子》,分别为曹操、孟氏、李筌、贾林、杜佑、杜牧、陈皞、王皙、梅尧臣、何氏、张预。

曹操是一位著名的军事家,一生征战,文治武功都是千古英杰,曹操的注释内容翔实,对兵法的解释比较准确而且全面,是历代注家特别推崇的,本书大量引用了他的注解。

唐朝注解《孙子兵法》名气比较大的有五人,分别是李筌、贾林、杜佑、杜牧、陈皞。因为安史之乱之后,天下大乱,年年征战,所以大家都研究兵法。

李筌生活在唐玄宗时期,曾经在少林寺旁边的少室山隐居修道,后来由"少室布衣"升任荆南节度判官,最后官至刺史。李筌注《孙子兵法》的特点是"约历史,依《遁甲》"注解孙子内容,他较多地运用史例解释军事原则,对人们理解《孙子兵法》很有帮助。

　　杜佑，唐代中期的宰相，也是一位著名学者，是个了不起的大人物，他为《孙子兵法》做了很多注释。他的注释体例完善，补充了曹操注《孙子兵法》未尽之处，有的地方还用直音法予以音注。杜佑的注释注重对《孙子兵法》中的思想进行深入剖析，对于一些比较抽象的概念，他会通过举例子的方式来帮助读者理解。

　　杜牧是杜佑的孙子，出生于宰相之家，是唐朝著名的文学家和军事家，他注解的《孙子兵法》被称为历代第二，仅次于曹操的注解。他的注解在曹操的基础上有所创新与发展。首先，注释体例完善，虽然曹操的注解已解决大部分问题，但杜牧并不轻视字词的训诂，在曹操注解的基础上进行了补充和完善。其次，他对《孙子兵法》理解深刻，不仅对原文进行了详细解读，而且结合自己的军事经验和历史知识，对一些重要的概念和思想进行了深入分析和阐述。最后，他的注解语言简练、通俗易懂、条理清晰、重点突出，具有很高的实用价值和参考价值。

　　第二个重视兵法的朝代是宋朝，开国后便实行休养生息，经济与文化日益兴盛，由于文官治国的体制导致宋代军事力量不强。从面临西夏李元昊叛乱开始，之后又面临北方少数民族的军事压力，朝中没有能征之将，国内无惯战之兵。怎么办呢，当然只能找书看。

　　于是大家都研究兵法，而且开通武科的科举考试，政府编辑成《武经七书》，作为军事教科书。《孙子兵法》成为武经之首，也是在宋朝由政府确立的。

　　王晳是宋仁宗时期的学者，曾注《孙子兵法》。据晁公武《郡斋读书志》记载："王晳以古本校正阙误，又为之注。"王晳的注释在某些地方也有一定的独到之处，但新见不多，其逻辑分析常常陷于同语反复、空洞无物。

　　再一个是梅尧臣，他是个大诗人，是欧阳修的好朋友。他的注释简切严整，质量很高，本书也选译了不少。梅尧臣的注释和王晳、陈皞的注释类似，均不注重战例，而着重对《孙子兵法》进行义理分析。

　　何氏，具体名字，什么时代人，都不清楚，留下的注文也不多。

最后一位是张预，南宋时人，他不仅注解了《孙子兵法》，还写了一本《百将传》，他的功夫下得深，注解质量很高，本书也选用了一些。

各种注解研究《孙子兵法》的专家和著作很多，但大多是"学术研究"，不是真正的"军事研究"，他们的研究是为了做学问，为了讲说教学交流，不是为了打仗。出发点不同，看到的东西就不一样，有时候甚至南辕北辙。

《孙子兵法》不仅是"兵学圣典"，更是一部指导商业经营制胜的经典教科书，书中的很多思想理念，对企业经营和市场竞争有着深刻启示。下面略述《孙子兵法》中的几个著名思想，与大家共勉。

"全胜"是孙子提出的重要战略思想，对商业运营具有重要的指导意义。孙武虽然是一位将军，但他却是一位和平主义者，他不提倡"百战百胜"，而提倡"不战而屈人之兵"。孙子提出"全胜"理念，旨在以最小的代价获取最大的利益，达到"兵不钝而利可全"的效果。军事战争中的"全胜"：不仅要保全自己，也要力争保全敌人，还要做好战后的重建工作，让胜利不留后遗症。企业在商战中的全胜，强调与竞争对手及各利益相关主体进行合作，是一种双赢和多赢思维；在商业社会中，打败甚至消灭竞争对手，消费者也并不必然就投向你，而共同合作，把市场和产业做大做强，形成多方共赢的局面，才是真正的胜利，才是商业社会所追求的全胜。

孙子的军队人才管理思想对企业管理者用人及管理也有很大启示。孙子曰："故善战者，求之于势，不责于人，故能择人而任势。"战争要制胜，不仅要构建有利的态势，还要选到会用势的人才，取得全局胜利才有保证。企业管理者要把人才放到对的地方，这样才能真正发挥作用，用人所长，天下无不可用之人。美国南北战争时期，林肯曾选用过三位将领，标准是无重大过错，结果都被南军击败。他接受这一教训后，决意起用嗜酒贪杯却能运筹帷幄的格兰特担任总司令，有人极力劝阻，林肯却说："如果我知道他喜欢什么酒，我倒应该送他几桶。"事实证明，正是对格兰特的任命，使战争局势发生了根本转折。《行军篇》中说："故令之以文，齐之以武，是谓必取。"这是孙子文武兼施、德威并重的治军思想。在企业管理中，不仅要给予员工物质待遇、精神激励、成长环境和发展空间，同时要高悬惩罚的利剑，一旦违反规则和触碰高压线，要毫不留情予以惩处，企业不仅要有"软性"管理，还要有"硬性"管理。

孙子的"上兵伐谋"思想对市场定位、占领消费者的心智市场具有重要的启发意义。"上兵伐谋"中的"伐"是攻伐、挫败的意思。孙子列出了攻伐敌人的四种方式：伐谋、伐交、伐兵和攻城。伐谋，就是挫败敌军的意图、想法和计划；伐交，就是破坏敌人的外交结盟，以此来打击敌人；伐兵和攻城，就是打败甚至消灭敌人的有生力量，夺取敌军的城池。通过"伐兵攻城"的方式，即使打败了敌人，获得了城池，但双方经过刀枪相搏，杀敌一千，自损八佰，这是下策。"伐谋"的目的在于扰乱敌方心智、动摇敌方意志，使敌方的计划和方案无法实施，从而达到不战而胜。因此"伐谋"是上策。商家在市场竞争中，有两个阵地是一定要争取的：一个是市场份额；另一个是消费者大脑，即消费者心智，我们把这一市场称为"心智市场"。哪个市场更加重要？当然是心智市场。孙子的"上兵伐谋"思想给我们启示：只要拿下消费者的心智市场，不仅可以提高市场份额，而且也意味着拥有更多的忠诚顾客。商家的产品和品牌，如果得不到顾客认可，没有忠诚顾客，最终会被市场淘汰。

通读《孙子兵法》，最令人叫绝的是孙子的"不败"思想。不要一味求胜，首要保证自己始终立于不败的境地，要"先胜而后求战"，有大概率胜算的把握，才主动出击，否则就"藏于九地之下"。叫嚣"必胜"的最后都败得很惨，保持"东方不败"往往是最后的胜利者。

读书人写书大多想"为往圣继绝学"，本人希望此书能够帮助读者了解孙子的思想和理念，同时学习到商业经营管理知识，姑且奢想继兵圣孙武之绝学。

李建军

2023 年 7 月 19 日于井冈山

商解《始计篇》制胜之道

《孙子兵法》十三篇，以《始计篇》为首，很多人读《孙子兵法》，第一个字就读偏了，《始计篇》的"计"，不是奇谋巧计，更不是阴谋诡计，而是指计算与分析。孙子注重战略制胜，在战前对敌我双方的政治、经济、军事、天时、地利和将帅才能等方面的条件进行对比分析，通过计算定胜负，胜率大才开打，简言之就是"先胜后战，赢了才打"。本章对《始计篇》的"慎战理念""五事七计""诡道思想""庙算制胜""为将五德"思想进行商解，探索市场竞争和商业运营的制胜之道。

第一节　慎战理念：管理者要有敬畏心

战争不仅消耗巨大，而且危害极大，孙子反复告诫将帅和君王对战争一定要慎之又慎。孙子"慎战理念"思想的原文如下：

孙子曰：兵者，国之大事，死生之地，存亡之道，不可不察也。

《始计篇第一》

主不可以怒而兴师，将不可以愠而致战；合于利而动，不合于利而止。怒可以复喜，愠可以复悦；亡国不可以复存，死者不可以复生。故明君慎之，良将警之，此安国全军之道也。

《火攻篇第十二》

一、"慎战理念"阐释

孙子是个和平主义者，他整个的军事思想，是慎战的思想、不战的思想、速战的思想。他认为，战争是为了解决问题，是为了以战止战，获得和平，而不是单纯为了消灭敌方。

《孙子兵法》开篇道：兵者，国之大事，死生之地，存亡之道，不可不察也。军事是国家的大事，生死存亡系于此，不可轻易发动战事，一定要仔细省察呀！乍一看，这句话好像平淡无奇，却是孙子兵法的逻辑基点——慎战，表明了孙子拥有对生命的敬畏之心。

孙子在《火攻篇》中呼应道："主不可以怒而兴师，将不可以愠而致战"；"故明君慎之，良将警之，此安国全军之道也。"以此来告诫明君贤将不要因为个人的情绪而发动战争，要慎重对待战事。

古往今来，战争都是最"昂贵"的政治活动，没有之一。"白骨露于野，千里无鸡鸣。"这是曹操在《蒿里行》中描绘的战时萧条悲凉的景象。任何一声冲锋的号角都会带来消耗与代价，为战争埋单的不仅有物资、金钱、建筑、良田、城池，还有最宝贵的生命。战争从来不是缔造一个强国的关键，却是覆灭一个国家的推手。任何一场战争都会以生产生活的破坏和生命的牺牲为代价，决策者站在历史的时间轴上，此情此景，孰轻孰重，都需要仔细思量。

战争的风险和收益存在极不对等性，战争胜利可能获得物资和金钱等战利品，而一旦失败，就是生命消失和国破家亡。无论是孙子还是孔子，都把敬畏心提到了首要的高度。儒家中庸之道，讲究"戒慎恐惧"：戒慎不睹，恐惧不闻，随时警醒省察自己，看一看还有没有自己不知道的地方、没注意到的地方。孙子则直接点出军事同国家存亡休戚与共，将军事行动的高代价提到了兵法之首。

《孙子兵法》讲究的是"不战"，而不是"战"。与其说《孙子兵法》研究的是"战法"，倒不如说研究的是"不战之法"。孙子对于胜利的看法，都是寻求先胜于庙堂，而不是争胜于战场。孙子认为：百战百胜，非善之善者也。孙子不把"百战百胜"看作可歌可泣的辉煌功绩，而是追求"兵不血刃""未战先胜""不战而胜"。

"死生之地，存亡之道"的敬畏心，对于手握重兵的军事家有深刻的警示作用。任何明君贤将都应该充分认识到生命的可贵。对战争没有敬畏，不知行有所止，不懂三思而行，可能会重蹈赵括"纸上谈兵"的覆辙。如果我们每个人，都能有这一份敬畏心、责任心，认识到自己的一举一动都可能是对自己、对家庭、对公司、对客户、对他人、对社会的"死生之地，存亡之道"，那将会挽救多少财产和生命啊！

"不尽知用兵之害者，则不能尽知用兵之利"，虽然战争会带来巨大的祸患，但也不能不重视战争，完全反对战争。孙子始终提倡要强大自身实力，为战争做充分的准备。

"天下虽安，忘战必危"，必须承认，有很多时候，在权衡利弊之后，战争仍是不得已情势下的选择。对待战争，明智的国君应该慎重，贤良的将帅应该警惕。是否要发动战事，要以"合于利而动，不合于利而止"为衡量标准，要以是否合乎国家甚至人类的利益来，决定是否有必要发动战争。

诞生于春秋末期列国纷争、干戈扰攘不息环境里的这样一部不朽兵书，在阐释一系列战略战术原则的字里行间，闪耀着一缕理性权衡的"敬天爱人"火光，潜藏着一种悲天悯人的人文情怀，这不由得使人在感佩孙子超绝智慧的同时，又多了一份感动和敬意。

二、管理者为什么要有敬畏心

因为战争，诸侯国的财物尽毁，百姓尽失，国将不国。孙子诚恳告诫诸位明君贤将：战争带来的危害太大，明君贤将一定要"慎战"。孙子的"慎战"理念，源自他的敬畏之心，对人对事心里面都存着敬仰畏惧的情怀。敬畏是一种态度，一种素养，一种信念，是做人做事严肃、认真、谨慎、不懈怠的行为体现。

2008 年的"三鹿奶粉"事件至今历历在目，很多食用三鹿集团生产的婴幼儿奶粉的婴儿被发现患有肾结石。2008 年 9 月 8 日，甘肃岷县 14 名婴儿同时被检查出患有肾结石病症，引起外界关注，随后在其奶粉中发现了化工原料三聚氰胺。截至 2008 年 9 月 21 日，因食用婴幼儿奶粉而接受门诊治疗咨询且已康复的婴幼儿累计 39965 人。国家质监局对全国婴幼儿奶粉三聚氰胺含量进行检查，结果显示，有 22 家婴幼儿奶粉生产企业的 69 批次产品检出了含量不同的三聚氰胺，这些有问题的产品被要求立即下架。

2009 年 1 月 22 日，河北省石家庄市中级人民法院一审宣判，三鹿集团作为单位被告，犯了生产、销售伪劣产品罪，被判处罚款人民币 4937 余万元。2008 年三聚氰胺事件被曝光，曾以 18.26% 的市场份额领跑国内奶粉市场的乳业巨头三鹿随之陨落，全行业亦陷入质量泥沼。受此牵连，包括伊利、圣元、雅士利在内的国产奶粉企业同样遭遇业绩危机。2008 年，蒙牛亏损 9.49 亿元，光明亏损 2.86 亿元，伊利亏损更是高达 16.87 亿元，成为三聚氰胺事件中亏损最严重的中国乳品上市企业。① 可见，企业管理者如果没有敬畏之心，便会害人害己，甚至会将企业甚至行业带入万劫不复的境地。

敬畏是人们对待事物的一种态度，是用"畏"来约束自己，谨言慎行，做到自重、自省、自警、自爱。只有心有所戒，才能行有所止，在风浪考验面前无所畏惧，在利益诱惑面前立场坚定，才能坚守住规矩和底线。在企业经营管理中，需要力争做到"四安"：一是安顿好消费者，为消费者提供品质优良的产品。二是安顿好员工，为企业员工提供好的待遇、工作环境和成长发展空间。三是安顿好股东，为企业股东带来可观的投资收益。四是安顿好社会，为社会发展贡献力量，积极主动承担社会责任。

---

① 数据来源于 2013 年 6 月 19 日《新京报》。

稻盛和夫是知名的企业家，他把"敬天爱人"视为人生信条。他27岁创业，52岁之前创建了2家世界500强企业，在78岁高龄时接受日本政府的邀请，出任破产重建的日航会长，他仅用了1年就打破了日本舆论圈关于"日航必将二次破产"的预言，从亏损1800亿日元转为盈利1800亿日元，创造了日航60年历史上也是世界航空公司历史上的最高利润，使日航重新进入了世界500强。

在《活法》一书中，稻盛和夫这样解释"敬天爱人"：敬畏上天，关爱众人。这词句优美、动听，触动人心。所谓敬天，就是依循自然之理、人间之正道，与人为善。换言之，就是坚持正确的做人之道；所谓爱人，就是摒弃一己私欲，体恤他人，持利他之心。稻盛和夫先生说："人就要带着一颗比降生时稍稍善良、稍稍美丽的心灵离开人世，这是宇宙赋予人生的价值与意义。"

可以说，企业的经营管理者也是手握重权，他们的一举一动都是"笔下有财产万千，笔下有人命关天，笔下有是非曲直，笔下有毁誉忠奸"。一项管理举措，可能会关乎很多人的利益，影响很多人的生活；也可能会造成公司市值狂泻，落入万劫不复之境地。因此，企业管理者一定要构建敬畏心：一要正确认识自己。一个人的成功除了自己的勤奋与努力，更多要归功于组织和平台对你的赋能，很多时候，一个人离开了平台便什么都不是。二要有责任心。一个人缺乏敬畏心的根源是没有责任心，如果置顾客、员工、股东和社会大众的利益于不顾，只顾自身利益，就容易变得肆无忌惮。三要克制自己的欲望。欲望是魔鬼，会让我们失去常识性的认知和判断，克制欲望，才不会被欲望蒙蔽敬畏心，才能有敬天爱人之心。四要不断完善监督处罚的制度和机制。加大对违规违法行为的惩罚力度，形成高压威慑力，是构建敬畏心的外在力量。

三、案例分析

老坛酸菜
不仅带"文件"复出，更要带"责任心"复出

2022年央视3·15晚会曝光了"老坛酸菜竟是土坑腌制"的视频，涉事企业包括湖南插旗菜业和湖南锦瑞食品等，它们都是当地规模较大的食品再加工企业。

视频显示,刚刚收割的芥菜,不经清洗直接放到土坑当中,覆盖上塑料膜布进行腌制。工人为了"提高酸菜的口感",穿着拖鞋或直接光着脚在土坑中来回走动,更有甚者抽着烟作业,烟头直接扔到酸菜中。

酸菜在土坑中腌制过后,进行下一个加工流程——清洗。说是清洗,其实只是在污浊不堪的水中过一遍,大概只有这样才能保证老坛酸菜的"原汁原味"。更过分的是,由于酸菜前期腌制的时间较短,直接包装会在2~3个月内腐烂变质,所以需要添加防腐剂保证酸菜不变质。最后土坑腌制的酸菜加上过量的防腐剂,竟然被包装成了传统工艺生产出的"老坛酸菜包"。

湖南插旗菜业对酸菜的加工和质量把控更是严格执行"双重标准"。销售给国内企业的老坛酸菜包使用的是在土坑中光脚腌制的酸菜,而出口国外的却是穿着规范工作服使用标准化的腌制池所腌制的酸菜,每一道工序都严格执行食品安全卫生标准。原因居然是如果在食品卫生上被国内消费者举报,可能只需要赔偿1000元,而在国外被举报就要面临几十万元的高额赔付,并且销往国外的酸菜也更能获利。

最终,湖南插旗菜业企业法定代表人被处以罚款人民币100万元,4名生产负责人分别被处以罚款人民币40万~96万元,该企业因虚假宣传被处以罚款人民币200万元;湖南锦瑞食品企业法定代表人被处以罚款人民币100万元,生产负责人被处以罚款人民币100万元。超市内大量的老坛酸菜方便面被召回以及滞销,销售额大幅下跌。

2022年4~5月,上海宣布封闭式管理,物资短缺,市民纷纷对日常食品扫货。但是在一排排扫荡一空的货架后,老坛酸菜方便面似乎已成为最后的底线。"宁愿饿肚子,也不吃老坛酸菜方便面",消费者对失信的企业及其品牌是坚决抵制的。

后来有部分地区老坛酸菜方便面带着监管部门文件重新上架,重新试探市场的态度。然而,消费者说,对于已经发生的、对消费者信任的亵渎,作为消费者,绝不会原谅。

在品牌多重营销的包围下,消费者很难窥见产品背后每一个生产流程的具体细节,很难判断出一个企业对于消费者是否认真负责。在这种交易关系中,消费者是信息缺乏的弱势方,"拒绝购买"是消费者唯一的但也是最有力的武器。

"土坑酸菜"事件不仅给涉事企业带来了灭顶灾难,也给老坛酸菜方便面带来了行业性的信任危机,把多款老坛酸菜产品带进了"坑"。任何一个行业一旦发生大型消费者欺诈案件，都会受到巨大影响，何况涉及食品安全，更非儿戏。一些品牌的老坛酸菜方便产品带着地方市场监管部门的《公告函》等红头文件上架复出，无非想通过监管部门的文件背书来展现监管公信力对产品质量的确认和支撑，重获消费者信任，重获市场认可。但监管部门的文件背书只是权宜之计，终究不是治本之计、不是长久之计。企业要想重塑产品的信誉和形象，解开消费者心里的疙瘩，获得消费者的"谅解"和重新接纳，关键还得靠自己。

资料来源：董浩. 央视315晚会曝光事件分析之一：脚尖上的酸菜［EB/OL］. 2022-03-16. https：// mp. weixin. qq. com/s/vjgPMBcVqw7BMA0b1vfJ4w. 案例中的公司名称进行了改变。

分析点评

明君贤将心存敬畏，才会"慎战"；一旦没有敬畏心，随意发动战事，便会生灵涂炭、国将不国。现代企业的经营管理者一旦没有敬畏心，就会为了名利，变得贪得无厌、无法无天，甚至挑战社会道德的底线，触碰以至于突破国家法律的红线。

湖南插旗菜业等企业为了追求利润，老坛酸菜竟然是"土坑腌制"，完全不管食品安全与卫生问题。"土坑酸菜"事件不仅给涉事企业带来灭顶灾难，也给老坛酸菜方便面带来了行业性的信任危机，把多款按照正常程序生产的老坛酸菜方便产品也带进了"坑"。很多企业诸如康师傅、五谷渔粉等均受到影响，还深深地影响了底层的菜农。面对消费者的抵制，最无奈的还是菜农，他们只能等待形势好转，期待消费者重拾对酸菜的信心。这些企业为了一时之利全然不顾消费者的健康状况，失去信任也是理所应当的。不尊重消费者，不敬畏市场法律法规，没有社会责任心，终将被所有消费者抛弃。

所谓"病来如山倒，病去如抽丝"，食品企业的质量管理和品牌信誉培育也是这个道理。毁掉企业产品的质量信誉，可能只需要一个食品安全问题，只需要很短的时间，而培育产品的品牌信誉则需要企业久久为功，按照法律要求长期规范经营、严格管理，长期高标准履行每一个环节的质量安全把关职责。尤其是出现食品安全问题、遭遇信任危机的企业，更应该深刻反省、心存敬畏、心怀责任，通过为市场和消费者提供质量过硬的产品和服务来重新证明自己。

第二节　五事七计：企业常用的战略分析方法

用兵打仗之事，是国家大事，将帅应该对敌我双方方方面面的情况进行详尽的计算分析，实现战略制胜。孙子"五事七计"思想的原文如下：

故经之以五事，校之以计，而索其情：一曰道，二曰天，三曰地，四曰将，五曰法。道者，令民与上同意也，故可以与之死，可以与之生，而不畏危。天者，阴阳、寒暑、时制也。地者，远近、险易、广狭、死生也。将者，智、信、仁、勇、严也。法者，曲制、官道、主用也。凡此五者，将莫不闻，知之者胜，不知者不胜。故校之以计，而索其情，曰：主孰有道？将孰有能？天地孰得？法令孰行？兵众孰强？士卒孰练？赏罚孰明？吾以此知胜负矣。

《始计篇第一》

一、"五事七计"阐释

《孙子兵法》和三十六计不是一回事，三十六计的"计"，大多是奇谋巧计、阴谋诡计；《孙子兵法》的"计"，不是用计，不是奇谋巧计，而是计算的"计"，是计算敌我双方开战前的有利要素情况，进行优劣势比较。孙子强调：正式开战之前，应该先"计算"，通过"五事七计"来详尽计算分析敌我双方的优劣得失情况。具体的思路和方法："经之以五事，校之以计，而索其情"。其中有三个动作："经"是分析、度量；"校"通"较"，是指比较、对照；"索"是探索、求索。

"经之以五事"就是分析研究作战双方的"道、天、地、将、法"五个方面。"校之以计"就是比较对照作战双方的主孰有道、将孰有能、天地孰得、法令孰行、兵众孰强、士卒孰练、赏罚孰明七个要素的具体情况。"五事"属于宏观分析，"七计"是对关键要点的微观比较。通过"五事七计"的分析比较，从而"索其情"，即获得对实际情况的正确认知和对胜负情形的理智预测。

"五事"分别为道、天、地、将、法。就是分析敌我双方这五个方面的情况。

"道",是恩信使民,你的人民听不听你的。你的君主是有道明君,还是无道昏君。所以,道是比较双方的政治,比较双方君主的领导力。

"天",是上顺天时,"地"是下知地利。同样一件事,有时机才干得成,时机不对就不能干。

"将",是委任贤能。比较了政治、君主、天时、地利,再比较双方的军队统帅,看谁的将帅厉害。所以在战争中,常常需要间谍去贿赂敌国宠臣,使离间计,让他去国君那里说坏话,把能打仗的那位将军召回,换一个笨蛋来,才开始动手。

"法",这个"法",不是国内的法治,是军法。国内法治属于道,在最前面。

"七计"分别为主孰有道、将孰有能、天地孰得、法令孰行、兵众孰强、士卒孰练、赏罚孰明。就是比较敌我双方的政治、天时、地利、人才和法治等要素的情况。

"主孰有道",前面说的是"令民与上同意也"。要上下一心同欲,就要共享胜利果实,对民众政策得当,对部下舍得封赏。

"将孰有能",就是比较双方将领本事。所以,打仗经常有这种情况,知道对方大将厉害,就坚决不出战,派间谍去买通对方宠臣,离间他君臣关系,把这大将调走,换个笨蛋来,然后一战而胜。

"天地孰得",看谁得天时地利。就像俄罗斯收复克里米亚,俄罗斯占尽天时地利,美国、欧盟只能干瞪眼。

"法令孰行",曹操注解:"设而不犯,犯而必诛。"设了法令,就不会有人犯,犯了就一定诛杀。

"兵众孰强",杜牧注:"上下和同,勇于战为强,卒众车多为强。"张预注:"车坚、马良、士勇、兵利,闻鼓而喜,闻金而怒。"听到擂鼓冲杀就高兴,听到鸣金收兵就气愤。

"士卒孰练",这一条需要和"兵众孰强"分开讲,很有意义。人的可塑性很强,正常人经过训练,都能从事专业工作,如果一辈子只练一件事,就可能成为某领域专家。所以,只要训练好,每个人都能成为某领域专家,要有这个意识。

"赏罚孰明",赏罚是个大学问,可以说赏罚决定战斗力。赏罚的关键主要是两条：一是及时，二是恰当。

"五事七计"中的"经""校""索"是一个完整的推理判断过程，是对掌握的情况去伪存真、由此及彼、由表及里的连贯思考。

二、企业常用的战略分析方法有哪些

孙子提倡先计后战，赢了才打，因此在战前要进行"五事七计"的分析比较，进行战略规划。商场如战场，企业要在激烈的市场竞争中取得胜利，必须进行战略分析，看清环境形势，确定战略目标，才不至于在奋斗中迷失方向。下面将介绍几种企业常用的战略分析方法。

（一）SWOT 分析法

SWOT 分析法是 20 世纪 80 年代初，由美国旧金山大学的管理学教授韦里克提出的，此分析法经常被用于企业战略制定、竞争对手分析。SWOT 包括优势（Strengths）、劣势（Weaknesses）、机会（Opportunities）、威胁（Threats）。因此，SWOT 分析法是将企业内外部各方面内容进行综合和概括，进而分析企业的优劣势、面临的机会和威胁的一种方法。

研究一家企业，需要研究外部的行业环境、市场的竞争环境及企业自身可达到的资源和能力，并把它们结合在一起进行综合分析，从而让企业的资源和行动聚焦在最有回报率的领域。SWOT 分析法的优势和劣势是企业对自身能力分析的结果，外部的机会和威胁则是企业从其所在行业的角度出发、以市场竞争对手为参照物综合分析推导出的结论。

SWOT 分析法可分为三个步骤，其中，对企业优势、劣势、机会、威胁的分析可谓企业运用各种调查研究方法，分析环境因素从而构造 SWOT 分析矩阵的前提和基础，可视为 SWOT 分析法的第一步。

第二步则是在此基础上，将调查得出的各种因素根据轻重缓急或影响程度等排序，构建 SWOT 矩阵。再将上述四要素两两组合，分为四组，分别为 SO 对策、ST 对策、WO 对策、WT 对策。在 SO 对策中，企业着重考虑内部的优势因素与外部的机会因素相结合，从而提出理想化的行动措施；在 ST 对策中，企业更侧重考虑自身内部的优势和外部的威胁因素，努力使做出的决策可以让企业的优势发挥到最大，将威胁因素的影响力降到最低；WO 对策则着重考虑企业的弱点因素和机会因素，目的是努力使企业的弱点趋于最小，而对机会的利用率达到最高；WT 对策是将企业的弱点因素和威胁因素放在一起考虑，即通过最坏的结果预估制订能为企业发展兜底的行动计划。

把所有能想到的决策都罗列出来，我们就得到了一系列企业可以采取的行动策略，由此可开展最后一步，即制订企业相应的行动计划。首先根据第二步罗列出的四组对策，寻找它们之间的内在逻辑关系；其次按照企业短期、中期、长期的时间战略分别制定相应的行动目标，短期目标要为中期目标服务，中期目标要为长期目标服务。由此，SWOT 分析效果的最大化便得到体现——帮助企业获得最优战略实施路径。

（二）PEST 分析法

PEST 分析法由美国学者 Johnson. G 与 Scholes. K 于 1999 年提出，主要用于分析行业宏观环境，即分析一切会对企业产生影响的宏观因素，主要可分为四类：政治因素、经济因素、社会因素、技术因素。

政治因素包括国家的社会制度、执政党的性质、政府的方针、产业政策等，不同国家有不同的社会制度，而不同的社会制度对企业活动也会有不同的要求，而且即使是社会制度不变的同一个国家，在不同时期，由于执政党的不同，政府的方针政策对企业的态度和影响也是不断变化的。企业需要根据自身的特点考虑政治因素，如做出口贸易的企业还需要考虑其他国家或地区对出口国企业的态度，以及是否有反倾销、反垄断等政策。

经济因素包括一个国家的人口数量及其增长趋势、国民收入、国民生产总值及其变化情况，可反映出一个国家的国民经济发展水平和发展速度；微观经济指标如企业所在地区消费者的收入水平、消费偏好、储蓄情况、就业程度等则直接决定了市场规模。

社会因素包括一个国家或地区居民的文化水平、宗教信仰、风俗习惯、价值观念、审美观点等。文化水平会影响目标消费者群体的需求层次；宗教信仰和风俗习惯会抵制甚至禁止企业一些活动的进行；价值观念会影响消费者对企业营销活动的认可度；审美观点则会影响消费者对企业产品的态度。

技术因素包括引起革命性变化的发明、与企业生产有关的新技术、新工艺、新材料的出现和发展趋势、国家对企业所在行业科技开发的投资和帮扶政策、技术研发费用、专利及其保护情况等。分析技术因素的影响趋势可降低企业自身的运营成本，打造技术壁垒，获取行业竞争优势。

（三）波士顿矩阵分析法

波士顿矩阵分析法由美国著名的管理学家、波士顿咨询公司创始人布鲁斯·亨德森于1970年提出，又称市场增长率—相对市场份额矩阵、波士顿咨询集团法、四象限分析法、产品系列结构管理法等，其本质是一种规划企业产品组合的方法，通过对企业业务的优化组合实现企业的现金流平衡。

布鲁斯认为决定产品结构的因素有两个：一个是市场引力，另一个是企业实力。其中，市场引力包括市场增长率、目标市场容量、竞争对手强弱、利润高低；企业实力则包括相对市场占有率和企业对技术、设备、资金的利用能力。在市场引力和企业实力两个因素中，最主要的分别是市场增长率和相对市场占有率，如果一家企业拥有多种产品或产品群，则可通过波士顿矩阵分析法来分析其产品的发展形势，从而制定产品战略。

波士顿矩阵分析法以企业相对市场占有率为横轴，市场增长率为纵轴，划定出四个象限，分别是高市场增长率、高市场占有率的明星类产品，低市场增长率、高市场占有率的金牛类产品，高市场增长率、低市场占有率的问题类产品，低市场增长率、低市场占有率的瘦狗类产品。

高市场占有率、低市场增长率的金牛类产品是企业的资金重要来源，可以同时供养明星类产品、问题类产品；因为其未来的增长前景有限，企业不必过多投入，采取稳定战略，保持其市场份额即可。高市场占有率、高市场增长率的明星类产品则是企业未来的希望，它代表着最优的利润增长率和最佳的投资机会，但往往需要企业投入大量资金和资源；即便如此，企业为了长远发展，也需要对其进行必要投资，从而进一步扩大企业产品的竞争优势。

高市场增长率、低市场占有率的问题类产品充满了不确定性，其收益利润较低、负债比率高，往往需要企业进行深入分析，是否有必要进行投资，扩大市场占有率，使其转化为明星类产品，或采取放弃战略。低市场增长率、低市场占有率的瘦狗类产品则被视为企业的弃子，其利润低，发展前景堪忧，在此情况下，企业可采取调整方向或放弃的战略，如把瘦狗类产品和金牛类产品合作，买一送一等。

企业利用波士顿矩阵分析法，可确定其业务发展方向以保证其收益，由于该分析法帮助企业分析和评估其现有产品生产线，从而助力企业实行更优产品配置和开发，也被视为现代社会企业的重要分析法。

(四) 波特五力模型分析法

波特五力模型分析法由被誉为竞争战略之父的哈佛商学院教授迈克尔·波特于1979年提出，是企业制定竞争战略时常用的分析工具。波特认为，决定同一行业内的企业竞争规模和程度的力量主要分为五种：供应商的议价能力、购买者的议价能力、潜在竞争者进入的能力、替代品的替代能力、行业内竞争者现在的竞争能力。这五种力量模型确定了竞争的五种主要来源，即供应商的议价能力、购买者的议价能力、新进入者的威胁、替代品的威胁，以及同业竞争者的竞争程度。这五大竞争力量，决定了行业的盈利能力，并指出了企业战略的核心。

供应商的议价能力是指供方通过提高投入要素价格和降低单位价值质量的能力，来影响行业中现有企业的盈利能力和产品竞争力。供方力量的强弱主要取决于能提供给买主的是什么投入要素，当供方提供的投入要素价值占买方产品总成本的较大比例时，供方潜在的讨价还价能力就会大大增强。

购买者的议价能力是指购买者压价或要求提供较高质量产品的能力，从而影响企业的盈利能力。影响购买者议价能力的主要因素：①讨价还价的杠杆，取决于行业集中度与公司集中度、转换成本及购买者拥有的信息量；②价格的敏感度，价格总购买量、产品差异、品牌识别度等。

新进入者的威胁是指新进入者在给行业带来新生产能力、新资源的同时，也希望在已被现有企业瓜分完毕的市场中占有一席之地，这就有可能会与现有企业发生原材料及市场份额的竞争，往往会导致行业中现有企业盈利水平降低，甚至无法生存。

替代品的威胁是指两个处于同行业或不同行业中的企业，可能会由于所生产的产品互为替代品，从而相互发生竞争行为。替代品的价格越低、质量越好、用户转换成本越低，其所能产生的竞争压力就越大。这种源自替代品的竞争会通过各种行为影响行业中现有企业的竞争战略，有利于激励现有企业提高产品质量和服务水平、降低产品成本和售价等。

同业竞争者的竞争程度是指大部分行业中的企业，相互之间的利益都是紧密相连的。作为企业整体战略一部分的各企业竞争战略，其目标都在于获得竞争优势。因此，在实施过程中，必然会发生冲突与对抗，这些冲突与对抗就构成了行业内现有企业之间的竞争。

三、案例分析

史玉柱
脑白金背后的男人

"今年过节不收礼，收礼只收脑白金"这句广告词曾经成为人们脑海中不可磨灭的深刻印记，同时也是中国知名度最高的广告词之一。提起脑白金，就不得不让人想起其创始人史玉柱这位传奇人士。

1989年硕士毕业的史玉柱自主创业，推出桌面中文计算机软件M-6401，用以解决当时计算机运行汉字系统不便的问题，他仅用4个月就收入超100万元。1991年4月史玉柱成立巨人公司，全称是珠海巨人新技术公司，第二年7月公司进行战略转移，将管理机构与开发基地从深圳迁往珠海，同年9月巨人公司升级为珠海巨人高科技集团公司，简称巨人集团，注册资本超1亿元。珠海也为其提供诸多优惠政策以欢迎巨人集团的到来，其中就包括珠海市政府先后两次批给其规划面积达4万平方米的土地，正值事业巅峰的史玉柱打算将这块土地用于建造巨人集团的办公基地，名为巨人大厦。

巨人大厦最初的设计只有38层，用于集团办公与经营是完全够用的，但由于外界的赞誉与吹捧、行政的暗示，以及史玉柱本身野心的不断加大，最终办公楼的规划变为70层，力争成为"全国第一高楼"，成为珠海市的标志性建筑。但是这样一来，原本的盖楼预算就从2亿元突增到12亿元，工期也从2年延长到6年，时间的增加并不会给巨人集团带来大麻烦，可致命的问题是集团的资金并不足以支撑12亿元的高额费用。这时的史玉柱并没有选择向银行借款，而是将目光转向了房地产行业，因为集团根本用不完这70层的办公楼，所以史玉柱打算学房地产商卖楼花，凭借人们对史玉柱的信任与期待，很快他就通过卖楼花获得2亿多元。1994年初巨人大厦开始动工，同年8月集团推出脑黄金产品，属于保健品行列，是集团经营策略转型产物，但脑黄金的成功并不能让巨人大厦带来的财政危机转危为安，恰逢1993年国家解除了计算机进口禁令，内地市场成为众多企业的争抢之地，内忧外患的境况让巨人集团资金告急，最终于1997年宣布停工巨人大厦，史玉柱也背负上2.5亿多元的欠款。

史玉柱并没有因此而消沉，他选择专心研发脑白金——前身就是脑黄金，并凭借它东山再起，事实证明他的确做到了。1998年后脑白金的销售额逐渐增高，到1999年末已突破1亿元，它的成功让巨人集团填补了2.5亿元的负债。

脑白金用于宣传的作用机理就是，其中含有褪黑素，褪黑素是一种调节性激素，几乎可以直接或间接影响其他所有激素的分泌，分泌量会随着年龄的增加而逐渐下降，人到中年以后自身分泌的褪黑素量会不足，适当地补充褪黑素可以改善睡眠，调节作息并延缓衰老。

首先，脑白金的成功要归功于其产品定位的合理，因为它的设定是保健品而不是药品，在中国人的传统思维中，药品是带有副作用的，正所谓"是药三分毒"，但是保健品不同于此，食用可以带来健康，而且药品要比保健品的检验标准更加严格，保健品不仅可以在药店出售，在超市中也是可以售卖的，这样就会增加脑白金的销售渠道从而增加销量。

其次，广告的使用对脑白金的宣传产生了非常大的助力作用，但是在脑白金上市之初，史玉柱没有多余资金打广告，他选择出一本书——《席卷全球》，让消费者了解褪黑素，虽然在书中没有直接推销脑白金产品，但利用这种知识性传输进行侧面宣传的方法对其上市推广仍旧起到了关键性作用。为了更深入地向消费者灌输脑白金的产品理念，史玉柱又启用了大量软文，这些软文在仅用3年便创造销售额达十几亿元的辉煌战绩中有着不可磨灭的功劳。

在这之后，脑白金有了资金可以在电视上进行广告投放，千篇一律的卡通人物说着洗脑一般的广告词"孝敬咱爸妈""今年过节不收礼，收礼只收脑白金"。

脑白金的广告虽然一度被评为"中国十大恶俗广告"之首，但不得不承认这背后有着史玉柱精心的谋划。他说：不管消费者喜不喜欢这个广告，你首先要做到的是给人留下深刻的印象。能记住好的广告最好，但是当我们没有这个能力，我们就让观众记住坏的广告。观众看电视时很讨厌这个广告，但买的时候却不见得，消费者站在柜台前，面对那么多保健品，他们的选择基本上是下意识的，就是那些他们印象深刻的。很明显，脑白金的广告就是运用这样的策略走进消费者的潜意识，故而能够产生正向的市场效应。

资料来源：王阳.脑白金营销策略分析——基于消费者行为角度[J].商场现代化，2017(5)：83-84；汪建波，向骏，康枫.脑白金的营销策略[J].企业管理，2006(6)：56-58；朱继东.脑白金让史玉柱"沉睡"[J].中国科技信息，2002(Z3)：17-24。

分析点评

孙子主张不可盲目与敌军交战，要在战前对敌我双方各自具备的条件进行详尽的分析，从道、天、地、将、法"五事"和"主孰有道？将孰有能？"等"七计"两个方面进行对比以判断获胜概率。在现代企业经营过程中，管理者做决策时也应事先做好全面深入的分析，对即将采取的行动方案做好提前规划，最大化地保证决策的有效性。

前期通过开发软件创业成功的史玉柱在建造巨人大厦的事情上没有好好地计划和分析，仅凭自己的野心和对公司未来的美好期待就选择将大厦从38层加盖到70层，所需要的资金量远远超过巨人集团所能承受的范围，最终导致了财政危机，致使资金链断裂，但通过对保健品市场的研究分析与周密的营销造势手段，史玉柱成功凭借"脑白金"产品"复出"。"脑白金"的爆火背后离不开史玉柱的精心策划，将其定位为保健品可以让有着"是药三分毒"观念的消费者放心购买；"今年过节不收礼，收礼只收脑白金"的广告语给观众留下了深刻的印象，让其在潜意识里选择"脑白金"。

管理者所作的决策会给企业带来较深的影响，盲目地决策会损害企业的利益。为了能够在市场竞争中获得优势，管理者应根据企业所处环境形势进行全面且深入的战略分析，掌握市场的发展大势和消费者需求动向，明确企业的优势与劣势，明确经营方向和目标，做出能给企业带来利益的决策。

第三节　诡道思想：商业竞争中的诡道经营

有人把"诡道思想"当作《孙子兵法》的核心思想太不应该，孙子始终把庙算的SWOT分析当作根本，"五事七计"才是基本面，实力才是制胜的决定因素。《孙子兵法》"诡道思想"的原文如下：

兵者，诡道也。故能而示之不能，用而示之不用，近而示之远，远而示之近；利而诱之，乱而取之，实而备之，强而避之，怒而挠之，卑而骄之，佚而劳之，亲而离之。攻其无备，出其不意。此兵家之胜，不可先传也。

《始计篇第一》

故兵以诈立，以利动，以分合为变者也。

《军争篇第七》

一、"诡道思想"阐释

"十二诡道"号称中外诡道之大全。《军争篇》也讲道：故兵以诈立，以利动。无论是"诡道"还是"诈"，都不能当作价值观，认为通过欺诈阴谋之法就能成事，那就走偏了。诡诈是为了隐藏自己的意图和计划，调动敌人，"多方以误之"，想方设法造成敌人的错误判断，引诱敌人失误，赢得战争主动权。下面将详细解释一下"诡道思想"的内容。

故能而示之不能，用而示之不用。能打，却装着不能打；要用兵，却装着不用兵。

李牧驻守代郡、雁门郡期间，优待兵士，严格训练，频繁侦察，但就坚持不出战。匈奴屡次骚扰挑战，李牧都守军不出，装着不能打。经过数年的经营，李牧的边防军兵强马壮，军队士气高涨，士兵铆足了劲，宁可不要赏赐也情愿与匈奴决一死战，而匈奴松懈了。

李牧决定决战，采用诱敌深入的战术，一举击破匈奴十万骑兵。李牧乘胜攻灭襜(chān)褴，击破东胡，降服林胡，匈奴单于落荒而逃。此后十余年，匈奴再也不敢靠近赵国边境。

刘邦征匈奴，取得节节胜利，大家都志得意满。刘邦便想发起总攻，把匈奴老巢端了。于是派了十几拨使臣去刺探虚实，回来都说匈奴人马都没了，可以攻击。又派了娄敬去刺探，娄敬回来说不能打。他说在匈奴那边看到的尽是羸马弱兵、老弱病残，不合常规，好像是刻意演戏给我看的。这就是"用而示之不用"。但刘邦战意已决，倾巢出击，结果被匈奴围困在白登，最后陈平通过计策行贿阏氏(yān zhī，匈奴皇后)，才解白登之围，使刘邦得以脱险。

近而示之远，远而示之近。通过"战略欺骗"，让敌军不设防。若敌军有防备，我就没胜算；若敌军没防备，而我把全部力量投掷过去，敌军就垮了。

利而诱之，乱而取之。针对敌军将领"贪利"的弱点，就用利益去诱惑他；敌军很混乱，我们就要趁机去攻取他。李筌注："敌贪利必乱，乱则可取之。"

贪是人性的一大弱点。蹇叔说："夫霸天下者有三戒：毋贪，毋忿，毋急。贪则多失，忿则多难，急则多蹶。"不贪心，就不会上当。所有的骗局，都是从"贪"字入手的。

实而备之，强而避之。敌人力量充实，就要防备他；敌人兵力优势明显，就要避免决战。

"实而备之"，如果敌人兵势既实，则我当为不可胜之计以待之，不要轻举妄动。李靖说："观其虚则进，见其实则止。"

"强而避之"，梅尧臣注："彼强，则我当避其锐。"杜佑注："彼府库充实，士卒锐盛，则当退避以伺其虚懈，观变而应之。"

人们往往有一个误区，认为行动才有机会。却忘了事物的另一面：行动必有代价。

怒而挠之，卑而骄之。敌军将领容易被激怒，你就要去不断骚扰他；敌军将领谦卑谨慎，就要设法使他骄傲起来。

杜牧注解："大将刚戾者，可激之令怒，则逞志快意，不顾本谋也。"

对刚烈易怒的敌将，激怒他，给他施以冲动的魔法，他为解一时之恨，逞志快意，就会不顾本谋，即本来要干的、最重要的事也不顾了，一定要马上解恨。结果恨没解成，反而把自己的命搭进去了。

这种诡计，主要是针对性格刚烈的敌将。《尉缭子》曰："宽不可激而怒。"那性格宽厚者，他本来就不容易冲动，你没法激怒他，引他上钩。

假装谦卑，让对方骄傲，让对方轻视自己。轻视就不会防备，不防备就可以发动突然袭击。欲灭之，先使他骄傲蛮横起来，这就是捧杀。

佚而劳之，亲而离之。敌人休整得很好，要设法使他疲劳；敌人内部和睦，就设法离间他们。

敌人如果也很"逸"，就骚扰他、折腾他，让他疲于奔命。

典型战例是春秋时的吴楚之战。吴伐楚，公子光问计于伍子胥。伍子胥说：可以把军队分成三师。先以一师出击，他肯定尽众而出，我们则马上撤退。等他也撤退了，再换一师上去。他出来，我再撤退。就这样反复调动他，多方以误之，让他疲于奔命，然后我们三师尽出，一举克之。公子光依计而行，结果楚军统帅子重"一岁而七奔命"，一年被折腾了七回。吴军最终发动总攻，攻陷了楚国都城郢。

李筌注解："破其行约，间其君臣，而后改也。"就是破坏他的外交盟友，离间他的君臣关系。战国时的秦赵长平之战，廉颇打了几次败仗，于是坚守不出。秦国派间谍到赵国散布流言，说廉颇容易对付，秦军怕的是赵括。赵王果然上当，不顾蔺相如和赵括之母的劝阻，由赵括替下廉颇，最终造成长平被坑杀 40 万卒的悲剧。

故兵以诈立，以利动，以分合为变者也。有人把兵以诈立，当成《孙子兵法》的核心思想，以诈立，立论就是诈。孙子讲"兵以诈立"，是在《军争篇》。前面计于庙堂、伐谋伐交、形势虚实都讲完了，开始两军争胜了，再开始讲诈。

诈是什么？用足球赛来解释最简单，就是假动作。可以说，每一脚前面都是假动作。诈，就是隐藏自己的意图，欺骗敌人、调动敌人，"多方以误之"，想方设法引他失误。

诈是假动作，但你不能专练假动作。兵以诈立，但你若将"诡诈"当成价值观，认为诡诈之人才能成事，那便是自欺欺人，最终把自己也诈进去了。孙子讲诡诈，但他可不是诡诈之人。

二、如何理解商业竞争中的诡道

"诡道"的本质是因敌因势而变，在变化中针对敌方失误寻找机会战胜对方。从战略层面上讲，这是基于维护国家民族利益导向对敌斗争的基本原则；从战术层面上讲，这是通过虚实结合造成敌人失误等多种手段的使用来战胜对手的途径。

在战场上对敌用"诡道"，在市场竞争中能否借用"诡道"呢？答案是肯定的，但适用的范围和对象大大不同。商业中的"诡道"，更多的是针对竞争激烈的市场，每一个企业都在市场这个大舞台上以变制变，这正是企业管理者要掌握的"诡道"。

企业间的竞争，如争市场、争客户、争资源、争商机，企业管理者也要真正领会孙子"诡道"的内涵，从企业的根本利益出发，为了企业的生存与发展，"守正出奇"。企业既要踏踏实实地"修道保法"，夯实自身内功，又要灵活机动地变化"诡道制胜"，从而适应市场、占领市场、引领市场。

天下没有同一片树叶，解决问题也没有完全相同的谋略。孙子在旗帜鲜明地提出"兵者，诡道也"之后，一口气提出了十二条设计用谋的"诡道"，看起来挺简单，没有一个生僻字，但意蕴深刻。

在这十二条"诡道"当中，前四条的基本思想是隐蔽自己的真实状态，用假象迷惑敌人，使其因分析判断失误而导致决策失误和行动失误；后八条的基本思想是强调从不同的角度主动搞乱敌方部队的状态，扰乱敌方将领的心理，当创造出有利的战机时再予以打击，谋取胜利。

综合分析"诡道十二法"就会发现，其中最重要、最核心的问题无外乎八个字——"攻其无备，出其不意"。无论是迷惑敌人还是扰乱敌人，目的都是令敌人失去戒备，麻痹大意，而营造出有利于我方先发制人的战机。做到这一点，就能改变敌我双方的战略态势，甚至对敌形成绝对优势，从而以较小的代价战胜对方，这是将帅高超指挥艺术的体现。这种胜敌的指挥艺术往往因人因时因势而变，无定法恰恰是其可贵之处。因此，孙子说："此兵家之胜，不可先传也。"克敌制胜的奥秘是无法事先讲明的，如同岳飞所说："运用之妙，存乎一心。"

在激烈的市场竞争中，严酷的经营竞争不会怜惜弱者。如何在竞争中胜出，雄厚的实力固然重要，但谋略的运用也不容忽视。特别是在同等条件下，用奇兵，"攻其无备，出其不意"，才能锁定胜局。

提起农夫山泉，消费者脑海中首先闪现的是"农夫山泉有点甜"的广告词，那么农夫山泉是如何由名不见经传逐渐发展成饮用水市场的头部品牌呢？正是农夫山泉的"诡道"市场战法，奠定了其在饮用水市场的地位。

首先，农夫山泉的产品定位是"有点甜"，这正是农夫山泉宣传推广的精髓所在。农夫山泉对纯净水进行了深入分析后发现，纯净水的弱点问题就出在"纯净"上。由于过度净化，连人体需要的微量元素也缺失了，这与消费者的需求不符。这个弱点被农夫山泉抓个正着。作为天然水，它通过"有点甜"向消费者透露了这样的信号：农夫山泉是天然的、健康的。这在消费者心理上抢占了制高点。这种"实而备之，强而避之"的打法，完美地避开了竞争对手的优势，并在其他地方构建了自己的独有优势。

其次，为了进一步获得发展，农夫山泉继续打一套"组合拳"，把与纯净水的战争进行到底。1999 年 6 月，农夫山泉在中央电视台播出衬衣篇广告："受过污染的水，虽然可以提纯净化，但水质已发生根本变化，就如白衬衣弄脏后，再怎么洗也很难恢复原状。"广告一经推出，立即引起轩然大波，同时挑起了天然水与纯净水的争论。2000 年 4 月，农夫山泉突然高调发布"长期饮用纯净水有害健康"的实验报告，并声称从此放弃纯净水生产，只从事天然水生产，俨然成为消费者利益的代言人。紧接着，农夫山泉又做了"水仙花对比"实验，分别将三株水仙花在纯净水、天然水与污染水中，放在纯净水与污染水中的水仙花生长速度明显不如放在天然水中的生长速度。这一套"组合拳"打下来，引起了媒体和公众的关注，形成了轰动效应。更多的人知道了农夫山泉含有微量元素，比纯净水更健康。

最后，农夫山泉乘胜追击，拿下中国奥运合作伙伴的授权，拥有了中国体育代表专用标志特许使用权，从此农夫山泉广告与奥运会紧紧地联系在一起。好的产品没有好的名声和口碑是打不开市场的，饮用水市场的竞争之激烈，让新品牌很难有立足之地。农夫山泉对市场和消费者进行了深入分析，抓住了消费者追求健康的心理，"利而诱之"，用差异化的诉求点去刺激消费者。在纯净水一统天下的局面中，抓住其不含人体所需微量元素的弱点，用广告、实验等方式造势，"乱而取之"，占据了市场；并通过助力中国体育代表团参加奥运会扩大影响，站稳市场。

总之，在市场竞争中，任何企业都不能墨守成规，而是要在分析出客户或消费者诉求点的基础上，针对竞争对手的弱点"攻其无备，出其不意"，"以正合，以奇胜"，精心谋划取胜，这就是孙子所谓"诡道制胜"谋略思想的真谛。

三、案例分析

眼看起高楼，眼看楼塌了

如果让你在 3 秒之内说出你最喜欢的电视剧，可能很多人的第一反应就是《甄嬛传》，该剧凭借优质的内容、精美的服化道，以及搞笑的弹幕而多次出圈，也被网友评为"下饭神剧"。虽然 2022 年是《甄嬛传》播出的第 11 年，但在许多观众心中其有着不可超越的地位，特别是 2023 年"《甄嬛传》每年播出收益还有上千万"的词条登上了微博热搜后，引起众多网友的惊叹，调侃优酷视频可以凭借《甄嬛传》养老。让人意外的是，这个时候乐视视频却发了一条博文"有你，是我的福气""看《甄嬛传》上乐视视频"，但网友的第一反应是"乐视视频还没倒闭吗"，因为乐视视频已经淡出人们的视野好久了，不像现在优酷、爱奇艺等视频软件让人们熟知，而且在大家的普遍认知里，《甄嬛传》是在优酷视频播出的，和乐视视频有什么关系呢？原来该剧的制作方是花儿影视，2013 年花儿影视被乐视网全资收购，后又将版权分销给了优酷视频。

　　乐视视频，原名乐视网，由贾跃亭在2004年创立，从2005年开始提供正版影视剧的视频网站服务。2009年乐视网变更为股份有限公司并于2010年8月在中国创业板上市，是行业内全国首家IPO上市公司，也是中国A股最早上市的视频公司。2012年乐视网提出"平台+内容+终端+应用"的多元化业务模式，以视频用户为中心，延伸出互联网、内容、大屏、手机、汽车、体育和金融七大战略体系并最终形成乐视生态的闭环，试图通过这些子生态产业之间的相互关联和协调共进达到资源传递和共享消费者的目的，实现商业价值的最大化。

　　为实现这样一个全产业链发展战略，2013年乐视网开始进行以视频为核心，由内容自制到视频网站再到终端产品发行的垂直扩张战略。毕竟其是做视频网站起家，早在乐视网未上市之前就低价囤购了大量优质资源版权，而在上市时便已经拥有国内热门影视资源60%的独家版权，所拥有的内容库是行业内最大、最全的。内容自制不仅可以减少乐视网的版权购买支出，还可以通过独播影视剧吸引用户以此来提高会员和广告收入，并实现版权分销为企业带来营业收入，就比如《甄嬛传》。这种扩张模式基于核心业务视频内容向外延伸，可以达到产业链之间的相互协调从而使企业的盈利能力增强，为企业带来稳定的收益。

　　这一阶段的成功使贾跃亭信心膨胀，并开始进行跨界多元扩张，包括手机、电视和汽车等，但是贾跃亭采取的是低价占领市场战略，企图通过赔本销售以换取市场份额，所以乐视手机、超级电视等硬件的经营长期处于亏损状态，需要额外的资金补给才能保证正常的运营。之后，贾跃亭又想要进军电动汽车行业，为了制造乐视生态汽车收购了法拉第未来，但是投入的资金很快就被消耗殆尽。

　　第一阶段乐视网以视频内容为主导的扩张战略让其在视频领域取得了非常不错的成绩，但自2012年优酷网与土豆网合并成立优酷土豆以来，视频行业内的企业为提升自身业务能力与资本实力开始进行重组整改，最终留下来的企业大多实力相当，但乐视网因为要进行多行业扩张，经营重心逐渐偏离视频内容。恰巧此时国家开始重视正版资源的权益，导致视频行业内的版权购买成本增加，可乐视网并没有选择加大对影视资源、动画等版权的投入来更新企业的内容库，也没有进一步壮大自身的视频业务，而是继续依靠之前囤积的影视版权和自制视频维持企业的日常经营。同时随着爱奇艺、腾讯视频等视频网站都开始不断丰富视频内容的样式与种类，而乐视网却止步不前，仍旧保持原有的经营模式，这就导致其凭借视频内容获得的行业优势荡然无存，发展脚步远落后于其他竞争企业。不仅如此，由视频内容创造的资金收益也被用来填补其他子业务的财务空缺，这就导致从 2016 年开始乐视网就因为快速扩张而面临企业资金短缺的问题。除内部资金紧张外，乐视网又被爆出拖欠供应商货款、乐视体育裁员等负面新闻，致使投资者以及金融机构对其失去信心而很难获得外界融资，最终导致资金链断裂，于 2020 年 6 月退市。

资料来源：史雅娜. 乐视网财务危机案例研究［D］. 兰州：兰州交通大学，2020；林佳慧. 乐视网资金链断裂危机分析［J］. 产业创新研究，2019(6)：49-50, 91.

分析点评

在真正的战场上，敌对双方除了在军事力量上一较高下，更多的时候比拼的是将领的计谋与策略。正所谓"兵者，诡道也"，孙子总结了十二种诡道之法。要求将领善于隐藏自己的行动意图和计划，迷惑敌人，让对手做出错误的决断，以此来达到"攻其无备，出其不意"的制胜效果。在现代商业竞争中，除了比拼企业自身实力的高低，管理者的谋略应用也极其重要，"十二诡道"具有参考意义，除了可应用于竞争，还可用来反省自身。

贾跃亭创立的乐视网最开始凭借以视频业务为核心，由内容自制到视频网站再到终端产品发行的垂直扩张战略成功地为企业创造了稳定的收益，但是这也使贾跃亭开始过度自信，选择向其他领域进行跨界多元扩张。从诡道"卑而骄之""实而备之，强而避之"可知，管理者应时刻谦卑谨慎，切不可骄傲自满让对手有机可乘；应不断夯实企业自身的实力，避免与强敌正面对抗。贾跃亭后期将经营重心都放在了多元扩张上，但并没有给企业带来可观的收益，反而是很多业务都处于亏损状态。作为支柱的视频业务没有被更多地投入资金，使其发展脚步远落后于实力强劲的竞争企业，创造的收益还被用来填补其他子业务的财务空缺，导致了资金链断裂而遗憾退市。

当今社会，各行各业的市场竞争都是十分激烈的，管理者可以如"十二诡道"一般使用一些策略去抢占市场份额。但是反过来，为了不被竞争对手向自己及企业实施"诡道"而成为被动的一方，管理者也要时刻自省，不给对手可乘之机。

第四节 庙算制胜：企业经营决策的前提

战前要对敌我双方各方面的情况进行缜密的计算分析，要在做好充分的谋划，胜算把握大后再开战；做到战前庙算，先计后战，战则必胜。孙子"庙算制胜"思想的原文如下：

夫未战而庙算胜者，得算多也；未战而庙算不胜者，得算少也。多算胜，少算不胜，而况于无算乎？吾以此观之，胜负见矣。

《始计篇第一》

一、"庙算制胜"阐释

孙子强调：先计后战。战前做好谋划，不打无准备之仗。"庙算"不是神机妙算，而是君臣在庙堂之上进行军事筹划，是国君、将帅和国家精英聚集在一起召开紧急、重要会议，分析战争情势，比较敌我双方的优劣条件后，再决定是否开战。战争，不是君王一个人的事，其牵涉到整个国家的安危，要广泛听取各方的意见。

"庙算制胜"思想包括两个方面的含义：一是不能一上来就开战，要对敌我双方的情况进行"庙算"，分析比较敌我双方各种有利与不利的条件，做好战前的整体谋划。二是经过"庙算"之后，如果我方的胜算把握较大，那就开打。

对"庙算制胜"思想的误解主要在两处：一是"庙算"，不是神机妙算，而是君王、将帅和国家精英在庙堂之上，对"五事七计"进行计算分析，通过计算分析，胜算大的一方，就是"得算多"的一方。二是"多算胜，少算不胜"，不是指多计算分析就会取胜，少计算分析就不会取胜，而是指通过计算分析，哪一方的获胜优势和条件占多，就会获胜；哪一方的获胜优势和条件占少，就不会获胜。

兵法讲"庙算"，就是对"五事"和"七计"进行全面的计算分析和比较，探明其中的详细情况，推算出取胜的概率。

庙算五事，就是分析比较敌我双方在"道、天、地、将、法"五要素上获胜的条件。

首先，看看哪一方得"道"多。上下同心、同德同欲，就是得"道"多，战争的国内政治基础，在于人民支不支持战争。全国人民支持，再开打；不支持，就不要轻举妄动。

其次，看看哪一方获得的"天时地利"等优越条件多。分析比较下来，既不得天时又不得地利，好的天时地利条件都被敌方占有，胜算概率小，就不要开打。

最后，看看哪一方的将领在"智、信、仁、勇、严"各方面更胜一筹，他们是不是善谋有信，决策果断，公正严明，是不是更有威信等。

对双方的"七计"进行比较。通过分析比较，有胜算把握了才打，没有胜算就不打，转而韬光养晦，继续准备。准备什么？还是准备"五事七计"，把自己那七个方面的分数搞上去。这"五事七计"才是兵法的根本。

通过庙算，能够满足获胜所需的条件越多，取胜的可能性越大，再兴师动众，到战场上见分晓。

李筌注："太一遁甲置算之法，六十算以上为多算，六十算以下为少算。"如果我方多算，敌方少算，则我方胜。如果我方少算，敌方多算，则敌方胜。所以，战前计算于庙堂，胜负是容易预测的。

谋划充分、胜算概率大，就容易取胜；谋划不充分、胜算概率小，就难以取胜。取胜的概率大就可以打，取胜的概率小就要小心，不要侥幸、不要冒险，多想想，多做准备；如果根本没有取胜的概率，一点儿胜算把握都没有，那就不要打了，打道回府、韬光养晦，继续操练，来日再战吧。

二、企业经营决策的前提是什么

选择比努力更重要，选择决定了努力的方向是不是正确。企业要想做出正确的战略和经营决策，一方面要对行业环境、竞争对手、自我状况、顾客需求和市场趋势等方面进行计算和分析，对未来的发展态势和成功概率做出判断及预测，做好筹划和应对策略；另一方面要防止出现一些错误的决策倾向，如激情决策、面子决策和惰性决策等。

先测算，而后再决断，是企业经营决策的基本逻辑。任何企业在决策前都要对市场环境、市场各方资源能力进行综合计算与分析，并对胜算概率做出预判，胜算概率大再拍板去干。

BeLLE(百丽)是百丽国际旗下的时尚鞋履品牌，BeLLE取义于法语"美丽的女人"。百丽创始人邓耀1934年出生于中国香港，年少时在中国香港一个皮鞋厂做学徒，之后拥有了一个小型皮鞋厂。20世纪80年代，改革开放后，邓耀看到并把握住了内地发展的大时机。当时，他是唯一跟内地工厂做鞋生意的香港人。CEO盛百椒比邓耀小18岁，1991年以总经理头衔加入了刚成立的深圳百丽鞋业有限公司。2007年百丽在中国香港上市。2011年百丽鞋业股价大涨，最辉煌的2013年，百丽市值一度超过了1500亿港元。

鼎盛时期的百丽，曾以疯狂的速度扩张，"只要有百货商场的地方，就有百丽的身影!""凡是女人路过的地方，都要有百丽。"这也成为百丽首席执行官兼执行董事盛百椒引以为傲的豪言壮语。然而，2017年7月27日下午四点，在港交所，"一代鞋王"百丽国际控股有限公司正式退市，百丽的两位创始人——董事长邓耀和CEO盛百椒，宣布出售全部百丽股份。

为什么这样一个庞大的鞋业集团，就这样黯然退出曾经令他们豪气万丈的历史舞台?因为在新经济形势下，百丽公司的一系列决策让其付出了惨重的代价。2015年，百丽鞋业绩效首次出现大幅下滑。此后，百丽公司虽积极转型，但仍未能改变其关店、业绩下滑的颓势。在2017年5月16日的发布会上，65岁的盛百椒沉痛地说：最近两年，每次开业绩会都难受；我们一方面大肆投资扩张品牌，另一方面却忽视互联网时代的技术。他表示，百丽未能转型成功，是因为自己价值观及决策思维能力跟不上时代发展的步伐。董事长邓耀却连连说：决策失误!决策失误!

百丽的退市，表面上看是市场变化，面对电子商务的出现，百丽鞋业没有认可这种渠道模式，缺乏新观念，缺乏学习创新能力。但从战略和技术层面看，邓耀和盛百椒的失败，关键在于他们一连串的经营决策失误。

一是激情决策。自从在中国香港上市，一方面百丽坚持多品牌战略，上市之后就开始了收购步伐，截至2011年底，它已经拥有百丽、思加图等十多个自有品牌，以及七个以上的特许品牌。另一方面尝到了渠道扩张甜头的百丽，开始了疯狂的渠道扩张。2010~2012年，百丽每年净增门店数目1500~2000家。在最为巅峰的2011年，百丽平均不到两天便会开设一家新店。百丽的收购和扩张使其背上了资金包袱，直接威胁到公司的资金链安全，为其后续的轰然垮塌埋下了隐患。

　　二是盲目决策。不顾外在形势和企业内部的变化，做出了一系列目的性不强的决策。经过 1997 年的亚洲金融危机和 2007 年的美国次贷危机，亚洲制造业受到了资金的影响。特别是 2007 年的美国次贷危机，席卷了美国、欧盟和日本等地，其滞后效应也严重影响了中国，而百丽管理层无视经济形势变化，仍然按惯性思维进行投资决策。2007～2011 年，百丽在内地的零售店从 3828 家扩张至 14950 家，相当于每年开店 2200 家、每天开店 6 家。盛百椒曾公开表示，自己仍然不会开电脑，连微信都没有，对市场的变化没有做出很好的预判，欠缺应对市场更加复杂情况的能力，进而导致了如此局面，"没有找到转型路径，主要责任在我"。

　　三是惰性决策。从 2012 年开始，由于销售渠道的变化，百丽的经营变得艰难，股价在 2013 年 2 月达到历史高位后，一路下跌。电商崛起，不仅将销售从线下转到了线上，而且让消费者越来越关注产品的性价比。在线下，百货商场朝购物中心的转向，则使百丽 20 多年积累的渠道优势不断弱化。尽管百丽在 2008 年就建立了淘秀网，开始试水垂直鞋类电商，又在 2011 年成立了时尚品类 B2C 平台优购网。然而，此时的百丽正处于渠道的疯狂扩张时期，渠道的巨大红利使百丽并未把电子商务提到至关重要的高度，推广不力、网页陈列视觉感差、对网民吸引力弱、重视度不够等硬伤，使百丽的线上渠道并未带给百丽新的生机。高层继续按照原有的路径走下去，没有进行实质性变革。

　　百丽并非败给了电商，而是败给了大而平庸和未能顺应时代步伐适时转型，败给了未能顺势而变。事实证明：一个企业的经营决策正确，能达到"胜兵先胜而后求战"的决胜境地；一个企业的经营决策失误，则必定导致全局的坍塌和失败！从这个意义上来说，在战略决策失误的情形下，往错误的方向上投入越多，葬送越大。在做重大决策的时候，企业管理者要力争慎重决策、理智决策、智慧决策。

三、案例分析

白小 T

线上+线下新模式的崛起之道

　　诞生于 2019 年的白小 T 是一家有点另类的网红国货服装品牌，此品牌全部采用基础款设计，款式简单，几乎无任何装饰，颜色也大多是冷色调，看起来十分普通。但是让其与众不同的"出圈"点就在于白小T的每一件服装里都隐藏着"黑科技"，用科技重新定义服装，使用功能型定纺面料解决用户的实际需求。比如白小T第二代爆品水光魔术T恤，就是采用新型黑科技疏水工艺，可以防水、防油、防污，解决用户外出用餐时衣服不小心碰到污渍这类难以清洗的烦恼。从一件基础款白T恤切入男装市场，到拿下腾讯、天猫、京东、抖音等各个电商平台的类目第一，白小T在三年内完成了75亿次曝光的品牌势能积累，可见其市场潜力巨大。

(一) 红海市场的机遇是"品类即品牌"

回顾白小T的白手起家之路，张勇对市场赛道的选择有非常清晰的认知。市场选择决定赛道规模，赛道规模决定品牌大小。衣食住行，民生必备，每一个市场都是数万亿元级的，但是在服装市场，行业集中度极低，行业头部品牌往往也只能占行业1%的市场份额。同时发现T恤这个品类非常特殊，属于"市场中有，心智中无"的品类。可以发现所有的品牌都在做T恤，T恤赛道早已是红海市场，但很难找到一个品牌是与T恤这个品类相关的。

说起风衣会想到Burberry、说起内裤会想到Calvin Klein、说起袜子就会想到浪莎、说起西裤会想到九牧王，但是说到T恤，却很难找到关联品牌，所以这就是机会。但张勇不急于一蹴而就，他选择花大半年时间梳理公司各方面的问题，接着去日本、德国、意大利等国家了解了供应链、服装设计等。回国后又开始思考如何更好地切入这万亿元级服装赛道，从小点切入最后做成大品牌。在全面梳理清晰战略布局后，张勇决定推出白小T这个品牌。他的定位理论——品类即品牌，从2019年起白小T不断在讲一个故事：白小T是一件T恤，力求人们在说起T恤时，首先关联到的具体品牌就是白小T。据悉，2021年白小T的商品交易总额近8亿元，70%~80%的收入贡献来自T恤。

(二)"线上+线下"，打造新零售经营模式

未来二十年，将没有电子商务这种说法，只有新零售这一说法。只有线上线下与物流结合在一起，才能诞生出真正的新零售。在2016年杭州云栖大会上，马云第一次正式提出了"新零售"这个概念，加速了线上与线下模式的相

互融合。近几年，传统实体门店无法满足互联网化的多元消费需求，被称作新型"虚拟货架"的电商平台也无法带来"看得见、摸得着"的更好体验，因而围绕线下场景的体验式营销，成为新品牌的重要发展方向。

白小T虽是从抖音电商成长起来的，但它并不因此拘泥于线上渠道。2022年1月15日，宁波鄞州万达迎来了白小T首家线下体验店。相较于传统服饰门店，白小T在线下除了设有常规的商品展示区，还增添了电商直播区与科技展示区。在品牌诞生之初，张勇就想好在线上完成势能积累后，品牌如何走向线下的事。这一决策不是一拍脑袋的激情决策，而是基于市场趋势、行业环境等多方面的考量做出的规划。在线下体验营销方面，张勇团队不仅在策划上花了很长时间，还做了很多精细化运营的前置工作，如打通直营店与联营店模式、配备直播团队、招募和培训导购等。

如果白小T只停留于线上做电商业务，就很难让消费者真正感受到产品优势，更别提品牌对于用户心智的占领。零售产品要想获得消费者的认可，其核心在于产品和服务，是否真正创造出用户价值。品牌可以借助线上实现更低成本的获客，却没有办法实现更深层次的触达。究其原因，其实是缺少了两个场景：一个是消费决策场景，另一个是产品使用场景。注重体验式营销的线下门店，才凸显出了其价值和意义——品牌可以通过线下门店提供线上无法提供的场景与服务。这也印证了新零售的本质，并不是简单意义上的从线上走向线下，而是要完成"线上+线下"的模式融合与商业闭环。正如张勇所言，我看了很多数据，其中有一项指标让我觉得应该往线下走——复购率。目前白小T年度综合复购率已经超过20%。如果一个品牌能达到这个数据，其实意味着已经不再是纯卖货思路，而是要开始思考打造品牌。

白小T在策略上也很小心，没有把第一家放在北上广深的热门商圈，而是优先遵循区域化路径，先尝试在宁波打透，通过开10来家店把开店这门"内功"修炼好。一方面是二线城市的试错成本不高；另一方面是在全国复制的时候能有很好的节奏感，因为前期就已经解决了很多问题。所谓"万事俱备，只欠东风"，白小T新零售的发展不仅是时代的红利，更是企业前期良好经营决策的成果。

资料来源：郑涓心，阿茹汗. 白小T张勇：红海市场机遇是"品类即品牌"[N]. 经济观察报，2022-08-08(20)；许欢. "白小T"的服装黑科技[J]. 中国纤检，2022(1)：92-94.

分析点评

"庙算"作为一种战略决策方式，孙子对其格外重视。君臣在战前要聚集在庙堂一起商讨作战相关事宜，分析敌我双方各自具备的获胜条件，通过比较来判断自己军队能够取得胜利的可能性大小。企业经营也是如此，在正式进入市场之前，或者在进入市场后，经营决策过程中，都要系统地对行业环境、市场趋势、客户需求等进行洞察、计算、统计分析，抓准消费者的痛点、痒点、爽点，同时规避激情决策、面子决策等错误的决策。

策无遗算方可运筹帷幄。白小T创始团队正是对服装这一红海市场进行调研分析后，利用科技重新定义服装，使用功能型定纺面料解决消费者的实际需求。白小T品牌在短时间内迅速崛起，离不开创始团队在前期经营决策方面的计算分析和深谋远虑。

一方面，白小T创始团队对服饰行业环境、市场赛道进行了全面深入分析，发现T恤赛道"有市场，无品牌"的心智空位机会，通过黑科技赋能产品，采用新型黑科技疏水工艺，可以防水、防油、防污，解决用户外出用餐时衣服不小心碰到污渍这类难以清洗的痛点。开创新品类，树立新品牌，品类即品牌。

另一方面，通过深入市场调研分析后，洞察到需要开设线下体验门店，给消费者提供更好的体验，实现更深层次的触达，解决消费者的消费决策场景问题和产品使用场景问题。白小T又从线上走到线下，"线上+线下"相结合，打造新零售经营模式。通过线下门店提供线上无法提供的场景与服务，形成"线上+线下"的模式融合与商业闭环，让消费者真正感受到产品优势，加强品牌对于用户心智的占领。

第五节 为将五德：企业管理者应具备的素养

战争能否取胜，人的因素是关键，而统兵的将领又是关键中的关键，统兵将领应该具备相当高的综合素质与能力。孙子"为将五德"思想的原文如下：

将者，智、信、仁、勇、严也。

《始计篇第一》

将军之事：静以幽，正以治。

《九地篇第十一》

一、"为将五德"阐释

孙子认为，将领应具备"智、信、仁、勇、严"五方面的素质。智信仁勇严不是简单的排序，更不是独立的存在，必须"五德"俱备。贾林注解："专任智则贼，遍施仁则懦，固守信则愚，恃勇力则暴，令过严则残。五者兼备，各适其用，方可为将帅。"梅尧臣说："智能发谋，信能赏罚，仁能附众，勇能果断，严能立威。"为将要具备"五德"素质，虽然每个方面只有一个字，但每个字都有丰富的内涵。

(一)"智"

也就是我们平时讲的"智商"。孙子把"智"排在了第一位，"勇"则屈居第四位，孙子是强调智将而非勇将。孙子提倡的是"先胜后战""不战而屈人之兵"，首先是强调用智。

杜牧注解："先王之道，以仁为首。兵家之流，用智为先。"智能识权变，识变通。

申包胥说："不智，则不能知民之极，无以诠度天下之众寡。"了解自己的力量极限，衡量天下大势，谋计于庙堂，变通于战场，都要靠智。

(二)"信"

有赏罚分明之信，也有默契之信。

杜牧注："信者，使人不惑于刑赏也。"信，就是赏罚分明，每个人都非常清楚，犯什么错受什么刑，立什么功受什么赏。

商鞅变法，就是从立信开始，所谓立木取信，在都城南门竖一根木头，贴一张告示，谁把这根木头背到北门，赏十两金子。没人信。提到五十两！有人试一试，真得了五十两黄金。从此，朝廷有了信任度。

信，则民心民力可用。不信，则民心民力皆不可用。主将与副将及中层指挥官，配合之所以有默契，就是相互间有"信"。

(三)"仁"

杜牧注解:"仁者,爱人悯物,知勤劳也。"

首先,将帅要有仁爱之心,关爱士兵。仁,就是爱兵如子。以吴起的故事为例:一个士兵脚上长疮化脓了,吴起埋下头就去用嘴给他吸。士兵的母亲听说后大哭。有人问:"将军对你儿子那么好,你哭什么呀?"母亲回答说:"当初我丈夫就是脚上长疮,吴将军用嘴给他吸,他很感动战死了。现在我儿子肯定也不要命了呀!"

其次,爱惜公物也是仁,用什么东西不爱惜,随意浪费,也是不仁的表现。

最后,将领与士兵同甘共苦,也是仁。申包胥说:"不仁,则不能与三军共饥劳之殃。"领导者不能跟大家同吃同住同劳动,也是不仁。

(四)"勇"

作为将领的重要素质,"勇"不仅指勇敢,敢于拼杀拼搏的意思;还表现为决策果断坚决,敢于创新。

作为将领,"勇"主要体现在制定决策要果断,执行决策要坚决。杜牧注:"勇者,决胜乘势,不逡巡也。"勇,就是决谋合战,当机立断,勇往直前。不要迟疑,犹豫不决。

没有勇,一是决断不了;二是好不容易决定了,执行又不坚决,老想缩回来,最后真把自己缩没了。无论做什么事,都要有牺牲精神,向死而生。虽然我们的立意是先胜而后战,但世上从来没有百分百必胜之事,没有勇,就做不成事。

(五)"严"

法令严明,惩处要公正严明,保障军队具有强大的战斗力。将领之所以"严",目的在于立威,有威信才有领导力。

杜牧注:"严者,以威刑肃三军也。"自古以来,名将出战,总要找碴儿杀个人来祭旗立威,最好杀个皇帝的亲戚或亲信,杀那些自以为"有靠山"的人。孙子杀吴王宠妃,司马穰苴(ráng jū)杀皇上亲信庄贾,都是这个套路。

认为自己有靠山的人,在变革整顿,或打仗出师的时候,最容易被拉出来祭旗,因为整肃这种万众瞩目、地位显赫,对国家又没有实际价值的人,既能立威,又对国家没损失。所以做人,不要一味靠靠山。你的靠山跟别的山磕碰一下,你就得粉身碎骨。你以为你是山的一部分,但一阵风就会把你刮下山崖。如果靠山倒了，那更可怕，靠在那山上的人会全部被活埋。

二、企业管理者应该具备哪些素养

孙子认为，知兵之将，是生命之司命，国家安危之主。同时指出，为将应该具备"智信仁勇严"的"五德"素质。现代商业环境变幻莫测，消费者需求呈现多元化和易变性，企业面临越来越激烈的竞争。企业管理者要想在复杂环境中获得优势，自身必须具备更高的综合素质和能力，必须同时具备较高的智商、情商、逆商和胆商。有专家甚至断言，成功（100%）= 智商（20%）+情商、胆商和逆商（80%）。除此之外，人们又提出了更多要达到成功必备的标准：德商、财商、心商、志商、灵商、健商。

（一）智商（Intelligence Quotient，IQ）

智商是一种表示人智力高低的数量指标，表现为一个人对知识的掌握程度，反映人的观察力、记忆力、思维力、想象力、创造力，以及分析问题和解决问题的能力。智商主要包括三方面的内容：一是对基本知识的掌握程度，以及分析问题和解决问题的能力。我们通常说，"言智必及事""能处事物为智"，在谈到智商时，就必须与解决实际问题联系起来。二是对未来具有谋划判断能力。对事物未来发展进行长远整体谋划的战略思想和能力，"智者，先见而不惑，能谋虑，通权变也"。三是创新能力。《荀子·正名》中讲道："知有所合谓之智。""知有所合，谓所知能合于物也。"智商不是固定不变的，通过学习和训练是可以开发增长的。

（二）情商（Emotional Quotient，EQ）

情商是指管理自己的情绪和处理人际关系的能力，丹尼尔·戈尔曼认为情商包含以下五个主要方面。

其一，了解自我。监视情绪时时刻刻的变化，能够察觉某种情绪的出现，观察和审视自己的内心世界体验，它是情绪智商的核心，只有认识自己，才能成为自己生活的主宰。

其二，自我管理。调控自己的情绪，使之适时适度地表现出来，即能掌控和调整自己。

其三，自我激励。能够依据活动和场景的某种目标，调动、调节情绪的能力，它能使人走出生命中的低潮，重新斗志昂扬地出发。

其四，识别他人情绪。能够通过细微的社会信号、敏感地感受到他人的需求与欲望，认知和引导他人的情绪。这是与他人进行正常交往，实现顺利沟通的基础。

其五，处理人际关系。调控自己对他人情绪反应的技巧。

（三）逆商（Adversity Quotient，AQ）

逆商全称逆境商数，也称挫折商数。是指人们面对逆境时的反应方式，即面对挫折、摆脱困境和超越困难的能力。AQ 不仅是衡量一个人超越工作挫折的能力，它还是衡量一个人超越任何挫折的能力。同样的打击，AQ 高的人产生的挫折感低，而 AQ 低的人就会产生强烈的挫折感。

逆商指数包括四个关键因素——控制（Control）、归属（Ownership）、延伸（Reach）和忍耐（Endurance），简称 CORE。①低逆商指数（0～59 分）：这种人一遇事情，就觉得天要塌了，惊慌失措，或是逃避，做事没劲头，没信心，没有持之以恒的毅力。②中逆商指数（95～134 分）：指不能充分调动自己的能力和潜力来应付困难局面，觉得花了很大精力，还不时有无助感或失望心态产生。③高逆商指数（166～200 分）：这类人看问题深刻，能分清问题的前因后果和自己所处的位置，能找出尽可能有利或减少负面影响的方案来。

（四）胆商（Daring Intelligence Quotient，DIQ）

胆商是继智商、情商之后，开始成为人力资源管理的新方向。无论处于什么时代，没有敢于承担风险的胆略，任何时候都成不了气候，而但凡成功的商人、政客，都是具有非凡胆略和魄力的。

无论是作为创业者、企业管理者还是任何一个想要在事业上有所成就的人，都离不开三商能力，即智商、胆商、情商。在今天，胆商更显示出其特有的作用。胆商就是胆识能力，即挑战、竞争和冒险的能力。作为企业的管理者，具有胆商还表现为在决策中，要敢于决策，勇于承担责任。此外，制定决策要果断，执行决策要坚决，也是企业管理者应该具备的素质与能力。

（五）德商（Moral Intelligence Quotient，MQ）

德商指一个人的道德、人格、品质，是十大商数的灵魂。德商的内容包括体贴、尊重、容忍、宽容、诚实、负责、平和、忠心、礼貌、幽默等一切美德。

（六）财商（Financial Quotient，FQ）

财商本义是金融智商，指个人、集体认识、创造和管理财富的能力，包括观念、知识、行为三个方面。

财商包括两个方面的能力：一是创造财富及认识财富倍增规律的能力（即价值观）；二是驾驭财富及应用财富的能力。财商与智商、情商并列为现代社会能力三大不可或缺的素质。

（七）心商（Mental Intelligence Quotient，MIQ）

心商是维持心理健康、缓解心理压力、保持良好心理状况和活力的能力。若一个人心态不好久而久之心灵就会扭曲，产生心理疾病，甚至可能发展成精神病，既会背离德商，也会影响情商。心商的高低，直接决定了人生过程的苦乐，主宰人生命运的幸福与成功。

（八）志商（Will Intelligence Quotient，WQ）

志商是意志智商，它指一个人的意志品质水平，包括坚韧性、目的性、果断性、自制力等方面，包括责商（Responsibility Quotient，RQ）、律商（Discipline Quotient，DQ）。如能为学习和工作具有不怕苦和不怕累的顽强拼搏精神，就是高志商。

（九）灵商（Spiritual Intelligence Quotient，SIQ）

灵商是心灵智力，即灵感智商，即是对事物本质的灵感、顿悟能力和直觉思维能力，它必须与智商配合运用才行。实际上，灵商是指一种智力潜能，属于潜力意识的能量范畴。修炼灵商，关键在于不断学习、观察、思考，要敢于大胆地假设，敢于突破传统思维。

（十）健商（Health Quotient，简称HQ）

它是指健康商数，代表一个人的健康智慧及其对健康的态度。健商是指一个人已具备和应具备的健康意识、健康知识和健康能力。其包括体商（Body Quotient，BQ）和性商（Sexual Quotient，SQ）。

三、案例分析

你所不知道的任正非与董明珠

阿里巴巴马云、腾讯马化腾、格力董明珠、小米雷军、华为任正非等，这些优秀的企业家都在各自的领域内创造着属于自己的传说，而有关他们的故事也能让人们更加全面地去认识他们。

第一个故事是关于任正非先生的，作为华为的"家长"，他是出了名的暴脾气。有一次他路过华为实验室的时候，透过玻璃窗看见里面的一位工程师正在用电脑打游戏，因为任正非十分看重作为华为核心部门的实验室，里面最宝贵的莫过于人才和设备，重金聘请的工程师不好好工作在上班时间公然用电脑打游戏不说，如果对电脑造成伤害可如何是好？这让任正非的火气直接上来了，但是考虑到自己对技术方面不是很了解，还是强压住火气忍不住问道："这样打游戏，电脑会不会中毒？"但让人意想不到的是，该工程师不慌不忙地回复道："任总，这里是公司研发重地，虽然你是董事长，但是也不要随意进来。"周边的同事听到该工程师的回答都不禁为他捏了一把汗以为任正非会当场发飙，毕竟摸鱼被当场发现还敢理直气壮地回怼大老板的员工着实不常见，但是令在场所有人都感到意外的事发生了，任正非居然默不作声地退出了实验室。

事后，该工程师也觉得回复得有些不妥，就将此事汇报给了总工程师郑宝用，郑宝用了解事情的原委以后就给任正非打了电话向他解释了这个事情，因为实验室跑数据等结果是一个非常漫长的过程，在此期间人不能离开又没有别的事情可做，所以工程师会玩游戏等结果出来，并且玩的是系统自带的游戏，不会影响电脑的运行，等数据跑完以后，这位工程师处理完都已经到晚上11点了。任正非听完他的话直接说道："这件事我没放在心上，他说得挺对的，实验室竟然没有贴非请勿入的标语，这是我的失职，要是其他人也随意进入，实验室成了什么样子？"马上实验室的门口便被贴上了"研发重地，非请勿入"的标语。任正非就是这样的人，如果是他懂的，他会不留余力地倾授给下属，如果是他不懂的，他也不会去干预打扰别人，给予充分的信任。

第二个故事是属于董明珠女士的，作为中国有名的企业家，她做事雷厉风行，果敢坚毅，是公认的女强人，但同时她体恤下属，有着和蔼可亲的一面。

在 2021 年的综艺节目《初入职场的我们》中，董明珠带着实习生去格力的食堂吃饭，顺便关心员工的就餐情况。她看到一位员工吃的麻辣烫看起来很不错，就向其询问这一碗的价钱，员工回答 15 元左右，董明珠听完立马皱起了眉头并说道"这么贵啊"，转身前往出售麻辣烫的窗口进行察看。麻辣烫的销售是荤素一起量称的，价钱是 18 元每斤，董明珠思考片刻，认为一碗 13 元的麻辣烫价格在公司外面来讲是还算可以的，但是对格力公司内部来说是有些不合理的，价钱偏贵，而且荤素一起计价，这样青菜的价格也是每斤 18 元，远超市场价格。

随后她找来了负责食堂管理的总裁办人员，与其进行商谈，明确表示价格要进行整改，荤菜和素菜可以进行分类并按照不同的价格售卖，因为有些员工就喜欢吃素菜，如果让他们按照荤菜的价格去购买素菜是非常不合理的。她要求负责人调研并综合测算以后合理设定荤素菜价格，将一餐麻辣烫的价钱控制在 10~12 元。因为她认为对于那些普通员工来说，如果一餐可以省下 2 元，一个月就是 200 元，他们可以用这钱去购买一些更好的东西。除此之外她还向负责人说明，既要保证经营者的权益，也要呵护员工，在格力的食堂不允许出现谋取暴利的行为。

从这件事情可以看出董明珠是非常关怀爱护员工的，能够真正做到设身处地为他们着想。从吃饭的小事上为她的员工进行细致考量，让员工每月能省下一笔资金用于生活中的其他方面。董明珠不仅是商业场上说一不二的企业家，也是心系自己员工的格力"家长"。

资料来源：椰子老师. 华为工程师对任正非说：这里是研发重地，请不要随意进来[EB/OL]. 2022-01-10. https://m. 163. com/dy/article/GTBC3GR0054460PH. html；乔凯凯. 小事上的计较[J]. 作文，2021(Z3)：120.

分析点评

正所谓"千军易得，一将难求"，将帅的选择一直都是国之要事，好的将帅甚至可以决定一场战争的胜负。孙子认为具备"智、信、仁、勇、严"五种美好品德的将领可称为良将，要足智多谋、赏罚有信、仁慈关爱、果断勇敢、治军严明等。现代的企业管理者也应学习培养这五种美德，要对下属赏罚分明，同时要给予充分的信任，要有严格的制度体系，但也要关怀体恤员工等。

当看到自己花重金聘用的工程师在实验重地用电脑打游戏的时候，任正非虽心中不悦但也忍着脾气耐心询问，在得到"研发重地，非请勿入"的逐客令以后也是选择默默离开，因为任正非对技术方面的事情并不是十分了解，所以他不会去干扰技术人员的作业与安排，给予充分的信任。董明珠总是给外人一种雷厉风行的女强人形象，但是其却有着十分细腻的一面。当看到格力食堂的麻辣烫荤素定价不合理时，她会第一时间为员工争取最大的利益，希望他们可以用实惠的价格吃到喜欢的食物，剩下的钱可以用来购买其他更好的东西。一碗麻辣烫就可以让董明珠有这么多的考虑，可见其非常关爱体恤自己的员工。

管理者自身的品格会影响其领导的有效性，有着个人魅力的管理者能够让下属非常信服并且愿意追随，他们之间会建立一个强纽带形成凝聚力，这样的团队合作起来会更加高效成功。因此，身为一位管理者，要注重修炼自身的良好品德，以"智、信、仁、勇、严"为基础不断学习增进自身的涵养。

附录 《始计篇》原文与翻译

请扫描二维码，了解《始计篇》的原文与翻译。

商解《作战篇》制胜之道

　　《作战篇》不是讲在战场上如何作战，也不是讲战场上作战的方法策略，而是讲战争的成本及危害，主要阐述战争要耗费的巨大成本与战争的并发危害。要发动一场较大规模的战争，必须先筹划费用、物资和粮秣，本篇着重阐明了战争的胜负依赖于财政经济的强弱。孙子提出不要打持久战，要因粮于敌和速战速决等思想，最后指出只有胜敌益强的战争才有意义。本章对《作战篇》的"速战速决""胜敌益强""卓越将领"思想进行商解，探索市场竞争和商业运营的制胜之道。

第一节　速战速决：企业应快速抢占市场

打仗不是打兵马，而是打钱粮。战争消耗巨大，危害极大，不是迫不得已，不要开战，更不要打持久战，而要速战速决。孙子"速战速决"思想的原文如下：

> 其用战也胜，久则钝兵挫锐，攻城则力屈，久暴师则国用不足。夫钝兵挫锐，屈力殚货，则诸侯乘其弊而起，虽有智者，不能善其后矣。故兵闻拙速，未睹巧之久也。夫兵久而国利者，未之有也……故兵贵胜，不贵久。
>
> 《作战篇第二》

一、"速战速决"阐释

孙子曰："故兵闻拙速，未睹巧之久也。夫兵久而国利者，未之有也。"打仗只听说过方法笨拙但要速战速决，没听说过方法巧妙却能持久的。持久作战而对国家有利的事情，从来没有见过。孙子为什么提倡"速战速胜"，不要打持久战呢？主要有以下原因。

（一）战争消耗大，要速战速决

张预说："计算已定，然后完车马，利器械，运粮草，约费用，以作战备，故次计。"先庙算，看看有没有胜算。有胜算，决定开战，接下来要进行战争花费预算，算一下要花多少钱。

曹操说："欲战，必先算其费，务因粮于敌也。"要打仗，先算算要花多少钱，想想能不能从敌人那里搞到粮食。

孙子在《作战篇》中指出，战争花费巨大，包括的项目有驰车千驷、革车千乘、带甲十万、千里馈粮、则内外之费、宾客之用、胶漆之材、车甲之奉等，要"日费千金"，然后才可以举兵兴师。

"驰车千驷"，驰车，是轻车、战车。"驷"，一辆车四匹马拉。《司马法》说，一车，车上配备甲士三人，跟着步卒七十二人，跟后来的坦克战术差不多，步兵跟在战车后面。

"革车千乘"，革车，是辎重车，装粮食、战具、炊具、衣服等物资的。《司马法》说，一辆革车配十个炊事员，五个保管员，五个管养马的，五个管砍柴打水的，共二十五人。所以一千辆革车是两万五千人。这加起来就是"带甲十万"，一千辆四匹马拉的战车，配备七万五千人，一千辆辎重车，配备二万五千人，加起来就是十万人的军队。

"千里馈粮"，你得给他运粮呀！古代打仗，运粮是个大事。出发时十车粮食，运到前线部队只能给他两车。其他八车粮食运粮队伍在来回的路上吃了。李筌注解，千里之外运粮，得二十人奉一人，费二十人的口粮才能运一个士兵吃的上去！

还有迎来送往的使者宾客，车甲器械的修缮，胶漆之材，都是钱！兵马未动，粮草先行。由于"日费千金"，战争消耗非常大，孙子提倡"速战速决"，千万不能打持久战。

(二) 旷日持久战，并发危害多

战争"日费千金"，消耗巨大，旷日持久作战，必然会给国家带来灾难性后果。因此，孙子说："夫兵久而国利者，未之有也"，旷日持久战会产生许多并发危害，主要体现在以下几方面。

第一，旷日持久的战争会造成国家财力物力的巨大损失。

孙子曰："其用战也胜，久则钝兵挫锐，攻城则力屈，久暴师则国用不足。"即使国家经济资源再丰富，也无法承受长期战争的巨大支出。

贾林说："战虽胜人，久则无利。兵贵全胜，钝兵挫锐，士伤马疲，则屈。"战争是为了获利，如果打得时间太长，消耗太大，就得不偿失了。

"久暴师则国用不足"，长期征战，国家就拖垮了。汉代经过文景之治后，国家富足、国力也强盛。汉武帝刘彻继位后，年年穷兵黩武，开疆拓土，国库很快就被他败光了，进而不断增加赋税，到了汉武帝晚年时期，甚至到了民不聊生的地步。

第二，旷日持久战会加重老百姓的负担，进而激化社会矛盾。

国家的财富说到底是来自全国百姓，连年征战，消耗巨大，朝廷则会增加丘役和各种苛捐杂税，进而导致百姓财产枯竭，最终导致各种尖锐的社会矛盾，历史上的农民起义、朝代的更替大多源于此。

典型的历史教训是隋炀帝杨广，他的性格和汉武帝差不多，能力也很强，也是绝顶聪明，文武双全。能者多劳，他就取个年号叫"大业"，要做一番大事业。开挖大运河是他泽被子孙的大事业。如果只做这一件，他就名垂青史了，但人生苦短，他要集中力量把大事都干完，于是迁都洛阳，营建东都，又亲征吐谷浑，三伐高句丽，搞得民穷财尽，天下愁苦。为他造船工期之紧，弄得工匠脚一直泡水里都生蛆了。于是杨玄感、李密等英雄乘弊而起，天下大乱，杨广就丢了脑袋。

第三，旷日持久的战争容易使国家陷入多面受敌和多线作战的被动局面。

长期处于战争状态的国家国内防御空虚，实力锐减，必然会给其他的对手可乘之机。吴王阖闾与孙武、伍子胥率领吴国大军攻打楚国时，吴军已经占领了楚国的都城郢都，但是国内兵力空虚，越国的勾践带兵趁机攻打吴国，搞得吴王阖闾急忙班师回朝营救。

孙子曰："夫钝兵挫锐，屈力殚货，则诸侯乘其弊而起，虽有智者，不能善其后矣。"打仗拖的时间长了，后方和外交都会出问题。如果兵疲气挫，力尽财竭，列国诸侯就会乘你的危机而起兵进攻。到那时，再有智谋的人，也束手无策，所以用兵只听说过老老实实的速决，没见过弄巧的持久。

二、企业如何快速抢占市场

在战争中，速度意味着主动权，孙子提倡"速战速决"和"兵贵胜，不贵久"。在商业竞争中，时间也是制胜的重要因素之一。谁能根据形势变化快速调整经营策略，谁就能率先占领市场，抢占市场先机，赢得主动权。美国著名未来学家阿尔文·托夫勒提出了"速者生存"的观点，而在商业竞争中"大鱼吃小鱼"的规律也正在被"快鱼吃慢鱼"的法则取代。

(一)构建快速决策、高效执行机制，抢占市场，赢得主动权

当今市场竞争非常激烈，所有企业都在用尽浑身解数抢占市场、抢占商机、抢占客户。俗话说"天下武功，无坚不破，唯快不破"，竞争的核心问题就是时间和速度的竞争。成功与失败都源于时间的得失、速度的快慢。企业的决策和执行也要遵循这一原则，一旦做好准备下定决心，就要雷厉风行，而不要拖拖拉拉，失去最佳"时间窗口"。孙子的"风林火山"或许能为企业提供一个非常生动但又有指导意义的谋略思路。"其疾如风，其徐如林，侵掠如火，不动如山，难知如阴，动如雷震。"其中的"如火""如雷"就是强调在运筹周密

后，要以迅雷不及掩耳之势抢占商机、抢占市场。

2016年6月，蒙牛天猫旗舰店上线了一款电商专属新品"甜小嗨"，这款定位年轻消费人群的产品，光是外观就足够夺人眼球：分成男女两款卡通包装，搭配以柔和的马卡龙色，营销口号则是"开心都是自我的""喝点甜的，小嗨一下"。"甜小嗨"这款产品的诞生非常迅速，在蒙牛长期研发实验基础上，该产品从创意到正式上线不到3个月，虽然还没有正式投入大规模运营，但单月销售额已经达到三四百万元，一些线下门店也开始要求进货。

"甜小嗨"走红的秘诀在于它是依托大数据研究而产生的互联网牛奶。除了在视觉上和口号上的设计迎合年轻消费者，"甜小嗨"在营销上还选择了更为流行的IP化运作，比如与阿里鱼、三只松鼠合作，植入明星生日直播等手段，从情感上与年轻消费者沟通，打造适合该群体的饮用场景。

值得一提的是，火速上线的"甜小嗨"并不是一个定型的产品。蒙牛与阿里调研团队一起用大数据做市场需求和人群调研，产品上市后，包装和口味仍通过消费者的数据反馈继续不断地更新升级，最终对人群做出分类，不同的沟通内容触达不同的消费者，提高转化率。

"甜小嗨"的研发秘诀正是借助互联网高效、便捷的特点，利用大数据支持，针对精准消费人群定位，通过市场需求快速定制配方和产品，并且利用年轻人喜欢在互联网上互动的特点，不断收集信息改进配方，最终速战速决一举抢占互联网牛奶市场。

必须注意的是，速战速决并不意味着仓促应战，而能够做到"速胜"，一定是基于平时的积累和准备。只有苦练内功，夯实基础，"善守者藏于九地之下"，方能在决策和执行时有实力，"善攻者动于九天之上"，不动则已，动如雷霆。以迅雷不及掩耳之势，令对手没有时间、没有准备应对，达到"攻其无备，出其不意"的效果。平时的准备越充分，力量积蓄越强，才会越快地战胜对手。

（二）发现顾客的痛点、爽点和痒点，并快速满足顾客需求，才能有效抢占市场

痛点就是顾客的痛苦点。恐惧点是顾客的痛点，一直困扰和急需解决的问题没有得到有效解决，也是顾客的痛点。爽点就是即时满足。人的需求没有被满足，就会感到难受和不爽，就会开始寻求，如果在寻求中得到即时满足，就会感觉"爽"。痒点就是满足想象中的那个虚拟的理想自己，或者是对美好生

活方式的一种美妙的幻想。痛点就是找问题，爽点就是要痛快，痒点就是抓梦想。顺丰速度是很多快递公司无法比拟的：别人48小时到，顺丰就做到36小时；别人做到了36小时，顺丰就把速度缩短到24小时。顺丰速递正是由于其速度和良好的服务，满足了客户的痛点，提高了顾客的体验感。

TECNO的母公司传音控股有限公司（Transsion Holdings Limited）坐落在深圳，但TECNO在中国却鲜为人知，原因在于传音手机的"主场"在非洲。传音公司专门针对非洲当地环境和消费者需求，集中力量、快速研发产品，以满足非洲消费者的痛点、爽点和痒点，被誉为"非洲手机之王"。①非洲的电力不稳定，充电困难，要解决频繁充电的问题，就有了手机超长待机功能；②非洲的运营商众多，跨运营商的话费很高，导致人人手里可能都会有好几张SIM卡，打电话的时候常常需要换卡，在这样的情况下，传音手机推出了多卡多待的功能；③非洲人民很喜欢拍照，但由于肤色原因，拍出来的照片效果并不好，尤其是在晚上这种弱光环境里，传音针对这种情况研发了针对深肤色用户的AI影像及美颜功能；④非洲人民喜爱唱跳，传音就做了适合非洲音乐的低音设计和喇叭设计，还做了音乐流媒体平台Boomplay；⑤非洲很多地方没有电，更别说是路灯，所以传音手机的手电筒功能就很贴心了，堪比"远光灯"。这些都是传音公司在深度了解消费者需求的基础上所提供的差异化功能，并且为了能够深耕服务，传音公司在非洲本地建设售后服务网点，售后服务品牌Carlcare是非洲主要的电子类及家电类产品服务方案解决商之一。传音公司正是针对非洲消费者的需求，制造出深得人心的产品，售后服务跟上，没有理由不成功。

三、案例分析

抢占市场先机，钉钉大获全胜

2013年8月腾讯微信上线了微信支付的功能，这对阿里巴巴集团旗下的支付宝产生了威胁，而且微信主打即时通讯服务，为此阿里9月便推出第一款独立于电商业务之外的社交产品——"来往"，其核心功能是实现熟人之间的社交。除了跟微信同样的语音、文字等基础通讯功能，"来往"还针对用户对微信提出的隐私性与保密性问题推出了阅后即焚功能。马云对"来往"这个项目非常关注，不仅亲自推荐还号召阿里旗下的数万名员工下载并推广这个软件，试图通过关系网为"来往"打通传播渠道，力争抗衡微信。但是效果并不理想，因为员工的社交网络都在微信上，无法从微信里将已有的社交圈复刻到"来往"，置换成本太大，而且作为翻版的微信，"来往"并没有特别出彩的功能让人们非它不用，这就导致员工听从指挥下载"来往"但是不能真正做到使用它，最终遗憾退场。

"来往"失败之后，其负责人陈航曾在团队内部建议转换思路，做企业即时通讯工具工作圈，但是由于大家意见不一，此事便无法推进下去。2014年下半年，他和团队有了一个初步的产品模型，想要做一款具有差异化价值的新产品，他们决定通过实地调研走访企业来发现管理中存在的痛点与盲点以寻求产品研发的具体行进方向。这时团队中的一位成员向陈航推荐了朋友的公司——康帕斯，该企业主营电脑硬件销售业务，属于中小企业。其负责人史楠倾诉道：公司有七八十个员工，沟通起来非常痛苦，有人用QQ消息交流，有人用短信汇报，有人用邮件沟通，还有人用微信建工作群，到头来工作消息和生活消息混杂在一起，分拣、筛选起来非常痛苦。我特别想建立一个纯净的工作环境，只交流工作信息。这一提议启发了陈航团队的市场思路，陈航答应为其免费设计一款专门用于工作沟通的产品。自此"来往"改名为"钉钉"，而康帕斯也成为钉钉的第一家内测用户和钉钉的全球首家共创用户。

因为在钉钉之前市场上的产品大多只致力于服务利润可观的大中企业，很少有人去关注小企业的需求，更不要说是开发免费的产品。这就说明钉钉的研发是有一定市场需求的，而且同类型的竞争产品会很少，有很大的发展与运作空间。为此钉钉团队联合康帕斯，根据他们的需求与改进意见进行产品强化，最终于2015年1月上线了钉钉1.0版本。行业的需求与阿里的免费服务让钉钉立马收获大量关注，注册量达到每月20万~30万。不仅如此，钉钉还成功打入政企行业，抢得中小企业的市场先机，并在之后不断进行版本更新以丰富其功能和回应用户的反馈。

钉钉开发的初衷是解决企业、组织工作商务沟通协作的问题，但是由于大量教育机构也选择使用钉钉进行数字化办公。钉钉觉得这是一个很好的服务领域，所以从2018年6月开始便寻找学校共同研发教育产品，2019年3月发布"未来校园"解决方案并推出专门针对教育行业的功能。截至2022年，钉钉已针对教育行政主管部门、教培机构、大学、中小学等不同教育领域提供了较为完善的产品服务与解决方案。2020年初疫情开始席卷全国，因为很多地方的学校无法做到线下上课，为此钉钉马上推出可供全国校园免费使用的网课直播、在线考试等功能，给师生提供了授课平台，让学生即使在家也依旧可以正常上课学习，为"停课不停学"提供了技术保障。2019年6月，阿里进行了新一轮的组织架构调整，将钉钉并入阿里云智能事业群标志着"云钉一体"时代的开启。疫情期间，钉钉支持了全国14万所学校、300万个班级、1.3亿名学生的在线上课，也因此真正做到了家喻户晓。

资料来源：徐梦丽. "钉钉出圈记"——可供性视角下的媒介实践[D]. 合肥：安徽大学，2021；缪沁男、魏江、杨升曦. 服务型数字平台的赋能机制演化研究——基于钉钉的案例分析[J]. 科学学研究，2022，40(1)：182-192；何曼. 阿里巴巴合伙人、钉钉教育线负责人方永新：打造数字化新基建平台[J]. 在线学习，2020(7)：25-28.

分析点评

古时战争"十万之师，日费千金"，财力物力的消耗量是巨大的，军费巨高导致的国库空虚需要不断向贫苦百姓征税来弥补，所以战争对民众来说是一种负担。持久的战争既劳民伤财又不断损耗军队的战斗力，不会对国家有利，所以自古以来，两军交战就讲究速战速决，正如孙子的主张"兵贵胜，不贵久"。

对于当今的企业管理者来说，为了能够取得成功，抢占市场先机是十分必要的，率先进入竞争市场的企业能更容易获得市场份额及忠实的消费者，之后形成的进入壁垒还可以对新进入者起到阻碍作用，减少潜在的竞争者。

因为微信推出的支付功能而感受到威胁的阿里巴巴选择推出"来往"这款社交产品，试图以此来抗衡微信。但是因为微信早就在通讯服务领域抢占了市场先机，拥有很多的用户，形成了无法复制的社交圈，所以"来往"最后只能遗憾退场。在这之后，因看到中小企业在工作沟通方面存在的需求而感受到市场潜力的"来往"团队研发出了"钉钉"这款产品，成功抢得中小企业市场先机，收获众多用户，而后钉钉又觉察到教育行业是一个很好的服务对象，故推出了相关的功能，在因为疫情只能线上上课的时期发挥了非常重要的技术服务作用而变得无法替代。

在现在的商业战场上，企业之间的竞争是不可避免的，毕竟市场份额有限，为了能够争夺一席之地，企业管理者应该修炼敏锐的洞察力，捕捉市场上出现的新动向，并制订行动计划以便快速抢占市场先机，实现"速战速胜"。

第二节　胜敌益强：市场竞争要胜敌益强

战胜了敌人，自身的实力也大大增强了，这样的胜利才有价值。孙子"胜敌益强"思想的原文如下：

故杀敌者，怒也；取敌之利者，货也。车战得车十乘以上，赏其先得者，而更其旌旗，车杂而乘之，卒善而养之，是谓胜敌而益强。

《作战篇第二》

一、"胜敌益强"阐释

自古战争"杀敌一千，自损八百"，那不是胜，而是两败俱伤，只不过对方败得更惨而已。孙子的"胜敌益强"思想，提倡不仅要取得胜利，而且自己的实力要变得更强。因此，要做到"胜敌益强"，首先自己不能损失太大，为了单纯获胜，代价太大，胜利的价值要大打折扣；其次不能把敌人打坏了，否则，即使胜利了，得到的是残垣断壁，没有丰厚的战利品，也没有意义；最后还需要巩固胜利成果。

（一）不要把敌人打坏了，缴获的战利品、俘虏的敌军均可为我所用

孙子的思想是"求全"，先保全自己，再追求全胜，最好把敌人也保全，把保全的敌人都整编过来，既取得了胜利，自己的实力也变得更加强大。

"车杂而乘之"。战胜敌人，夺取敌人的战车，编入自己的车队。缴获敌军的粮草、器械和其他物资，为我所用。

"卒善而养之"。优待俘虏，为我所用，典型战例是汉光武帝刘秀。刘秀破铜马贼于南阳，俘虏了十几万人，整编到自己的部队里。但是人心未安，因为铜马贼之前降过一次，又叛，又被打败，最后又降，所以许多贼帅觉得刘秀不会信任自己。

刘秀也知道他们的心思，说你们各归本营，我来慰劳将士。之后刘秀仅率十

余骑，亲探铜马大营，展示了以命相托的绝对诚意。贼帅都感激涕零，说："萧王推赤心置人腹中，安得不投死乎！"把自己的一颗赤心放到别人肚子里，那么大的诚意！这就是"推心置腹"。刘秀得了铜马，兵势大振。真正实现了"胜敌而益强"。

（二）做好战后安抚和重建工作，巩固胜利的成果

孙子说：战胜攻取，而不修其功者，凶，命曰"费留"。战争取得胜利，还必须做好战后安抚、战后重建工作。如果战胜了却没有做好战后的善后工作，也是"费留"。

吴王阖闾杀吴王僚即位，锐意改革，军事强盛，就开始伐楚争霸。吴王阖闾三年，与伍子胥、伯嚭、孙子攻楚，获得大胜，当时阖闾就想直取楚国国都郢都。孙子说，民众疲劳，不能攻打郢都，要等待时机。阖闾才作罢。

吴王阖闾四年、六年，吴国又两次大败楚国，中间第五年还击败越国一次。到了第九年，阖闾憋不住了，问伍子胥和孙子，说当初你们都反对我打郢都，今天如何？这回二人都同意，说联合唐、蔡两国就行。于是吴军再举攻楚，一举拿下了郢都，楚王逃亡，吴王阖闾创造了春秋战史上攻下大国都城的首例。

连续九年都在打胜仗，怎么样呢？费留了。因为只有军事，没有政治，不仅占领楚国后政治没怎么弄没有能"修功"，自己本国政治也没弄明白。阖闾在郢都"费留"，越国就乘虚而入攻打吴国。楚国向秦国求救，秦国也来攻打吴军。吴军和秦、越两国作战，都败了，阖闾的弟弟夫概见他哥哥在郢都滞留不归，他自己先逃回国去自立为王了。

中国古代有"数胜必亡"的道理，百战百胜，就要灭亡。百战，打仗太多，则百姓疲于奔命；百胜，胜利太多，则国君骄傲自大。以骄傲自大的国君，去统治疲惫不堪的人民，哪能不灭亡呢？

二、市场竞争中如何实现胜敌益强

战胜了敌人，自身的实力要变得更强，这样的胜利才有意义。企业经营的目的要清晰明确：不是"胜敌"，而是"益强"。企业进行市场竞争，不是为了打败甚至消灭对手，而是为了在市场竞争中，不但取得了胜利，而且自身变得更加强大。面对市场中的强者，不是要去压制对手，而是要想办法与之合作联盟。

企业在市场竞争中，可通过以下途径实现"胜敌益强"。

(一) 良性竞争，相互促进

企业之间的良性竞争，可以促使企业增添发展活力、增强创新动力，可以为消费者带来更多更好的产品和更加优质的服务，而有些无良企业和企业主鼓吹"企业竞争不是你吃掉我，就是我吃掉你"，把企业之间的正常竞争演变成"毁灭性竞争""破坏性竞争"等恶性竞争。他们不是在产品质量、品牌培育、自主创新、服务水平上提升竞争力，而是以卑劣的手段打价格战、资源战、网络战、公关战；他们不是把用户的合法利益放在首位，而是把用户当成企业竞争的利益筹码；他们不敢、不愿、不善于同竞争对手共同开创市场，而是梦想唯我独大、独霸天下。正道走不通，就走邪道、钻歪道；明里打不赢，就来阴的、使狠的。有的甚至突破法律和道德底线，手段无所不用其极。

当年的家电企业之间实行了残酷的价格战，使整个行业的利润像刀片一样薄，企业的研发投入不足，产品的整体质量下降，整个行业和消费者的利益也受到损害。有的家电企业为了攻城略地，对竞争对手的促销员大打出手，以致闹出人命官司。有的啤酒企业为了独占市场，指使工作人员在销售终端收购竞争对手的啤酒瓶，甚至把竞争对手的啤酒倒入垃圾桶销毁；有的食品企业为了打击竞争对手，居然在对方的工厂里安插"探子"，于是双方打起了"间谍战"，结果弄得两败俱伤。

良性竞争是光明正大的竞争、合法合规的竞争、合作共赢的竞争、具有包容性的竞争。企业之间只有实现良性竞争，才能相互学习、相互提高、加强合作、共同进步，才能更好地赢得市场、赢得消费者，才能更好地促进行业的发展，乃至促进整个社会的进步。

(二) 塑造对手，为我所用

在市场竞争中，要实现"不战而屈人之兵"，让竞争对手按照你设计指引的方向发展，也就是成功"塑造竞争对手"，这是上策，既实现了胜敌，又增强了自身实力。前提就是你的实力要强大，成为市场需求的引领者，而不是跟随者，成功塑造竞争对手。

但凡能够在自己的行业内成功塑造竞争对手，自身必须有强大的核心竞争力。企业核心竞争力是以企业的技术能力为核心，通过企业战略决策、生产制造、市场销售、内部组织协调管理的交互作用而获得的企业保持可持续发展优势的能力。企业核心竞争力应该是一个多种因素的组合，包括体制、规章、流程、特有的技术能力、核心产品等。

护城河是指企业的非核心业务线，但是对保护核心业务有极为关键作用的业务、产品和资源。企业护城河是指企业可以用来抵御竞争对手侵袭的壁垒，如无形资产、转换成本、成本优势等。护城河构筑得好，也可以成为企业的核心竞争力。

京东的护城河是自建物流，自建物流是很关键的，因为第三方物流无法满足它们业务的质量和效率要求。阿里最早的平台就是阿里巴巴，一个企业供求信息出海的平台，当时易趣电商 C 端称王，双方井水不犯河水，后来 ebay 收购易趣，阿里担心 ebay 会抄阿里的底，搞了个免费的淘宝，不图赚钱，就是把战火烧到对方阵地，确保自己主阵地安全。结果 ebay 不堪一击，而淘宝风生水起，淘宝曾是阿里巴巴的护城河，后来成为阿里的现金牛产品。淘宝的护城河是什么，是支付宝，以及菜鸟网络。

企业可以通过多种路径构建护城河。有的企业通过对上游或下游的企业和技术资源进行控制，以确保在竞争中掌握更多的资源优势。有的企业构建护城河的策略是，把战火烧到对手家里。还有的企业通过提升品牌资产构建护城河。如可口可乐、欧莱雅等上百年历史的品牌，它们经历过世界大战、金融风暴、经济萧条等，依然在世界商业丛林中屹立不倒，这样的品牌威力，就是企业最大的护城河。

(三) 兼并收购，做大做强

兼并收购是企业快速发展壮大的法宝，通过兼并收购，有利于企业不断调整和优化资产结构、提高资产质量，有效整合和配置资源、提高资源利用效益，也是企业在商业竞争中通过走低成本扩张之路发展壮大企业的有效路径。

腾讯、阿里、比亚迪等一些创新公司，都靠并购而成功做大做强。云天化集团是以云天化集团有限责任公司为母公司，控股一批生产经营子公司的产业集团，其母公司的前身是云南天然气化工厂。云天化能从一家产品单一的氮肥生产企业发展为多产业平台，最主要的原因之一就是企业在抓好生产经营的前提下，充分运用了并购重组这一重要的手段。

但并购重组也应处理好几个关系。一是并购重组和战略定位的关系，并购重组一定要有清晰的发展战略作为指导。二是并购重组和生产经营的关系，生产经营是企业价值创造基础，是企业发展和并购重组资金来源，必须在抓好现有生产经营的基础上推进实现并购重组。三是并购重组与强化管理的关系。四是并购重组与文化整合的关系，原企业与被并购的企业在经营思想、价值观念、工作态度、管理方式方法等方面都将会形成强烈的文化冲突，要处理好这一关系。

三、案例分析

优酷网与土豆网的爱恨情仇

继 2005 年 YouTube 成为全球首家享有视频播放权利公司的消息在互联网上迅速传播之后，国内企业也开始关注网络视频这一热点业务，视频行业呈现出迅猛发展态势。

由古永锵创立的优酷网在 2006 年正式推行，该网站以"快者为王"为产品理念，以优于同行的"快速播放，快速发布，快速搜索"为产品特性，逐渐成为我国互联网行业最具影响力的视频媒体。在发行之初，优酷网的定位是视频分享平台，包含互动性极强的自制视频上传板块，吸引了很多热爱拍摄剪辑制作视频的用户，引领了时代潮流。2008 年，优酷网同时获得了国家广播电影电视总局颁发的"信息网络传播视听节目许可证"，以及由北京市广播电影电视局颁发的"广播电视节目制作经营许可证"。2010 年 12 月，优酷网在美国纽约证券交易所上市，成为我国第一家在海外市场上市的视频网站，也是全球首家独立上市的视频网站。

王微创立的土豆网早于优酷网于 2005 年正式上线，是中国最早的视频分享平台。该网站创立的初衷是在中国开发"播客"的概念，为用户提供一个发布、浏览和分享视频作品的平台，让用户可以与观众和听众进行自由的交流互动。"每个人都是生活的导演"是土豆网的信条，致力于支持与鼓励年轻人表达自己对生活的热情和对时代的看法。土豆网发行两年后，每日提供的视频达 5500 万，视频播放量最高超过 1 亿次，日均独立用户数超过 1500 万。在优酷网上市之后，土豆网也于 2011 年 8 月在美国纳斯达克上市。

由于这两家公司在视频内容方面有很多相同点，业务类型及吸引的客户群重合度较高，不可避免地在市场份额上处于直接竞争关系，在行业关系上为典型的同质型竞争对手，所以这两位"老冤家"之间的纷争不断。2011 年 12 月 16 日，土豆网联合综艺节目《康熙来了》的版权方中国台湾中天电视台指控"优酷网"对《康熙来了》等土豆网独家热门版权，蓄意盗播，并在多次通知后仍不删除，宣布向优酷网提出 1.5 亿元侵权赔偿。除此之外，土豆网还决定将向互联网产业主管部门以及国家版权局进行举报，要求将优酷网列入黑名单乃至吊销营业执照。同日，优酷网宣布向土豆网展开全面维权，就百部长期被土豆网盗播的热播影视剧(如《武则天秘史》《后宫》等)、综艺节目(如韩国 SBS 人气节目《强心脏》《人气歌谣》等)及部分优酷自制剧提请诉讼,索赔金额累计过亿元。

除了版权上的相互索赔,2012 年 1 月 12 日,土豆网又宣布联合乐视网及搜狐视频共同采取技术措施,屏蔽优酷网旗下视频搜索"搜库",禁止优酷网搜索和抓取其视频内容,对此优酷网则回应其"闭关锁国"。第二日,优酷网宣布已针对土豆网的不正当竞争行为提起正式诉讼,称土豆网在尚未起诉巨额赔偿的前提下就公开向外界宣布向优酷网索赔 1.5 亿元的行为属于故意炒作与恶意竞争。因此事被很多不明真相的媒体进行宣传报道,导致优酷网的股价下跌,造成了严重的经济损失,所以优酷网要求土豆网停止侵权、公开赔礼道歉并赔偿 480 万元。

令人意想不到的是,这两家之间的恩怨还未全部了结,就于 2012 年 3 月 11 日签订最终协议,将以 100%换股的方式进行合并。合并后的新公司将命名为优酷土豆股份有限公司,优酷拥有新公司约 71.5%的股份,土豆拥有新公司约 28.5%的股份。此次合并一案对于视频网站的发展而言属于顺应时势之举,对两个企业而言都是有利的事情。首先,双方的合并使其立刻消除了最具威胁的竞争对手,减少了不必要的行业内耗,同时在市场份额上占据了绝对优势,几乎掌握了视频行业的半壁江山,这会为新公司带来市场势力;其次,双方合并之后可实现版权内容、技术资源与管理等多方面共享,从而节约成本;再次,成为利益共同体的双方在之后的广告招商和版权竞价中不会进行恶意竞争,提高了在购买版权及广告收费时的议价能力,有助于新公司在购买视频版权时压低价格,在视频中插入广告时取得更高的收费;最后,合并可以获得经营和品牌的协同效应,因为两家所享有的独家内容整合后会增加原有的客户群,增加点击率和收入,并且双品牌模式可以加深群众认可度。事实证明,优酷网和土豆网的合并取得了不错的效果,是一次比较成功的网络视频行业内并购。

资料来源:章睿鹏. 优酷并购土豆网的动机分析[J]. 中国商贸,2012(22):134-135;宋平,康月. 浅谈优酷土豆合并[J]. 北方经济,2012(22):11-12;蔡恩泽."闪婚"一笑泯恩仇——优酷与土豆瞬间联姻[J]. 微电脑世界,2012(4):114-115.

分析点评

一场真正可以称为胜利的战争应该是能够取得"胜敌益强"结果的对战,孙子提倡在获得胜利的同时也要使我方实力变强,如俘虏敌军和缴获战利品充盈我军，如果是凭借伤敌一千自损八百而获得的艰难取胜并不是真正意义上的胜利。对于企业来说，消灭对手不是目的，因为竞争者是层出不穷的，能够在与对手的比拼中实现"益强"壮大企业自身才是管理者需要完成的目标。

优酷网和土豆网因为产品内容同质性高而不可避免地成为直接竞争对手，双方因为版权问题纷争不断，口水战最后演变为诉讼战，土豆网还试图制裁优酷网，通过屏蔽优酷网旗下视频搜索"搜库"，禁止优酷网搜索和抓取其视频内容，双方之间这样恶意竞争的结果就是各自的企业都受到了损失，没有谁可以做到独善其身。后来这两家企业通过合并实现了快速发展，将竞争对手变为合作伙伴而减少了不必要的行业内耗，还可以实现资源共享，最后双方都获得了良好绩效。

企业想实现"胜敌益强"，可以与竞争者相互促进，良性竞争，实现共同进步，如果互相"使绊子"恶意竞争，结果只能是两败俱伤；或者通过兼并收购，将外部竞争问题内部化，将敌人变为伙伴，减少内耗实现做大做强。

第三节　卓越将领：企业应提拔重用的重点人才

将领是决定战争能否取得胜利的关键因素之一。要打胜仗，就应该提拔重用卓越将领。"卓越将领"思想在《孙子兵法》多处有阐述，原文如下：

故知兵之将，生民之司命，国家安危之主也。

《作战篇第二》

夫将者，国之辅也，辅周则国必强，辅隙则国必弱。

《谋攻篇第三》

故进不求名，退不避罪，唯人是保，而利合于主，国之宝也。

《地形篇第十》

故明君贤将，所以动而胜人，成功出于众者，先知也。

《用间篇第十三》

一、"卓越将领"阐释

孙子在《孙子兵法》中,有多处关于"卓越将领"在标准方面的论述:一是《作战篇》的"故知兵之将,生民之司命,国家安危之主也"。二是《地形篇》的"故进不求名,退不避罪,唯人是保,而利合于主,国之宝也"。三是《谋攻篇》的"夫将者,国之辅也,辅周则国必强,辅隙则国必弱"。四是《用间篇》中的"故明君贤将,所以动而胜人,成功出于众者,先知也"。因此,要成为"卓越将领",各种能力和素质方面都要求很高。

(一)知兵之将

作为一名将领,精通如何排兵布阵和用兵作战,是将领必备的业务能力。孙子对"知兵之将"的评价很高。"故知兵之将,生民之司命,国家安危之主也。""司命",是天上掌管世人生死寿命的星宿。将领便管着人民的生死寿命。长平之战,赵国由廉颇做司命,大家的命都还在。换赵括做司命,四十万赵军士兵的命没了,国家也危急了。第一次世界大战打成了绞肉机,断送无数年轻人的生命,也是那些民之司命的罪责。

(二)节操高尚之将

能称得上知名将帅,应具有高尚节操。孙子认为:进不求战胜之名,退不避违命之罪,一切只为保护民众,真正有利于主君,这才是国家之宝啊!张预注解:"进退违命,非为己也,皆所以保民命而合主利,此忠臣,国家之宝也。"进退都不是为了自己,而是为了国家、人民和主君的利益,这是真正的忠诚。

这样的将帅,道德高尚、负责任有担当、忠诚善良。

道德高尚,对世俗功名看得很淡,一身正气,原则性强,一贯有原则,所以无论他做什么决定,上上下下都没有人怀疑他的动机,他才能有资格、有空间独断专行。

负责任有担当,在战争中,根据实际情况作出判断决策,该退就退,退不避罪,勇于承担责任,如果进则有祸国殃民之害,君命让进也不进,哪怕因此获罪,也不后悔。

忠诚善良,真正忠诚于国家、人民和主君的利益,而不是忠诚于某人的指示。因为主君的指示,并不一定符合主君自己的利益。主君的判断不一定对。

真正爱人民、爱国家、爱部下、爱主君，那种真挚的爱，没有一点虚假，每个人都能感受到。

(三)具有先知之将

将帅掌握百姓命运，主宰国家安危，应该具有超强的洞察力和趋势预判能力，是先知先觉者。在风云变幻的战争年代，将帅要能战胜敌人，成功超出众人者，就在于事先了解情况。梅尧臣注："主不妄动，动必胜人；将不苟功，功必出众。所以者何也? 在预知敌情也。"先知的情报信息不能通过迷信占卜和笼统类比等方式取得，必须依靠知道敌情的人(间谍)。1931 年 4 月 24 日，时任中央特科负责人的顾顺章在武汉被捕后当即叛变，供出中共地下交通机关的众多机密，企图将中共中央机关全部肃清。国民党武汉特务机关发到南京的6 份机密电报，被地下党员钱壮飞先生截获，他马上把顾顺章叛变的特急情报迅速地通过李克农和陈赓转给了中共中央。在上海负责中央工作的周恩来立即把警报分送中央各部门。我党随即采取了一系列的紧急应变措施，对党的主要负责人做了周密的保卫和转移，避免了一场大灾难。

(四)善于辅君之将

将帅不仅要在战场上制胜立功，也要辅佐好国君治理好国家。将帅是国家辅佐之重臣，"辅周则国强，辅隙则国弱"。"周"和"隙"，有三层意思，第一，"周"是才智俱备，能力全面，"隙"则是能力有欠缺；第二，"周"是行事周全，"隙"则是有缺漏；第三，"周"是周密，谋不泄于外，"隙"则是形见于外，让人家看到了你的虚实，钻了你的空子。

做事也是一样，要周全、周密、算无遗策。有一个地方没考虑到，有了隙，到时候就在那隙的地方崩盘。到那时再喊"这谁知道啊"，那没意义。中国有句古话叫"不知者不为罪"，大错! 不知就是最大的罪! 你不知，怎么担当这责任、管这事呢?

二、企业应该提拔重用什么样的人才

刘邦之所以能得天下，在于其领导集团当中各种人才都有，正如刘邦自己所说：运筹帷幄之中，决胜千里之外，吾不如子房；镇国抚民，给饷馈，不绝粮道，吾不如萧何；连百万之众，战必胜，攻必取，吾不如韩信。三者皆为人杰，吾能用之，此吾所以取天下者也。因此，要在激烈的市场竞争中胜出，企业也要提拔重用各类人才。

(一)业务能力强的人才

所谓业务能力强，就是对自己负责的业务非常的熟悉在行，如市场拓展人才熟悉市场发展趋势、市场开拓渠道和方法，技术研发人才熟悉技术研发的重点、难点和技术发展方向。这类人才不但业务能力强，而且具有开拓创新精神，他们的执行力也特别强，想干事、会干事，能干成事，这类人才是企业发展的主要力量。

业务能力强的人才，往往对行业发展和市场趋势具有前瞻性预判，能为企业发展提供具有谋略性和战略性的解决方案。这类人才往往是先知先觉者，总是能够洞察市场机会，洞悉行业发展趋势，或者总能在企业碰到困难的关键时刻，为企业发展出谋划策、提出关键解决方案。

领导力的核心就是通过他人去完成任务，通过有能力的人，自己才能把精力转移到公司的其他业务上，从而节约领导的时间成本。作为企业某一方面业务的负责人，如果对自己负责的业务不熟悉，没有支撑起本领域业务的能力，对于出现的常见问题也无法提出系列的解决方案，业绩得不到有效提升，怎么能够得到提拔重用呢？

(二)职业操守好的人才

所谓职业节操好，就是做事责任心强、敢于担当、不急功近利，考虑问题总是从大局和企业整体利益出发。关键时候，挺身而出，勇于承担责任，大公无私的人，值得提拔重用。我们选拔人才，一定要选拔那些对结果负责的人，选拔那些有担当的人。

一个没有责任心和没有担当的人，哪怕他的工作能力再强，对待工作必然会缺乏热情，没有激情，做事敷衍了事、虎头蛇尾甚至不会顾及自己团队的利益，往往容易把事情搞砸。这种人做事，让领导不放心，难当大任，所以管理者也不会提拔这种人。

急功近利的人，往往比较贪婪。企业的管理者，手中握有各种利益和权力，一旦贪欲旺盛，很容易误入歧途，所以古人说"成大事者必戒贪之一字"。急功近利的人，往往不善等待。成大事者，往往气定神闲，而失败者，往往气急败坏。

一个优秀的企业管理者首先应该把公司利益放在第一位，无论何时何地，都要最大限度地维护公司利益。有时，公司与员工在利益上也会发生冲突，这时员工千万不能把公司利益置之度外，应以公司利益为主。

李某是一名工程师，在业界小有名气。2019 年，李某离开了原公司，准备进入一家新的实力更加雄厚的公司工作。由于新公司与原公司业务相关，新公司经理面试他的时候，要求他透露一些他在原公司开发项目的情况。李某马上回绝了这个要求。理由很简单："尽管我离开了原来的公司，但我没有权利背叛它，现在和以后都是如此。"面试不欢而散，但出人意料的是，李某却收到了录用通知，理由是：你有我们公司需要的能力与才干，还有我们最需要的——维护公司的利益。

员工需要为公司争取利益，而不是为自己争利益。只有公司发达了，员工才会跟着发达。只有那些时刻将公司利益置于首位的人才会赢得老板的赏识，才能够得到更多的晋升机会与更大的发展空间。

(三) 像老板一样思考的人才

这类人才善于处理与企业老板的关系，总是站在老板的视角来思考问题，把自己负责的事情做得更好，以实现企业战略目标为奋斗方向。君主可以不懂军事，将军却不能不懂政治。不善于处理与企业最高领导的关系，不懂得站在企业老板的立场来思考和看待问题，就不能理解老板的意图和战略，就不可能把自身的工作做好。

小 A 和小 B 在同一家公司上班，刚开始拿的工资也是一样的。没过多久，这个小 B 就一直升职加薪，而小 A 还是原地踏步，后来，小 B 都成为小 A 的领导了。小 A 不服，去找大老板理论。

大老板没说啥，给小 A 派了一个活儿，"你去集市看看有没有卖土豆的"。不一会儿，小 A 回来了，说"只有一个农民拉着土豆在卖"。老板接着说，"那有多少土豆?"小 A，"我不知道啊，我再去看看"。接着小 A 又气喘吁吁地跑去了集市，向老板汇报，"有 40 袋"。"多少钱一斤?"老板接着问。小 A 又傻眼了，"你没让我问价格啊，那我再去跑一趟吧"，老板叫住了小 A，让他站在旁边。同时把小 B 叫过来，把同样的话对小 B 说了一句，"你去看看今天集市上有没有卖土豆的"。

小 B 不一会儿也回来了，他向老板汇报，"今天只有一个农民在卖土豆，总共有 40 袋，每斤两毛五，土豆质量不错，我带回来一个，你看看"。说着就把土豆给了老板，他又接着说道："根据以往的经验，我觉得现在收购这批土豆很优惠，我们可以在一个星期内就能卖完，具体价格还可以再和卖土豆的谈，我把那个农民也带来了，他就在外面等着你。"小 B 说完了这些，老板满意地笑了，转头看了看小 A，小 A 羞愧地低下了头。

像老板一样思考，你就成了一名老板。当你站在老板的角度去看待问题并积极地对待自己的工作以后，你就会成为老板最信赖的人，因为你在主观上已经把自己当成他事业的一部分了，不管任何时候都会和公司站在一起，为公司大局着想，以公司利益为重，这时候的你会更加具有创造力和积极性。

三、案例分析

华为成功背后的骨干人才

华为的成功离不开任正非，而任正非的成功离不开身后那些出色的骨干人才，就比如郑宝用和李一男。1987 年，任正非筹集了 2 万元在深圳创立了华为。当时的华为刚从销售消防设施转型做交换机的代理商，在国内固定电话快速普及的市场背景下，任正非赚到了创业以来的第一桶金。前两年华为公司的收益还是不错的，但随着国外供应商的不断压榨与国内市场中存在的强劲竞争对手，收益日渐较少，任正非清楚地认识到只有掌握核心技术才能使企业走出这内忧外患的困境并且变得更加强大。只是走科研之路并非易事，不仅需要资金和资源的支持，关键的是需要高科技人才，而这也是华为公司所缺少的，所以任正非在好友郭平的引荐下认识了郑宝用这位未来对华为起到"定海神针"作用的技术天才。

郑宝用是一位不可多得的技术型人才，在光电领域的研究得到了不少专业人士的认可，而且还掌握计算机、自动化等专业的知识。1989 年，已经获得华中理工大学(现为华中科技大学)理学硕士学位的郑宝用正在清华大学攻读博士学位，而且已经写好了毕业论文正在安心地等待答辩。恰巧此时任正非去找他并将华为当前面临的困境全部告知，并表示自己对技术一窍不通，可是作为老总不懂技术总会矮人一截，所以希望能够得到他的帮助。面对任正非的坦诚，郑宝用十分为难，还有半年就可以毕业的他目前正处在关键的时间节点，他不希望受到打扰，所以就婉拒了任正非的邀请。但是任正非并没有放弃，直接把铺盖拿到了郑宝用的宿舍和他同吃同住，其间不断向郑宝用讲述自己的想法和面临的难题。最终被任正非的志向所折服，郑宝用放弃了即将到手的博士学位，选择了加入华为。

进入华为后，郑宝用带领团队成功开发出了华为第一款自主研发的交换机——HJD48 小型模拟空分式用户交换机，这是华为从交换机销售转型到自主研发的关键一步。该产品质优价廉，1992 年投入市场后立马获得众多好评，使其在业内打响口碑的同时也帮助华为的销售额首次突破 1 亿元。这一项目结束以后，郑宝用被火速提拔为公司的第一位总工程师。随后他又主持研发了 JK1000 空分程控交换机，但是该产品投入市场以后反响平平。由于它是模拟交换机，受到成熟的数字交换机新技术的降维打击后，推出的第一天就面临即将被市场淘汰的局面，华为损失惨重。

任正非下定决心启动数字交换机的研发，郑宝用带领华为工程师团队研发出了 C&C08 2000 门机，在这期间，华为迎来了另一位技术天才——李一男。他 15 岁就考入华中理工大学少年班，研二时在华为实习，毕业以后顺理成章地留在了华为。年仅 23 岁就深受任正非的赏识和信任，他也不负众望地完成了任正非交给他的 C&C08 万门数字程控交换机的研发重任。C&C08 万门数字程控交换机在技术水平上达到国内外先进水平，并且符合中国国情。该机型具有很强的竞争力，对民族工业的推动、国民经济的发展具有重大意义。之后李一男一路晋升，27 岁就成为华为公司的常务副总裁。

郑宝用和李一男都属于业务能力非常出众的人才，所以能够得到老板的赏识和重用，在企业里除了自身业务过硬会被提拔，职业操守好、责任心强也是一个闪光点。在山东一家民营企业里有一位名叫王静的员工，她性格可不像名字一样安静，在工作中发现问题时她总是立即指出并汇报给上级，由此受到领导和同事的排挤，但是她不以为然。最初在文印室工作时，她发现同事校对不认真而且主任审查不严格，导致印出的东西经常有错字错句的情况出现，所以她就在公司工作总结会上提出修改文印制度的建议，这让文印室的主任和同事都感到不快。于是她被调到后勤处当食堂保管，不久又向领导反映食堂采购以次充好、厨师做饭不讲卫生的问题，结果就是得罪了食堂的人员而无法再继续在食堂工作。随后她又辗转了几个部门，无一例外都是因为太能"挑毛病"而让大家反感。不可否认的是，王静是一位责任心非常强的员工，她面对公司存在的不合理情况敢于直言而不怕得罪别人，所以公司的一位副总裁看到王静的这种发现问题的能力，将她调到了客服部，专门负责发现产品售后问题。结果在这个岗位上，王静如鱼得水，很快赢得了客户的赞赏，留住了一批流动客户，为公司经营销售打开了市场，王静也凭借这份业绩被聘任为客户经理。

资料来源：闫岩. 追随任正非超过 30 年，他屡救华为却深藏功与名！［EB/OL］. 2020－12－29. https：//www.sohu.com/a/440781929_212351；"直肠子"员工总提意见，几经周折被重用[J]. 班组天地，2017（9）：56.

分析点评

什么样的将领能够得到国君的提拔和重用，在孙子看来应是具备"知兵""先知"等善于辅佐君王的能力，以及拥有"进不求名，退不避罪"高尚道德的"卓越将领"。在当今社会，人才济济，要想获得企业领导的赏识，需要具备过硬的专业技能或出众的业务能力，因为企业需要能解决问题的人才。除此以外，拥有良好的职业操守、责任心强的员工及做事时能够站在领导角度为其思考的员工都是企业所需的人才。

任正非创立的华为在科技上能够取得今天如此辉煌的成就，离不开背后那些出色的技术骨干，在公司刚刚起步之时，聘用郑宝用和李一男这样的技术天才为华为后来的发展开辟了新篇章。他们出色的业务能力不仅让华为在众多竞争企业里脱颖而出，而且使其跻身于行业先列，同时他们也凭借自己的业绩得到了任正非的赏识和重用。王静身为企业一员，她具有很强的责任心，当发现工作过程中出现的任何不合理情况时都会及时反映给上级领导，并且大公无私不怕得罪人，这种职业操守好的人才最后也得到了领导的提拔和重用。

企业的成功光靠管理者是无法实现的，人才是企业发展过程中不可或缺的重要战略资源，企业家应善于发现员工中存在的优秀人才以及员工的闪光点，对企业发展能够起到帮助作用的员工要重用提拔，充分利用企业现有的人才资源。

附录 《作战篇》原文与翻译

请扫描二维码，了解《作战篇》的原文与翻译。

商解《谋攻篇》制胜之道

　　《谋攻篇》不是讲如何利用奇谋巧计来取得战争胜利，而是论述如何通过破坏敌方的作战意图和计划，以及外交斡旋策略，不用发动流血死人的战争，从而达到不战而胜。孙子提出要达到"全胜"理想境界，只有通过伐谋伐交的方式，而不是战场上的兵戎相见，孙子的不战而屈人之兵是一种强者思维。孙子还阐述了君患于军关系、知胜的方法等思想，最后提出"知彼知己，百战不殆"的名言。本章对《谋攻篇》的"全胜思想""上兵伐谋""君患于军""知胜思想"进行商解，探索市场竞争和商业运营的制胜之道。

第一节 全胜思想：商业竞争追求的理想

两军交战，大多是两败俱伤。孙子主张不战而屈人之兵，不仅要取得胜利，尽量使自己不受损，还要保全敌人，从而达到"全胜"的理想境界。"全胜思想"原文如下：

孙子曰：夫用兵之法，全国为上，破国次之；全军为上，破军次之；全旅为上，破旅次之；全卒为上，破卒次之；全伍为上，破伍次之。是故百战百胜，非善之善者也；不战而屈人之兵，善之善者也。

《谋攻篇第三》

一、"全胜思想"阐释

"全胜"是战争的理想状态，也是孙子追求的终极目标。孙子对"全胜"思想有一系列阐述："夫用兵之法，全国为上，破国次之；全军为上，破军次之；全旅为上，破旅次之；全卒为上，破卒次之；全伍为上，破伍次之。"层层递进，最好能不战而屈人之兵。

孙子不提倡"百战百胜"。百战百胜不是什么好事。用李克对魏文侯的话来说"数胜必亡"。为什么呢？每一次战胜都有代价，有消耗。百战则民疲，百胜则主骄。自己又疲惫又骄傲，对方则铆足了劲要雪耻，可能下一仗就翻盘了。再说都百战百胜了，还在打，可见胜利的质量并不高，打了一百次胜仗还没解决问题。

孙子提倡"不战而屈人之兵"。要达到孙子的"必以全争于天下。故兵不顿而利可全"的理想，最好的方式就是"伐谋伐交"。

通过破坏敌人的作战意图和计划，或者把敌军的主谋给干掉，来实现不战而胜。东汉时寇恂讨伐高峻。高峻派他的谋士皇甫文做使者来谒见。寇恂二话不说就把他杀了，给高峻送去一封信，说你的军师无礼，已经被我斩了。你要投降就赶快来，不投降就固守吧！高峻一方的主谋被杀，没有了主心骨，即日就开城投降了。

还有就是通过成功的外交手段让敌方孤立无援，联合策反敌人内部反对势力颠覆当政者。"伐谋伐交"都是强者的策略，你必须具有强大的经济实力和军事实力。

如果敌人坚持要战，我必能打，先战而屈人之兵，用强大实力征服敌人。诸葛亮七擒孟获，用强大的实力使孟获最后心服口服，蜀国的南方得以巩固和扩展。

曹操说："兴师深入长驱，距其城郭，绝其内外，敌举国来服为上。以兵击破，败而得之，其次也。"把敌人围起来，让他绝望，认清形势，投降，那是最好不过。他若作困兽之斗，我们攻城击破他，那就要付出代价，得到的也不是全城，而是一个破城。更何况，战场上什么都可能发生，不一定能胜利。曹操伐江南，刘琮投降，曹操就得了徐州，还得了蔡瑁、张允的水军。

所以，《六韬》指出："全胜不斗，大兵无创。"全胜是不战而屈，兵强而没有损伤，不得已才"伐兵攻城"。无论是"不战而屈人之兵"，还是"先战而屈人之兵"，都一定要有战备、有实力，这才是根本。

孙子的"全胜"，希望的是达到"胜敌而益强"，少做"杀敌一千，自损八百"的事。要实现胜敌益强的目标，还要做好战后安抚和重建工作。

孙子指出：夫战胜攻取，而不修其功者凶，命曰"费留"。军事胜利之后，必须有政治胜利，做好战后的善后和重建工作。否则，军事胜利反而会为后续的治理带来很多灾难，战争的泥潭、战后的黑洞，费财疲兵，即使取得胜利，同样会陷入战后混乱的泥潭，会被拖死，这是巨大的灾难。

一战定局，才是王道。但凡天下诸国的战事，五战五胜，那是国家的灾祸；四战四胜，那会出问题；三战三胜，那是霸主；两战两胜，可以称王。一战而定，那才是天下之主。百战百胜而得天下的很少，灭亡的多。项羽百战百胜，刘邦只赢了垓下一仗，就定局建立汉朝。

战胜易，守胜难。美国打伊拉克，摧枯拉朽，容易！但要守胜，在伊拉克守不住，在利比亚守不住，在叙利亚也守不住。

二、如何理解商战中的全胜

军事战争中的"全胜"：不仅要保全自己，也力争保全敌人，还要做好战后的修胜工作，让胜利不留后遗症。企业在商战中的全胜，强调与竞争对手及各利益相关主体的合作，是一种双赢和多赢思维；在商业社会中，打败甚至消灭竞争对手，消费者也并不必然就投向你，共同合作，把市场和产业做大做强，形成多方共赢的局面，才是真正的胜利，才是商业社会的全胜。

（一）共赢思维，良性竞争

在致力于构建和谐社会的今天，每一个企业都应该摈弃腐朽恶俗的竞争文化，抛掉你死我活的商战逻辑，树立多方共赢的竞争理念。同时，有关部门也应积极作为，综合运用经济、法律、科技和行政等手段，大力营造有利于企业良性竞争的营商环境。

共赢思维是指在处理双边或多边关系时，在相互信任的基础上，通过各方互相理解、互相支持、换位思考，使双方或多方的利益分配趋于合理化，使各方得到满意，成为相互合作的伙伴关系。

杰克·韦尔奇说过：我喜欢富有团队意识的员工，因为在一家公司或是一个办公室中，几乎没有一件工作是一个人独立完成的。大多数人只是在高度分工中担任一部分工作。只有依靠部门中全体职员的互动合作、互补不足，工作才能顺利进行，才能成就一番事业。具有共赢思维的人，才能深刻认识到团队合作的重要性，才能一切以团队利益为重。相反，缺乏共赢思维，只考虑自己的人，最终只会变成失败的牺牲品。

企业管理者在制定经营决策时，不要被短期利益和自我利益蒙蔽了眼睛，而要站到更高的平台，放眼更广阔的视野，以共赢的思维，把各方利益都考虑进来，寻求一个使各方都能获得最大利益的解决方案。

（二）错位互补，做大市场

与其更好，不如不同。错位就是找到"差异化"，并通过这种差异化，能够与原有的竞争对手进行互补共存，共同开拓发展新兴市场。错位互补，不是传统的针锋相对的直接竞争，而是避开原有竞争者涉及的领域，以互补的方式从事与原有领域相配套的领域，通过错位互补的方式，各个主体共同做大市场，每个市场主体都能获得市场份额，并从中获利，实现"共赢"。

有个温州人在小镇里开了一家加油站，由于仅此一家，生意特别好。第二个温州人看到这个商机，考虑到加油的人肯定需要吃饭，于是他在这里开了一家餐馆。第三个人则考虑到来到小镇上的人需要住宿，于是他开了一家旅社。第四个人觉得镇上的人需要生活用品，于是他开了一家超市。紧接着第五个、第六个、第七个……渐渐地，这个小镇成了一个商业圈，慢慢变成了一个繁荣的城镇。温州人的做法就属于错位互补。

反观许多商业模式，一群人来到一个小镇，发现加油站能赚钱，于是开了一家加油站，采取复制的模式，一个又一个后来人都开加油站，第三家、第四家、第五家……很多加油站都建了起来，形成了恶性循环竞争，最终大家都经营不下去了，纷纷倒闭。小镇还是那个小镇，没有变化。做生意，"千军万马过独木桥，落得人仰马翻"是常事，而"你过你的独木桥，我撑我的小木船"效果往往会更好。

(三) 合作协同，共创共赢

有句名言：如果你不能战胜对手，就加入他们。现代竞争，不再是你死我活的敌对关系，而是更高层次的竞合关系；现代企业追求的不再是单赢，而是双赢和多赢。

依靠拍搞笑段子爆火的小杨哥，于2021年底正式开始了直播带货。早期疯狂小杨哥的直播都是在回答观众一些稀奇古怪的问题：卖沙琪玛被粉丝问"是公马还是母马？"、卖香飘飘奶茶被问"喝了这个奶茶会飘吗？"……后期则以"反向带货"为主，像是现场测试商品质量，"翻车"之后又拿出真正要带货的商品。诸如此类跌宕起伏的剧情，在疯狂小杨哥的直播间里屡见不鲜。可以说，随便从他的直播中截取一段，就能当作一条搞笑类短视频发出来。因此，当时就有不少用户自发进行剪辑上传，并附上同样的商品链接，为自己赚取佣金。

疯狂小杨哥的团队发现这一现象后，一开始也想着投诉侵权，但是不断涌现的切片账号很难彻底根除，而且疯狂小杨哥嗅到了其中的商机，尝试起直播切片授权业务。具体来说，合作账号获得授权以后，就可以自由剪辑疯狂小杨哥的直播内容。有观众通过挂载商品链接下单后，产生的佣金由账号所有者和疯狂小杨哥按照一定比例分成。

小杨哥的直播切片授权剪辑业务，就是真正的合作协同、共创共赢。由于切片账号能享受跟大主播一样的商品佣金，引来了大量用户。2022年共有11000多人获得三只羊网络的切片授权，人均收入17000元，316个品牌通过切片带货销售额破百万元，疯狂小杨哥更是赚得盆满钵满。相比于矩阵号等模式，直播切片的成本更低，甚至不用给员工发薪水。2022年疯狂小杨哥的三只羊网络的切片带货收入已经达到1.87亿元，2023年更是达到7.48亿元，几乎能实现"躺着挣钱"。

因此，在共享经济时代，企业要树立全胜思维，共赢思维。企业之间只有加强合作，才能共创共赢，这是时代发展趋势。

三、案例分析

美团网 vs 大众点评网
合并双赢

王兴等人于2010年3月成立了美团网，是一个可以同时为商家和用户服务并促进两者之间消费和交易的平台。该网站致力于"为消费者发现最值得信赖的商家，让消费者享受超低折扣的优质服务；为商家找到最合适的消费者，给商家提供最大收益的互联网推广"。虽然"团购"这个行业在国内刚刚起步，但是发展势头猛烈。短短一年多时间，就有5000多家企业规模不同的团购网站涌现出来，它们发动了互联网界的"千团大战"，大众点评网、美团网、拉手网、糯米网等都想在这个团购浪潮中获得一片稳定的天地。

王兴在创立美团网之初就做好了公司的定位和布局：以团购业务为主线，横向发展，深入渗透餐饮、电影、酒店、外卖等垂直细分领域，打造连接人与服务的本地生活服务平台，后被王兴称为"T型战略"。美团网的团购商业模式没有采用Groupon的高毛利、高运营成本的策略，而是选用高效率、低成本、低毛利的经营手段。在团购领域，2012年底美团网实现52亿元销售额，超越当时的大众点评网和窝窝团的30亿元，占据30%市场份额成为行业第一；在外卖领域，美团网经过市场调研和对大环境的精准把握，认为外卖市场的规模一定会在未来的某个时候超越团购市场，所以在2013年正式上线"美团外卖"App，与当时已占据外卖市场半壁江山的"饿了么"展开正面竞争。在其他领域，美团网也获得了不错的经营业绩。

在运营方面，美团网采用差异化战略。比如2010年，美团网进入东莞市与当地的拉手网展开竞争时，特意避开了拉手网已有优势的餐饮等领域，而是将重心放在了KTV、电影院，以及烘焙店上。帮KTV设计生日套餐吸引过生日的消费者带着同伴前来消费，增加人流量；不放弃电影院的低毛利，拓展业务；与蛋糕店合作在情人节推出限定小蛋糕，在获得消费者满意的同时商家也能获得利润。将这三个领域经营起来以后，美团网在东莞市打开了市场，并于第二年反超拉手网。美团网通过错位竞争获取了新的市场先机并最终取得成功。除此之外，因为前期规模和资金有限，美团网为了避免与一线城市的商家进行竞争，选择通过占据下沉市场来扩大市场份额，也就是将经营目光放在三四线城市上。

大众点评网于 2003 年 4 月成立于上海，也是最早建立的中国消费第三方点评平台，定位于"中国领先的本地生活信息门户及交易平台"。在为用户提供商户信息、消费点评及消费优惠等信息服务的同时，也通过投资收购与内部发展相结合的方式来建立自己企业的生态体系。

美团网和大众点评网为了争夺市场份额，在外卖送餐、团购、电影票等很多日常服务领域都利用"烧钱"的方式进行恶性竞争。2015 年，由于美团网出现了连年亏损，面对大众点评网推出的"闪惠"业务（主张去团购化），对美团网造成一定压力，而且为了巩固其在团购市场的优势地位及抢占市场份额，美团网决定收购大众点评网。2015 年 10 月 8 日，美团网与大众点评网联合发表声明，宣布双方已达成战略合并成立新公司：美团—大众点评。新公司将会占据 80% 以上的团购市场份额，形成更强的寡头效应，显著拉高估值。原本合并之前的美团网估值为 70 亿美元，大众点评网估值为 40 多亿美元，合并以后的新公司估值为 150 亿美元左右。

新公司保留双方各自的品牌和业务独立运营，同时加强战略协同和优势互补。美团网重在交易，其优势在于高频低价业务，使用的"T 型战略"让其在电影、酒店、外卖等细分领域都有一定的业绩经营，而大众点评网在消费信息平台基础上还投资婚庆、家装、亲子等低频高价业务，双方在主线业务之外的领域可以形成优势互补，做大市场规模。除此之外，美团网的团购业务在三四线城市具有领先地位，而大众点评网的消费信息服务平台则在一二线城市领先，双方合并以后可以整合资源，强化业务关系网，形成协同效应。事实证明，这两家公司的合并是非常成功的，为各自的企业都带来新的生机。

资料来源：武志军. 美团 vs 拉手　谁的服务更胜一筹？[J]. 中国品牌，2011(6)：30-31；韩煜尘. 过期退款？团购网站的艰难抉择[J]. 网友世界，2011(7)：8；周运兰，刘晓娆，潘泽江. 美团网与大众点评网合并案剖析[J]. 财会通讯，2016(29)：86-88.

分析点评

孙子认为"常胜将军"并非最好的将军，若能达到"不战而屈人之兵"，让敌军听到其名号就直接全体投降的将军才是最顶尖的好将军。他主张在战争中力求实现"全胜"，在保全自身的同时也保全敌人，并且巩固胜利成果，不留"后遗症"。在商业社会中的"全胜"就是能够与对手一起将市场做大，将企业做强，良性竞争，协作共赢。

美团网成立之初，在东莞市与当地的拉手网展开竞争时，特意避开了拉手网已有优势的餐饮等领域，而是将重心放在了KTV、电影院及烘焙店上，不与其正面竞争损耗自身企业实力，采用差异化战略与拉手网在业务方面形成错位互补，共同将市场做大，最后取得了很好的经营成果。美团网与大众点评网的合并又是一次"双赢"的战略结合，不仅可以消除行业内耗，减少恶意竞争成本，缓解企业双方各自面临的经营困境，还能创建强强联手合作共赢的新局面，为企业发展开辟了新道路。

企业管理者应该培养"全胜"思想、共赢思维。过多地关注如何阻碍竞争对手的发展并不会给企业自身的实力增强带来帮助。要与竞争者之间实现良性友好的互动，既不损害双方原有的利益又能使企业获得更多的机遇，恶意竞争诸如价格战等只会使自己与对手都处于被动的局面，不利于行业和企业的发展。

第二节　上兵伐谋：占领消费者的心智市场

上兵伐谋，就是要破坏对方的计谋，不仅要破坏敌方的未成之谋，也要破坏敌人的已成之计，甚至直接把敌人的主谋干掉。"上兵伐谋"思想的原文如下：

故上兵伐谋，其次伐交，其次伐兵，其下攻城。攻城之法为不得已。修橹轒辒，具器械，三月而后成，距堙，又三月而后已。将不胜其忿而蚁附之，杀士三分之一而城不拔者，此攻之灾也。故善用兵者，屈人之兵而非战也，拔人之城而非攻也，毁人之国而非久也，必以全争于天下。故兵不顿而利可全，此谋攻之法也。

《谋攻篇第三》

一、"上兵伐谋"阐释

"上兵伐谋"中的"伐"是攻伐、挫败的意思。孙子列出来攻伐敌人的四种方式：伐谋、伐交、伐兵和攻城。伐谋，就是挫败敌军的意图、想法和计划；伐交，就是破坏敌人的外交结盟，以此来打击敌人；伐兵攻城，就是打败甚至消灭敌人的有生力量，夺取敌军的城池。通过"伐兵攻城"的方式，即使打败了敌人，获得了城池，但双方经过刀枪相搏，杀敌一千，自损也八百，这是下策。

"伐谋"的目的在于扰乱敌方心智、动摇敌方意志，使敌方的计划和方案无法实施，从而达到不战而胜。因此"伐谋"是上策。"伐谋"实现有两种途径。

(一)破坏敌人的意图、想法和计划，达到不战而胜

通过"伐谋"，不用血刃相见，却能破坏敌人的作战计划，打消敌人的作战意图，达到不战而退甚至屈人之兵的目的。

战国初，楚国国君楚惠王想扩大疆土，准备使用公输般(鲁班)制造的云梯等新式武器攻打当时的宋国。

墨子为了阻止楚国攻打宋国，不远千里来到楚国，找到了鲁班，劝说鲁班不要帮助楚惠王攻打宋国，鲁班说他不能干涉楚惠王的决定。于是鲁班便带领墨子去见楚惠王。墨子劝说楚国现在地大物博，资源丰富，不必攻打宋国，这样做必劳民伤财。楚惠王心动了，但鲁班显然不打算放弃炫耀新式武器的机会，他认为他的武器云梯所向披靡，宋国军队必不能抵挡得住。墨子说已经有了破解新式武器的方法，不信就比试一下。

墨子便与鲁班展开了模拟比试。鲁班用云梯攻城，墨子便用火箭烧云梯，鲁班败。鲁班用撞车撞城门，墨子用滚石檑木砸撞车，鲁班败。鲁班挖地道攻城，墨子用烟熏地道，鲁班败。三战墨子三胜。于是鲁班便起了杀害墨子的念头，墨子当场说出鲁班想要杀害他的念头。墨子说：我来时便安排我的弟子们前往宋国，他们都懂我的战法。宋国也早就准备好应付你们楚国的攻击。于是，楚惠王和鲁班便放弃了攻打宋国。

由此看出，墨子是一个有勇有谋的人，墨子为救宋国，并没有招兵买马从军事上帮助宋国对付楚国，而是通过谋略，让楚惠王认识到攻打宋国是个不明

智的选择，并揭穿了鲁班的阴谋，告知他们宋国早有准备，你们硬是要攻打宋国也得不到什么好处，最终迫使楚惠王放弃了攻打宋国的计划。

（二）消灭敌人出谋划策的人，使其失去主心骨，破坏敌人的图谋和计划，达到不战而屈人之兵

伐其主谋，不是从肉体上打击对手，而是从意志上击垮敌人，从思想上、信念上改造对手，最终取得"不战而屈人之兵"的效果。

光武帝派寇恂去招降高峻，寇恂奉玺书来到前线，高峻派军师皇甫文来见他，皇甫文态度倨傲，寇恂大怒，下令杀了皇甫文。

众将大惊，纷纷前来劝谏，认为高峻还有精兵数万人，武器精良，退回陇西的通道也畅通，我们攻打了这么久也打不下来，现在却要杀他的军师，高峻不是更不会投降吗？寇恂不听众将意见，还是下令杀了皇甫文，同时让皇甫文的副手回去禀告高峻：你的军师无礼被我杀了，你要投降，就快投降；不想投降，就好好守着吧！高峻得知了消息，大为惶恐，当天就开城投降了。

众将又惊又喜，纷纷前来祝贺寇恂，寇恂这时说出杀皇甫文的原因：皇甫文是高峻的心腹，高峻的计谋大多出自皇甫文，当见到皇甫文的时候，看他的态度就知道他根本没有投降的打算。如果放他回去，就正中了他的计谋，杀了他就会让高峻吓破胆，使高峻更加六神无主，只能选择投降。众将叹服不已。

二、占领消费者的心智市场

商业竞争与军事战争有一个重要的不同，商业竞争中不仅有竞争的双方，还有一个重要角色——顾客。在商业竞争中，商家把竞争对手打败了，不一定就能做大做强，关键还要看顾客是否买账。商家在市场竞争中，有两个阵地是一定要争取的，一是市场份额，二是消费者大脑，就是我们常说的消费者心智，这一市场被称为"心智市场"。那么哪一个市场更加重要呢？当然是心智市场。孙子的"上兵伐谋"思想给我们启示：只要拿下消费者的心智市场，不仅可以提高市场份额，而且也意味着拥有更多的忠诚顾客。

商家的产品和品牌，如果得不到顾客认可，没有忠诚顾客，最终也会被市场淘汰。那么，商家应如何有效占领顾客的心智市场，下面从四个方面进行分析。

(一)构建差异化

做不到世界第一，那就做世界独一无二，世界唯一。正如里斯和特劳特在《定位》中提出：在预期顾客的头脑中独树一帜。面对庞大的市场，首先按照客观标准进行市场细分，然后找到独属于你服务的那一个目标市场，构建有效的差异化。由于在消费者的心智模式中，只能接收有限信息，而且心智容易失去焦点，构建"与众不同"更能抓住消费者，在预期消费者大脑中留下深刻印象。构建差异化定位的方式很多，有产品差异化、形象差异化、渠道差异化和品类差异化等。"农夫山泉有点甜"就是构建了产品的差异化，沃尔玛的"天天平价"，从消费者利益视角，构建了很好的形象差异化。元气森林的"0糖0脂0卡"的概念强势出圈，构建了健康苏打气泡水的品类差异化。

(二)塑造品牌故事

品牌提高了同一类产品的辨识度，具有信任价值和情感价值。消费者之所以能够记住某个品牌，甚至心甘情愿地为之支付品牌溢价，很大程度上与其品牌故事相关。因此，讲好一个故事，激发消费者的强烈情感共鸣，是有效占领顾客心智市场的重要武器。泸州老窖，国窖1573，讲了一个470多年的酿酒故事，1573年是明朝万历皇帝登基的大好日子，泸州酒窖开窖了，举国庆典，这是讲了一个品牌的历史故事。如果你的产品非常独特，可以好好讲一个产品故事。20世纪40年代初期，Zippo成为美国军队的军需品，随着第二次世界大战的爆发，美国士兵很快便喜爱上了它，一打即着及优秀的防风性能在士兵中有口皆碑。在严酷的战场上，百无聊赖的深夜，士兵Zippo来点火取暖，或者用它暖一暖冻僵的握着家书的双手来体会一下家的温暖，点燃一根"万宝路"，还有些人竟然用Zippo和一顶空钢盔做了一顿热饭。在越南战场上的一次战役中，美国军官安东尼在敌军炮火的攻击下，左胸口受到枪击，子弹正中了置于左胸口袋的Zippo打火机，机身一处被撞凹了，但保住了安东尼的生命。也可给消费者讲一个情感故事。"褚橙"的创始人褚时健，他可是昔日的"烟王"，71岁入狱，75岁出狱从零开始，承包下2400亩荒山种植褚橙，经过6年的栽培，橙子终于挂果了，那年他老人家81岁了，这个故事太励志了。消费者听完故事，感到自己吃的不是普通的橙子，而是"人生总有起落，精神终可传承"的励志精神，这就是情感故事。

(三)构建易于记住和传播的品牌符号

品牌符号可以是一个词语,可以是一个图形,也可以是一个声音。好的品牌符号,要方便记忆、容易传播。品牌符号的目的不是感动自己,而是让顾客方便记住、容易传播。视觉、听觉、嗅觉、味觉、触觉都可以搭载品牌符号,但要记住,只能给顾客一个"最小的记忆包",来降低营销成本。一是构建品牌视觉符号。"三精口服液,蓝瓶的"——蓝瓶,就是三精口服液的视觉符号。消费者一看到蓝瓶,就想起三精;一想起三精,也会想起蓝瓶。三条斜杠,就是阿迪达斯的视觉符号。汰渍活性洗衣粉里的蓝色活性颗粒,都是视觉符号,让消费者充分识别、记住、传播。二是构建品牌听觉符号。英特尔广告里的"灯!等灯!等灯!",拍照时大声喊"田七",都令人印象深刻。口语化的宣传口号也有听觉符号属性。如"人头马一开,好运自然来";西贝莜面村,"闭着眼睛点,道道都好吃",都是可以脱口而出的语句。三是构建品牌的嗅觉、味觉和触觉符号。嗅觉、味觉、触觉符号的使用虽不如视觉和听觉符号广泛,但也随处可见。比如,高端酒店基本都有专门的香气设计,一推门馨香扑鼻;百货商场的化妆品区让人心旷神怡,而星巴克咖啡则满屋飘香。这些都是品牌的嗅觉符号。比如,康师傅红烧牛肉面的"就是这个味儿",让人难以忘记;在国外打开一瓶老干妈,那熟悉的味道无可替代。这些都是品牌的味觉符号。再如,摸上去像棉布的纸巾、冰凉丝滑的爱马仕丝巾、柔软温暖的鄂尔多斯羊毛衫……都是品牌的触觉符号。

(四)提出独特的销售主张

新开发的产品,可以运用特劳特的定位理论,找到未被满足的痛点,据此在消费者心智中建立一个新品类,然后成为这个品类的第一。对于很多企业现存的卖了很长时间的成熟产品,在新的环境中碰到了困难卖不动了,如何运用新思维,找到新赛道,实现新突破呢?我们可以运用 USP 理论(Unique Selling Proposition),即独特销售主张,让传统产品重新焕发生机。如果说定位理论是从用户出发的,而在现实基础上,让已经制造出的产品,卖得更好的独特销售主张,就是从产品出发的。独特销售主张最早是美国 TedBates 广告公司董事长瑞夫斯在 20 世纪 50 年代提出的概念,具体来说就是在现有产品的基础上,卖得更好的方法论。独特销售主张,就是从你的产品里,找到一个有巨大说服力的、竞争对手不具备的、对消费者有好处的购买理由。在竞争白热化的智能手机市场，不显山不露水的 OPPO 手机，凭借其独特销售主张：充电 5 分钟，通话 2 小时，在三四线城市异军突起。奔驰主打的是豪华舒适感、宝马是主打操控、沃尔沃是强调安全感，而超豪华汽车品牌劳斯莱斯的广告语：在时速 96 公里的劳斯莱斯的车里，最大的噪声来自电子钟。自然劳斯莱斯独特的销售主张就是：汽车引擎高速运转时，车内依然很安静。这个独特和稀缺的销售主张，更能吸引富人的眼光。

三、案例分析

心智市场才是主战场

美国哈佛大学的教授做过一个实验：随机召集了一群消费者，让每个人一口气不间断地说出某一产品类型（如牙膏、汽车、化妆品等）中他所知道的所有品牌名称，并接着追问，如果你要购买这类产品，你会选择什么品牌？

实验结果发现，一口气不间断能说出 7 个以上品牌名称的人几乎没有，大部分人只能说出 3~5 个；他们要购买的品牌绝大部分在他们说出的前 3 个品牌中。为什么他们会优先选择他们前 3 个说出的品牌中的产品呢？毫无疑问，这前 3 个品牌名称在他们的大脑心智中占有重要的位置，所以他们在选购时也会在潜意识里偏向这些品牌。

比如，说起辣椒酱，就会想到老干妈；选男士衣服，就会想到海澜之家；买空调，就会想到格力；挑冰箱，就会想到海尔；提起可乐，就会想到可口可乐；想喝气泡水，就会想到元气森林……这些在不同领域里凭借某些出色的产品成为行业领先品牌的企业就是牢牢抓住了消费者的心智，从而获得品牌优势。

想要成功地占据消费者的心智市场，可以选择塑造一个让人印象深刻且容易引起共鸣的品牌故事，就比如"中华瑰宝，伤科圣药"——云南白药。云南白药于乱世的战火中诞生，最初的由来是民间医生曲焕章在 1902 年研制出的万应百宝丹。百宝丹在治疗刀枪伤及跌打损伤方面疗效显著，并且在抗日战争时期这种救死扶伤的功能显得尤为重要，这也让百宝丹声名远扬。1955 年，曲焕章妻子缪兰英向昆明市政府献出该药的配方，因其具有战略性意义，战争时期可能起到扭转战局的作用，所以次年国务院保密委员会将该处方、工艺列为国家保密范围，此后曲焕章万应百宝丹改名为"云南白药"批量投入生产。该品牌逐渐壮大后，在个人护理、天然药物、养生保健、医疗器械等方面均绽放光彩。

除了讲好品牌故事，差异化的产品定位及特殊的品牌符号也可以获得消费者的心智市场。元气森林是一家致力于自主研发设计的创新型饮品企业，它的主要产品包括"燃"系列无糖茶、乳茶、健美轻茶和气泡水。该公司于2016年创立，短短几年时间，它就凭借创新理念和清新的包装迅速走红，成为饮料界的黑马。由于经济水平的提高，消费者也逐渐开始关注自身的健康状况。在市场消费理念改变和国家提倡发展健康食品的政策指导下，中国饮料行业开始调整产品结构，将目光投向绿色健康的饮料品牌。元气森林看准时机以此为切入点进行研发，2016年12月推出了"燃茶"这款无糖茶饮，主打"0糖"，一进入市场便引起消费群体的关注。之后元气森林在"0糖"的基础上研发出了"0糖0脂0卡"的苏打气泡水，开创了产品新品类，不仅充分保证了饮料的口感，还满足了消费者对于无糖的强烈需求，在市场上成功掀起一股"无糖气泡水"热潮，并以"健康"内涵迅速占领消费者心智走红网络。元气森林真正做到了"甜蜜无负担"，因此获得了大量的忠实用户。

除此之外，独具特色的产品包装也使消费者对元气森林产品的印象更加深刻。在微博、抖音、小红书等互联网平台上，许多消费者在分享该品牌的饮用体验时，都提到其包装是如何吸引他们进行首次购买尝试的。产品设计初期，我们发现我们的目标消费群体——Z世代(1995~2009年)年轻人，是"二次元文化"的强烈簇拥者。"二次元文化"是什么，它可以泛指个性、潮流、年轻、亚空间、年轻文化圈层、简洁……因此基于调研，元气森林定下了二次元的设计风格。我们遵循二次元设计的简洁、直白，最大限度地减少了用户的选择困难，兼顾美感和时尚感。所以，元气森林的两款主要产品"苏打气泡水"与"燃茶"均采用当下流行的简约包装设计，并在瓶身分别加上醒目的大字"気"和"燃"，小清新的二次元风格、亮丽的颜色配上小巧个性的瓶身，高度契合了如今年轻消费群体的审美，外加醒目的"0糖0脂0卡"标语，一下子就抓住了消费者的眼球。另外，之所以在苏打气泡水上选择用"気"这个字，是因为"元気"这个词在日文中有活力充沛、积极健康的意思，也象征着年轻、朝气，能给人一种喝完以后会元气复活的感知，所以更受到年轻人的追捧。但是随着近年来"国货崛起"潮流的愈演愈烈，元气森林也在悄悄剥去自己"日系"的外衣，逐渐尝试清新可爱的包装风格，如乳茶、功能性饮料的包装。

资料来源：李群楷.元气森林：国产气泡水品牌的营销之道[J].国际品牌观察，2021（34）：51-52；杨笑.浅析"元气森林"气泡水爆红的原因[J].今日财富（中国知识产权），2021（5）：133-134.

分析点评

孙子认为最好的谋攻法则是"以全争于天下"，要战胜敌国，不能只依靠战争这种暴力方式，若能在军事实力的基础上，运用谋略、外交等方式方法让敌国或敌军不战而降，那才是最高境界的"全胜"，所以他将"伐谋"视为最上等的军事行动。在商业竞争中，除了攻略竞争对手，还需抢夺消费者的心智市场，提高企业的市场份额。

云南白药通过塑造一个容易让人情感共鸣的品牌故事成功给消费者留下了治病良药的深刻印象；元气森林凭借"0糖0脂0卡"的苏打气泡水开创了产品新品类，实现差异化定位，不仅在饮料行业掀起"无糖气泡水"的热潮，还因其健康无负担的理念收获众多忠实的消费者。除此以外，元气森林最热销的单品"苏打气泡水"的瓶身上有着醒目的大字"気"，使用日文的"気"字可以传达出活力充沛、积极健康的意思，与这款产品的创新理念相吻合，而且当消费者看到"気"这个字时就会想起元气森林的气泡水，这一品牌符号占领了消费者的心智市场。

商业战场上的"伐谋"对象不只有竞争企业，还有作为产品和服务出口的消费者群体。通过讲好一个品牌故事、进行差异化的市场定位、构建独特且易于传播的品牌符号等可以为企业及其产品在消费者的心中确立一个与众不同的位置，成功占领其心智市场为企业吸引更多忠诚顾客。

第三节 君患于军：管理者要善于授权

君主不懂军事，又要干涉前线军事事务，就会带来严重后果，也给前线将领一个启示：皇帝可以不懂军事，但将军不能不懂政治。孙子"君患于军"思想的原文如下：

故君之所以患于军者三：不知军之不可以进而谓之进，不知军之不可以退而谓之退，是谓"縻军"；不知三军之事，而同三军之政者，则军士惑矣；不知三军之权，而同三军之任，则军士疑矣。三军既惑且疑，则诸侯之难至矣，是谓"乱军引胜"。

《谋攻篇第三》

一、"君患于军"阐释

将在外，君命有所不受。这既是一个政治问题，也是一个管理问题，还是一个授权问题。君主与在外征战的将领之间的这种关系处理不好，就会出大问题。《孙子兵法》有云："君之所以患于军者三：不知军之不可以进而谓之进，不知军之不可以退而谓之退，是谓'縻军'；不知三军之事，而同三军之政者，则军士惑矣；不知三军之权，而同三军之任，则军士疑矣。"国君之为害于前方军队的有三种情形。

一是不知军队不可以进攻，却强行命令进攻，不知军队不可以撤退却强行命令撤退。

前线作战的军队是进攻还是撤退应该视前线敌我态势情形等条件决定，国君远在后方，遥控军队不可能符合前线实际情况。安史之乱，哥舒翰守潼关。唐玄宗不知道不可以出战，非逼他出战，结果全军覆没，丢了潼关，长安失守，玄宗南逃四川。淝水之战，谢玄跟苻坚说："您把军队退一退，等我渡河过来和您决战。"苻坚不知道不可以退，真就下令退一退。后面的部队不知道为什么要退，晋军大声喊："秦军败了！"后面的以为前面败了，一哄而逃，就真败了。这就是不知进退，不知道军队的一进一退，都是生死存亡。

二是国君不了解前线军队内部管理、教育和奖惩等具体情况，而要参加或干预军队的行政事务，这就会使下级官吏疑惑。

《司马法》指出："军容不入国，国容不入军。"治军和治国，游戏规则不一样。杜牧注解，军队的礼度法令，自有军法从事，如果以寻常治国之道，军士反而不知道怎么办了。杜牧举了周亚夫军细柳的例子。汉文帝视察慰劳三军，到别人军营，门卫都直接放行，将领慌忙出迎。到了周亚夫门口，被拦下等通报，说军营中只听将军之令，不听天子之令。通报良久，周亚夫也没出迎，只说请进，还要求军营中要慢行，马车不许跑得快。最后他在自己大帐门口对文帝拱手行礼，说甲胄在身，不能跪拜。文帝叹服不已，在车栏杆上向将士们点头致意，从此认定周亚夫是可以依靠的大将，临终还叮嘱景帝，有兵事就用周亚夫。周亚夫也果然替景帝平定了七国之乱。

三是前线发生新的情况，必须及时随机应变，如果遇事不论大小都必须上报国君，必然贻误战机，也会使军队对指挥产生怀疑。

不懂得军队的权变，却要参与军队的任命。不得其人，就会满盘皆输。最典型的案例，就是著名的长平之战了，赵括纸上谈兵，不能打仗，廉颇知道，蔺相如知道，赵括死去的父亲知道，赵括的母亲知道。就两个人不知道，一个是赵括自己不知道，另一个是赵王不知道，四十万人的生命，就这么断送了。

以上三个不知，都是讲"将在外君命有所不受"，讲"中御之患"。姜太公说："国不可从外治，军不可从中御。"国内的事归主君管，不可以从国外处理；军中的事归将军管，不能由国君遥控。如果国君老是遥控，则"三军既惑且疑，则诸侯之难至矣"，敌国就乘隙而入。"是谓'乱军引胜'"，搞乱自己军队，把敌人引来，让敌人得胜。所以，国君应该正确处理自己与前线将领的关系，该授权就授权，该放就放，充分发挥"将者，国之辅"的作用，达到"辅周则国必强"的效果。

二、企业管理者如何有效授权

国君之所以患于军，实质上是一个授权的问题。由于国君过度干涉前方将领的实际作战，导致最后失败的案例比比皆是。孙子的"君患于军"思想给我们的启发：企业管理者要善于授权。

由于企业管理者不善于授权，分、子公司的总经理无法施展拳脚、发挥才能的事情时有发生。韩非子说："下君尽己之能，中君尽人之力，上君尽人之智。"高明的管理者不仅善聚众力，更善集众智。也就是常言所说：借人者强，借智者王。管理者要成为"上君"，就必须对下属进行合理的授权。企业管理者不可能是全能型选手，而且他们的时间精力也不允许什么事情都由他们亲自来完成，因此必须授权。合理有效地授权具有很多的好处，授权不仅可以解放自己和提升自己，而且还可以树立自我权威、发现人才和打造团队。

那应该怎么授权呢？不妨学习美的集团创始人何享健的授权策略。有人这样评价何享健：很多企业只有一个老板，美的却有100个何享健，公司不会离开一个人就玩不转。在"100个何享健"的带领下，美的从30亿元做到了1000多亿元。何享健是怎么做到的？他就是凭借十六字真言：集权有道，分权有序，授权有章，用权有度。

（一）集权有道

明责授权，责权利对等。授权要以责任为前提，授权同时要明确其职责，使下级明确自己的责任与权限范围。何享健给了事业部总经理很大的自由度，但要求他们每年都要签经营目标责任书，并严格考核。考核不合格就可能面临下岗，考核合格则重金奖励。做到这一点不容易。所以他认为要满足四个基本条件：一是有一支高素质的经理人队伍，能够独当一面；二是企业文化的认同；三是企业原有的制度比较健全、规范；四是监督机制非常强势。这就是集权有道。

（二）分权有序

什么权力该分、什么权力不该分，应该有明确的标准和分权程序。总部有总部的权力，如战略投资、关键人事任免、财务管理等。事业部也有事业部的权力，如机构设置、劳动用工等。涉及不属于事业部权限的事务，再小也不能擅自决定。这就是分权有序。

（三）授权有章

授权也要有章法。美的集团的章法就是一本20多页的《分权规范手册》。手册包含一个结合、十个放开、四个强化和七个管住。一个结合：责权利相统一的集权与分权相结合。十个放开：将机构设置权、基层干部的考核任免权、劳动用工权、专业技术人员聘用权、员工分配权、预算内和标准内费用开支权、计划内生产性投资项目实施权、生产组织权、采购供应权、销售权这十项基础权力下放。四个强化：强化预算管理、强化考核、强化审计监督、强化服务。七个管住：管住目标、管住资金、管住资产、管住投资、管住发展战略、管住政策、管住事业部正副总经理和财务负责人。这就是授权有章。

（四）用权有度

为了确保权力不被滥用，何享健在集团总部成立了战略委员会、科学技术委员会、信息技术委员会、人力资源委员会、审计委员会、监察委员会，确保权力在被授权的范围内使用。这就是用权有度。

企业领导授权要把握好以下四条原则。一是因事而授权，一事一授权，把权力授予做事的人；二是因人而授权，视能而授权，把权力授予有能力的人；

三是先授其责任，后授其权力，责权要相称，把权力授予有责任心和有担责的人。四是把权力授予你信任的人，授予有德的人，授予可靠的人。

领导授权有利于发现人才和培养人才，有利于锻炼人才和激励人才。同时，授权有利于领导者解脱自己、解放自己，少管小事管大事；有利于提高自己的能力和素质，有利于提升自己的领导力。

三、案例分析

领导者的授权之道

陈沛，中国著名搜索引擎技术专家，2003年8月，率先推出"第三代中文智能搜索引擎"，并被新浪、搜狐、网易、TOM四大门户同时采用，国内搜索引擎市场格局发生改变，陈沛也被媒体广泛誉为"中国搜索引擎第一人"。2003年12月，原慧聪搜索正式独立运作，成立了"中国搜索"（简称中搜），陈沛担任总裁。2004年，中搜推出全球第一款桌面搜索软件——网络猪。随着企业不断壮大，陈沛决定采用授权方式来解决扩张之后的管理问题。

在产业中能做出更大贡献取决于对产业的更大认识，包括对未来的洞察力，而这些能力要在技术和产品中表现出来，技术专家陈沛对于管理有自己的独到见解，因此尽管他是一个高层管理者，他的精力依然会主要放到产品和技术上。公司关于业务的管理会更多地交给适合它的人去做。他认为企业是知识创造的而不是资本，只有把权力交给知识型人才，才能做到一山能容百虎，如果业务本身就可以独立做大，而且该业务的领导者具有创造性，能够对这一业务领域做出最合适的判断，那么就要给他空间，把权力交给他，让他得到应有的回报。也就是说，谁对企业的发展具有更大的贡献和创造力，谁就应该拥有权力。授权本身是让更多的人有机会做出更正确的决策。

陈沛为自己的授权总结了几条原则：抓大放小、难得糊涂、视而不见，用这几条原则将复杂问题简单化。甚至他还经常在公开场合发表这一言论，告诉他的同行们：当你看到一件事情错了，不要去想，让它错吧。对此，陈沛的解释是，我能够授权的事情就是我认为可以容忍它犯错的事情。公司一定会有错误产生，当你花精力去纠正每一个错误时，实际上是你犯的最大的错误，因为你的时间过多地花在纠正这些小的错误上去了，而没有集中在最重要的工作上。我们常说要拿得起放得下，我认为容忍错误就是一种表现方式。

华为创始人任正非曾说：淡化英雄色彩，特别是淡化领导人创业者的色彩，是实现职业化的必由之路。高层领导者应该提供给下属展现自己能力的机会和平台，这样人才才能脱颖而出被企业赏识重用。权力不是要别人服从你，而是你告诉他如何干。任正非不仅要求高级领导者主动放权，自己更是以身作则，早早放弃签字权，在公司建立轮值 CEO 制度。除此之外，任正非还提出"四砍"用人之道：砍掉高层的手脚、中层的屁股、基层的脑袋，以及全身的赘肉。

砍掉高层的手脚，就是让高层干部只留下脑袋来洞察市场、规划战略、运筹帷幄。因为高层管理者负责为整个企业制定关键性的决策，所以不能被程序化的作业阻碍头脑的运作，不能被手脚的勤快掩盖思想的懒惰，要确保公司现在所做之事与前进方向是正确的。

砍掉中层的屁股，一是要打破部门本位主义，不能让中层干部只专注本部门的利益，而不考虑与其他部门之间的协调效应，这样会导致公司发展不平衡化。二是要让中层干部走出办公室，下到现场和市场，实行走动管理。三是要让中层干部的眼睛盯准客户和市场，屁股对准老板，不要钻营如何奉承老板，而是要倾听客户的需求和意见。

砍掉基层的脑袋，就是要求基层员工严格按照流程作业，做好本职工作，将事情简单高效地正确完成，不要自作主张、随性发挥，也不要好高骛远、指点江山。

砍掉全身的赘肉，就是要砍掉员工的"惰怠"，砍掉一身营养过剩的"赘肉"。首先，要砍掉不劳而获的幻想，华为公司旗帜鲜明地提出以奋斗者为本的核心价值观就是要坚定不移地砍掉员工的"惰怠"；其次，要砍掉居功自满的思想；最后，就是砍掉封闭狭隘的理想。

资料来源：陈沛. 陈沛搜索引擎亟需颠覆式创新[J]. 互联网周刊，2013(Z1)：84-85；沈伟民. 陈沛：搜索教父重出江湖[J]. 经理人，2015(1)：78-82，17；任正非用人"四砍"：砍掉高层的手脚、中层的屁股、基层的脑袋、全身的赘肉[EB/OL]. 2020-12-1. https：//www.sohu.com/a/395061542_203697.

分析点评

孙子之所以会认为"君患于军"，主要是因为国君对战场上和军队中的具体情况并不是十分了解，过多地干预军事行动才使"三军既惑且疑"，给敌人趁机进攻的机会并造成失败的局面。正所谓"将在外，君命有所不受"，合理有效的授权可以给作战的将领充分的发挥空间，同样在企业中的管理者也应该善于授权，给下属更多的权力和机会，为企业注入新动能。

面对因企业不断壮大出现的管理问题，陈沛选择用授权的方式去解决。他认为授权本身是让更多的人有机会做出更正确的决策，将权力交给适合它的知识型人才，能为企业的发展带来更多的帮助。"抓大放小、难得糊涂、视而不见"是陈沛的授权原则，他提倡将精力集中在重要的工作上，而不是过多地去关注如何纠正那些小错误。任正非认为高层领导者应该学会放权，给优秀的人才脱颖而出的机会，其用人之道是"砍掉高层的手脚、中层的屁股、基层的脑袋以及全身的赘肉"。他主张不同层级的员工各司其职，做好自己的本职工作而不要越级。

授权之道是一门深厚的学问，企业管理者能够合理有效地授权，也有利于企业充分发挥和挖掘人才资源潜力。企业根据自身的实际情况制定适用的标准给员工授权，可以让最了解实际情况的人员做出快速准确的决策，有利于提升企业的运行效能和整体业绩。

第四节　知胜思想：通过情报信息制胜

千难万难，判断最难，难就难在决策者的信息缺失和不对称。如果情报信息充分准确，决策失误概率会大大减少，才能真正做到以知制胜。"知胜思想"原文如下：

故知胜有五：知可以战与不可以战者胜，识众寡之用者胜，上下同欲者胜，以虞待不虞者胜，将能而君不御者胜。此五者，知胜之道也。

故曰：知彼知己者，百战不殆；不知彼而知己，一胜一负；不知彼，不知己，每战必殆。

《谋攻篇第三》

知吾卒之可以击，而不知敌之不可击，胜之半也；知敌之可击，而不知吾卒之不可以击，胜之半也；知敌之可击，知吾卒之可以击，而不知地形之不可以战，胜之半也。故知兵者，动而不迷，举而不穷。故曰：知彼知己，胜乃不殆；知天知地，胜乃不穷。

《地形篇第十》

故明君贤将，所以动而胜人，成功出于众者，先知也。

《用间篇第十三》

一、"知胜思想"阐释

两军作战，没有"知"，没有情报，就不可能制胜。"知"是将军思考和决策的基础，是制胜的关键要素。《孙子兵法》中提到最多的一个词就是"胜"，共提到 82 次；第二就是"知"，共提到 79 次。"胜"是核心主题，"知"是制胜方法论，以知求胜，是孙子制胜艺术的最大特色和独特魅力。

"知"的本质是"先知"。孙子在《用间篇》中指出："故明君贤将，所以动而胜人，成功出于众者，先知也。"所谓"先知"，就是指在事情发生前就获取了相关信息，先于对手获取情报。我们要"先知"什么？这是关键。

一是先知敌方在"五事七计"的优劣情况。五事：道、天、地、将、法；七计：主孰有道？将孰有能？天地孰得？法令孰行？兵众孰强？士卒孰练？赏罚孰明？要通过多方渠道，获取敌军在"五事七计"的情报信息。例如，他们的民众士兵是不是支持这次战争、敌军真实意图是什么、敌军士气是不是高涨；敌军后勤保障是不是充足；敌将统帅能力是不是很强等情报信息。

二是先知我方的优劣得失情况。"认识你自己"，并不是一件容易的事情，很多人总认为认识自己很容易，不见得。"知敌之可击，而不知吾卒之不可以击，胜之半也。"知道敌人有懈可击，却不知道我们自己的部队不行，不一定能拿下来，这是知彼，不知己，胜算还是只有一半。唐太宗说："虽未知彼，苟能知己，则安有失利者哉。"如果没有能力把敌人看透，只要能认清自己，也不至于失败。李世民的知己知彼观，你没本事知道别人，但一定要知道自己。我很认同这一点，我们学习知己知彼的时候，关注的都是怎么知道别人，自以为对自己很了解。实际上，人的毛病，都是不能正确认识自己，而不是不能认识别人。

知胜之道在于判断。孙子说，有五种情况可以预见到胜利：凡是能看清情况知道可以打或不可以打的，就能胜利；懂得多兵的用法也懂得少兵的用法的，就能胜利；官兵有共同欲望的，就能胜利；自己有准备以对付疏忽懈怠的敌人的，就能胜利；将帅有指挥才能而国君不加以控制的，就能胜利。孙子提出的五种"知胜"情形，是战前的一种判断。千难万难，判断最难。

如何"知"，特别是如何才能"先知"，详尽地掌握敌我双方的情报信息，还需要掌握具体的方法。孙子在《孙子兵法》中阐述了以下方法。

一是"经较索"法。孙子说：经之以五事，校之以七计，而索其情。这是一种分析法，通过这种方法，可以掌握敌军"五事七计"的优劣情况。

二是"相敌"法。通过派侦察兵去观察敌军的情况，获得情报信息。《行军篇》共列出了 32 种敌情观察法。通过观察，可以察知敌军真实意图、敌军真实行动、敌军士气高低等情况。

三是"示形"法。这是一种试探的方法，通过试探，达到"形人而我无形"。《虚实篇》曰："故策之而知得失之计，作之而知动静之理，形之而知死生之地，角之而知有余不足之处。"依靠"策、作、形、角"侦察方式，获取敌方的信息。

四是"间谍"法。通过间谍获取敌方的情报信息。《用间篇》曰："先知者，不可取于鬼神，不可象于事，不可验于度，必取于人，知敌之情者也。"间谍有五：有因间、内间、反间、死间、生间。同时使用五类间谍，获取有价值的情报信息。

获取情报信息，只是"知胜"，要真正达到"制胜"，还需要付诸行动。获取信息后，还必须立即采取行动，做到"知行合一"。获得情报信息不一定有效果，付诸行动才会有真正的结果。

二、企业如何才能以"知"制胜

"以知制胜"就是通过多种途径获取情报信息，掌握敌我双方的各种情况及发展态势，果断采取行动，达到制胜目的。企业在实际经营中，同样需要获取情报信息，没有"知"，企业经营就是瞎子摸象。企业的知（信息情报）是多方面、多层次和多维度的。既要知宏观微观环境，又要知对手、顾客和自己。

（一）分析宏微观环境，顺应市场发展趋势

企业能否在竞争激烈的市场中获得成功，就应对自身所处的宏观和微观环境进行详尽分析，制定出正确的战略规划。没有真正地"知环境"，企业就不能顺应市场发展趋势。

1993 年，王传福在经营企业时发现，当时一部大哥大，市价两三万元，

里面的一块镍镉电池，就值上千元。王传福对市场经营环境详尽分析后，敏锐地觉察到巨大商机，1994 年，他辞职创办比亚迪公司，王传福带领 20 多人，开启了比亚迪的造梦之旅。在镍镉电池市场，比亚迪只用了 3 年就占领了全球约 40% 的市场份额，成为镍镉电池当之无愧的老大。2003 年，比亚迪成为世界上第二大手机电池制造商，其锂电池、镍氢和镍镉电池的市场份额分别位列于世界第三、第二和第一。

世纪之交中国汽车市场潜力巨大，比亚迪公司经过对宏微观环境的全面分析后，决定拓展自己的业务，进军汽车领域。2003 年，比亚迪就宣布收购秦川汽车，旨在建立一个汽车电动产业化的平台。比亚迪集团董事长兼总裁王传福当时就强调：汽车动力电池项目将决定比亚迪的未来。

2008 年开始，比亚迪就看到了混动汽车的市场潜力，并推出了第一款插电混动车型 F3DM。此后，比亚迪插电混动技术不断迭代。经过数次技术迭代后，比亚迪的混动技术基本追平了主要竞争车型性能。2021 年 1 月，比亚迪正式推出了全新混动方案——DM-i 超级混动平台，同时基于该平台打造的三款车型秦 PLUS DM-i、宋 PLUS DM-i、唐 DM-i 同步上市。由此可见，比亚迪公司数次都能成功实现战略转型，重要原因在于善于对宏观和微观环境进行全面深刻的分析，"以终为始"的执行目标，顺应了时代发展的大趋势。

（二）分析竞争对手，找到他们的虚处和弱点

要在短时间内超越对手，就必须全面深刻地了解竞争对手，找到他们的虚处和弱点；或者找准对手的薄弱环节，对自己进行重新定位，放大自己的优势。我们要真正地"知对手"。

七喜公司初创时，是独立于百事可乐的。相对于可口可乐和百事可乐来说，七喜是后起之秀。为了增加销量，七喜不断增加广告支出和销售人员的数量，但依然亏损。

有一天，七喜公司的 CEO 魏茨曼在翻阅《消费者导报》时看到一篇文章提到，美国人民非常关心咖啡因的摄取量问题，有 66% 的成人希望能减少或完全消除食品中的咖啡因含量。他立即安排公司的研究人员去调查可口可乐和百事可乐中的咖啡因含量。研究人员给他的答复令他信心大增：12 盎司（1 盎司 = 28.3495 克）的可口可乐含有 34 毫克的咖啡因，同量的百事可乐含有 37 毫克的咖啡因。

七喜汽水作为"非可乐饮料"，咖啡因含量则为零。魏茨曼毫不犹豫地发动

了"无咖啡因"战役，开展了"七喜从来不含咖啡因，也永远不含咖啡因"的宣传攻势。"无咖啡因"宣传取得巨大成功，七喜营业额大幅提高，一举扭亏为盈。

当时的七喜公司正是了解到其竞争对手——两大可乐含有高咖啡因的情况，明确它们的虚处，于是将饮料划分为可乐和非可乐两大类，这是七喜广告的独到之处，它利用人们对咖啡因的畏惧心理，从美国的可乐型饮料主流中撕开了一个突破性的缺口。

(三)分析顾客需求，满足顾客的痛点爽点痒点

在市场竞争中，打败了竞争对手，市场也不一定就属于你。我们见到很多场景：你费尽周折营销你的产品，顾客却当耳边风；你套近乎取悦顾客，顾客还是无动于衷；你想方设法引起顾客的兴趣，最后发现是自己自作多情。为什么会这样呢？那是因为我们没有深入分析顾客的需求，没有找到顾客的痛点、爽点和痒点，没有真正地"知顾客"。

痛点就是顾客的痛苦点。恐惧点、困扰点和担忧点都是顾客的痛点，一直困扰和急需解决的问题没有得到有效解决，就是顾客的痛点。早餐喜欢吃油条的人，都有一个担心：炸油条的油是不是千滚油，油条中有没有放明矾。如果是，吃油条就是吃一个有毒的美味。有位油条哥，他打出来的口号是：天天换油，不放明矾，消除了人们的恐惧点，所以他的油条卖疯了。当年的海飞丝广告：他第一次拜访岳父岳母，肩上都是头皮屑，让老人一脸嫌弃；面试时衣服上都是白点，让面试官眉头紧皱，这些都是很痛苦的事情。

爽点就是即时满足。人的需求没有被满足，就会感到难受和不爽，就会开始寻求，如果在寻求中得到即时满足，就会感觉"爽"。当年俞军在百度招聘产品经理时，招聘题目是百度如果要做音乐该怎么做？很多人写了洋洋洒洒的规划书，有个人只写了六个字"搜得到，能下载"。俞军就挑了这个人，他就是后来当上百度副总裁的李明远。当年互联网上的资源非常少，人们上百度找音乐找自己想听的歌，一搜就搜得到，还能下载，这就是爽。

痒点就是对虚拟自我的满足，虚拟自我就是想象中那个理想的自己。或者说是对美好生活方式的一种美妙的幻想。为什么很多人喜欢看偶像剧、追星、看网文、看英雄故事；喜欢看网上的名人八卦，看名人的创业故事，就是因为他们想满足虚拟的自我，是他们自我想象的一个投射。淘宝网红雪梨就曾说过，"你卖的其实是一种生活方式，它要满足女孩心中美美的幻想"，所以雪梨的任何看似很随意的街拍照片，其实从选址、位置、姿势、拍照、后期处理

都有一套非常精细化的运营套路，因为拍出优质的照片，是她满足用户虚拟自我的一个重要渠道。

痛点就是找问题，爽点就是要痛快，痒点就是抓梦想。无论是痛点、爽点还是痒点，只要看得明白，抓得住，都可以作为一个不错的切入点。

三、案例分析

顾客有"痛点爽点痒点"，就一定有"卖点"

"如果一种产品的特性是只用一次，立刻丢弃，这样消费者就会一买再买。"被这样的建议触发了灵感的美国年轻推销员金·吉利发明了带活动刀片的剃须刀，投放市场以后销售火爆，造就了20世纪初美国赫赫有名的吉利公司的基业。在吉利刀片称霸市场的17年之后，迎来了它宿命的竞争对手——盖斯门公司。

盖斯门公司对吉利刀片充分研究之后在其基础上进行技术性改革研发出自己公司的产品。当时吉利的刀片上有三个空洞，是为了可以将刀片固定在刀架上。盖斯门公司研发的新刀片洞口设计得十分精巧，不仅可用于自己企业的刀架，还可安装在吉利的刀架上。这种通用性受到了消费者的普遍赞赏，人们争相购买，而吉利刀片的老用户也纷纷改用盖斯门的产品。这件事引起了吉利公司的高度重视，它连忙推出新的双面刀片和剃须刀，但是盖斯门公司早就通过内线掌握了吉利公司的内部情报，一周以后就改进了它的普洛贝剃须刀，使其仍旧可以适用吉利的新刀片。受到打击的吉列公司推翻了原来的剃须刀整个设计，研制出刀架通用、刀片双面刃的剃须刀，企图压垮盖斯门公司，不承想盖斯门又研制出刀架重量轻、双面不锈钢刀片的剃须刀。

在这几场对决中可以看到盖斯门公司的成功并非偶然，其以"知己知彼"为经营原则，研究竞争对手的产品发现其弱点，加强自身企业的技术开发改良产品，并且掌握顾客的消费心理。无论顾客手里拥有的是吉利的刀架还是盖斯门的刀架，在刀片的选择上都会首先想到适用性强的盖斯门刀片，如果顾客想体验新的吉利刀片，也会第一个想到可以两家刀片都能用的普洛贝剃须刀。

分析顾客的需求，满足顾客的"痛点爽点痒点"，可以让企业获得更大的市场。2008年的"三鹿毒奶粉"事件成为中国奶业的分水岭。食品安全问题本身就不容轻视，何况是给祖国的新一代婴幼儿食用的奶粉被检测出化工原料

"三聚氰胺"，这使消费者对国产奶粉品牌失去了信任，被国外母婴品牌迅速占领市场，进口奶粉市场占有率从30%骤升至60%~65%。虽然在此事件发生后，飞鹤奶粉经受住了国家权威部门的检验，成为为数不多的产品质检合格品牌之一，但作为国产奶粉品牌，在当时大环境下其发展也受到了极大的阻碍。为了能够改善消费者对国产奶粉品牌的消极印象及与国外奶粉品牌展开市场份额竞争，飞鹤基于母婴人群的消费心理，抓住了"国内外宝宝体质存在差异"的痛点，于2015年确立了"飞鹤，更适合中国宝宝体质的奶粉"的竞争战略定位，树立了独特的品牌形象。首先，"更适合中国宝宝体质"将飞鹤与其他进口奶粉品牌相区别，直击消费者痛点，点出了飞鹤的竞争优势，打消了"宝妈"在挑选奶粉时的顾虑；其次，飞鹤率先提出该定位，在众多国产奶粉品牌中脱颖而出，抢占了消费者的心智市场。

　　研究顾客的"痒点"同样可以获得成功。自2019年以来，游戏行业逐渐回暖，女性玩家逐渐走向主流市场。游戏厂商也越来越重视女性玩家的需求，并且有针对性地推出休闲、消除等偏女性向市场的游戏，越来越多的资源进入女性向游戏的领域。芜湖叠纸网络科技有限公司看准女性消费群体这一细分领域的市场机遇，开发出了一款面向年轻女性用户的以恋爱为主题的角色扮演游戏——《恋与制作人》，于2017年12月20日发行。该游戏基于抽卡养成的玩法开展，玩家以女主角的身份负责经营一家影视制作公司，历经各种离奇事件，邂逅五位不同类型的男主角，并与他们培养感情。这五个男主基本上已经满足少女心的所有的属性，且完美避开了属性的重复，每个角色都有属于自己独特的人物背景、性格和特质。除此之外，在剧情安排方面，《恋与制作人》打破了传统手游的单线剧情，将分支剧情与主线剧情良好地融为一体，五个男主分别有单独的约会剧情和拍摄副本，这使玩家可以更多地与自己喜欢的角色进行互动并且拥有自主选择的空间。凭借出色的情节设定与唯美的画风吸引了众多女性玩家"入坑"，上线不足一个月其下载量已经达到了710万次，每日活跃用户数量达到200万以上，进入App Store免费游戏排行榜的第三名，一举攻破以女性为主要受众的知名游戏在我国长期缺位的状态，成为国内第一个爆款的女性向手游。

　　资料来源：海石. 三个回合打败老牌公司[J]. 南风窗，1987(Z1)：72-73；魏琳. 飞鹤：国产婴幼儿奶粉品牌的崛起之路[J]. 国际品牌观察，2021(19)：55-57；张映辉，刘昕.《恋与制作人》营销方略[J]. 营销界，2020(31)：3-4；霍连彬，米丹. 替代性满足：亲密关系视角下手游《恋与制作人》的用户研究[J]. 东南传播，2018(6)：112-115.

分析点评

"知己知彼，百战不殆"，孙子认为对敌我双方各种情况的了解掌握会影响战争的胜负，若想要在对战中克敌制胜，就需要掌握敌我双方的各种信息，做到真"知"，再结合实际行动，实现"知行合一"。在现代商业战场中，企业管理者也应该收集有关竞争者和消费者的情报，便于洞见竞争对手的行动和消费者的偏好变化，提前做好应对措施"以知制胜"，而不仅仅是消极地被动接受。

吉利刀片称霸市场 17 年后遇到了"有备而来"的盖斯门公司，通过调研和对市场的分析，盖斯门公司发现吉利刀片存在的弱点而研发出了通用性更好的产品，得到了众多消费者的喜爱，并且盖斯门公司通过内线掌握了吉利公司的内部情报，对其要推出的新产品提前做好了应对方案，一次次顶住了挑战。飞鹤乳业基于母婴人群的消费心理，抓住了"国内外宝宝体质存在差异"的痛点，凭借"飞鹤，更适合中国宝宝体质的奶粉"的竞争战略定位而成功抢占市场。《恋与制作人》这款以恋爱为主题的角色扮演游戏，因为满足了当代许多女性玩家对爱情的美好幻想，即"痒点"需求，一经推出便得到女性游戏玩家的青睐。

"以知制胜"的前提是"知"，管理者的情报收集应是多方面、多角度的，除了宏观微观的市场环境，重要的就是竞争对手、顾客和自身。洞察竞争企业的弱点和顾客的"痛点、爽点、痒点"，迅速采取相应行动，方能在激烈的市场竞争中获得竞争优势。

附录 《谋攻篇》原文与翻译

请扫描二维码，了解《谋攻篇》的原文与翻译。

商解《军形篇》制胜之道

谋攻不成，才不得已用兵，故《军形篇》紧接着《谋攻篇》。《军形篇》主要论述军队的实力建设，战争的胜败是由客观物质条件决定，以及如何利用这些有利条件。孙子指出带兵打仗首先要保持不败，而不是一味求胜，战争中要做到"先胜后战"，不仅要不断增强自身实力，而且要善守善攻、修明政治和保障法令贯彻执行。

第一节　先胜后战：企业经营要做到未战先胜

战争能否取胜，先看形，行不行。实力强大了，时机成熟了，周密庙算后，胜算很大，那就开打，赢的概率大了再打，就是"先胜后战"。这一思想的原文如下：

> 孙子曰：昔之善战者，先为不可胜，以待敌之可胜。不可胜在己，可胜在敌。故善战者，能为不可胜，不能使敌之必可胜。故曰：胜可知，而不可为……是故胜兵先胜而后求战，败兵先战而后求胜。
>
> 《军争篇第四》

一、"先胜后战"阐释

先胜后战，是孙子的重要价值观。"先为不可胜，以待敌之可胜"，与"知彼知己，百战不殆"相对应。将领首先要客观审视评估自己，不断增强实力，加强戒备，让自己成为不可战胜，就是知己；侦察敌情，密切监视敌人动向，不断诱惑和扰乱敌人，使敌人失误，制造我方战胜他的时机，就是知彼。可从以下几个方面来理解孙子提出的"先胜后战"思想。

(一) 赢了再打

古代真正善于作战的人，先规划自己，让自己成为不可战胜，然后等待可以战胜敌人的时机。开战之前，对敌我双方进行全方位分析，评估自己的胜算概率，如果没有胜算，就不要与敌军开战。

自身实力不够，敌人也不给机会，就不要勉强进攻，不要频频动作。不作死，自己就不会死，办不到的事，就不要强求。留得青山在，不怕没柴烧。很多人不能真正理解这一点，认为这是不作为，必须有所作为，自己才心安。这是一种"战略焦虑症"，忘了"作为"的代价、损失和风险。事实上不出手并非不作为，而是积累自己、等待时机。

三国争霸，诸葛亮就是不停地"作为"，可以说没有任何胜算的作为，最后把自己累死了。他应该等，等待时机，锻炼身体。一是争取自己活得长，二是把国内治理富足强大，把年轻人教育好传承下去。但他像很多人一样，认为不能等。不能等的结果是什么呢？司马懿活得更长，活过了诸葛亮，活过了曹操，甚至活过了曹丕，就没有人能阻挡他了，结果是三国归晋。

（二）积极备战

"不可胜在己，可胜在敌。"不可被敌人战胜，关键在于自己本身，能否战胜敌人，在于对方有没有给你可胜之机。如果没有可胜之机，就耐心等待，积极备战，加强自身在经济、军事等方面的建设，增强自身实力。不能取胜，就不要出战。如果非要办，很容易输光了老本。赢的把握不大，就不要打，耐心等待。

在等待中，并不是什么都不做，而是积极备战。譬如操练士兵、战备工事、准备粮草和武器装备等。等待，在很多情况下，就是最好的选择。认识到这一点的人太少了。等待什么？等待形势变化。形势变化，就是形变化为形胜，势变化为势胜。形胜，是在等待中积累，让自己不可胜，越来越强。势胜，是胜机出现，抓住机会，一战而定。

（三）避免失误

"故善战者，能为不可胜，不能使敌之可胜。"善战者，能够做到自己不被敌人战胜，却做不到敌人一定会被我战胜。

要做到自己不被敌人战胜，除了不断增强自身实力，还必须避免失误，特别是低级的错误，以防给敌人可乘之机。同时，还要积极引诱敌人失误。《唐太宗李卫公问对》中说："观古今兵法，一言以蔽之：多方以误。"想方设法引敌人失误。

以王翦灭楚国的故事为例，王翦找秦王领了六十万大军，开到楚境，却不发动攻势，安营扎寨，每天开运动会练兵，等楚国的军事动作。这一等，就等了一年。楚国人憋不住了，开始频频调动。楚军一动，动起来就会出现可乘之机，王翦看准时机，一举进攻，灭了楚国。

"先胜后战"思想是一个完整体系，有学者将其归纳为"先知，先算，先备，先机，先势"。孙子的"先胜"思想与《谋攻篇》要求的"知彼知己"思想一脉相承，根据敌我双方的天、地、人等多维战争基本要素的内在联系和必然发展趋势，提高对外在环境和总体形势的综合认知，相机决策以达到克敌制胜。

二、企业经营怎样做到未战先胜

战争胜利，能够获得很多的战利品，而战争失败，不但会失去财物城池，甚至葬送身家性命，没有重来的机会。因此，孙子提倡"先胜后战"，胜算概率大才开战。"先胜后战"思想在企业的经营实践中具有重要的借鉴意义。孙子的"先胜"，重要的就是"先备"，即预先做好充分准备，预先具备取得胜利的整体实力和核心竞争力。在此前提下进入激烈的商业竞争中方可立于不败之地，并赢得胜利。

在企业经营战略上，要做好"先为"之功，积极主动谋形造势，形成"决积水于千仞之溪"的气势，在物质上做好积累。战争领域讲究"养兵千日，用兵一时"，但是企业经营则讲究"养兵千日，用兵千日"，养兵与用兵同时进行，万万不可临时抱佛脚，在平时就要注重谋求实力的综合优势。

2017年7月，央视播出了一个三分钟长的茶叶广告，"小罐茶，大师作"的口号和八位茶文化大师们竞相出镜，引起大量关注。2017年12月，正式上市一年半，"小罐茶"实现零售额破10亿元，投资15亿元的现代化智能工厂也在黄山破土动工。

创始人杜国楹为了打造"小罐茶"品牌，在营销造势和质量把控等方面做了很多的前期工作。杜国楹带领他的团队在深入调研茶叶市场后，对如何定位市场、找到目标用户，以及激发并满足消费者需求等方面的问题，他的团队策划出了一整套打法。杜国楹非常重视产品质量，为保证"小罐茶"的产品质量，杜国楹带领团队深入全国产茶区寻找好茶。他们用了近四年时间，行程40万公里，找到并最终打动了中国八大名茶中堪称行业标杆的八位大师。这些大师或是国家非物质文化遗产传承人，或是世代制茶大家，代表了中国制茶技艺的至高水准。构建了好茶的认知标准，让消费者简单便捷地买到真正的好茶。

杜国楹团队开始搭建起"小罐茶"的产品体系：普洱熟茶、武夷大红袍、西湖龙井、安溪铁观音、黄山毛峰、茉莉花茶、福鼎白茶、滇红，共八类茶品。这些茶叶的共同特点：覆盖中国茶叶的主流品类，市场认知程度较高；产区、原料、加工工艺和成品质量，都是对全国各产区茶叶的优中之选。杜国楹团队打造的"小罐茶"从原料、采摘到加工、包装等的完整流程，都有严苛的控制标准，体现出"小罐茶"对产品质量的极致追求，也就是杜国楹所称的"精品主义"。

备战方能迎战，能战方能止战。积极备战，不断增强整体实力，构建核心竞争力，才能做到"未战先胜"。"先为不可胜，以待敌之可胜。"先创造我方不可被战胜的条件，并等待敌方可能被战胜的机会或条件。关键是"先为"，即要积极作为。要想立于不败之地，不靠别人，而要靠自己主观努力，全方位谋求有利条件，消极等待是等不来的。

伊利集团作为中国知名的乳制品企业，为保证其产品质量，特别重视奶源问题。伊利集团一开始就以"先胜"思维解决供应链——奶源的问题，进行了以奶源为主的供应链改造。首先，对现代乳业生产基地进行收购和兼并。为了达到降低物流成本、增强食品安全保障的目的，伊利集团一边提前布局，一边开拓市场，通过实行收购和兼并，逐步在全国十多个销售大区建立起现代化乳业生产基地，从而形成一个庞大的网络体系。其次，采用系统管理机制与奶农建立经济合作的利益共同体。伊利集团改变原来的经营模式所带来的农户、奶站、企业三者之间利益无法共享、风险不能共担的局面，建立"养殖小区+牧场园区"的紧密型模式，根据企业发展步伐适度投入加强奶源基地的建设，使奶牛养殖规模与品质得到提高，以满足伊利集团用奶需求。最后，进行信息化改造优化供应链管理。伊利集团一直比较重视信息化问题，与用友合作开发了量身打造的SAP四系统，2005年伊利集团又对各事业部进行整合，建立了一套能进行集中控制、统一管理的物料需求计划系统，以适应不断向深度广度拓展的业务。在采用信息系统后，伊利集团对代理点—子公司—事业部—总部这四者间完成了全天候数据的实时输入与查询，改变了原先伊利集团逐级汇报的方式，由之前的几十个小时缩减到可以忽略不计的几秒。这样就把事后控制转变成了过程控制，从而有效地降低了运营成本，将百万元级的产品过期损失降低到了十万元级。

预先布局，"先胜后战"，在物质上做好积累，这是伊利集团能够从内蒙古一隅走向全国乃至世界的秘诀。伊利集团的成功印证了孙子揭示的"胜兵先胜而后求战，败兵先战而后求胜"不仅是战争胜负规律，而且是企业经营成败的铁律。任何一个企业要想取得成功，务必高度重视夯实内功，预先打牢物质基础，不断发展壮大自己，方能应对激烈的市场竞争。

三、案例分析

网易云音乐"先胜"站稳音乐市场

网易云音乐，它是网易旗下首款移动互联网领域音乐产品，于2013年4月正式上线。彼时同行业内已经有很多资历深厚的老牌在线音乐平台，如酷狗音乐、QQ音乐等发迹于 PC 端的音乐播放器，当时已经开始响应移动化趋势，将舞台慢慢转移到移动互联网上了。它们背靠强大资本，凭借旧时代的良好口碑与前期积累下来的庞大用户量，很快就占领了大量的市场份额，成为在线音乐平台中的佼佼者。对于新上线的网易云音乐来说，压力无疑是巨大的，作为市场的新进入者，面临的不仅是那些已经相对成熟的 App 平台竞争，而且是其背后庞大的资本博弈。要想打破行业内现存的进入壁垒，在瞬息万变的市场环境中获得"先胜"，就需要增强自身实力，采用差异化战略，创造核心竞争力。

首先，网易云音乐没有按照传统音乐 App 的发展套路去打造自身的卖点，因为之前行业内的企业基本都是采用"音乐播放器+海量曲库"的形式，用户使用主要是为了搜索和下载，并不会关注产品本身，本质上只是将 PC 音乐软件的模式直接复制到客户端 App。基于这样的市场背景，网易云音乐敏锐地观察到几乎所有同类音乐产品都没有社交属性，而且它的用户大部分是有着活跃社交需求的年轻人及对音乐需求程度比较高的人，所以它便将"音乐+社交"作为平台的发展定位。差异化的社交音乐分享平台定位，不仅使其打破了行业进入壁垒，还为后续功能拓展和内容构建奠定了基础。这样的独特社交体验很快就为网易云音乐吸引了一批核心活跃忠实用户。这批用户还带动了后续注册的新用户，帮助他们在快速融入"云村"社区的同时也逐渐形成了整体的社区文化。

其次，为了能更好地巩固社交属性，网易云音乐将分享功能作为着力点，区别于传统的好友之间的分享，它致力于让陌生但是有着相同音乐品味的用户通过分享成为好友。设置"自建歌单"功能，独树一帜地提出了"歌单分享"概念。用户可以创建专属的个性化歌单，通过分享在实现音乐信息交流的同时还可以为创建者带来自我价值提升的满足感。因为每个人对音乐都有着属于自己的独特见解和感悟，所以开放的评论板块为听同一首音乐的陌生人提供了一个互相交流的平台。网易云音乐的每条评论有 140 字的字数限制，当歌手知名度高或歌曲是当下的热门时，评论数就会增多。除了敏感内容和多次被举报的内容会被后台的运营人员删除，友好的互动交流是不受干预的。除此之外，评论区"点赞"的功能也有助于喜好社交的用户去寻求认同。点赞越多的评论就越有可能被推到评论区的前排，成为精彩评论。网易云音乐的评论内容是其区别于其他音乐 App 的一大亮点，用户在听歌之前会习惯性地点开评论区去看一下网友的评论，那些有意思的神评论还会被分享在互联网上的其他平台，形成广泛的讨论圈，对网易云音乐的推广也起到了促进作用。

再次，开放的 UGC 平台也是网易云音乐的一大产品特点。网易云音乐

App 的用户既是内容受众者，又是内容产出者和传播者，平台作为连接者帮助用户实现个性化聚集。如网易云音乐有许多优秀的音乐人作为核心用户，他们产出了大量内容丰富优质的主播电台、有趣的歌词翻译及独具特色的乐评，这些内容被多数主流用户所享用。在发展 UGC 的同时，网易云音乐也重视 PGC 建设。像当下很多视频网站开始影视剧和综艺节目自制一样，网易云音乐也着手在自制节目领域发力。2017 年网易云音乐推出一档自制网综节目《音乐好朋友》，请来在网易云音乐 App 上非常受欢迎、歌曲播放率极高的音乐人，每两个单位(歌手或乐队)为一组，分别改编翻唱对方的作品，这种创新生动比拼形式获得了网友的一致好评。

最后，为了解决自身曲库资源远不及竞争对手的问题，网易云音乐充分利用现有资源，基于大数据和云计算分析用户的听歌偏好、风格等指数，建立数据模型为用户推送贴近其口味的音乐。将冷门小众的好音乐经由算法推荐给喜好这类风格的用户，用户通过收藏和分享又将这些歌曲传递给社交网络的其他音乐同好者，吸引了具有相同品位的其他用户入驻网易云音乐平台。在 2013 年网易云音乐上线的时候，酷狗音乐、QQ 音乐等平台曲库主要是根据人气度排名推歌，经过网易云音乐的数据模型智能推送的运营后，一些偏好小众音乐的用户群体就开始转向网易云音乐。

资料来源：康凯东. "网易云音乐"APP 发展战略分析[D]. 南昌：江西财经大学，2021；倪澄澄. 基于 SCP 视角的数字音乐平台竞争策略比较分析——以网易云音乐、酷狗音乐为例[J]. 现代商业，2020(26)：9-10；徐一菁. 在线音乐的商业模式及竞争策略研究[D]. 南京：东南大学，2020.

分析点评

战争是残酷的，为了不让我方军队受到不必要的损失和牺牲，孙子提出"不可胜在己，可胜在敌"的作战理念，主张先让我方处于不可战胜的状态，力求"不败"，然后静待时机一举击败敌方。对于经营企业来说，要想实现"先胜后战"，首先要有充足的准备，提高企业自身的核心竞争力和整体实力，让其在激烈的市场竞争中先"不败"而后"求胜"。

面对已经占据绝大部分市场份额的酷狗音乐、QQ 音乐等老牌在线音乐平台，刚创立的网易云音乐通过打造独有的社交属性创建核心竞争力实现"先胜"，不仅使其顺利打破音乐行业进入壁垒，还成功地吸引众多忠实用户共建"云村"社区。和谐有趣的评论区是网易云音乐区别于其他音乐 App 的一大亮点，优质的评论内容还会通过互联网进行传播。致力于让有着相同音乐喜好的陌生人通过分享成为好友的经营理念在巩固社交属性的同时还能为网易云音乐吸引更多的用户，增强企业的实力。

通过打造区别于对手的竞争优势能让企业走向成功，即通过推出一些其他企业没有的产品和服务或在某些事情上比其他企业做得更好，打造差异化。在商业战场上，企业自身实力是比拼的基础，为了不被市场淘汰，企业应下苦功壮大自身实力，做好随时"战斗"的准备。

第二节　善守善攻：管理者要修炼"善于等待"品质

成功一定是有大量的、充分的、长期的积累，能超出他人的想象之外。时机未到，就等待，在等待期间，积极准备积累；时机一到，果断出击，势如破竹，这就是"善守善攻"。这一思想的原文如下：

不可胜者，守也；可胜者，攻也。守则不足，攻则有余。善守者，藏于九地之下，善攻者，动于九天之上，故能自保而全胜也。

《军形篇第四》

一、"善守善攻"阐释

孙子认为，一个优秀的将领，不但要善于进攻，更要善于防守。时机不成熟，就要"藏于九地之下"，时机成熟，就要"动于九天之上"。"善守善攻"不仅是对将领能力的要求，也是将领必须修炼的品质。"善守善攻"主要包括以下几方面内涵。

(一)善于等待，是将领必备的品质

"不可胜者，守也。"何氏注解：没有看见敌人的形势虚实有可胜之理，则亦固守。曹操的注解就三个字："藏形也。"观察对方的军形，发现没有可胜之

机，那我就把自己的军形藏起来，守起来，也不要让对方找到破绽。

最能等的人，是日本战国时代的德川家康。有一个笑话，是讲日本战国三大英雄——织田信长、丰臣秀吉和德川家康的。说三个人一起遛鸟，那鸟就是不叫。怎么办呢？织田信长说："再不叫，再不叫就把它杀了，换一只鸟。"

丰臣秀吉说："不用杀，叫就奖，不叫就罚，总有办法让它叫。"

问德川家康，家康说："什么也不用做。等！是鸟嘛，它总要叫的。"

三人中，就德川家康能等，而且他活得最长，结果就是他成了天下之主，德川家族统治了日本三百年。

等什么呢？一是等形胜，积累自己；二是等势胜，等对方失误。对方一失误，胜机就出现了。对方不失误，我们就没法赢，或者战胜的代价太大，不如再等一等划算。

"可胜者，攻也。"一旦出现可胜之机，果断出战，便可一举得胜。

（二）没有把握，不要轻举开战

"守则不足，攻则有余。"孙子其实是一个风险厌恶者，孙子打仗一贯谨慎。守则不足，知道自己力有不足，就守。要力量多大才攻呢？一定要"有余"才攻。光力量够了还不行，一定要有余，要留有余地，要多留余地，要有压倒性的优势才攻。

无把握则容易失利。1927 年 9 月，湘赣边界的秋收起义爆发，起义的最终目标是夺取湖南的中心城市长沙，起义军的主力是工农革命军第一师。

由于群众没有充分发动起来，本来就很薄弱的兵力又分散使用，加之当时全国革命形势已走向低潮，反动军事力量占据的是绝对优势，起义部队在攻击平江、浏阳等县时，均告失利。这时，起义部队已由原来的 5000 人锐减到 1500 余人。县城都未能攻下，何谈长沙？毛泽东同志当机立断，改变部署，下令各路起义部队立即停止进攻，退到浏阳文家市集中。

1927 年 9 月 19 日，在文家市里仁学校召开的前敌委员会会议上，工农革命军今后的行动方向是中心问题，争论得很是激烈。起义部队中不少人认为应坚持原定计划——"取浏阳直攻长沙"，理由很简单，因为这是中央的既定主张。经过激烈的争论，毛泽东同志一锤定音，起义军放弃进攻长沙，向南转移到敌人统治力量薄弱的农村山区，寻找落脚点，以保存革命力量，再图发展。最后毛泽东同志带领秋收起义的剩余部队上了井冈山，建立了革命根据地。

(三) 善守善攻，方能自保而全胜

"善守者，藏于九地之下"，善守的人，如藏于九地之下，守得敌人一点都不知道。守，能保全自己。千万别以为"守"是保守的，是不进取的。守，本身就是胜的积累，而且是加速积累！"善攻者，动于九天之上"，善攻的人，一攻起来，雷霆万顷，覆天盖地，让人根本没有反应的机会和还手之力，故能自保而全胜也。

你觉得他在攻击你的时候，他根本没攻击你！因为，他在九天之上，他跟你不在一个平台，不在一个层面，不在一个战场。现在所有的互联网企业都要拿移动互联网门票，那门票却不是由谁来发的，都是你自己画的，画成什么样？每个人逻辑都不一样，各在各的天空，不是一回事，哪有什么竞争！都是自己的事。

竞争的本质是要你没法跟我争，而不是我要跟你争。这就是《孙子兵法》说的"善战者，先为不可胜"，也是《道德经》说的"夫不争，则天下莫能与之争"。一旦你想去跟某某争，你已经输了。动于"九天之上"的人，根本没觉得自己在跟谁争，只是被他带起的风刮倒的人，自己觉得自己的东西被他争走了。

当你在"九地之下"的时候，你要耐得住寂寞，耐得住别人比自己风光，就像当初华为不进房地产，阿里巴巴不做游戏，专心磨炼自己的核心能力。当你厚积薄发、横空出世，人人看你都是"动于九天之上"，别人想学你，得坐时光机器回到十年前去学，甚至回到你的幼儿园去跟你一起学起，哪里学得来！他们看到的，都不是你成功的原因，因为你已经活在众人的想象之外。

二、管理者怎样修炼"善于等待"的品质

孙子提倡"先胜后战"，没有开战之前，要详细计算，获胜概率大，才开战。也就是说，在开战之前，积极准备，耐心等待最佳战机，力争开战即胜。企业经营也是这样，没有胜算，或者胜算不大，就继续积极准备，增强自身实力，构建核心竞争力，等待最佳时机出现。千万不要患上"战略焦虑症"，频频动作，自己作死。"善于等待"是企业管理者最重要的品质之一，值得用一生去修炼。那么企业管理者应如何修炼这种品质呢？

(一) 确立目标，是修炼"善于等待"品质的重要基础

没有目标的等待，更容易让人焦躁不安。很多企业管理者为什么总喜欢瞎

折腾，很大一部分原因就是目标不明确，或者根本就没有目标。习近平总书记说：要不忘初心，方得始终。企业管理者没有确定目标，往往会静不下心来认真思考，通常很焦虑，容易迷失方向，喜欢频频"作为"，最后自己作死。

确立明确的目标，有目标地耐心等待时机，才是善于等待。这样的等待会令人取得更大的收获、赢得更多的精彩。

热带森林中以捕蟒为生的印度土著人懂得等待。那里的老猎人发现猎物后通常不急于出手，而是蹲守在蟒蛇附近，有时甚至等上几天几夜，直到蟒蛇完成一次捕食，"大快朵颐"后再乘势从容出击。这个时候，蟒蛇正处于"肉足饭饱"的放松状态，完全没有了捕食前的警惕和好斗心。此时，猎人仅以两人之力就可以轻松将其猎取。

等待是为了更好。有经验的木工知道，打出好家具不仅要好料，还要是"熟料"。这个"熟料"就是等出来的。行话称为"养"——木料需放置数年让其自然风干，这样"毛料"便被"养熟"。如果用刚砍伐的"生料"打家具，过不多久，家具就会开裂甚至散架。明清时期用料讲究、做工考究的拔步床就是等出来的精品。这些家具历经两三百年，不仅依旧严丝合缝、牢固如初，更因时光的摩挲，呈现出岁月打磨后的光泽。

（二）坚定信念，是修炼"善于等待"品质的有力保证

信念，是对未来美好事物的实现拥有坚定不移的确信与信任。理想信念是灯塔，是方向，更是我们砥砺前行的不竭动力。企业的经营之路上，会碰到很多的困难和挫折，作为企业的管理者，应该始终坚定信念，在等待市场机会中，不会因为外在的环境和暂时的困难就动摇企业建立时的理想信念。坚定信念，是企业管理者修炼"善于等待"品质的有力保证。

企业管理者只有坚定信念不动摇，才能不断增强自身的市场判断力和定力。如果企业管理者出现信念不坚定，就会导致经济上贪婪，道德上堕落，生活上腐败。为了取得市场份额，取得竞争胜利，不仅不择手段，损害行业利益；甚至会不惜一切手段，通过造假、贩假、偷工减料等方式，获取高额利润。

坚定信念，在等待中日积月累，才会有收获。唐代大诗人李贺，每天晚上，在昏暗的灯光下，他不断地用瘦削的手展开一个个纸团。这些是他白天外出时所记下的一个个灵感，到了晚上收集整理，反复推敲，终于创作出大量流传千古的名句。没有他的日积月累，哪儿有"黑云压城城欲摧，甲光向日金鳞开"这样的传世名句，没有他的等待，哪儿有"角声满天秋色里，塞上燕脂凝夜紫"这样的

奇心妙笔。正是因为李贺懂得等待，懂得日积月累，才有了他后来的成功。

（三）实践磨炼，是修炼"善于等待"品质的必由之路

人性是趋利避害的，有些人还倾向于急于求成。因此，善于等待和耐心等待的品质需要在实践中不断地锻炼和磨炼，方可养成，正所谓：多在事上磨，方能立得住。

俞敏洪在 20 岁因为肺结核住院期间，居然读了 300 本书，这就是他的修炼。他不是被动地接受，更不是无底线地放弃，而是在绝望中奋起，修炼自己。等待谁都会，被动接受就是一种等待，因为他们大可以冠冕堂皇地说：时间可以治愈一切。但这只是等待而已，不是善于等待。

善于等待，一方面，相信"长风破浪会有时"，困境总会过去；另一方面，在等待中不断学习积累，不停止生命的运转，知道在方寸之间，我们依然可以增加生命的厚度和深度。不但要耐心等待，更重要的是要善于等待，善于，就是永远都不要忘记修炼自己。

学会等待，在于戒骄戒躁。喝茶蕴含了人生的智慧。还记得小时候，第一次喝茶的我，将爸爸刚泡好的茶一股脑喝了下去，只觉得又烫又苦。爸爸见了，笑而不语，只见他轻轻地端起了一小杯茶，放到嘴边轻轻地吹，然后慢慢地喝了下去。喝完，爸爸说道："喝茶要细细品味，品茶是最难的，不能急，不能快。"是啊，品茶如此，做人做事更是如此，要学会等待，静下心来，戒骄戒躁。俗话说心急吃不了热豆腐，急急躁躁，只能尝到人生的"苦涩"，学会等待，方能品味人生的"清香和甘甜"。

学会等待，在于行动实践。这话说起来容易做起来难，但是倘若我们像李贺一样学会日积月累，像品茶一样学会戒骄戒躁。在生活中处理事情，不盲目行动，不急于求成，用一颗从容之心，泰然处之。日复一日，年复一年，就会离成功越来越近。

三、案例分析

贾国龙的中式快餐探索之路

西贝餐饮创始人贾国龙于 1988 年开始创业，创办的正餐连锁品牌"西贝莜面村"在全国有 400 多家门店。2020 年 12 月，"首届中国餐饮品牌节暨 2020

中国餐饮品牌力峰会"上，贾国龙以"五年七战，屡战屡败，屡败屡战"为题，分享了西贝快餐的新业务探索之路，以及自己的心路历程。

首次尝试是从"西贝燕麦工坊"开始的，因为"西贝莜面村"中的莜面就是燕麦，贾国龙想把莜面换成更国际化一点的表达，单独拎出来做一个主打燕麦的快餐厅。可是该"燕麦工坊"实际上只是在他们的研发小院做了一个餐厅，内部测试了几个月，因为觉得受众少、消费者认可度不高，很难推广到市场，所以并没有在市面上开店就关闭了。

"燕麦工坊"虽然有燕麦做的系列产品，可是点心和烘焙的量还是很大的，所以其更像是一家烘焙店，但是贾国龙想要做的是一家餐厅，所以就换成了"西贝燕麦面"。"西贝燕麦面"的标语是"天天吃燕麦，我是健康派"，希望能打造出一个健康快餐品牌。虽然喊出"走进社区、走向全球的10万家店和10万个小老板"的口号，但因为方向不聚焦、做事不专注，最开始主打燕麦面兼做其他面食，后来又添加了小笼蒸菜等很多产品，导致最后变成四不像而遗憾关店。

第三次尝试是"麦香村"，这是西贝从呼和浩特买来的一个百年老字号品牌，主打健康属性的燕麦面，包括羊肉面、油泼面，创立之时也是奔着10万家门店的目标去的。后来，贾国龙做餐饮的朋友李清江在看了一圈"麦香村"后，劝其赶紧关店，因为这是一个亏本的买卖，并且说贾国龙是"舍本逐末，个人梦想前置"，给其"相比10万家麦香村，我更愿意先看到500家西贝。我们缺的不是快餐店，而是真正（让消费者）放心的正餐厅"的忠告。贾国龙认真听取了朋友的建议，在2017年底将"麦香村"关停了，并且深刻认识到快餐是一个需要强大系统支撑的食品工业，与中餐、正餐根本不是一个行业。

贾国龙开始反思，暂时停止了在快餐领域的探索，但是他并没有因此而放弃。在面条领域里没有做出成绩，他选择投身于中式汉堡的创作中。他觉得汉堡就是两片馒头夹一块肉，这样主食、肉、菜都有了。中国最像汉堡的食物就是肉夹馍，得到灵感的贾国龙创立了"超级肉夹馍"。这是贾国龙在快餐领域做的时间最长的一次尝试，在北京、上海和深圳总共有十几家店，但是十店九亏。将各种炒菜加入馍中让顾客当饭吃，刚开始反响确实不错，品尝的顾客也都夸赞，但是顾客的复购率太低，营业额卡在一个水平就无法突破了，所以折腾了两年多的"超级肉夹馍"也宣布全部关店了。

接下来就到了"西贝酸奶屋"，当时饮品正好比较流行，贾国龙就想做一家"以饮带餐"的快餐厅，用酸奶作入口，搭配面食、烤串、肉夹馍等产品，让顾客来喝酸奶的同时也能吃饭。但设想是美好的，实际情况是顾客一直认为其是一家饮品店，就连大众点评网也将其归入饮品类品牌进行排名。开业以来，"西贝酸奶屋"一直是以"饮"为主，饮品的销售占比达到了60%甚至70%，而"餐"的销售占比却一直没突破40%。这与贾国龙"以饮带餐"的期望相悖，是一次不成功的探索，所以也以关店告终。

贾国龙受到"小女当家"的启发，创立了"弓长张"，致力于打造一个完全是机器人炒菜的现炒快餐品牌。他自认为找到了中式快餐入门的钥匙，也符合西贝基因，但最后还是放弃了，因为贾国龙发现了新的尝试点，与新零售有关。因为疫情，消费者大多选择在家吃饭，点外卖的次数也相应增多，贾国龙就发现他们公司的线上商城有一个叫"羊蝎子"的产品卖得特别好，他认为这是一个到家的好产品，是一个工业化的好产品。后来店里的厨师又开发出来新的菜式，如酸菜鱼、梅菜扣肉等，贾国龙在试吃的过程中突然意识到零售其实也是正餐的一个方向。于是，他开始重视这个业务，"到家产品"品类越做越广，从一两个扩到了二三十个。2020年，贾国龙在北京开了一家体验店——"贾国龙功夫菜"。他下定决心用自己的名字为项目担保，希望能将"贾国龙功夫菜"做成像"王守义十三香"的品牌，可见其对这次的尝试信心颇大，至于结果如何，还需时间证明。

资料来源：红餐网. 西贝贾国龙：五年七战，屡败屡战，这一次我用"人头"担保[EB/OL]. 2020-12-04. https://new.qq.com/rain/a/20201204A05IW700.

分析点评

两军交战最主要的战斗形式无外乎攻、守二者，"守则不足，攻则有余"，需要根据战场上的实际情况，以及己方兵力与取胜条件的多少来综合选择是采取进攻战还是防守战。孙子形象地描绘出善守者的特征——"藏于九地之下"，也就是有耐心和定力，善于等待，而善于等待不仅是优秀的将领所需具备的素质，也是当今的企业管理者应该修炼的重要品质。

一个明确的目标可给予企业管理者行动的方向，带着目标等待市场上合适的时机到来，管理者不会焦虑和迷茫，如果没有明确的目标，不断行动试错的代价可能是很大的，会给企业造成损失。想要在快餐领域内探索出一条适合西贝的发展道路是西贝餐饮创始人贾国龙这些年一直在做的事情，但是他并没有一个明确的目标，如他并没有具体去做某些菜品来开拓市场，而是通过不断地尝试、试错，结果就是"五年七战"里前面六次探索都以失败告终，而这第七次尝试"贾国龙功夫菜"是否能取得成功目前还无法得知，需要市场和时间的检验。

善于等待并不是消极被动的，而是在最佳时机到来之前主动地选择积累和沉淀。在变幻莫测的商业战场上蕴藏着很多机遇，但都是"可遇而不可求"，无法预测机会何时到来的管理者需要学会积极等待，不骄不躁，泰然处之。

第三节　胜于易胜：企业要构建强大实力实现易胜

易胜，就是轻而易举地取得胜利，自己不受损失。构建强大的实力，具有压倒性的优势，才能易胜。"胜于易胜"思想的原文如下：

> 古之所谓善战者，胜于易胜者也。故善战者之胜也，无智名，无勇功。故其战胜不忒，不忒者，其所措必胜，胜已败者也。故善战者，立于不败之地，而不失敌之败也……故胜兵若以镒称铢，败兵若以铢称镒。
>
> 《军形篇第四》

一、"胜于易胜"阐释

孙子之所以能成为常胜将军，因为他信奉"先胜后战"的价值观。未战先胜是不是一定能够取胜呢？不一定。未开战就"先胜"，只是战前经过评估，获胜概率大而已。"未战先胜"加上"胜于易胜"，那最后必胜。

"胜于易胜"是孙子的一个重要理念，是指在与敌人对峙交战中，一方具有绝对优势，非常容易取胜。你领一万人，去攻打敌人一百人，武器装备都差不多，对方也不占据隘口天险，那你必定获胜。可以从以下两个方面来理解"胜于易胜"思想。

（一）战胜不忒，胜已败者

易胜，并不是说随随便便就取得了胜利。孙子认为，一方面是自己部署周密，另一方面是敌人失误给了机会。

善战将领之所以能取得胜利，是因为在整个战争过程中，他们都部署周密从不失误。他们每个环节、每个措施都是正确的，必然会踏踏实实走向胜利，而他们所面对的敌人，通常具有重大失误，自己本身就已经败了。

大家知晓的"背水一战"案例，韩信率三万兵为什么能打败陈余的二十万大军，是因为韩信通过间谍得到情报，汉军主将陈余没有听取广武君在井陉口两侧设伏的计谋，于是进行了周密的部署。一是背水列阵，置之死地而后生，让士兵没有退路，拼死作战；二是两军交战后，派两千骑兵突入敌营，把赵军军旗拔了，全插上汉军旗帜，大喊赵军败了，让赵军心惊胆裂，一哄而散。

真正善于作战的人，都是战胜了容易战胜的敌人，甚至是战胜了败局已定的敌人。当汉军主将陈余没有接受广武君在井陉口的伏击建议时，汉军就已经败了。真正的善战者，不是把敌人打败，而是看见敌人的败局已经定了，他才开打！

（二）以镒称铢，实力碾压

另一种"易胜"，是与敌人作战，我方拥有压倒性优势，当然能易胜。孙子曰："故胜兵若以镒称铢，败兵若以铢称镒。""镒"和"铢"，是古代的两个重量单位。"镒"是比"两"大的单位，一镒等于 24 两；"铢"是比"两"小的单位，一两等于 24 铢；一镒就相当于 576 铢。"称"，即对比、对付。"胜兵若以镒称铢"这是何等的优势呀？一旦拥有 500 多倍的绝对优势，部队必然信心倍增，士气高涨。

美国人当年打的海湾战争、科索沃战争、阿富汗战争，以及伊拉克战争，几乎都以自身极小的伤亡代价赢得了军事上的胜利，这并不是他们的谋略水平有多高，也不是他们的军人多么勇敢，而是在于美国拥有与对手相比处于绝对优势的军事实力。与机械化战争时期不一样的是，美军的绝对优势并不体现在参战人数上，而是体现在军事技术和武器装备上。

1991 年海湾战争期间，美国的 70 多颗卫星在海湾上空组成了侦察、监视、情报、通信、导航、定位及气象保障系统，使美军得以掌握制信息权、制电磁权、制空权、制海权，战场对美军来说变得单向透明了，他能清清楚楚地看到对手，对手却看不到他，所以能够做到发现即摧毁。2003 年伊拉克战争期间，美军进一步增加信息技术优势，91 颗卫星在海湾上空部署了庞大的"天网"，实现了对整个伊拉克战场的全时段、全天候监控，并向作战部队提供情报、通信、导弹预警、侦察监视、空间导航和气象保障服务。空间系统已经和导弹发射及陆、海、空三军的联合作战构成了一个不可分割的整体，从而使美军打得更为顺手，仅仅 21 天就攻下了伊拉克首都巴格达。除了军事技术和武器装备的绝对优势，美军动手之前往往还非常注重从政治、外交、经济上孤立对手、瓦解对手、制裁对手，同时强化自身的政治势力、外交阵营和军事联盟，形成整体力量优势，从而开战之际就形成一种"决积水于千仞之溪"的巨大势能，势不可当。

孙子所说的"以镒称铢"，是用夸张的手法强调力量优势的重要性。但是它更深的含义在于强调综合态势的营造与控制，而这种综合态势需要经过一系列谋略运用、控制管理、精神倡导方能逐步营造而成。同时，也应该指出，弱者也能构建压倒性的优势，就是集中资源形成局部优势，即所谓集中优势兵力打歼灭战。

二、企业如何构建强大实力实现"易胜"

在军事博弈上，各方都喜欢以"实力"作为力量对照比较。在市场竞争中，对手间也都以"实力"来衡量经营的优劣态势。孙子是非常强调实力的。他认为，要取得胜利，谋略固然重要，但根本性的决定因素还是实力，最后打倒对方的还得是拳头。

对于企业而言，"胜兵若以镒称铢"，就是要把企业的势能力量最大化地激发出来，形成一种不可阻挡之势。如何发挥好企业实力，如何让企业实力发挥到优势状态，可以从以下几个方面吸取孙子的智慧。

(一) 构建数量上的优势

从军事上讲，数量就是兵力；从经济上讲，数量就是 GDP，就是单位经济产值；从企业经营上讲，数量就是资金、技术和各类资源的投入，态势就是产品对市场的覆盖能力和绩效比。总之，数量是最基本的，没有数量，就不可能达到孙子所说"以镒称铢"的态势。例如，这些年，各大城市迅速兴起的"共享单车",就是预测到中国有近 100 亿"共享单车"的市场需求,投资方在短期内大量投资的结果。一时间,我国一线城市的大街小巷布满上百万辆单车,这就是现代资本"以镒称铢"抢占市场的态势,很好地解决了广大市民"出行最后一公里"的难题。

(二)打造质量上的优势

保持优势状态不能只靠数量取胜。孙子讲"兵非益多"而在于"精",说的就是注重兵员的质量和组织结构的精练。企业在市场竞争中靠的是产品和服务,产品和服务的质量就是市场口碑,市场口碑就是企业生存的基础,也是形成企业核心竞争力的基本条件。质量优势需要数量来支撑,同时也需要管理来打造。如"共享单车"虽然在投入上采用了"以镒称铢"抢占市场的办法,但不到一年,就有数家共享单车企业崩盘撤掉,其中最快的是南京本土的町町和酷骑两家共享单车企业。2016 年底它们一瞬间涨海般覆盖了南京城区,可不到半年就在南京崩盘。由于町町、酷骑两家共享单车在街面占用盲道、随意摆放影响交通情况严重,南京各区城管人员对街面上所有乱停乱放、无人管理的这两家单车进行全部清理,加之两家企业内部管理等其他方面的因素,导致两家企业陷入经营困境。由此可见,没有质量的"以镒称铢"投入,不能叫实力,反而会带来巨大的经营风险。

(三)构建综合优势

现代社会的科技发展,日新月异,让人的认知观念、生活劳动及应用手段发生了翻天覆地的变化。全球化视野、资讯数据化、制造力升级、资本控制论等,给企业经营提出了革命性挑战!新形势下,如何才能使企业经营实力保持优势状态?成立于 1991 年的中国格力电器,在 20 多年的发展中,先后战胜了三菱、松下、大金、西门子等巨头,目前已经成为全球最大的集研发、生产、销售、服务于一体的空调企业。"格力"品牌空调成为中国空调行业的"世界名牌"产品,业务遍及全球 100 多个国家和地区。格力空调已经连续 17 年产销量、市场占有率位居中国空调行业大哥地位,家用空调产销量连续 7 年位居世界前列,格力电器全球用户数超过 2 亿。格力空调在资金投入和产品数量上,以科技创新、质量优能、全能服务三种理念高度融合,在全球空调行业一直保持"以镒称铢"的竞争势头,形成了格力企业的核心竞争力。一个企业有了全球化视野、制造创新、大数据运用,就会获得资本;一个企业有了自己的核心竞争力，就会获得资金和市场。中国格力用它的发展轨迹，对《孙子兵法》揭示的"胜兵若以镒称铢"规律做了最好的实战注解！

　　总之，实力是取得胜利的基础！孙子所谈的"胜兵若以镒称铢"是对实力取胜的生动比喻。经营企业无疑要善于营造和运用这些优势，才能发挥出各种资源的巨大能量。管理出效能。管理既要聚焦资源和装备，也要关注人员层面，还应该将人员与资源进行有效结合，实现"以镒称铢"的绝对优势。如果仅有客观的实力基础，却不知道如何灵活运用，优势反而会成为劣势，"易胜"也会演变成"难胜"，甚至失败。

三、案例分析

海底捞
极致服务构建"易胜"实力

　　改革开放后，随着国民经济水平的不断提高及城市化的推进，我国餐饮业消费市场得到迅速扩张，机遇与挑战同在，各种新鲜菜式、独特经营方式层出不穷，都想在市场中争得一席之地。想要获得核心竞争力，仅仅依靠符合消费者口味的菜品和良好的就餐环境是远远不够的，服务质量也逐渐成为决定消费者满意度的一个重要衡量因素。说到这，就不得不提餐饮连锁企业中的一个传奇——"海底捞"。

　　"海底捞"，全名为四川海底捞餐饮股份有限公司，于1994年在四川简阳创立，是一家以经营川味火锅为主，集各地火锅特色于一体的大型跨省直营餐饮企业。在菜品质量方面，"无公害、一次性"是海底捞始终奉行的选料原则，以食品质量的稳定性和安全性为前提条件，高扬"绿色、健康、营养、特色"大旗，致力于火锅技术的创新研究，在继承川渝菜品特色的基础上不断推出口味鲜美又营养健康的新菜式，并开发各种锅底和糕点类产品。

　　除了在菜品上下功夫，在服务方面，海底捞自成立之始就秉持着"服务至上、顾客至上"的经营理念，改变传统的单一标准化服务模式，致力于为顾客提供令人愉悦的个性化用餐服务和舒适的就餐环境。门店的个性化服务流程贯穿于消费者在等候就餐到就餐结束离开餐厅的全过程。

　　首先，在餐前的排队等候时间里，海底捞会分配至少三名员工始终在等候区为顾客提供相应的服务、时刻告知顾客排队的进度等。此外，海底捞还会为等待用餐的顾客提供免费的擦鞋及美甲服务、免费的照片打印、免费的 Wi-Fi 和电脑等，甚至提供无限量的餐厅零食、水果和饮料。针对儿童，海底捞提供免费的小型游乐园，并配有专门的员工去看护孩子。还有各种如象棋、扑克等棋牌类游戏，以及设置桌球台、抓娃娃机等娱乐项目。这些附加的服务使原本等位的时间变得不再漫长，而且还可以缓解顾客因排队而产生的不耐烦和焦虑心理。

其次，在就餐区，各种餐具及调料整齐划一地摆放在一起，而且有专门负责该区域的员工不断清洁整理。当顾客落座后，服务人员会为其收纳衣物并免费提供擦镜布、手机套、头绳等贴心小物品。在整个用餐过程中，服务人员着装干净整齐、态度和蔼、语气柔和，时刻关注用餐顾客的需求，如会及时为其空了的杯子添水，当顾客独自一人来就餐时还会为其拿来玩偶进行陪伴，希望顾客用餐不孤单。除此以外，根据不同顾客的喜好，还会免费赠送老顾客喜欢的菜品以此来拉近与顾客之间的距离。

最后，在用餐结束以后，服务人员会为顾客提供薄荷糖。洗手间里也会有免费的洗手液、小梳子及护肤品等，而且海底捞不会让顾客空着手离开，打包小食、甜品、水果等，在炎热的夏天还会送上扇子。除此以外，海底捞还会向用餐完的顾客询问在用餐过程中是否有不满意的地方及建议，注重顾客给出的反馈，并及时调整服务的细节，更好地满足顾客的需求和期待。

这些无微不至的服务拉近了海底捞与顾客的情感距离，顾客在海底捞能够真正地感受到被重视，有"顾客就是上帝"的体验感。大部分顾客选择去海底捞就餐就是因为喜欢它的服务和态度，因此海底捞收获了很多火锅迷的喜爱。不得不说，海底捞的优质服务就是其核心竞争力，让很多同行都无法赶超。海底捞选择这种高额附加的服务作为其主要的卖点，是想给顾客一个愉悦的用餐体验，而享受过这种服务的顾客会成为其免费的宣传者，利用口碑效应，为海底捞吸引来很多的顾客，而且这种宣传方式更加真实可信且产生的效能更大，顾客的忠诚度也会更高，海底捞与顾客之间的连接纽带也会越来越深，最终让海底捞赢得了来自世界各地消费者的喜爱与社会的广泛认可。

资料来源：吴静雅，杨坪. 基于消费者行为的海底捞服务营销策略分析[J]. 现代营销（下旬刊），2021(3)：66-67；陈隽韡，陈心珑，孙一旻，等. 海底捞餐厅服务营销策略研究[J]. 营销界，2020(3)：13-14；宋子晔，张雪冰."海底捞"经营模式对餐饮业服务营销的启示[J]. 中小企业管理与科技（下旬刊），2018(2)：5-6。

分析点评

孙子认为在战争还未开始之前，通过周密的战略部署及强大的实力碾压，形成"以镒称铢"之势，就可以实现"胜于易胜"。对于现代的企业来说，如何将企业的实力全部激发出来，发挥最佳态势是管理者需要考虑的问题。企业可以从数量、质量与综合能力上打造独特的优势，以构建企业的强大实力。

企业在市场中竞争依靠的是产品和服务，打造这两方面的质量优势不仅可以增强企业实力还可以形成核心竞争力。"海底捞"作为众多餐饮行业中的一员，就是凭借高标准的菜品和服务质量而一举成为行业内的龙头企业。在菜品方面，"无公害、一次性"是其始终奉行的选料原则，保证菜品新鲜与安全的同时不断开发新的品类，不同口味的锅底给予顾客自由选择搭配的机会，让其可以一次性品尝到不同的美味。在服务方面，从等候区排队到就餐结束离开的全部过程，海底捞员工都会尽心尽力地为顾客提供贴心的服务，满足顾客的一切需求，让前来就餐的顾客真正感受到"顾客就是上帝"。

餐饮市场潜力巨大，海底捞选择凭借独特的服务模式构建核心竞争力的策略值得学习。对于其他同类型企业来说，海底捞的经营模式和理念也是具有参考意义的。

各行各业的企业只有不断地增强自身实力，打造自身的核心能力，才能在竞争激烈的市场中"胜于易胜"。

第四节　修道保法：企业提升经营业绩的法宝

修明仁义政治，保障军纪法令严明，自为不可胜之政。伺敌有可败之隙，攻而能胜之。"修道保法"思想的原文如下：

善用兵者，修道而保法，故能为胜败之政。

《军形篇第四》

一、"修道保法"阐释

"修道"就是修明政治,使民心归顺、军心一致。"保法"就是保障法令制度贯彻践行。修道的目标是令民与上同意,让百姓最大限度地为正义之师服务。保法的目标是保障法令制度践行,让军队拥有强劲战斗力。

李筌注解:"以顺讨逆,不伐无罪之国,军至,勿掳掠,不伐树木、污井;所过山川、城社、陵祠,必涤而除之,不习亡国之事,谓之道法也。军严肃,有死无犯,赏罚信义,立将若此者,能胜敌之败政也。"

杜牧注解:"道者,仁义也;法者,法制也。善用兵者,先修仁义,保守法制,自为不可胜之政。伺敌有可败之隙,则攻能胜之。"所以修道保法,能为胜败之政。

(一)修道保法要双管齐下

正义之师是最终胜利的重要前提、有力保证,必须"修道"。《孟子》指出:"得道者多助,失道者寡助。寡助之至,亲戚畔之;多助之至,天下顺之。以天下之所顺,攻亲戚之所畔,故君子有不战,战必胜。"但我们要问:正义之师一定战无不胜吗?当然不是,仅仅"修道""有道"还远远不够,还要有善于指挥的将领、训练有素的军队、令行畅通的法令制度,要"保法"。"修道"加"保法",是制胜的两个重要保证,缺一不可。

中国共产党领导的红军,为什么能由小到大、由弱到强,最后取得中国革命的胜利,靠的就是修道保法。一方面,中国共产党领导的军队代表正义,代表广大劳苦大众的利益,不是为自己而战,而是为工农大众而战,为中华民族而战,是广大红军将士的共同信念和自觉行动。为此,他们可以无私地奉献自己的一切,甚至生命。因此,中国共产党领导的军队始终能获得广大老百姓的拥护和支持。另一方面,中国共产党领导的军队有严格的组织纪律。大家熟悉的"三大纪律,八项注意",红军战士必须严格执行。在长征途中,尽管红军物资补给非常困难,但红军指战员仍然严格遵守纪律,用实际行动来保护群众利益,不拿群众一针一线,赢得了沿途广大群众的支持和拥护。

红军长征进入贵州后,红军总政治部发布了《关于我军沿途注意与苗民关系加强纪律检查的指示》,指示各部队"加强纪律检查队、收容队工作,在宿营地分段检查纪律,开展斗争,克服一切侵害群众、脱离群众行为"。在进入黔北各城市之前，红一军团向所辖各部发布了《关于进入城市执行政策的规定》，规定"在原则上除政治机关、保卫局及军团与师的政治部外，其余部队一律不得进城"，以此减少对普通市民生活的影响。进城的部队必须有整齐的军容，"对军容不整有碍军风的任何部队及个人入城时，守城部队均有权阻止进城"。为团结回民，做好回民区域的政治工作，红军颁布了《回民区域政治工作》，明文规定"保护回民信教自由，不得擅自入清真寺，不得损坏回民经典"，以及"各部在回民地区不得吃猪肉、猪油"。

(二) 修道保法要一以贯之

国家层面，修的是君民一心；军队层面，修的是将兵一心。对于敌人，敌国军民，也可以通过"修道"，去争取其归降，近悦远来。很多人可能认为：修道保法，只是战前准备。其实，它贯穿整个战争过程。战前，如果民众和政府不是一条心，民众不支持战争，那么，政府也难以发动战争，战前"修道"，也是战争的重要内容。战中，如果民众在战争中遭受大量损失，就可能会丧失继续战斗的信心，作为国家政权，要想赢得战争，就必须实行"修道保法"，既有道义支持，也有制胜法宝。战后，取得了胜利，更应该"修道保法"。《火攻篇》曰：夫战胜攻取，而不修其功者凶，命曰"费留"。战胜攻取，却不能巩固胜利、修明政治，那是凶兆，要遭殃。归降的敌人若受压迫太过，也可能会再谋反。从古至今，功败垂成(眼看要成，功亏一篑)的案例不胜枚举。

修道保法，是制胜原理的第一条，也是制胜原理的基础。没有修道保法，就没有任何战胜的可能，因为真正的胜利是"胜敌益强"。所以修道保法的深层含义，就是控制那些可以控制的，接受那些不能控制的。不要老想着去改变那些既定事实，以及不受人力控制的天时地利，去接受，第一反应就是接受，根本不抱有任何一丝的幻想。有了这种意识，就能节省很多时间和精力，然后把它们用到能够控制的事情上，以此才能多一分取胜的把握。

二、企业提升经营业绩的法宝是什么

孙子认为能否营造一个清明的政治环境，能否依法治国、依法治军，是能否成为胜利主宰者的重要原因之一。"修道"和"保法"两者之间是相辅相成，不是偏废的关系。企业管理者应认真领悟孙子的"修道保法"的治军思想，并将其运用于企业管理与经营之中。因为这不仅可以增强员工之间的凝聚力，吸引忠诚顾客，也可以提升企业的经营业绩。

（一）修道，获取忠诚员工和顾客

企业管理"修道"的一方面，是对员工"道之以德"，其包含的内容很宽泛，最主要的应是用正确、先进的企业价值观来教育和感召员工。企业管理者应着力强化先进的企业价值观，并内化于员工的思想意识中，使每个员工明确企业存在的根本宗旨、目的、意义，企业的社会使命和责任，企业应遵守的经营伦理道德，个人工作的价值等，使每个员工以企业之德为德，以企业之义为义，以企业之目标为目标。这样就能产生巨大的凝聚力、旺盛的活力和强大的战斗力，从而达到"上下同欲者胜"。凡是优秀的企业都有一套完整而鲜明的、适合本企业实际的、能够深入人心的企业特有的愿景、使命和价值观体系。

企业管理"修道"的另一方面，是提升社会责任感，树立为社会、为民众服务的宗旨，生产高质量的产品，为客户提供有价值的服务，使企业在民众中有良好的信誉。企业讲信义就能赢得民众的信任，想民众之所想，急民众之所急，兴民众之所喜。因此，从事商业活动的企业要树立良好的商业道德，以质优价廉的商品供应消费者，不断开发新产品以满足消费者的需要。这样就可以收获忠诚的顾客，从而提升企业的市场竞争力。

（二）保法，保证运营效率和执行力

孙子在强调"修道"的同时，又主张"保法"，即依法治军。因为法是最基本的群体公德的规范化、秩序化，是人人必须遵守的既定制度与行为准则。军队是一个由众多人员构成的执行特殊任务的庞大而复杂的组织，各式各样的装备和大量必备的物资，即使是孙子时代，也需要"驰车千驷，革车千乘，带甲十万，千里馈粮……"复杂的系统面临着多变的战争形势。要保证这个系统的运作严整、灵活、协调、迅速，就必须坚持严明军纪，依法治军的原则。现代企业也是一个集中了大量资金、资源、科技、信息、设备、人员，拥有庞大的组织结构，复杂的工作流程的经济组织，也面临复杂多变的经营环境，要保证这个组织系统有序、高效、灵活地运转，也只有通过严格的管理，遵照既定的制度、纪律来统一、协调和规范众多员工的行动，才能在激烈的商战中立于不败之地。

经营企业的保法应该包括两个方面：一方面，企业内部要建立健全管理机制，组织架构清晰、治理结构完善，各个组织与部门之间相互配合，分工与职责明确，行政、采购、生产、营销等费用的管理及有关的各种财务制度严谨合理，账目明细一目了然。另一方面，企业要自觉遵守国家的法律，绝不虚假宣传、欺骗顾客、偷税漏税，绝不发生违法乱纪的行为，要获取合法的利润。一个企业把这些规章制度健全起来，就能如孙子所说的"治众如治寡"，把企业管理得有条不紊，秩序井然，运转迅速。"修道"和"保法"是管理中的"软硬兼施"，以德为本、以法为用并不是孰重孰轻的关系，两者是缺一不可、相辅相成的。

三、案例分析

胖东来
修道保法创造行业传奇

"胖东来"——胖东来商贸集团公司，河南省四方联采成员之一，河南商界具有知名度、美誉度的商业零售企业巨头，总部位于许昌市，创建于1995年3月，旗下涵盖专业百货、电器、超市等，在许昌、新乡等城市拥有30多家连锁店、7000多名员工。"您心我心、将心比心，真心付出、竭尽全力，遇事要抱吃亏态度，不要急功近利，要从一点一滴的小事做起"是胖东来公司一直坚守的价值观念，"让每位客户满意"是公司上下所有人员一致的追求和奋斗目标。

胖东来有着"零售界的海底捞"的美誉，将极致的服务深入顾客使用的每个细节是胖东来最大的竞争优势。首先，为满足婴儿、小孩、成人、老人等不同顾客人群的需求，胖东来超市门口会摆放六种类型的购物车，老人专用的购物车上不仅有凳子可供休息，还有放大镜方便查看商品价格。如果是带着宠物过来的顾客，胖东来还有专门的免费宠物寄存区，不仅有配锁的宠物寄存箱，还会每天消毒。其次，胖东来超市区域不仅十分干净整洁，商品的陈列摆放和色彩搭配也非常讲究，令人赏心悦目。在保障商品质量的同时，品类也很丰富，如同样是蛋类，一般的超市可能只有鸡蛋、鸭蛋、鹌鹑蛋，但胖东来还准备了鸽子蛋、鹅蛋等不常见的品种供顾客选择。另外，在胖东来部分商品类别上，货架上会直接标出进货价、零售价和利润率，还把产地、进货商电话都写在标签上。当顾客在胖东来有买不到的商品或有紧急需求时，可以拨打急购热线，胖东来负责在全国进行信息查询，尽快采购货品交到顾客手里。最后，胖东来始终秉承"用真心换真心，不满意就退货"的服务理念，而且"不满意就退货"是"无理由退货、无条件退货"。无论是因所购买商品的颜色、款式、质地、价格等原因，还是因自身原因要退货，只要是商品售出三日之内，胖东来都会直接退货。甚至有人觉得电影不好看，也能够退回50%的票价。

于东来常说"给员工吃肉，将迎来一群狼""让创造财富的人享受财富"，他认为只有企业善待员工，员工才能真心服务顾客，所以在薪资分配、职业发展、股权激励及福利保障等方面胖东来都会给予员工全方位的关怀。胖东来员工薪资在河南省零售业是最高的，远超当地同行业的平均工资，店长年薪百万元，就连保洁人员都享受着每个月缴纳五险一金的待遇。对于许昌这样的三四线城市来说，好的就业机会并不多，这样使胖东来的薪资待遇显得非常有竞争力，员工都没有跳槽转行的念头，踏踏实实地在胖东来为顾客提供周到细致的服务，而且很有积极性。不仅如此，于东来还会用股份激励员工，将大部分利润分给员工，他认为"不会分钱，就会亏钱"，而且他从来不会压榨自己的员工，每周二胖东来会闭店一天，给员工放假好好休息；规定每位员工每年强制带薪休假20天；所有中高层干部每周只许工作40小时，下班必须离开企业，胖东来拒绝一切加班行为。这些体恤员工、为员工谋福利的经营管理方式，让员工不仅对胖东来十分忠诚，而且会真心实意地去服务顾客，企业对待员工像家人，员工就会对待顾客像家人。

极致的服务和富有活力的员工早已内化为胖东来企业的核心竞争力，使其品牌形象深入人心并且获得了相当多的忠实顾客。同时胖东来注重员工素质提高和纪律建设，完善制度、严格考核，使队伍具有严格的组织性、纪律性。在胖东来，每位员工都有一本"工作手册"，包括"工作标准""生活标准""人生规划"等内容，"工作标准"规划了一个营业员晋升为店长所需要的时间与技能等。在工作方面，于东来对员工的要求是十分严格的，有一次他在商场要闭店时巡店，发现商品补货不达标，排面没有达到整齐划一的标准，于是直接将货架推翻，把店长狠狠批评了一顿，让他回家反省。由此可见，胖东来能取得今日的成功并不是靠口头承诺得来的，也是有严格的管理制度、考核体系和惩罚机制作为保障，成功背后有着来自公司上上下下所有人员的付出和努力。

资料来源：邬宇琛. 胖东来何以成为"零售界的海底捞"[J]. 中国中小企业，2022(3)：49-52；范家宝. 本土零售企业核心竞争力构建研究[J]. 合作经济与科技，2021(3)：95-97.

分析点评

　　孙子认为真正会用兵的将领善于"修道保法"，既能修明政治又能确保法治，因此能够成为"胜败之政"。当今企业管理者若想做到"修道保法"，就应该在追求企业盈利的同时照顾到会受到组织决策和行为影响的利益相关者，如顾客、员工、股东等。同时要加强制度管理，让企业更加具有组织性和纪律性，以提高企业的竞争能力。

　　将服务深入顾客购物的每个细节，让每一位前来购物的顾客感受到极致的服务体验是胖东来一直在追求的目标，也是胖东来每位员工的责任和使命。如果说海底捞的服务是把顾客当作上帝，那么胖东来的服务就是把顾客当作家人。凭借这份真心，胖东来也收获了众多忠实的顾客和大半的市场份额。除了考虑顾客的利益，胖东来还十分优待自己的员工，高额的薪资、丰厚的福利待遇，以及充满人性的关怀等让员工不仅对企业忠诚，还愿意全身心地去服务顾客，产生正向激励效果，并且胖东来有着严格的管理制度和考核体系为其出色的服务保驾护航，在"修道"的同时也做到了"保法"。

　　企业管理者在做决策时应该考虑到利益相关者群体的利益，加强与其之间的关系，不仅可以提高组织绩效还能够获得利益相关者更多的信任，对企业的成长也十分有利。同时，还需有相应的制度和机制去保障实施，以便提高企业的运营效率和员工的执行能力。

附录　《军形篇》原文与翻译

　　请扫描二维码，了解《军形篇》的原文与翻译。

商解《兵势篇》制胜之道

形篇与势篇共同组成"形势"。"形"着重讲客观的物质力量，实质上是我们说的"运动中的物质"；"势"则主要论述发挥主观能动性进行奇正相生和主动造势，实质上就是"物质的运动"。为了有效激发军队的战斗力，不仅要求军队组织周密、部署得宜、纪律严明，而且要善于守正出奇、因势借势、创新造势，才能真正做到"斗乱而不可乱，形圆而不可败"。

第一节　分数形名：构建有效的组织治理架构

组织架构与指挥系统，是永恒的课题，能否发挥组织能力，提升战斗力，主要依靠"分数形名"。但是兵法讲这些东西，大部分人不爱听，然而，能不能打赢的秘密却就在这里。"分数形名"思想的原文如下：

孙子曰：凡治众如治寡，分数是也；斗众如斗寡，形名是也；三军之众，可使必受敌而无败者，奇正是也；兵之所加，如以碫投卵者，虚实是也。

《兵势篇第五》

一、"分数形名"阐释

大家学兵法，喜欢学如何排兵布阵和出奇制胜的部分，因为这些学起来比较过瘾。其实，仗能不能打赢，秘密都在大家不爱听的、打瞌睡的部分，不在人人都兴奋的那部分。今天讲到的"分数形名"就是决定仗能不能打赢的关键。

做事先看形，做起来就靠势。荀悦说："夫立策决胜之术，其要有三：一曰形，二曰势，三曰情。形者，言其大体得失之数也；势者，言其临时之宜，进退之机也；情者，言其心志可否之实也。故策同、事等而功殊者，三术不同也。"孙子更强调要发挥主观能动性，人为地制造出一种势态，通过造势去影响人的心志。

不管某人的心志行不行，只要给他造成那个势，他不行也得行！韩信的背水一战，就是把士兵造成置之死地之势，士兵不得不拼死作战。要造好"势"，一要讲究战术，二要讲究管理。这就涉及对军队的"分数形名"管理。

孙子曰：凡治众如治寡，分数是也。

管很多人跟管很少的人一样，是因为有"分数"，就是编制。"分"，就是分成班、连、团、师、军之类，看你怎么分。"数"，就是每个编制单位多少人。编制搞好了，组织架构搞好了，管很多人就跟管很少的人一样，和运用自己的手臂一样方便。

古代军队的分数，五人是一个最小战斗单位，叫一"伍"。我们说"队伍"，说当兵叫"入伍"，就是从这里来的。二十个伍，一百人，叫卒，跟现在一个连人数差不多。五个卒，五百人，叫一旅。一个军，是一万二千五百人，二十五个旅。

古代军队编制、分数，都是五的倍数。而如今的"三三制"是把最小战斗单位，由五人改为三人，所有编制全部是三的倍数，最小的作战单元是战斗小组，每一个战斗小组由三人组成，一个战斗班由三个战斗小组组成，一个作战排由三个班组成，一个连由三个排组成，一个营由三个连组成，三个营组成一个团，三个团组成一个师。"三三制"不同于古代的兵法，也不同于美国的"旅"，不同于苏联的"师"，是我国独创的编制。

三个人的战斗单位怎么打？选择有经验的战士做战斗小组组长，散开，以倒三角阵型冲击，避免挤成一堆，被敌人一梭子全扫倒了。散多开呢？以听得到组长喊声为标准，不然就指挥不到了。

所以三三制是从最小的战斗单位和战术开始设计，一直设计到整个四野集团军，这就是分数，就是"治众如治寡"，指挥整个四野，也和指挥一个三人战斗小组一样运行自如。

孙子曰：斗众如斗寡，形名是也。

"斗众"，就是开打了，指挥一支大军作战，跟指挥一个小分队一样，靠什么呢？靠"形名"。曹操注解："旌旗曰形，金鼓曰名。"形名就是号令。"形"，顾名思义，是视觉号令，旗帜、狼烟都是"形"；"名"，是听觉号令。名字是喊来听的，《说文解字》里，"名"，来自"冥"，指晚上。晚上看不见，不知道对面来的是谁，就问："谁呀？"对方回答出自己名字来。所以名字是用来喊的，不是写纸上看的，是听觉号令。部队晚上用的口令、暗号，也属于"名"。

号令有眼睛看的，如狼烟、信号旗之类；也有耳朵听的，如冲锋号、集结号、击鼓前进、鸣金收兵之类。现在讲现代军队要信息化，其实军队从诞生的第一天开始，就是靠信息化在作战。各国名师都是信息专家，拿破仑就是旗语大师。日本战国时候，武田信玄能够称雄，就是因为他规划设计了全日本最密集最先进的"智慧烽火台"系统，从他的甲斐国辐射出去，任何风吹草动，他放几种不同颜色的狼烟就能传递信息，调动军队。武田信玄的形名，不是上阵才有的，是从基础设施建设就抓起的。

组织架构与指挥系统，是组织管理的重要课题。企业不断发展，组织架构也要随之不断改变，因此要不停地要进行组织变革，进行跨部门协调。大到国家，因改革成立的不同"领导小组"，就是组织架构与指挥系统变革问题。省管县就是个"分数"问题。小到公司，是职能部门分数，还是事业部制分数？各级权限，谁指挥谁？下面的职能部门，是属地管理，还是垂直管理？一家公司能不能管理好，是不是有效率并能出好的业绩，关键也在这里。

二、企业的组织治理架构类型有哪些

企业能有序且高效运行，与其组织治理架构密切相关。企业构建合理的组织治理架构，不仅能够有效提升企业的运营效率，而且有利于增强组织执行力。企业构建什么样的组织治理架构，应依据企业的类型、发展阶段和规模大小等因素而定。制造类企业与高科技企业的组织治理架构不同，初创企业与成熟企业的组织治理架构也有差异。下面介绍几种常见而有效的企业组织治理架构类型。

(一)矩阵型组织治理架构

矩阵型组织结构是把按职能划分的部门和按项目划分的事业部门结合起来构成一个矩阵，使同一个员工既同原职能部门保持组织与业务的联系，又参加新事业部(产品或项目小组)的工作，即在直线职能型基础上，再增加一种横向的领导关系。

在矩阵式组织架构中，职能部门中的员工，不仅与某个事业部相关联，还要向事业部总经理汇报工作，这样一来，总部的战略意图就能穿透级别，直达底层，从而避免了直线型管理易形成横向利益和军阀割据局面的缺点。在矩阵式组织架构下，很多大公司也避免了因为层级过多导致政令不通和执行力差等问题。任正非说：矩阵式管理结构是公司的唯一出路，公司所有的制度都应有强化矩阵结构的思想。

矩阵型组织的优点是能打穿部门壁垒，合理调配资源，灵活机动，可以随时组织和解散。但也有缺点：容易导致双头领导，员工容易产生不稳定感和迷茫感，甚至产生冲突、争夺资源。

企业管理者既然选择了矩阵型组织的优点，就要花费精力去规避矩阵型组织的缺点。

（二）战斗型组织治理架构

表演赛，是只有赢家的比赛，而战斗，必须有胜负。战斗型组织，就是必须有胜负，并且有人对失败负责的组织。这样的组织对成功充满渴望，对失败也心存畏惧。其实，人生也是一样。

为了激发公司销售部门的战斗力，在销售部建立一组、二组和三组等，在它们之间形成竞争。制定一些胜负规则，如胜的团队奖励海外旅行，或者有其他什么奖励。一组、二组和三组的战斗关系一旦形成，会让各组负责人都对失败产生巨大敬畏，不仅是呕心沥血，更要绞尽脑汁。

"战斗型组织"真的有效吗？腾讯有个著名的"赛马制"，几个团队同时尝试一个方向，谁先跑出来，谁就负责这件事，享有这件事带来的价值。最早的微信，是有三个团队同时开始的。听上去最应该有理由做成的，是QQ团队。结果，腾讯广州研究院一匹叫作张小龙的黑马，居然跑到了所有团队前面。那么，张小龙，就由你负责微信吧。其他两个项目组呢？愿赌服输，解散吧。

（三）游戏型组织治理架构

游戏，英文叫Games，指的不仅仅是网络游戏、手机游戏；篮球是游戏，跑步也是游戏。整个奥运会，都是游戏，所以叫Olympic Games。不管是何种游戏，都有个特征，就是让游戏者欲罢不能，让旁观者如痴如醉。

游戏有一种被称作"PBL"的激励机制。P就是Points，点数；B就是Badge，徽章；L就是Leaderboard，排行榜。篮球为什么好看？首先是点数。进一球得2分，罚球命中得1分，三分线外投中得3分。有了积分规则，10个人就开始拼命抢球，乐此不疲。其次是徽章。最有价值球员、最佳第六人、年度最佳新秀、最佳防守球员，这些五花八门的荣誉，提供多维度的激励，让人疯狂。最后是排行榜。每支队伍都会被从各个维度进行排名，激励集体荣誉感，获胜会痛哭流涕，失败还是会痛哭流涕。

我们可以用游戏的逻辑管理自己的销售团队，用点数、徽章、排行榜，让每个人，每一步都受到激励。首先，设定比赛规则，如打一通电话得几分，找到一个销售机会得几分，把机会变成订单得几分。其次，设立一些徽章，如"打电话最多奖""最懂得把机会变成订单奖"，以及排行榜，并宣布奖品。再次，允许销售人员自由组队，5人一支队伍。其他部门，如财务、客服、人力、行政，也可以报名加入某支队伍的啦啦队。最后，根据打电话、和客户做汇报、提交方案等行为不断发生，点数、徽章、排行榜实时发生变化。使用"游戏型组织"的方法，使每个销售人员都能深受鼓舞。

企业的组织架构不是一成不变的，而是根据企业的发展阶段和业务发展需要不断进行调整和改进的。只有持续不断地根据企业发展需要进行组织架构变革，才能使企业永葆生命力和竞争力。

三、案例分析

灵活变革组织架构　海尔完美蜕变迭代

一个曾经亏损几百万元的小厂，在十多年后成为国际知名的大型企业集团，年销售额更是从 1984 年的 3000 多万元发展到 2021 年的 3000 多亿元，业绩增长了接近 1 万倍，并且连续 4 年作为全球唯一物联网生态品牌蝉联"BrandZ 最具价值全球品牌 100 强"，连续 13 年稳居"欧睿国际全球大型家电零售量排行榜"第一名，这就是中国著名的家用电器企业——海尔集团。

一个企业的成功，离不开自身战略的转变升级，而每一次成功的战略调整都需要一个合理有效的组织架构作为支撑，海尔便是如此。公司自 1984 年创立以来，不断根据自身发展阶段和市场竞争态势调整自身的发展战略，多年来经历了名牌战略、多元化战略、国际化战略、全球化品牌战略、网络化战略、生态品牌战略等重大的战略转变期，紧跟战略转变的就是它的组织架构，而成功的组织架构变革正是令海尔立于不败之地的关键因素。

海尔在创立初期，公司规模较小，管理制度还不够完善。当时的厂长，也就是现任海尔集团的总裁张瑞敏第一次走进工厂时，发现工人们没有在认真工作，而是懈怠散漫、无所事事，其内部管理更是混乱。为了改善经营状况，也为了实施企业当时制定的名牌战略，张瑞敏立即决定采取直线职能制组织架构，并将业务分为洗衣机业务、热水器业务、渠道综合服务业务三大主体，下设细分部门，注重各职能划分，体现集权思想。这一时期，海尔组织架构模式的效能在"日事日毕、日清日高"为特征的"OEC 管理模式"下达到了顶峰，保证了生产与管理的规范化与高效率。

1992 年，再度掀起国内改革开放的风潮，海尔也瞄准了态势准备实施多元化发展战略，但此时的直线职能制组织架构却不再适合新的发展战略了，原来的主直线职能制下的高度专业化分工会使各个职能部门眼界狭窄，产生本位主义思想，导致沟通效率低下，对市场变化的反应缓慢，企业文化也趋向保守僵化，这些弊端实在难以支撑多元化发展战略的实施。于是事业部制组织架构成为海尔新一轮的变革目标，这不仅能将权力下放，有效帮助领导摆脱日常繁杂琐事，而且每一个事业部都拥有自己的市场和产品，能迅速对市面上出现的新情况作出反应，最重要的是它以利润为核心，保证公司获得稳定收益。海尔利用品牌和管理优势，以吃休克鱼、海尔管理、低成本扩张等方式，迅速构建起国际化大公司的规模，并且在武汉、重庆等地建立工业园，构建以产品为基础的事业部制组织架构。1993年海尔进行"权力分散化"，总部负责集中筹划集团发展目标，各分部负责相应区域产品的生产、销售，实行独立经营、独立核算，形成以集团为投资中心、事业部为利润中心、分厂为成本中心的组织管理模式。总部与分部间权责明确，实现权力的合理下放，组织架构不断趋向扁平化。

中国加入世界贸易组织（WTO）后，"中国制造"逐渐走出国门。为了与国际接轨，也为了应对网络经济和加入WTO带来的挑战，海尔决定实施国际化战略，在海外建立"三位一体"的本土化模式，同时在组织架构上，海尔进行组织流程再造，建立起以顾客满意度为目标、以速度为核心、以市场链为纽带的流程型网络结构，该组织架构以订单信息流为中心，带动物流和资金流的快速流转，帮助海尔实现了用户零距离、产品零库存和运营零资本的"三零"目标。

随后，为适应国际化经营并实现资源利用效率的提升，2006年，海尔把"全球化品牌战略"作为自己新的战略发展方向，并再一次对组织架构进行转型升级。将流程型网络结构与事业部制的优势相结合，不断强化不同的产品运营模式，从而探索出"人单合一"的商业模式，形成了倒三角的组织架构。正如海尔内部管理人员所说，"倒三角组织架构的目的是以产品运营模式为核心，重组现有集团下属的各个事业部，以提高运营的效率"。

2012~2019年，处于互联网时代的海尔决定实施网络化战略，继续深化探索"人单合一"的商业模式，组织架构由倒三角模式向平台型转变。2019年至今，海尔开启生态品牌战略，目标是每一个品类都做到市场第一，组织结构方面则是将所有的小平台整合成大平台，并且继续沿用"人单合一"的商业模式，推进生态品牌战略的实施。

回顾海尔三十多年来的组织架构变革，可以看出海尔非常注重根据组织战略选择与外部环境变化及时对组织架构进行调整。从专注生产到以客户需求为中心，海尔不断提出创新的组织管理模式，灵活变通，拥抱变化，致力于打造国际化知名品牌。

资料来源：浙江大学管理学院.揭秘：人单合一、独特的研发？海尔成功转型的背后远不止这些！［EB/OL］.澎湃新闻，2021-06-11.https：//www.thepaper.cn/newsDetail_forward_13114383；韩攀.海尔李华刚：拥抱数字时代，实现可持续发展［EB/OL］.新华网，2021-12-04.http：//www.xinhuanet.com/enterprise/20211204/ca9c9ede53d940eb80e62ffd145ad30e/c.html；老范说股.坚持自主创牌布局全球，海尔智家：数字化改革，助力业绩逆势增长［EB/OL］.知乎，2022-11-24.https：//zhuanlan.zhihu.com/p/586287931.

分析点评

正如孙子所言，即使是管理大部队，如果能够做到"分数形名"，也能像管理小部队那样高效有效。现代企业也是如此，一个企业集团的成长与发展，主要取决于在适应不断变化的环境时所采用的战略决策和实施战略的组织架构设置，这是决定一个企业组织能否竞争制胜的法宝。

海尔的可贵之处就在于面对企业的发展瓶颈时，能抓住企业组织架构这一问题根本，毫不犹豫地开展改革，成功完成一次次蜕变。

海尔成立之初，只是一家小规模公司，面对员工涣散、内部混乱的局面，张瑞敏立即决定采取直线职能制组织结构，这种组织结构设置简单、权责分明、集中管理，容易控制到终端，十分契合当时企业的品牌战略，但一个企业的组织架构不可能永远有效，必须随着发展战略和市场环境的变化而不断调整，因此在海尔根据市场变化决定实施多元化发展战略时，便采取了新的组织架构——事业部制结构。此后海尔又根据国际化战略、全球化品牌战略，将组织结构转变升级为以市场链为纽带的流程型网络结构、倒三角结构。

如今，海尔更多地考虑统一性而不是不同产品运营模式之间的差异性，采取平台型组织治理架构，并且深入探索"人单合一"的商业模式。

企业构建合理的组织架构，能够有效提升企业的运营效率，增强组织的执行力。企业的组织治理架构不是一成不变的，而是要根据企业的发展阶段和业务发展情况不断地进行调整和改进，只有持续不断地根据企业需要进行组织架构变革，才能使企业永葆生命力和竞争力。

第二节 守正出奇：企业要善于突破经营瓶颈

要看懂一场仗是怎么打的，需要分析正兵与奇兵。用足球赛来理解正与奇之用，控球的就是正兵，跑位的就是奇兵，相互配合好，方能制胜。"守正出奇"思想的原文如下：

> 凡战者，以正合，以奇胜。故善出奇者，无穷如天地，不竭如江海。终而复始，日月是也。死而更生，四时是也。声不过五，五声之变，不可胜听也；色不过五，五色之变，不可胜观也；味不过五，五味之变，不可胜尝也；战势不过奇正，奇正之变，不可胜穷也。奇正相生，如循环之无端，孰能穷之哉！

《兵势篇第五》

一、"守正出奇"阐释

人们都喜欢讲"出奇（qí）制胜"，这里的"奇"，是指奇谋妙计，反常规思维，出人意料的办法。人们喜欢听以少胜多、以弱胜强的故事，这样的故事听起来才带劲。但是，孙子的"以正合，以奇胜"中的"奇"不念"qí"，而念"jī"，古人又称为"余奇"，多余的部分。凡是战斗，都要分兵，分成正兵与奇（jī）兵，正兵与奇兵相互配合，坚持守正出奇，才有奇谋巧计之效，获胜的概率才能大大增加。

（一）奇胜不是奇袭得胜

曹操注解："先出合战为正，后出为奇"，"正奇"，就是一个先后概念。不要一下子把所有的牌都打出去，留一两张在手上，等到关键时候打出去。毛泽东同志在读《后汉书》的一则批注中说："正"是原则性，"奇"是灵活性。两军对阵，先以正合，正兵合战，双方主帅在后面看着，看到关键的时候，投入奇（jī）兵，一举获胜，达到了出人意料的奇（qí）效。因此，不管是善出奇（jī）兵，还是出奇（qí）制胜，都是一种善于创新的表现。

有人讲"以正合,以奇胜"的战例时,喜欢讲李愬雪夜袭蔡州,率一支"奇兵",大雪天直捣敌人老巢,活捉了吴元济。人们都期待这样的奇袭得胜,那多爽啊!但这样的得胜,3000年就那几回,这不是《孙子兵法》的价值观。"以奇胜",被人们误读为奇袭得胜,还是贪巧求速的心理作怪。如果要给李愬雪夜袭蔡州套一个军事理论,不如套二战的战略纵深、战略瘫痪理论,一个大纵深,绕过敌方防线,直接把敌人的中枢打瘫痪了。

(二)奇正组合形式多样

"善出奇者,无穷如天地,不竭如江海。""战势不过奇正,奇正之变,不可胜穷也。"将领统兵10万,可以一正一奇的分兵战法:可以分7万人是正兵,3万人为奇兵;可以分6万人是正兵,4万人是奇兵。也可以一正二奇的分兵战法:可以分6万人是正兵,另外两只奇兵分别为2万人。因此,奇正分兵的组合形式有无穷多种。

在背水一战中,韩信就把他的部队分成了一正二奇:一部分兵力由韩信自己带领,穿过井陉口,去进攻赵军大营,一支奇兵大约1万人马背水列阵,另外一支奇兵是半夜派出去的2000人。赵军有没有分正奇呢?开战前他没分,没有分兵去堵井陉口,都在这大营里待战。开战之后有没有分呢?有!出营来作战的是正兵,没有出营的预备队是奇兵。韩信的战法,就是佯败,把赵军兵营里的奇兵也调出来,结果赵军果然中计。因此,根据形势需要和战争需要,奇正分兵可以有各种各样的组合形式。

(三)奇正可以相互转化

"奇正相生,如循环之无端,孰能穷之哉(循环往复)!"李筌注解:"当敌为正,傍出为奇。"正面作战的是正兵,斜刺里杀出来打侧翼的是奇兵。正兵奇兵往往是这么安排,但这是结果,不是原因。如果两军对垒,正面战场的没动,侧翼先冲击敌人,等敌人乱了阵脚,正面大部队再压上去。这种情况,侧翼的小部队是正兵,正面的大部队是奇兵。还是曹操注解的概念准确。简单地说,正兵奇兵就是一个先出后出的概念。奇正之间怎么相互转化呢?其实很简单,已经投入战斗的,是正兵;预备投入战斗的,是奇兵。预备队投上去,就变为正兵了。正在打的部队撤下来,又变成奇兵。

背水一战中,韩信带领一支队伍,出了井陉口,与赵军交战。"大战良久",还是赵军人多,韩信看似支持不住了,开始败退,而且退得比较狼狈,大将旗鼓仪仗也丢地上了——这是为了引诱赵军来抢——自己退入水边军营中。然后又率水边那 1 万人杀来，殊死作战。这时韩信的兵不是一正两奇了，是一正一奇，他自己带的部队，和水边的预备队合兵一处，是正兵。半夜那2000 人是奇兵，还没出来，在等胜机，胜机出现，再出奇，制胜。

胜机靠什么呢，就靠韩信丢在地上的大将旗鼓仪仗，赵军看见仪仗，两个反应，一是已经胜了，韩信兵败如山倒，全被咱们撵到水边了，再一冲就都喂鱼了；二是战利品，得到韩信仪仗，是巨大的荣耀和赏赐，要去抢功劳！胜机出现，该出奇，制胜了，赵军的奇兵——留在军营里的预备队就倾巢出动了。这时赵军没有奇兵了，手里的牌全部打出去了。

但是韩信手里还有一张牌没打呢！韩信等的就是这一刻，他的胜机出现了，出奇制胜的时候到了，半夜派出埋伏的 2000 奇兵，出发时一人带了一面汉军红旗，冲击夺了赵军军营，就干一件事，把赵军旗帜拔了，插上汉军红旗。

最后这一阶段，韩信的正奇又是怎么转换的呢？那 2000 奇兵，变成了正兵，打出去就是正，没打的就是奇。正兵夺了敌营，敌人败退，其实还没败，但是心里败了，要退，一退就真败了。敌人败退，守住营不能让他退回来。

这时韩信水边的部队变成奇兵。敌人要来解决军营的问题，看后面鼓噪，自己的军营已全部插上汉军红旗，老窝给端了，要回师夺回军营。韩信部队从后面追上来。赵军前不得入营，后无战心，就崩溃了。韩信此战，破赵军 20万，斩了成安君，生擒了赵王歇。

二、企业如何突破经营瓶颈

企业在实际经营中，总会遇到各种各样的困难，为有效突破经营瓶颈，获得更高层面的重生，需要在经营中运用"守正出奇"策略。"守正"就是恪守正义正道、遵循发展规律和顺应时代大势。"出奇"不是异想天开的奇思妙想，而是通过不断创新，创造有利于企业经营的态势，达到出人意料的效果。因此，企业想突破经营瓶颈，可以从以下几个方面着手。

（一）顺应正势，构建奇势

企业运用 PESTLE 等工具对宏观环境进行结构化评估，把握宏观层面上的"势"；利用波特五力模型剖析行业基本竞争态势，把握行业层面上的"势"；

运用企业生命周期理论，分析和预判自身所处的"势"，主动顺势而动，跨越经济运行周期。市场领头企业通过技术创新，运用数字化、智能化改善产品或服务体系，引领行业发展；通过组织创新，建立独特的决策机制、管理架构和制度文化，构建高效的组织结构；通过业务创新，从产品服务、商业模式、客户运营、业务流程等方面出奇，将科技、人文、艺术融合，打造品牌创意性理念和符号；合理运用各种类型的"奇"，不断推陈出新，才能勇立时代潮头，把握住时代潮流之势。

(二)奇正相生，乘势而上

"奇正"在军事行动中相辅相成，缺一不可，在企业经营中也不例外，既要把握大势所趋的"正"，也要追求推陈出新的"奇"，达到与时俱进才是真正的"奇正"。守正而无奇，即使看清了时代趋势，最后也会被淘汰出局。自改革开放以来，许多企业乘着人口红利、政策红利、经济红利等时代红利赚钱盈利，然而当红利逐渐减退，缺乏创新或转型过慢的企业难以为继。因此，在千帆竞发的时代大势中，企业要以"正"为舵，顺势泛舟，以"奇"作桨，既能避免在优胜劣汰的洪流中湮没于河底，也能在静水中全速前进，成为行业领头者。出奇而无正，若是没有"正"的指引，所谓"创新"也可能只是急功近利而非长久之计。以业务创新为例，企业应当先调查消费者痛点和爽点，推出销售增长率和市场占有率"双高"的明星类产品。金牛类产品的销售增长率虽低，却是公司现金流的重要支撑，切不可贪图明星类产品的短期大量盈利，就锐减或暂停金牛类产品。创新业务的产生需要主营业务的支持，"奇"在经过百般试验后最终才有可能转化为"正"，两者相互配合，打出优秀的产品服务组合拳。企业需辩证地看待"奇正"，遵循"奇正"相制、相互转化的原则。"正"为"奇"的产生提供资金、技术等方面的支持；一时兴起的"奇"可能引领一波新时代潮流，最终转化为大势所趋的"正"。守正以顺势，出奇以造势，巧妙运用两者，画出企业繁荣发展的制胜蓝图。

(三)不断创新，突破瓶颈

1. 产品创新

产品的出奇创新，可以从产品定位、包装风格，甚至可以从定价等多方面切入。元气森林通过向传统寡淡的气泡水中加入代糖，即同样有甜味而实际含糖量可以忽略不计的物质，使产品实现"0糖0脂0卡"，满足多数人愿意牺牲一部分口感去追求健康的诉求。

2. 营销创新

营销"守正"包括传统常见的营销方式，如直销、上门营销、网络营销、服务营销、体验营销等。要想在营销上做到"出奇"，可以从独特方面开展营销，如从文化、理念或定位方面营销。受动漫影响，很多年轻人熟知并喜欢上了日系萌文化，他们容易接受新鲜事物，并且有着旺盛的消费需求，元气森林设计了吸引眼球的日系包装，对年轻人更有吸引力。

3. 渠道创新

如今大多数产品拥有线上线下两种销售渠道，这是销售渠道"守正"的体现。若要做到"出奇"，可以选择与同类产品相比，对线上线下销售渠道的侧重不同；也可以选择对线上或线下的具体销售渠道做出创新。例如：线上销售时，比起同类产品的淘宝或天猫旗舰店销售，选择平台直播销售；或者线下销售时，比起同类产品的专卖店和大型商超销售，选择便利店、自动贩卖机、消费场景等渠道铺货。元气森林在布局线下销售渠道时，选择了像全家、盒马这种互联网型新零售连锁便利店，放弃了传统大型商超。在线上销售渠道，元气森林主要入驻天猫、京东、拼多多、小红书、抖音等核心电商平台。

三、案例分析

沃尔玛
从实体零售商超到美国第二大电商平台

Walmart（沃尔玛）作为美国第五家市值万亿元的企业，成功跻身于谷歌、微软、亚马逊等全球互联网科技巨头行列。沃尔玛作为零售业起家的公司，最开始也只是一家平平无奇的特价商店，它的成功不是靠政府和资本的扶持，而是靠它独有的经营风格和不断"守正出奇"的先进经营意识得来的。

在成立初期，沃尔玛就时刻谨记顺应时代发展大势，沃尔玛只有一个理念，就是"让顾客满意"，这种理念揭示了沃尔玛顾客至上的本质，这种理念不仅顺应了社会发展趋势，更体现了其关心消费者的追求和愿望，提供充满人情味的高素质服务的人性化管理理念，并且沃尔玛还善于"出奇"，创造属于自己的竞争优势，其中它的低价策略最为人熟知，走进任意一家沃尔玛超市，都可以看到墙上显著的标语：Save money. Live better.（用更少的花费过更好的生活），沃尔玛从消费者角度出发，抓住消费者的痛点，提供低价但优质的产品，因此受到广大消费者的欢迎。

为了实现真正的优质低价，沃尔玛在经营过程中，一是非常注重对产品的一次性大批量购买，这样就可以在货源充足的前提下尽量压低价格，从而实现对货物的成本管理，也可以消化大量直接采购所带来的库存。二是非常注重对配送体系的完善，为此建立了大规模的配送中心，采用流线型配送。首先对需要运输的货物进行分类包装，其次按类运输至货车，最后分运到沃尔玛各个商店。沃尔玛的配送中心一端连接着装货平台，另一端连接着卸货平台，两端分别作业，大大提高了运行效率，从而降低了所需成本。正是沃尔玛对批量管理和配送系统的重视，才让其后来的"出奇"有了坚实的基础。

随着移动互联网的发展，美国线下零售企业的增速远低于线上电商，那作为世界最大连锁零售企业的沃尔玛又该如何面对时代的洪流呢？原来沃尔玛早有准备，不仅做到了把握大势所趋的"正"，还做到了追求推陈出新的"奇"。沃尔玛虽专长于其核心的零售业务领域，但并不是"两耳不闻窗外事"，它非常注重对市场发展态势的把握，认知到未来将会是数字电商的时代，因此早就确立了新的发展定位：零售业+数字互联网的科技公司，希望将沃尔玛转型成一家全渠道零售企业。

但是沃尔玛电商之路的发展并不是一帆风顺的，前有消费者刻板印象阻碍——"沃尔玛只是大型超市"，后有亚马逊这种强力竞争对手虎视眈眈，面对如此困境，唯有"出奇"才能"制胜"。沃尔玛在全美的5000多家超市就是其"出奇"的关键，因为超过90%的消费者就住在沃尔玛商店10英里范围内，沃尔玛将遍布全国的超市定位为电商仓储、送货和售后的纽带，大规模的门店和高效的配送系统甚至可以达到两小时闪送服务，这一特点让沃尔玛在激烈的零售企业电商化PK中赢得极大的竞争优势。此外，沃尔玛非常注重企业内部员工激励和技术创新，让自己有能力去"出奇"。在员工激励方面，沃尔玛花费27亿美元用于提升员工最低时薪、执行新的员工培训计划，以及给予员工更多的工作掌握权，让员工获得更多的授权和激励，并于2016年建立200家员工培训基地，提高门店员工的服务意识和综合素质。在技术创新方面，沃尔玛斥资11亿美元投入线上零售网站与购物App技术的研发和提升，于2016年6月底，沃尔玛支付（WalmartPay）落地旗下所有店铺，并为网购用户提供两日免费送达服务；沃尔玛宣布与Nuro合作开发无人车送货服务，以低成本覆盖配送最后一公里；沃尔玛与微软合作，采用微软的云服务和人工智能技术为消费者提供轻松、先进的购物体验。基于沃尔玛大规模的实体店优势，配合美国网民消费习惯的沉淀，沃尔玛的线上零售业务迎来井喷式发展。

与亚马逊相比，虽然沃尔玛错失了电商发展的最佳时期，在互联网初期并没有找到"出奇"的绝招，但它在"正"的指引下一步步找到了自己的"奇"。截至目前，沃尔玛的旗下业务从线下零售拓展到了会员店、电商、新零售、物流、广告等诸多领域，它紧跟区块链、元宇宙等科技发展浪潮，构建数字化商业系统的基础设施，真正做到了多层次、多角度、全方位的"守正出奇"。

资料来源：根据微信公众号混沌学园《万亿帝国沃尔玛的"一"思维》改编。

分析点评

孙子认为，凡是战斗，都要分兵，正兵与奇兵相互配合，坚持守正出奇，方能制胜。同样地，在激烈的市场竞争中，企业也要懂得"守正出奇"，其中"守正"强调企业要遵循发展规律，顺应时代大势，时刻关注市场态势发展，把握市场机会；"出奇"强调企业要通过不断创新，创造有利于经营发展的良好态势。

沃尔玛一直很注重人、货、场这三个经营的核心要素，并且凭借出色的成本管理方式和坚实的供应链做到了真正的"守正出奇"。成立初期，沃尔玛就顺应正势，构建奇势，遵循"让顾客满意"的理念，关注消费者需求，从消费者角度思考问题，以低价优质策略成功打开市场，使其成为世界最大的连锁零售企业。随着移动互联网和大数据的快速发展，零售企业面临巨大的冲击，沃尔玛顺应时代潮流，走上电商之路，致力于成为一家全渠道零售企业。沃尔玛不断进行创新发展和转型升级，突破原有固定经营方式，凭借大规模门店及供应链优势重新获得消费者的青睐。

"守正出奇"作为一个完整体，缺少任何部分都无法达成最终胜利。如果只想着"守正"而不"出奇"，那么即使看清了时代趋势，也没有能力跟上它，最终也只能被淘汰出局；如果只是一味地想着"出奇"而不"守正"，那这种创新就没有一定的市场基础，最后也很可能以失败告终。因此只有将两者有机结合，才是企业的制胜法宝。

第三节 势险节短：企业要善于开展借势营销

企业能否经营好，很大程度上看营销做得好不好，企业会不会顺势而为，是决定营销成败的关键，营销成败的命脉是能否做到在时间窗口期顺势而为、乘势而上，这就要深刻理解孙子的"势险节短"思想。其思想的原文如下：

激水之疾，至于漂石者，势也；鸷鸟之疾，至于毁折者，节也。故善战者，其势险，其节短。势如扩弩，节如发机。

《兵势篇第五》

一、"势险节短"阐释

孙子用了两个比喻来阐明什么是"势险节短"。湍急之水能将巨石冲走，是因为水流迅疾产生了势能；鹰隼迅飞猛扑，以至能将鸟雀捕杀，是因为靠掌握了攻击的时机和距离。

"势险"是指非常险峻的态势，有高度有速度，集聚了大量势能；"节短"就是指由于距离近、时间短，释放的能量能准确命中目标而且有巨大杀伤力。由于节短，时机一定要把握好，否则就会错过。

李筌注得很好："矢不疾，则不远；矢不近，则不中。"如果你射箭的力量不够大，箭速不够快，你就射不远。但是，如果你离目标不够近，你就射不中！

因此，为了"势险"，要构建高度、提高速度，准备要充分。为了"节短"，需要接近目标、掐准时机发动攻击。

为了创设"势险"的态势，准备的时间可以长一点，但行动一定要快，是谓"节短"。

势是形的放大器，同样的资源，由于不同的势，产生的效能不一样。将军可以借助险峻的地形来构建对敌军压制性打击的态势。也可以命令把圆石木头从低位搬到高山上，构筑滚石阵，然后运用各种计谋，千方百计引诱敌人进入伏击圈。当敌军进入伏击范围，要抓住时机，对准目标，把大量的圆石圆木往下砸，把敌军打得人仰马翻。战，要一战而定；击，要一发而中。所有的功夫，都在研究这一击，积蓄这一击的能量，打磨这一击的箭头，选择这一击的时间地点，而不是乱箭齐发。因为准备好了，其势险、其节短的一击，能保证必中，而且只需要射一箭。

善射者不靠百步穿杨！从小听的都是百步穿杨的故事，兵法则告诉你不要指望百步穿杨，要十步之外射簸箕，那样才能射中、射穿。就像猎豹妈妈教小猎豹猎羚羊，不能在百步之外发动追击，要悄悄地摸到五步之内，然后从草丛中一跃而起，最重要的是一跃就扑倒它。一下没扑到，它一跑，就不一定追得上了。

所以真正的善射者，也没有百步穿杨的美名，因为他都摸到猎物眼皮底下再射，不懂的人就认为"不算本事"。我们要把一张弓，拉得满满的，摸到猎物眼皮底下，射出致命一击。经常有人说："史玉柱一年打三个亿广告卖脑白金，那算什么本事啊？我如果有三个亿广告，我比他干得还好！"他没问人家那三个亿是怎么来的，是从天上掉下来的吗？给你三个亿，你真的会干吗？

孙子曰：故善战者，其势险，其节短。善于指挥作战的将领，营造的态势是险峻的，所发出的节奏是短速的。要营造险峻的态势，首先是借助已有之势，包括险峻的地势、有利的舆论势和士兵同仇敌忾的气势等。自古名将，都是借势的高手。如果没有现成的"势"可借，也要想方设法来造势，借助所造之势来提升战斗力。

韩信破赵之战，把1万人的军队背水列阵，面对敌军20万人，人人殊死作战，为什么？因为韩信积极构建了一种决一死战的态势，不是蛮横地苛求士兵死战。韩信正是借助构建的那种严峻态势，激发了士兵的潜力，大大增强了战斗力。

淝水之战，苻坚率百万之众，面对晋军八万人，虽退后者斩，也挡不住士兵逃跑。因为苻坚没有构建士兵决一死战的态势，敌军猛攻过来，军阵被冲散，士兵夺路而逃，当官的来斩，没有来斩的敌人多！

为什么打包围战，通常要留一个口子给敌人逃跑，这就是造就一种让敌人来顺应的一种态势，不要给他殊死作战的势，让他有逃命的势，这样才能在他逃跑的时候歼灭他，又不用跟他拼命，杀敌一千，自伤八百。逃跑路线上再埋伏一支奇兵，就更完美了。

"故善战人之势，如转圆石于千仞之山者，势也。"《兵势篇》最后，孙子总结，什么是势，就是在一千仞那么高的山上推下来一堆圆石，谁能抵挡！善战的将领，也是构建这种"势"的高手。王皙注解，石头自己不会转，因为山势才不可遏止。战斗也不能强求妄胜，因为兵势也不是你强求得来的。因此，作为名将，不但要善于构建险峻的"势"，更要善于选到会用这种"势"的人才。

二、品牌应如何开展借势营销

古代战争，不会借助外在态势和地理形势的将领，没有形成"转圆石于千仞之山"之势，很难赢得战争胜利。借势营销虽是一种被动营销，如果企业用得好，能发挥很大作用。"借势营销"是指企业围绕各种热点事件和热门人物事物等，结合品牌属性，进行创意设计和创新策划，输出产品及其品牌的内容，通过广泛营销传播，以提高品牌知名度和美誉度，提升顾客忠诚度及其价值。借势营销的基本方法包括热点借势、节日借势、IP 借势、行业借势、用户借势、情绪借势、对手借势等，其中热点话题、传统节日等都是品牌可以借助的营销载体，有效借势会让内容营销取得事半功倍的效果。

（一）顺势而为，速度制胜，借助多元营销载体

品牌借势的关键是要顺势而为，乘势而上，构建"事态峰端"，收放有度，给受众以强烈的主观感受，所以，找准时机，迅速出击很关键。因此，企业要具有对于热点的敏锐感知度，而这种敏感度的培养源于对各类重大的、受众关心的、喜闻乐见的和与本企业相关联的话题事件的时刻关注。需要注意的是，借势营销不能简单与"蹭热度"画等号，它是将营销内容融入营销载体中，将品牌的推广融入消费者喜闻乐见的场景里，使消费者在熟悉的场景环境中了解品牌并乐于接受该产品及相应服务。

每年中秋节，大多数品牌会在月饼包装的创新上费尽心思，却鲜有人关注到后续的浪费现象。基于中秋月饼包装盒的浪费现象，天猫通过开创差异化绿色中秋营销，联合九大品牌打造"让团圆可持续"计划，将月饼礼盒包装打造出可持续意义，抢占中秋绿色热点。月饼盒可变身相框、首饰盒、音乐盒、便当盒等来使用，再次升温了可持续陪伴的悠远寓意。天猫以此助力年轻人在玩乐中实现环保理念，传达绿色心智，彰显有温度的品牌形象。天猫借中秋佳节之势、品牌 IP 联名之势、绿色可持续热点话题之势、消费者情感需求之势，不仅"让团圆可持续"，也让品牌形象可持续，巧妙地在各大电商市集中脱颖而出。

（二）找准切口，建立关联，融合企业品牌定位

企业在借势营销时，需找到一个合适的切入点，与其自身的产品建立关

联，将自身定位和消费者的需求相结合，融合企业的品牌要素，给受众留下独特的差异化印象。做到事件核心点、公众关注点和品牌诉求点三点合一，是借势营销成功的关键之一。借势固然重要，但更重要的还是在品牌自身找到突破口，且不脱离自身核心价值。若不考虑品牌内涵与事件属性的相关性，最终只会导致品牌形象模糊不清。

随着我国国力增强，文化软实力通过各个层面渗透到人们的生活中，国潮文化的商业演绎就是最好的说明。国潮 1.0 重在老品牌焕新，国潮 2.0 重在新品牌崛起，国潮 3.0 重在科技内核与文化内涵融合创新。现在很多企业为了紧跟潮流，蹭"国潮文化"流量，随便挑选个国货产品，加上一笔画风就想实现品牌溢价，或打着国货旗号，没有对自身品牌进行深度挖掘，盲目嫁接包装品牌，不但未给品牌市场的行为带来改观，反而为自身品牌发展带来障碍。品牌只有对国潮文化进行深入理解，找准突破口和创新点，精确联系自身定位，才不会沦为一时图新鲜和情怀感动的短时自恋。

（三）把握尺度，注意底线，迎合主流价值观

借势营销讲究创意，但也要把握尺度，遵循主流价值观。品牌在借势热点事件营销时，应注意事件本身的正负色彩，抓住积极的、正面的切入点，传播正能量，履行社会责任。注意调侃有度，守住道德底线，展示具有人性关怀、社会担当的企业文化。遇到灾难事件和群体性事件时，绝不可随意调侃，消费苦难。营销背后反映的是品牌态度，如果不能让人看到积极正向的力量，反而让消费者产生品牌具有针对特殊群体的感觉，甚至违背社会道德，就会适得其反，让品牌陷入社会舆论，影响品牌形象。

2021 年 7 月，鸿星尔克这一国货品牌因向河南捐赠 5000 万元物资问鼎热搜而爆火。鸿星尔克在事件发生后，迅速的正向反馈和配合网友捧哏的线上营销，恰到好处地抓住时机。当然，这个成功不止在于借势进行情绪营销，更在于这一事件中投射出的极具社会责任感的良心企业的品牌形象。中纪委也点名称赞道：鸿星尔克的一夜爆红，是善引发善的动人故事，国内消费者支持鸿星尔克，实际上是民众对"好人有好报"正义观的支持。

"势险节短"运用在商业运营时，就要求企业深入洞察，把握时机，找准品牌和热点事件之间的强关联属性，让其场景化、具象化、创意化，进而制定出俘获人心的借势营销方案，一击即中。正所谓，好风凭借力，送我上青云。"势"借得好，品牌才能收获想要的正能量曝光率，品牌的美誉度和忠诚度才

能得以不断提升。

三、案例分析

好利来
通过借势营销焕发新生机

2022年9月，一款粉红色的小蛋糕迅速在各社交平台火了起来，这是好利来与哈利·波特联名推出的产品"海格的蛋糕"。好利来是一家已有30年历史的老品牌甜品公司，近两年来却靠着"品牌联名""节日限定"等方式的借势营销，紧跟潮流，频频出圈，俨然成为新晋网红之一，深受当代年轻人的欢迎。

在过去的8个月内，好利来上新了9款联名产品，其中联名品牌的选择也是各式各样：有热门动画IP，如草莓熊、奥特曼、玉桂狗等；或是当下火爆的品牌，如喜茶、橘朵、泡泡玛特等。此外，好利来也借节日之势，推出了"节日限定"产品，包括万圣节的"什么鬼"幽灵造型糕点，以及虎年新春的虎皮卷、虎纹面包等产品。好利来甚至还将节日与品牌结合在一起，推出了中秋节哈利波特主题月饼，吸引着消费者的眼球。

好利来借品牌、节日之势进行营销，推出了令人眼花缭乱的产品之后，不仅没有给消费者造成审美疲劳，反而爆品率越来越高，因为好利来的产品有以下特点。首先，其产品营销定位精确。好利来的定位主要瞄准20~30岁的年轻人，于是它选择的不是当下年轻人普遍认可的热门品牌，就是年轻人喜爱的动画卡通形象，深受年轻人的追捧。其次，其产品制作用心。好利来的每一款联名产品，都涵盖着原品牌的特色，如泡泡玛特以盲盒娃娃为主要产品，那么蛋糕也以盲盒的方式出售。除了外观和销售模式，好利来在蛋糕的口味上也用心搭配，如与哈利·波特联名推出的"比比多味豆糕点"沿用电影设定中比比多味豆的奇特口味，推出了呕吐味、止咳糖浆味等糕点，给消费者新奇的体验。

除了在产品设计上独具一格，好利来也趁着产品上线之势，迅速出击，利用线上线下多平台进一步营销。在线下，好利来的包装袋、餐具都会随着新品的主题而变化升级，于是，每一次上新不再是单打独斗，而是在一个主题下产品、包装、玩法的相互配合，组合形成视觉冲击力、使内容更加丰富，激起消费者下单的冲动，如万圣节限定系列产品，幽灵蛋糕配有馋鬼餐刀、主题纸袋，花式运用一个元素，就能从头到尾拉满节日氛围感。在线上，好利来通过微信公众号首次发布新品，同时运用小红书、抖音等平台进行二次传播，结合时下热点和网络用语，用俏皮的文案和花哨的配图瞄准年轻人的喜好。此外，为了保持新品的话题度，好利来更是采用限定销售新品的模式，如销售门店限定、每日销售数量限定、销售持续时间限定等，用饥饿营销的方式激发年轻人的购买欲。当然，为了保持热度，好利来推出新品的间隔通常持续在半个月到一个月，往往前一款产品的热度尚未退去，下一款产品就乘胜追击，通过快速的更新持续占领着消费者的心智市场。

在高频率的上新模式下，许多品牌担心自身个性被联名所稀释，但好利来让联名成为常态化，将"爱玩"打造成了一个品牌形象，让爱追热点、爱联名本身成为品牌特点。由此，清晰自洽的产品营销思维，积累沉淀的产品开发能力，让好利来从众多甜品品牌中脱颖而出，即使离开联名的流量也能靠自身产品成为年轻人的话题焦点。

在激烈的市场竞争下，老字号烘焙品牌的生存空间被不断压缩。好利来因时而变，通过更新产品口味、包装设计及营销方式，贴近当代年轻人的喜好，并逐渐将自身打造成最受欢迎的网红烘焙品牌之一。展望未来，好利来也面临许多新的挑战：除了不断推陈出新，它是否还能挑战自我，开发更多可能性？目前多是主动借其他品牌 IP 之势的好利来，能否在沉淀品牌风格、标识的过程中，成长为被联名的对象？虽然好利来已经走过了三十多个春秋，但显然它还有很长的路要走。

资料来源：Morketing. 8 个月联名 9 次，好利来的联名也会上头？［EB/OL］. 腾讯网，2022-11-16. https：//new. qq. com/rain/a/20221116A05JXR00；Chuuyu. 好利来品牌营销全案策划分享［EB/OL］. 知乎，2022-10-30. https：//zhuanlan. zhihu. com/p/578638060.

分析点评

《孙子兵法》中提到："故善战者，其势险，其节短。"在战争中，态势是险峻的，时间节点是短促的，善于指挥作战的将领，要善于抓住时机，打出致命一击获取胜利。现代企业的管理者面临激烈的市场竞争，也应该善于借助外在有利因素，提升品牌的知名度和美誉度，树立良好的品牌形象，获得丰厚的市场回报。

好利来近年来在营销方式上不断推陈出新，特别是在借势营销方面大放异彩。好利来立足其经典产品体系，借助其他品牌、节日之势迅速出击，推出新品并在各大平台上大力宣传推广，为其产品引入了充足的流量，也为品牌塑造了年轻、有趣的形象，让这家已有三十多年历史的老牌甜品公司成功转型，融入年轻人的世界。好利来成功的营销策略也给整个行业带来了新的生机，越来越多的烘焙、茶饮品牌试图通过联名、节日限定等方式取得更高的流量和知名度，但联名也不一定总会带来正向的反馈，如茶饮品牌乐乐茶，虽然借各种活动不断推出新品，但其令人眼花缭乱的产品逐渐掩盖了品牌自身的个性。所以，如何开展借势营销仍是诸多品牌需要思考的问题。

根据借势营销的案例分析，可以得出以下几点结论：首先，品牌在择"势"时应该针对其目标人群，就其感兴趣、有共鸣的话题进行营销推广；其次，在宣传上也应清晰布局，从线上到线下配合开展，给消费者全方位的新奇体验；再次，营销的时间不宜过长，而是迅速出击，吸引消费者的目光，通过"限时发售""季节限定"等方式展示产品的稀缺性，激发消费者的购买欲也维持着新鲜感等。最后，品牌也不能忘记自身特色，营销是手段，而品牌和产品本身才是其立足于市场的根基，更应该做的是不断强化品牌形象，提高知名度，从而使其在市场上有更广阔的发展。

第四节　择人任势：企业要善于开展造势营销

俗话说，形势比人强，胜负之道，在于将领会不会构建各种有利态势来提高效能，而不是一味责求下属和士兵。挑选出不仅会造势而且会用势之人才，才是制胜关键。"择人任势"思想的原文如下：

故善战者，求之于势，不责于人，故能择人而任势。任势者，其战人也，如转木石。木石之性，安则静，危则动，方则止，圆则行。故善战人之势，如转圆石于千仞之山者，势也。

《兵势篇第五》

一、"择人任势"阐释

"故善战者，求之于势，不责于人，故能择人而任势。"这句话有三处需要解释：一是"责"，意为苛求、责备；二是"择人"，有的理解为"释放"，古汉语中"择"与"释"相同，即释放将领的手脚；本书认为这里的"择"解释为"选择、挑选"更为合适；"任势"有营造对战争有利态势的意思。因此，这句话强调：善于作战的将领，总是依靠构建有利的态势而取胜，并不是一味苛求将吏和士兵。所以，挑选的将吏，要懂得营造和利用各种对战争有利的态势。

"择人"，就是在对的地方，用对的人。地方不对，人不对，都是将领自己不对。

曹操征张鲁于汉中，留张辽、李典、乐进领七千余人守合淝。临别前给护军薛悌留了一个信封，说敌人来了再打开。曹操大军离开没多久，孙权就率十万人来取合淝。四位大将赶紧打开信封，里面写了："如果孙权来，张、李二将军出战，乐将军守，护军不要出战。"

大家都不知道怎么回事，张辽懂了，他说："丞相出征在外，如果等他来救，我们城已经破了。丞相这是叫我们乘他兵势未合，先给他一下，折其威势，然后可守。成败之机，在此一举。"

于是张辽和李典两员猛将，乘孙权立足未稳，即刻出战，果然大破孙权。吴军夺气——气势没了。张、李二将再回城中守备，守军心安气盛，孙权挨了一棒，再重新收拾军队来攻城，攻了十天攻不下，自己撤退了。

"任势"，就是要营造、构建和利用好对战争有利的各种势。

唐代李靖说，兵有三势，一是气势，二是地势，三是因势。

气势：你内心要强大，别人也认为你强大。

李靖说："将轻敌，士乐战，志励青云，气等飘风，谓之气势。"这就是在战略上貌视敌人，在战术上重视敌人，气壮山河，就真有山河一般的力量。

在商务谈判中，往往会有体会，关键是气势，气势就是权力，如果别人见了你，就先让你三分，你就先赚了三分。有些明星耍大牌，明明是无理取闹，别人也认了，这就是屈服于他（她）的气势。马克·吐温的小说《百万英镑》，揣着百万英镑的支票，就可以到处白吃白喝，也是气势。

气势不是虚的，是真的，是实力积累出来的。虚张声势是装不出来的，就好比那百万英镑的气势，关键在于那百万英镑的支票是真的，如果是假的，那气势就起不来。每一个成功人士，都能体会到自己气势的变化，那真不是虚的，越成功，社会越认可你，你气势越大，所向披靡，做事越顺。

气势，实力作底，那叫有底气，气势才上得来。然后呢，就是别人得认，被你的气势压倒，压不倒，那就还得较量较量。

地势：地形地貌，地表形态起伏的高低与险峻的态势。

李靖说："关山狭路，羊肠狗门，一夫守之，千人不过，谓之地势。"天时地利人和，地势，是占尽地利，这是你的王牌，这张王牌抓手上了，不管他天大本事，谁也无法跟你抗衡。你如何才能得到这张王牌呢？就是谁也没看到它价值的时候，你先占了。那地，一直在那里，就像那牌，一直在那里，谁摸到就是谁的，关键是你得知道那张牌是王牌。就像诸葛亮失街亭，街亭就是王牌，就是地势。街亭在，地势就在。街亭没了，地势就没了。地势没了，怎么打也没用，只有撤退。

因势：因人之势，根据对方的势，来因势利导。

李靖说："因敌怠慢，劳役饥渴，前营未舍，后军半济，谓之因势。"前面说到曹操的锦囊妙计，就是知道孙权来的人多，人多的，必然要利用人多的优势。先到的，必然心态上就等着大部队到齐了再动手，利用他这个兵势，乘他"前营未舍"，先头部队军营还没安顿好，"后军半济"，后面的军队还没到齐，先给他一个迎头痛击，他的气势就被打下去了，我军的气势就壮了。

所以，因势就是纵横捭阖，捭阖就是开合，一开一合，调动对方，根据对方兵势变化，因势利导，悬权而动，随时给予痛击。因此，根据敌人之势，调整和构建我军的有利态势，进而利用这种态势，达到制胜的目的。

二、企业应怎样开展造势营销

有势借势，无势就要造势。"势"是军事实力的放大器，同样的军队，置身于不同的"势"中，战斗力会截然不同。孙子的"择人任势"思想告诉我们：企业在营销中，不仅要构建聚焦巨大势能的态势，而且还要把握好有利时机，才能获得良好的效果。可以说，不会造势，企业就做不好营销。

(一)营销造势的概念

什么是造势营销？造势是企业营销成功的关键。造势营销，就是通过主动制造各种热点事件，引起市场的广泛关注，从而获得传播势能，其核心是找到一个支点,撬动大众的传播势能,从传统 $1+1=2$ 的传播策略,上升为 $1×1=100$ 的跳跃。因此,造势营销就是策划热点活动或制造事件,再通过大众传播媒介的报道,引起社会大众或特定对象的注意,造成对自己有利的声势,达到提升企业或品牌知名度和美誉度、构建良好品牌形象的目的,或者改变那些对企业不友善的态度和不利于企业的看法。

造势营销是一种主动营销。假如没有"势"可借,就要造势,造势才能真正体现营销策划人的水平。企业的营销策划人应当充分发挥主观能动性,积极地进行营销创新,创设有利于企业营销的良好态势。

(二)营销造势的方式

造势营销的方式多种多样,一般是通过事先周密的策划,利用新闻传播、报道、演说及诸如记者招待会、组织参观、有奖征答等特殊事件来实现,还有赞助文化、体育、慈善等事业活动等,都属于公关造势方式。

1. 活动造势

企业为推广自己的产品而组织策划的各种宣传推广活动,吸引消费者和媒体的眼球,达到传播品牌的目的。如新品上市发布会、大型商城周年庆、公益慈善晚会、拍卖会等,都会在前期做充分的宣传推广,以达到人人皆知、人人关注的效果。

2. 概念造势

企业从定位视角为产品创造出一种全新的概念,通过配套的宣传推广,引导消费者广泛参与,引发新的时尚和潮流的一种造势方式。在制造概念时,企业将市场看作理论市场与产品市场两个不同的层面。通过先启动理论市场来传输理念,进而带动产品市场。如原本是光棍节的"双十一"硬是被阿里巴巴的张勇打造成了双十一购物狂欢节。

3. 舆论造势

企业通过与相关媒体合作,发表大量介绍和宣传企业产品或服务的软性文章,以"润物细无声"的手段进行推广传播。例如,企业可以与抖音、微博、小红书、微信等众多社交媒体的博主进行合作,进行软广宣传,从而制造出一种全网都在使用本企业产品的态势,利用公众的从众心理,进一步促进企业产品宣传。

4. 明星造势

随着互联网的快速发展,流量当道,粉丝经济盛行,粉丝为了给喜欢的明星增加流量会疯狂购买其代言的产品。

当消费者已经不再把价格、质量当作购买顾虑时，利用明星或网红的自带流量去赋能产品价值，可以借此培养消费者对该产品的感情和联想，赢得消费者对产品的青睐。

(三) 营销造势的步骤

开展造势营销一般有哪些步骤？要真正做好造势营销并不简单，企业应当如何进行造势营销呢？一般而言，需要从以下几个步骤来着手开展：

1. 细分市场，准确定位

造势营销并非单纯地制造某个事件、弄点噱头那么简单，必须有明确的造势对象。只有明确了造势对象，弄清他们在想什么，有的放矢地进行事件营销，才能大大提升营销效应。因此，开展造势营销的第一步是要分析营销产品的目标市场，准确地进行市场定位。

2. 确定主题，关注诉求

不少企业在造势营销中滥用题材，有时甚至不管产品品牌与所策划的事件是否能搭上关系，就生搬硬套地将两者连到一起，完全不考虑产品与策划事件的相关性。什么事件都想利用，什么主题都想沾边，最终只会导致产品形象混乱、市场目标模糊。真正的造势营销需要企业在众多营销主题中选择最适合品牌形象、最契合消费者诉求的那个。

3. 猛烈造势，掀起高潮

确定好造势对象和造势主题后，就应当着手制定具体有效的造势营销策略，在宣传方式、宣传渠道、营销时点、产品投放、后续维护等方面提前做好准备。接下来企业就可以按计划在多个营销时点进行猛烈造势，吸引众多消费者的目光，在市场上掀起高潮。企业一定要从始至终持续不断地向上造势，"一而盛，再而衰，三而竭"，一鼓作气地造势才能真正造出拥有巨大势能的态势。

4. 整合资源，完善品牌

造势营销不能只注重炒作的即时效应，还要注重营销整合，可以运用偏重公益的事件营销运作，逐步实现品牌与价格的战略耦合。例如，通过发起适合消费者群体爱好和关注的体验活动，从而形成"焦点效应+群体体验+公益体验"的整体品牌形象，使消费者感到身在其中，不断地得到良好体验，积累对品牌的信赖和忠诚度。

5. 制造事件，收放自如

媒体的不可控制和用户的理解程度决定了造势营销的风险性。任何事件炒作过头，就很容易出现负面效果，一旦受众得知了整体事情真相，很可能会对该企业产生一定的负面影响，甚至产生反感情绪，从而损害该企业的利益。因此，企业在进行造势营销的同时，一定要注意把握住度，制造各种事件时有收放自如的能力。

三、案例分析

神曲造势出圈，打造亲民化的品牌形象

2021 年 6 月初，"你爱我，我爱你，蜜雪冰城甜蜜蜜……"这首旋律改编自美国民谣《哦，苏珊娜》的蜜雪冰城主题曲可谓火遍全网。不用经过蜜雪冰城的门店，就能受到全天候的音乐洗脑。打开手机，抖音、B 站、公众号，到处都是相关的内容。甚至在学校、公司，身边的同学和同事还甘愿充当免费人肉播放机，走到哪里唱到哪里。

蜜雪冰城在 B 站上传的主题曲 MV，凭借魔性的旋律和简单的歌词获得了大众的广泛关注，其中中英文双语版更是高达 1442 万次的播放量，超过 68 万的点赞量及 32 万的转发量。蜜雪冰城在 B 站获得了不错的宣传效果后，在抖音上更是强势出圈。抖音作为拥有 7 亿大体量的 App，裂变能力和传播速度都很惊人。截至 2022 年 6 月末，蜜雪冰城主题曲在抖音收获了 60 亿+的播放量。网友开始自发对这首上头的主题曲进行二次创作，英语版、俄语版、日语版、泰语版等不同语言版本，甚至还有四川话、粤语、广西话、东北话等方言版本。微博上，#蜜雪冰城社死现场#、#蜜雪冰城主题曲#等多个热搜轮番上阵。截至 2022 年 7 月初，相关微博话题阅读量已经超过 1.6 亿，讨论度也超过了 20 万。在这场看似意外的火热里，背后自然少不了蜜雪冰城精细的策划。蜜雪冰城的官方账号不仅活跃在各大 UGC 的评论里，还将二创作品收集，发布了主题曲 14 国 20 种语言版本，并推出了蜜雪冰城周边产品，而且蜜雪冰城官方还结合主题曲的热度，做活动为各大门店营销赋能。在父亲节当天，拍摄给父亲唱蜜雪冰城主题曲，有惊喜大礼，可以说既结合了自身的热度，也传递了品牌的温度，博得了不少人的好感。

蜜雪冰城一直以来主打性价比，和现有主流茶饮模式划清界限，拥有很好

的群众基础，在茶饮界高端化时代走出了一条"亲民线"，而这场火热的造势营销自然与蜜雪冰城自身的产品定位有着密不可分的关系。蜜雪冰城是属于偏低端的定位，消费群体也比较大众化。它此次的营销核心就是迎合大众。选用的主题曲旋律是有一定群众基础的旋律，而不是曲高和寡的小众音乐，这样与消费者更容易产生共鸣，而且简短的歌词更容易大众记忆，从而快速广泛进行传播。网友都评价蜜雪冰城的主题曲与其品牌形象一样，简单化、大众化。

当大众对蜜雪冰城的洗脑神曲有了初印象后，蜜雪冰城又加大了"雪王"形象的营销，并将这个超级符号用到了极致，从品牌形象到门店设计，从物料到周边等，雪王形象可以说无处不在。线下，蜜雪冰城门店总会出现拿着冰激凌权杖、头戴皇冠的"雪王"形象，甚至门店打烊后，卷闸门上都是"雪王"的形象。蜜雪冰城的门店虽然看起来有些"花里胡哨"，但是有了"雪王"形象之后，就有了重点，会让消费者对蜜雪冰城更有印象。线上，雪王各种表情包占领诸多社交软件、被大家"恶搞"应用，还有各类雪王周边、雪王城堡体验店，蜜雪冰城直接将"雪王"人设盘活了！2022年6月19日，蜜雪冰城的头像雪王突然变黑，更是引发广大网友热议。针对桑葚新品的营销"黑化"事件，不少网友积极玩梗，"黑色显瘦""雪王变炭王"等有趣的评论层出不穷。蜜雪冰城更是将"黑化"解释为"摘桑葚晒黑"，成功达到了与现实郑州高温情况的情况一致，不仅与大众对于高温的感受达成共情，还进一步提升了营销的趣味，这是蜜雪冰城的又一次成功营销。在新茶饮市场一片低迷的情况下，蜜雪冰城肯定也希望自己能够获得资本市场的关注，给自己造势，同时品牌也需要持续不断的热度去吸引加盟商。所以，蜜雪冰城积极为自身造势营销，打造一些具有吸引力的短视频，线下再开展一些促销或相关活动，做到线上线下互动。在"新茶饮第一股"奈雪的茶2021年亏损近1.5亿元的大环境下，蜜雪冰城却实现了2021年一年盈利近19亿元、连续三年盈利30亿元左右、合计开出了超过2万家门店的成就。

蜜雪冰城在主题曲大火之后，营销进程不断，围绕品牌本身而来的IP人设也愈加深入人心，社交属性不断加强。蜜雪冰城似乎也早就意识到了这一点，它理解消费者所需，也深谙"挣钱"之道。随着其在多元化领域发展的尝试，蜜雪冰城未来的营销动作，也将更加令人期待。

资料来源：根据微信公众号刺猬公社《蜜雪冰城出圈始末》改编。

分析点评

《兵势篇》中说："故善战人之势，如转圆石于千仞之山者，势也。"善于指挥作战的人所造成的有利态势，就像站在山顶，向下推动一块滚圆的石头，只管让它沿着陡峭的山坡滚下来，省心又省力，事半功倍。优秀的将领，善于营造这种"势"，形成巨大"势能"。在信息爆炸的大背景下，品牌要出圈，企业经营者也要善于造势。

蜜雪冰城通过创造神曲出圈之"势"，增加了品牌知名度和感知度，从而获得巨大的商业利益。蜜雪冰城创立 20 多年，其产品却始终保持着低价，一直秉承着低价走量的策略。蜜雪冰城的造势营销很好地强化了品牌定位，有趣洗脑的主题曲让大众喜闻乐见，并且熟知这个大众化品牌，从而自然而然地传播推广，加固大众心中有趣、高性价比、亲民的品牌印象。让大家一想起"你爱我，我爱你，蜜雪冰城甜蜜蜜"，一看到雪王就想起蜜雪冰城。原本蜜雪冰城的低价和并不出色的口味，可能让大众打上低端、掉价的标签，但是神曲刮起的东风极大地扭转了这种局面。蜜雪冰城借着这股爆火的东风，利用低价爆品，主攻下沉市场，着重渲染了蜜雪冰城大众、亲民化的标签，进一步打造品牌 IP，增强了品牌认同感。

"火借风势，水借山势"，顺风时不必煽风点火，火就能凭借风势烧得很旺；顺水时不用划桨撑篙，船也能乘着波浪自在漂流。蜜雪冰城高性价比、亲民化的形象一旦被大众所接受，品牌 IP 被更多人所认可，那么其较为一般性的原料、并不出色的口味便显得不那么至关重要了。因此，企业管理者要善于构建这种有利态势，品牌才更有机会出圈。

附录　《兵势篇》原文与翻译

请扫描二维码，了解《兵势篇》的原文与翻译。

商解《虚实篇》制胜之道

先知攻守之法，后知奇正之术，再知虚实之变，所以，先《军形》后《兵势》再《虚实》。它们之间的关系如张预所说："奇正自攻守而用，虚实由奇正而现。"两军对峙，故军有"实"有"虚"，我军也有"实"有"虚"，无论怎样配备，都必然有弱点和软弱处。《虚实篇》主要论述在战争中一定要掌控主动权，避免被动受制于人；运用各种策略造成敌人失误，迫使或诱使敌军兵力分散，致使敌军疲惫，我军则集中兵力，以逸待劳，发现敌人弱点且迅速趁虚而入，攻其无备，因敌而制胜。

第一节　掌控主动：企业经营要掌控主动权

敌人有虚实，你也有虚实；你懂兵法，敌人也懂兵法。战斗中要为自己创造主场，始终掌控主动权，才是王道。"掌控主动"思想的原文如下：

孙子曰：凡先处战地而待敌者佚，后处战地而趋战者劳，故善战者，致人而不致于人。能使敌人自至者，利之也；能使敌人不得至者，害之也。故敌佚能劳之，饱能饥之，安能动之。

出其所不趋，趋其所不意。行千里而不劳者，行于无人之地也。攻而必取者，攻其所不守也；守而必固者，守其所不攻也。

故善攻者，敌不知其所守；善守者，敌不知其所攻。

微乎微乎，至于无形。神乎神乎，至于无声，故能为敌之司命。

进而不可御者，冲其虚也；退而不可追者，速而不可及也。故我欲战，敌虽高垒深沟，不得不与我战者，攻其所必救也；我不欲战，画地而守之，敌不得与我战者，乖其所之也。

《虚实篇第六》

一、"掌控主动"阐释

《唐太宗李卫公问对》中，唐太宗说：我看过的所有兵书中，《孙子兵法》最棒！《孙子兵法》十三篇中，《虚实篇》写得最好。李靖说："致人而不致于人"最震撼，千章万言，不出此句。战争中掌控主动权，是《孙子兵法》的重要思想。

"致人"，即调动敌人，让敌人过来，让敌人依照我的意图行事；"致于人"，即被敌人调动，到敌人预设的地方去。两军对峙交战，最重要的一点便是要掌握战斗的主动权，没有主动权，便会被敌人牵着鼻子走，就会陷入被动、消极防御甚至处处挨打的境地。

在战争中掌控主动权，说起来容易，要做到却并非易事。"掌控主动"思想的内涵可从以下几个方面来理解。

(一)诱导敌人失误，掌握主动权

《唐太宗李卫公问对》中说"多方以误之""若敌人不误，则我师安能克哉？"，想方设法调动敌人，让敌人失误；敌不失误，我军怎么能取胜？

刘邦的白登之围，就是上了匈奴冒顿单于的当，被诱导犯了错误，冒顿单于掌握主动。刘邦出征匈奴，先后派了十几个使臣去刺探匈奴的虚实，每一个使臣到了匈奴看到的都是破败不堪的景象，回来都说这仗可以打，匈奴很弱。

刘邦又派去使臣娄敬，他回来说绝对不能打。刘邦问为什么？娄敬说，正常来讲两国交战之前，双方都要耀武扬威来吓退对方，但是我去匈奴一路所见老弱病残。这不合常规呀，必然有诈，这是引诱我们去打啊。

刘邦其实已经决定要打了，他痛骂娄敬扰乱军心，将之关进牢中，并说，等我打赢了这仗再回来处置。然后刘邦三十万大军倾巢出动，结果在白登中了冒顿单于的埋伏。最后，还是靠陈平拿重金行贿冒顿单于的王妃，才得以解围。

(二)先处战地，以逸待劳，掌控主动权

孙子曰："凡先处战地而待敌者佚，后处战地而趋战者劳。"先抵达战场，等敌人来的，就比较"佚"。"佚"同"逸"，士马闲逸，士兵和战马都比较安逸，都休息得比较好，精力充沛，有利地形也占了，得了地势，等敌人来。如果好地方被对方占了，我军长途奔波过去，可能马上就要接战，这就比较劳累，那就处于被动。

后周和北齐交战，后周军队来攻，北齐大将段韶守城。当天正是大雪之后，积雪很深。后周以步卒为先锋，从西而下，斥候来报，敌军离城还有二里。诸将都想出击。段韶说："步兵气力有限，今天积雪这么深，他们行军更费劲，我们冲出去，不是很便利。不如列阵等待，彼劳我佚，破之必矣。"果然大破周军，前锋尽没，后面的部队也撤退了。

(三)利诱害驱，掌控主动权

孙子曰："能使敌人自至者，利之也。"能使敌人不能至者，害之也。让敌人来，我打主场，他打客场，怎么能让他自己来呢，就是"利之也"，以利诱之。

李牧戍边，先坚壁清野，关闭城门，十年不出战，憋了单于整整十年！然

后挑日子出城诱匈奴，佯败退走，牛羊丢得满山遍野都是，单于已经饿了十年没抢到东西，激动得忘了兵法，倾巢来抢。李牧设伏兵，大破单于十万骑，弄得匈奴几年都不敢再来。人为财死，鸟为食亡，见小利而亡命，控制不了自己。

不想让敌人来，或要把敌人调离战场，那就攻其所必救，害其所急，他必然顾不得这么多，要去救自己的急。典型战例就是围魏救赵。庞涓率魏军攻赵，孙膑率齐军去救。不过孙膑并没有奔赵国去加入战场，而是直接发兵攻打魏国首都大梁。国都被攻，魏军就没法在邯郸待着，必然回师来救，邯郸之围就解了。再来一个围点打援，半道在马陵设伏，又是我主彼客，我实彼虚，我佚彼劳，就破了魏师，庞涓阵亡。

(四)劳敌饥敌动敌，掌控主动权

孙子曰："敌佚能劳之，饱能饥之，安能动之。"想方设法调动敌人，使敌人劳累、饥饿和不得安宁。

敌佚能劳之。如果敌人修整得很好，就要想办法让敌人疲劳，让他疲于奔命。春秋时吴楚相攻。吴军设了三支骚扰部队，大张旗鼓去攻楚，等楚全国动员来接战，吴军又撤了。等楚军解散回家，吴军第二支部队又来了，如此这般，折腾得楚国人疲于奔命，也没打上一仗。突然一真打，三军尽出，就攻破了楚国都城。

饱能饥之。想办法让敌人挨饿。隋末，宇文化及率兵攻打李密。李密知道宇文化及粮少，假装不敌，请和，宇文化及大喜，等着签和约。其实李密就是拖时间，等他粮食吃完。宇文化及也不注意省着点吃，因为他认为马上可以吃李密的。其后粮食吃完了，李密也不和了。当兵吃粮，宇文化及手下兵士相继都投了李密，宇文化及就败了。

安能动之。如果敌人修整得很好，就想办法搅动他，使其不断动作。出其所不趋，趋其所不意。"出其所不趋"，"不趋"，来不及救，从敌人来不及救的地方出击。"趋其所不意"，急行军到敌人意料不到的方向。通过种种计谋策略，使我方始终掌控战斗主动权。

二、企业经营中如何掌控主动权

两军交战，最重要的是要掌控主动权。关于"致人而不致于人"，曾国藩有一句解，叫"喜主不喜客"。像足球比赛一样，主场有优势，客场则先弱了三分；要想办法让自己打主场，让对方打客场。企业在经营中，也应掌控主动权，才能在激烈的市场竞争中不至于被淘汰出局。

（一）时间和空间上抢占市场先机

在市场竞争中，企业若能将顾客急需的产品投入市场、抢占先机，对于企业的发展是十分有利的。同品同质且价格相近的商品，最先投放市场的企业就能控制市场制高点，后进入的企业若想拿下这制高点，需要付出的成本将会高几倍甚至几十倍。因此，企业想发展就需要提高快速反应能力，在时间和空间上抢占市场先机。要重视对市场的分析研究，随时掌握市场脉搏，增强对市场反应的灵敏度，适时调整经营策略。土豆网因为其创始人王微的离婚纠纷导致推迟上市，从而被晚上线的优酷网抢占了先机，先于土豆网上市。"起大早，赶晚集"，土豆网错失了最佳的发展机遇，最后被优酷网合并。

（二）提供解决顾客痛点的产品和服务

市场上的商品层出不穷，消费者需求不仅多样化，而且在不断变化。企业若能及时洞察顾客需求，研发出满足其需求的新产品或提供直击其痛点的新服务，就能在激烈的市场角逐中掌握主动权。在现代商业竞争中，企业不仅需要满足顾客需求，还要善于挖掘顾客的"新"痛点。消费者的需求和行业都在不断变化，过去被所有人都认为是痛点的属性，很快就可能不再是痛点，如果像其他企业一样去聚焦于"曾经的痛点"，就会陷入被动，此时应该主动去挖掘新痛点，为企业创造机遇。如在美图秀秀之前，大部分像 PS 这样的图像处理软件都专注于提高图像处理的性能，虽然性能已经足够好，却不易用。因此，"易用性"可能就是顾客的痛点，故而专注于提高易用性的美图秀秀就取得了初期成功。

（三）实施区隔竞争者的差异化营销

趋同化是导致市场竞争惨烈的重要原因。同一品类产品，各个商家的产品特色、渠道甚至价格都基本相同，没有能针对消费者需求的多样性进行区隔，同质化加剧了竞争程度，甚至带来恶性竞争。企业应该深入市场，洞悉消费者的隐性需求，洞察竞争者的优劣势，通过在产品、服务、形象、品牌、渠道、价格等方面实施差异化营销，掌握市场主动权。哈根达斯从冰激凌原料来构建差异化：来自马达加斯加的香草代表着无尽的思念和爱慕，比利时纯正香浓的巧克力象征热恋中的甜蜜和力量，波兰的红色草莓代表着嫉妒与考验，而且这些都是100%的天然原料。凭借世界顶级的产品原料的差异化营销，哈根达斯成功将自己打造成冰激凌品牌中的"劳斯莱斯"。

(四)通过持续创新引领市场趋势

创新是推动社会发展的第一动力，创新也是企业保持持续竞争力的基石。企业要在激烈的市场竞争中，始终掌控主动权，需要在产品、技术、机制和商业模式等方面持续创新。在深入了解顾客需求的基础上，通过技术革新开发满足顾客需求的新产品，持续推进产品创新来引领市场趋势，树立良好的市场口碑，掌握主动权。通过不断优化业务流程，创新商业模式，开拓多维的盈利渠道，也可在竞争中掌控主动权。苹果公司之所以被称为创新和创意的代名词，是因为它推出的几乎任何一款产品都包含创新和创意元素，使全球手机用户为之疯狂；苹果公司不仅通过创新设计保持其产品的新鲜度和时代感，而且通过其商业模式的独特设计，使苹果公司的盈利渠道不局限在产品的差价，更多的是来自其他独创的盈利渠道。不断创新，是苹果公司成功的根本原因。

三、案例分析

元气森林
现象级爆款的营销之道

中国是全球最大的软饮料市场之一，市场集中度非常高，可口可乐、农夫山泉、统一等巨头牢牢占据着消费者冰箱里大部分的空间。因此，在竞争激烈、内卷升级的国内饮料市场，想从一片红海中脱颖而出，几乎是新晋品牌不敢想象的事，而元气森林做到了。2018年元气森林凭借"0糖0脂0卡"的概念出现在大众眼前，一进入市场就受到了大批消费者的吹捧，在短短2年多的时间里迅速成长为饮品行业的黑马。

元气森林成立于2016年，当时无糖饮料在日本已被验证成功，但国内气泡水市场还是一片蓝海。事实上，在元气森林横空出世之前，市面上并非没有气泡水，只是因为口味寡淡，一直没能收获消费者的青睐。其实不是产品不够优秀，而是这些品牌并没有意识到消费者想要的无糖气泡水并非没有甜味就够了，在Z世代的消费观里"健康我要，美我也要，但不好吃不行"。在此背景下，元气森林率先使用了价格更高、有甜味但热量、脂肪等含量几乎可以忽略不计的代糖，兼顾了口味和健康，为原有的气泡水市场撕开一道发展的裂缝，这是一种既能避开正面战场，又能充分掌握主动权的策略。

与此同时，元气森林的目标消费群体主要是 18~35 岁，居住地集中于一线、新一线和二线城市，对健康有要求，想要减肥却酷爱饮料的女性消费人群，并且打造出专属她们的年轻品牌。在宣传方面，元气森林采取仿日系风格的方式，充满日系风格的海报，掺杂日式文字的瓶身，选择偏僻字"気"的品牌名，不仅让其产品充满独特性，也易与其他饮料品牌有所区分，让不少消费者误以为元气森林是日本品牌，一下子在消费者心中留下独特印象。在营销方面，元气森林更是全面出击。先是将流量迭代的社交媒体作为营销媒介，大量投放头部 KOL，以图文、视频、直播等形式在社交媒体上掀起浪潮，再联合小红书、B 站大量种草，进一步地沉淀品牌内容。除此之外，元气森林还通过众多明星代言活动保持品牌热度，冠名多部影视剧、综艺，刷新曝光度，进一步夯实品牌。在渠道变现方面，元气森林首选新型主流便利店，进驻全家、便利蜂、盒马等互联网连锁品牌，精准覆盖写字楼、学校等白领和年轻人的聚集地，成功占据了线下市场。在产品创新方面，元气森林不仅品类多样，新品发售间隔时间也越来越短，仅 2020 年一年，就推出了 12 种新口味的气泡水，口味创新速度几乎创下行业之最。

2021 年"双十一"期间，"元气水"狂卖超 560 万瓶，一举击败了可口可乐、百事可乐两大碳酸饮料巨头，反超曾红透半边天的巴黎水，更实力碾压康师傅、统一等经典饮料品牌。短短六年时间，元气森林迅速站稳了行业第一的位置，其根本原因还是能在时间和空间上抢占先机，迅速掌握市场主动权。

2022 年 7 月，元气森林正式对外宣布，即将推出"元气可乐"产品，最快将于 2022 年 8 月进行线上售卖，引起业内一片哗然，此举在外界看来无疑是给百事、可口这两家可乐巨头下战书。

据官方介绍，元气可乐这款产品并非传统意义上的可乐产品，而是可乐味苏打气泡水，这便把战场拉到元气森林最熟悉的气泡水领域，而在这个领域，元气森林仍然拥有主动权，并且和传统可乐相比，它的差异性也更多地体现在健康上，去掉了传统可乐配方中可能导致龋齿的磷酸，延续"0 防腐剂"的产品标准，在甜味剂的使用上选择了成本更高的赤藓糖醇。对元气森林而言，其品牌与产品抢占了饮料"0 糖 0 脂 0 卡"的消费心智，此次推出的元气可乐依然采用了"0 糖 0 卡 0 磷酸"，在强化自身产品差异化的同时，也持续增强了元气森林的消费认知。

如今，气泡水已不再是新鲜事物，但提到气泡水，人们想到的一定会是元气森林，它以"0糖0脂0卡"的崭新概念掀起热潮，以快人一步的推新速度掌握市场主动权，成了整个行业里程碑式的标杆。

资料来源：李群楷.元气森林：国产气泡水品牌的营销之道［EB/OL］.GBI国际品牌观察网，2022-01-24. http：//www.c-gbi.com/v6/9900.html；梦妍社品牌洞察 Cosme. 洞察，解读元气森林的爆款策略和手段！［EB/OL］.简书，2021-04-10. https：//www.jianshu.com/p/d277f9a235b6.

分析点评

孙子有言，两军交战，致人而不致于人，想让敌人依照我方的意图行事就必须掌握战斗的主动权。就如同足球比赛一样，若能在主场就发挥主场优势，若不在主场，就创造主场优势，不管怎样都要让对方处于弱势状态。市场竞争中的商家也是如此，主动意识不可缺少，要能把握时机，迅速出拳，将市场主动权牢牢抓在自己手中。

元气森林首先从产品出发，以"无糖"为战略核心，主打"无糖，有气，喝元气水"，抓住年青一代"好喝""健康""颜值高"的饮品需求，一举击中年轻消费者"既要口感的劲爽，又要健康的安心"这一痛点。在众多同类企业还未意识到无糖饮料的蓝海现状时，元气森林在时间和空间上便占尽了先发优势，即使老牌饮料巨头此刻回过神来想进入或强化无糖饮品业务，也早已失去了这一赛道的主动权。在品牌打造方面，极尽贴合年轻人的审美趋势，在视觉上能快、准、强地引发用户价值共鸣，建立品牌特色，提升品牌调性，打造独属新一代年轻人的消费品牌。最重要的是在渠道营销上，元气森林做到了全面开花。线上线下强势联合，紧抓粉丝效应，玩转各大互联网平台，深入合作电商直播，成功地完成了用户的市场教育，保持品牌热度。在产品上能快速出新，口味包装各有特色，保证产品的独创和差异性，牢抓客户消费心理，以持续创新迅速引领市场。即使在后期宣布推出"元气可乐"，也依然是气泡水的延伸，紧靠自己的核心竞争力，不失为一次明智之举。

元气森林无论是之前气泡水的爆红出圈，还是现在元气可乐的全新出发，从产品，到品牌，再到渠道营销，每一步都做好了对市场主动权的掌控。虽然品牌更新迭代层出不穷，但元气森林已然在掌控市场主动权方面留下了浓墨重彩的一笔。

第二节 以十攻一：企业经营要聚焦专攻

以多击少，还是一个虚实问题。但以十攻一，不仅要在空间上聚焦，还要在时间上持续专攻，方可制胜。"以十攻一"思想的原文如下：

> 故形人而我无形，则我专而敌分。我专为一，敌分为十，是以十攻其一也，则我众而敌寡；能以众击寡者，则吾之所与战者，约矣。吾所与战之地不可知，不可知，则敌所备者多；敌所备者多，则吾所与战者，寡矣。故备前则后寡，备后则前寡，备左则右寡，备右则左寡，无所不备，则无所不寡。寡者，备人者也；众者，使人备己者也。

《虚实篇第六》

> 故用兵之法，十则围之，五则攻之，倍则分之，敌则能战之，少则能逃之，不若则能避之(以众胜寡)。故小敌之坚，大敌之擒也。

《谋攻篇第三》

一、"以十攻一"阐释

拥有压倒性优势，才会容易制胜，这是孙子的基本价值观。"以十攻一"，就是我方以压倒性优势打击敌人，就非常容易赢得胜利。

要实现"以十攻一"，我方应集中优势兵力，同时设法让敌人的兵力分散。杜佑说："我专为一，所以人多，敌分为十，所以人少。"我军把所有力量集中到一处，所以人多力量大，把敌人分割开来，所以人少力量小。要做到"以十攻一"，孙子认为一要分散敌人力量，二要集中我方兵力。

(一)隐藏自己，分散敌人

通过隐藏自己，达到"无形"状态，而使敌人显形，正所谓"形人而我无形，则我专而敌分"。再利用各种计谋，调动敌人，使敌人处处设防、兵力分散。

— 155 —

张预说：我能见敌虚实，所以不劳多备，能集中兵力为一。敌则不然，看不见我的军形，所以分为十处防备。那我就是以十倍的兵力对付他了，所以我怎么打也是人多，他怎么打也是人少。

梅尧臣注解："他人有形，我形不见，故敌分兵以备我。""形人"，这里的"形"是动词，意思是让他暴露原形，用各种侦察手段，或调动敌人，让他暴露出实情来，对他一目了然。就好比我们熟悉的火力侦察，打他几枪，看他反击的火力点在哪儿。

侦察不是盲目的调查，而是有目的的验证。拿破仑打仗，战前他会反复思考，脑海里演习各种情况好几个月。我怎么样，敌人会怎么样。敌人会在哪儿设营，在哪儿设伏，在哪条路线行军，有几种可能性。到了战场，他不是笼统地派侦察兵说，你们去侦察一下敌情！而是明确地告诉每一支侦察兵小队，具体去哪里看有没有敌人。也就是说，拿破仑的侦察，不是漫天撒网的侦察，而是直接派人去具体地点和路线，验证或推翻他的判断。

我无形，是隐蔽自己的行动和意图，让他看不出我的军形，不知道我的虚实。这样敌人就要处处分兵来防备我，前后左右都要防备，力量分散。"敌所备者多，则吾所与战者，寡矣。"而我能集中兵力对付他虚弱的地方，所以我专而敌分。

(二) 集中兵力，打击敌人

以十击一，以众击寡，集中优势兵力，打歼灭战，胜算才大。孙子曰："故用兵之法：十则围之，五则攻之，倍则分之，敌则能战之，少则能逃之，不若则能避之。故小敌之坚，大敌之擒也。"

孙子非常强调兵力原则，有绝对优势才开打，十倍优势才打包围战，五倍优势才进攻。毛泽东同志的"集中优势兵力打歼灭战"，就是这个意思。

没有绝对优势，如只有两倍优势，那就要"倍则分之"，调动敌人，让他分兵，形成我方更大优势再打。这就是毛泽东同志的运动战：依托较大的作战空间来换取时间，移动兵力包围敌方，以优势兵力速战速决，毛泽东同志总结为"避敌主力，诱敌深入，集中优势兵力，各个击破"。

1946 年 10 月 19 日至 11 月 2 日进行的新开岭战役，是解放战争时期东北战场的一次集中优势兵力歼灭敌人的经典战例。19 日，国民党军集中 8 个师约 10 万人的兵力分三路开始向吉林通化、安东(今辽宁丹东)地区大举进攻，其中中路军由国民党军第 52 军的第 2 师、第 25 师编成，分别从桥头、本溪扑向我南满军区领导机关所在地安东，企图在左右两路敌军的配合下将我军主力压缩歼灭于辽宁凤城、安东地区。

我军主动放弃安东，集中优势兵力，寻机歼灭第25师。10月23日，第25师突破我军防线占领辽宁本溪东南约50公里的赛马集。24日，敌军留下2个营据守赛马集后，主力向南面60公里外的凤城急行，意图引我军主力进行决战。为迟滞第25师进攻速度，我军于24日夜集中第11师和第12师3个团兵力，向赛马集立足未稳的敌人发起进攻，攻取赛马集。赛马集失守后，第25师失去了后方依托，遂立即回头救援。经过精心部署和周密安排，我军把敌人引诱到地形狭长、四面高山重叠的新开岭，然后集中第4纵队主力，同时急令位于东北百余公里外新宾地区的4纵第10师回来参战，以形成绝对优势兵力。全歼敌军第25师，化装成伙夫的师长李正谊也被活捉。毛泽东同志做了很好的总结：此次作战经验很好，以后作战凡打大一点的仗，战役上必须集中兵力，以期必胜；战术上亦须集中兵力，而后作战每次均须采用此种方法。

二、企业经营的聚焦专攻策略有哪些

以十攻一，我方兵力集中，敌方兵力分散，方能制胜。企业拓展市场，也应该集中自己的优势资源，专攻目标，开拓市场，企业经营才能取得良好效果；最忌讳的便是分散资源，到处出击，没有重点，往往会广种薄收。企业在实际经营中，通常会采取以下五个聚焦专攻策略。

（一）人群聚焦专攻策略

一个企业的产品不是卖给所有人，而是把产品卖给特定的目标人群，这就是人群聚焦策略。一个南方人把冻伤膏带回南方，他并没有选择竞争激烈的民用市场，而是通过切割，瞄准了军用市场，将冻伤膏卖给了大名鼎鼎的吴王。因为当时吴国和越国正在水上交锋，据说是在今天的太湖一带。虽然冬天南方的水不结冰，但也是异常冰冷，因此，这些将士在打仗的过程中渐渐长了冻疮，战斗力下降，自从有了冻伤膏，吴国士兵被冻伤的概率大大下降，战斗力增强，最后吴国就把越国给打败了。传音手机按照肤色切割了市场，解决了非洲人肤色黑自拍不好看的痛点，成了非洲人的"自拍神器"。这让传音手机的市场份额在非洲很快超过了苹果手机位居第一，占领了40%的非洲市场，成为中国国产手机外销冠军。

(二) 市场聚焦专攻策略

每个企业的产品都有自己特定的目标市场，不可能是全市场。优秀的企业在拓展市场时，总会根据自身产品和企业资源情况，聚焦于某一区域市场，持续专攻，深耕这一市场，打造根据地，然后向外辐射和发展，这就是市场聚焦专攻策略。无明确的区域市场目标，无异于在大海上行船，没有清晰的航向，必将难以实现企业的各项经营指标；无稳定的市场根据地，缺乏强有力的市场依托，也将难以形成竞争优势。企业可以利用有限的空间创造局部的优势，赢得较大的市场份额，从而有效地抵御竞争对手的攻势，保存并且壮大自己的市场策略。史玉柱在刚推出脑白金时，集中了公司的所有资源和资金，聚焦专攻江苏江阴这一区域市场，成功后再向其他地域市场扩展，最后才得以占领全国市场。

(三) 品类聚焦专攻策略

每一家企业的资源都是有限的，特别是中小企业，多品类经营往往都会做不好，多意味着平庸。因此，企业需要采取品类聚焦专攻策略：集中企业的资源、人力和资金优势，聚焦某一品类产品，长时间的持续专攻，把这一品类的产品做深做精，实现单品类突破。养乐多自从 1935 年问世以来，以助人肠道健康为使命，并逐渐风靡日本。2002 年养乐多正式进入中国，并逐步向全国市场扩展。几十年来，养乐多聚焦这一单品，凭借"养乐多=活性乳酸菌饮品"的定位，以及独特的直销渠道等方面，进行持续的品类聚焦专攻，最终成为饮品的单品之王。在 21 世纪初，城市型 SUV 凭借操控性好、实用性强的特点，逐渐迎来发展机遇，市场份额逐年攀升，此时正处于困境的长城汽车看准时机，集企业资源专注于 10 万元左右的城市 SUV 这一品类，使长城汽车打开了市场销路。

(四) 渠道聚焦专攻策略

渠道聚焦是指企业根据实际情况，如果不能做到线上线下渠道、大卖场、团购、商超等全渠道覆盖时，可以选择某一个适合的渠道，聚焦专攻运作，直到这个渠道成为自己的根据地，再把这种优势辐射到其他渠道。加多宝公司在早期运作"王老吉"时，由于公司资源和资金等方面的原因，放弃商超、大卖场和士多店等终端渠道，聚焦一个非常狭窄的渠道——火锅店。由于人们吃火锅容易上火，加多宝公司向火锅店终端渠道提供王老吉，宣传这种饮料可以"预防上火"，并且在每个火锅店的门口放一个易拉宝宣传：怕上火，喝王老吉。当时公司给每个火锅店每次只提供 1~2 箱王老吉，卖完后及时补货。通过加多宝公司的精耕细作，一年后，王老吉在火锅终端渠道大火，越来越多的消费者认识了"王老吉"这一品牌，配合媒体宣传，王老吉迅速进入商超、大卖场等各种终端销售渠道，并随着"怕上火，喝王老吉"而风靡大江南北。

（五）特色聚焦专攻策略

企业在营销和经营中，可以聚焦产品或品牌在某一方面的突出特色，在消费者的头脑中留下深刻印象，这就是企业的特色聚焦专攻策略。普罗旺斯原先只是法国南部的一个不起眼的小城市，为了把普罗旺斯打造成著名的旅游城市，当地政府聚焦那里的特产——薰衣草，因为普罗旺斯是世界闻名的薰衣草之乡，并且持续不断地宣传推广。现在提起薰衣草，你可能会首先想到普罗旺斯，它是法国浪漫主义的代名词。紫色梦境一般的薰衣草花海是普罗旺斯大地上浓墨重彩的一笔，而在普罗旺斯的风景明信片里，也必然少不了薰衣草的身影。一望无际的紫色花海寄托着无数人的浪漫情怀，而普罗旺斯也因为薰衣草更加闻名海外。

三、案例分析

聚焦专攻有作为，多意味着平庸

成功的企业基本上都会采取聚焦战略。华为总裁任正非曾说："在华为创业初期，除了智慧、热情、干劲，我们几乎一无所有。从创建初期到现在，华为只做了一件事——专注于通信核心网络技术的开发与升级，始终不为其他机会所诱惑。"华为就是集中力量打歼灭战，把人力、物力、财力全部集中在一个点上，然后着重突破这一个点，真正做到了聚焦核心，集中投入，厚积薄发。当然，成功聚焦的企业不止华为一个，并且不同企业聚焦专攻的方法也大有不同，下面将分别介绍一些具有出色聚焦能力的成功企业。

苹果手机以产品聚焦专攻，成功渡过危机。苹果手机在手机行业中一直处于绝对领导地位，并且无人撼动，但你可知1997年的苹果公司几乎面临破产。当时微软Windows95发布，PC厂商与微软和英特尔公司达成战略联盟，基于Windows操作系统和英特尔处理器的计算机迅速主导了整个世界，苹果公司奋力挣扎却都无能为力。直到乔布斯回归，他将苹果公司15个台式机型号减少到1个，将所有手提及手持设备产品型号减少到1个，剥离打印机及外围设备的业务，减少工程师的数量，降低软件开发力度，减少经销商的数量，将6个全国性的零售商缩减到1个，几乎将所有的制造业务转移到中国台湾，极大简化了产品链条。这样一来，苹果公司的业务得到完全聚焦，大大提高了生产效率和质量，降低了生产成本，并且极大地提升了内部运营效率，最终成功占据了消费者心智，获得市场领先地位。

六月鲜以地域聚焦专攻，成功占领市场。在上海，可能很多人不知道欣和，但很少有人会不知道"六月鲜"酱油，上海人对这个品牌的酱油可谓情有独钟，一年可以消耗掉几千万瓶，然而就在二十年前，"六月鲜"在上海市场的占有率竟然接近于0。2003年，欣和公司采取地域聚焦战略，开启了迈向全国市场的第一步，首站就选择了上海。当时的团队认为，上海人消费观念开放，对新产品接受度高，对口味更是讲究，如果能在上海打开市场，那么打通全国其他地区肯定没有问题。后来六月鲜如愿在上海站稳脚跟，并且目前在长三角地区、北京、东北地区，以及烟台周边地区的销售量也都十分可观。六月鲜通过地域聚焦，成功占领上海市场，并且一步步地拓展到其他地区，实现了市场大规模的扩张。

脑白金以目标人群聚焦专攻，创造多年辉煌业绩。"今年过节不收礼，收礼只收脑白金"，这句广告词相信大家都不陌生，印象中总会有两个卡通老人每年跳着不同的滑稽舞蹈唱着雷同的广告语，魔性的旋律在每一代人脑海中都留下了深刻的印记。脑白金在创立时正逢全民争相保健，当时亚健康的概念被一炒再炒，不保健似乎都跟不上时代的步伐，而最热衷保健的人群当数老年人。此外，中国人极重孝道，每次看望父母，必会想着为父母带点补品，此时在脑海中回响的脑白金广告就成了最佳选择，再加上"走亲访友赠送脑白金准没错"的观念一经传开，人人访友竞相购买，使购买脑白金成为一种流行的风气。由此，脑白金一下子便成为老年人手中的热门产品，一度蝉联数十届的保健品榜首。脑白金以人群聚焦，成功抓住目标消费者的心理，从而快速开拓市场，成为保健品市场的领军者。

沃尔玛以小众市场聚焦专攻，最终成为行业龙头。沃尔玛百货有限公司是当之无愧的零售业巨头，曾连续 7 年在美国《财富》杂志世界 500 强企业中居于首位，但谁能想到第一家沃尔玛超市原来是开在乡村的呢！当时刚创立的沃尔玛并没有以大城市为目标市场，而是将精力集中于整体市场中最狭窄也是最具挑战力的乡村。沃尔玛之所以做出这样的决策，是因为乡村市场并不是同行业中主要竞争对手的重点聚焦对象，甚至是被他们所忽略的。然而，实际上当时的乡镇居民已经有了足够的购买力，但是生活条件和基础设施却不是很完善，这就为沃尔玛的进入提供了巨大的市场潜力。事实也证明，在沃尔玛刚进入乡村市场时，就吸引了大量的顾客。在后来的几十年里，沃尔玛继续占领着这个被遗忘了的细分市场，并且逐渐形成了燎原之势，避开了大城市激烈的竞争，在悄无声息中占领了全国的零售市场。

由此可见，大多数成功企业在发展中的某一阶段会实施聚焦专攻战略，通过聚焦建立壁垒，建立属于自己的绝对优势，从而逐渐扩大市场。也许在后期的发展中，企业会将重点扩散到各个领域，采取多元化经营的策略，但不可否认的是，聚焦专攻战略一定是奠定它们稳步发展的基石。

资料来源：岳麓黔首. 创新是华为发展的不竭动力 [EB/OL].知乎，2021-01-26. https：//zhuanlan. zhihu. com/p/347234779；云峰论. 90 年代苹果几乎倒闭，乔布斯是如何让它起死回生并走上辉煌的？[EB/OL].今日头条，2018-07-18. https：//www. toutiao. com/question/6579200148532887822/；佚名. 上海人一年吃掉相当于 10 个游泳池容量的"六月鲜"酱油，是这样"炼成"的[EB/OL].搜狐网，2020-04-02. https：//www. sohu. com/a/384958406_120209938；浮云浪客. "脑白金广告"为什么能在中国横行洗脑 20 年？[EB/OL].知乎，2021-10-16. https：//zhuanlan. zhihu. com/p/422298649；陈 leo. 沃尔玛的巨头之路[EB/OL].知乎，2018-09-05. https：//zhuanlan. zhihu. com/p/43772629.

分析点评

孙子认为，拥有压倒性优势，才会容易制胜。正所谓寡不敌众，以我军之众击敌方之寡，分散敌方势力，集中我方兵力，方能拥有绝对优势。在现代商业竞争中，企业也应该集中优势资源、人才和资金，聚焦某一方面，可以是产品、市场、顾客，也可以是特色和差异化，持续专攻方能制胜。通过做专做精，建立各种壁垒，逐渐形成持久的竞争优势。

苹果公司从产品出发，在经营危机时当机立断，斩断多余的生产线，简化生产链，集中力量只生产一种型号的机型。这不仅能够集中企业的生产精力，提高生产效率，产品的质量也得到了保证。六月鲜从地域出发，牢抓上海地区消费者"重质不重价"的消费习惯和心理需求，并进行针对性营销，成功占领了上海的消费市场。

脑白金从目标人群出发，通过对目标市场的分析，明确老年人这一大群体为它的消费对象，在宣传时更是集中力量将"送礼"概念打入消费者内心，从而成就多年的辉煌业绩。

沃尔玛从小众市场出发，充分考虑到被主要竞争对手忽略掉的乡村市场。正是对乡村市场的专注深耕，让沃尔玛成功造就星星之火的燎原之势，最后占领了全国的零售市场。

由此可见，对于企业而言，聚焦专攻是企业制胜的法宝之一。企业在进行市场拓展时，聚焦专攻是最好的策略，集中自己的优势资源，从一个点出发专攻市场，这样才会取得良好的效果。

企业最忌讳的便是分散资源，没有重点地到处出击，往往会广种薄收。因此，企业在进入市场之前一定要做好调查，选择好自己要持续专攻的方向和主攻点，然后快速出击，这样才能成功地占领市场，引领行业发展。

第三节　战胜不复：防止陷入成功路径锁定陷阱

很多成功的商业模式，看上去很像，但一学就死。人们表面上看到的、讨论的，可能都不是关键点，关键是要根据不同的前提、条件和境况，不断更新迭代、与时创新。"战胜不复"思想的原文如下：

故形兵之极，至于无形。无形，则深间不能窥，智者不能谋。因形而措胜于众，众不能知；人皆知我所以胜之形，而莫知吾所以制胜之形。故其战胜不复，而应形于无穷。

《虚实篇第六》

践墨随敌，以决战事。

《九地篇第十一》

一、"战胜不复"阐释

孙子曰："故其战胜不复，而应形于无穷。"每次战胜，都不是重复老一套的方式，而是适应不同的情形，变化无穷，不断创新。每一次作战取胜采用的战法和战术都不会是简单的重复，而是根据形势变化和不同敌情的灵活运用。因为失败的一方也一定在总结失败的教训，其教训当然是针对胜利者的经验，如果胜利者照搬以往取胜的经验指导下一次作战，就必然一头撞上对方早已准备好的利剑。如何做到"战胜不复"，孙子提出了独到的谋略思想。

（一）隐己显敌，克敌制胜

要打败敌人，应该"形兵之极，至于无形"。"形兵"的"形"，是示形、佯动，佯动也可能随时变成真动，都不一定，是故意表现出来的假象，是李世民说的"多方以误之"。想方设法引得对方误判，使对方失误。所以"形兵之极"，示形的极致，变化无穷，达到无形的境界，敌人无法判断，或接受了我们给他设计的"判断"。

"形之"，是示形误导敌人；"无形"，是我用兵的境界；"因形"，就是因形制敌，根据敌人的军形来随机应变，定策取胜。一方面通过隐藏自己真实的军事部署和作战意图，另一方面诱导敌人失误，使他们显露在明处。怎么用兵，用怎样的军形取胜，大家都看到了，但是如何根据对方的兵形来因形制胜，大家就不知道。下一次敌形不是这样了，因形制胜的方法又不是这回用的这套了。所以，用兵的方法不仅不会重复，而且因形而变化无穷。

战胜不复，不是说不能重复，而是要对敌军的心理状态进行准确判断。抗日战争时期，刘伯承师长在山西七亘村两次设伏袭击日军，都在同一个地点，几乎使用同一战术，都取得了胜利。第一次设伏，刘伯承师长选择日军不会料到此处会有埋伏；第二次设伏，刘伯承师长又料到日军认为我军不会重复设伏，从而不加防备。两次设伏，尽管地点一样，但敌人的心理状态不一样，刘伯承师长两次对敌人的心理状态都拿捏得死死的。

（二）践墨随敌，奇正相生

孙子在《九地篇》中指出：践墨随敌，已决战事。其中的"践"，实践、履行的意思，"墨"是指线墨，古代木匠画直线的一种工具。"践墨"是指作战时，要像木匠画线一样，不能随意决断、贸然出战，而要根据战时情形和敌人情况进行决策。

"一战"后，为防德军入侵，法国人在东北边境地区构筑了固若金汤的"马其诺防线"。马其诺防线长度约为390公里，从1928年开始修建，到1940基本完工，造价高达50亿法郎，采用钢筋混凝土建造，工程十分坚固，顶盖和墙壁的厚度有3.5米，装甲塔堡的装甲厚度到达300毫米，可抵御重型炮弹的攻击，防线建造的永备工事约5800个，平均每公里有15个。马其诺防线的地下部分，有指挥所、休息室、弹药库、食品储藏室等，各种设施设备齐全，每个工事之间都是相通的，可以通过电动车连接起来，此举也是为了实现一个地方如果受到攻击，其他地方的援兵可以快速赶到。1940年5月，德军主力采用声东击西的战法，绕过马其诺防线，通过比利时和荷兰进入法国，攻占了法国北部，德军突然进抵马其诺防线的后方，法军即刻乱了阵脚，防线也丧失了作用，成为世纪笑话。

其实，马奇诺防线真正失败的原因，是法国最高统帅部军事思想严重落后、墨守成规、没有创新所导致的后果，而德军具有先进的战略战术思维，能够根据环境形势和法军情况，制定进攻法国的战略部署，一举击败法国。战时形势和敌军状况都是在不断变化的，将帅不能因循守旧、故步自封。正如郭化若将军注："实施作战计划时，要灵活地随着敌情变化作相应修改，来决定军事行动。"

战时要不断创新，奇正相生。孙子曰："战势不过奇正"，简单地说，就是分战法，就是分兵，分为正兵、奇兵，配合着打，而且正奇是动态的，随时相互转换的。正合奇胜，无穷如天地，不竭如江海，千变万化，但是周而复始，像日月一样；轮值转换，像四季一样，是循环的，来来回回，就那么几招！奇招并不多，是固定的元素，固定的套路，但用起来，就千变万化了！所以战势不过奇正，而奇正的变化却无穷无尽。奇正相生，不拘泥于过往，与时俱进，不断创新，千万种组合使敌人摸不到东西南北，这也是克敌制胜的法宝。

二、怎样防止陷入成功路径锁定陷阱

过去成功的模式，未来不一定会成功，而且很有可能会失败。时代在变，环境在变，消费者也在变，企业要想基业长青，应该与时俱进，跳出过去成功的舒适圈。很多过去成功的企业为什么后来都销声匿迹了，根本原因就是陷入了"成功路径锁定"的陷阱。"战胜不复"告诫企业管理者，不能一味依赖过往的成功经验，也不能简单复制其他企业的成功模式，而是要不断突破自我，才能避免掉入陷阱。

(一)明确定位，洞察顾客需求

方向不对，努力白费，企业明确了自身定位，就明确了自身的努力方向。定位又称市场定位，是指企业根据竞争者在市场上所处的位置，针对目标市场的消费者需求(超越顾客需求)，为本企业的产品(品牌)给人塑造印象鲜明的差异化形象；定位就是确定你的产品或品牌要在消费者头脑中留下什么独特印象，在预期顾客的头脑里独树一帜。一家企业只有具有明确的定位，企业的使命和愿景才能更加清晰，战略方向才不至于发生偏离。

企业确定好市场定位以后，还要洞悉目标市场消费群体的核心需求类型，不同类型顾客的需求是不尽相同的。有显性的、明确的需求，也有不确定的、潜在的需求。时代的变化让现在的消费者需求也在快速地改变，要及时掌握消费者需求的动态变化，以便让企业的产品和服务可以满足消费者需求从而获取市场份额。企业需要让技术导向与客户导向相结合，让产品与客户需求产生作用。具有变革性的企业都应该定位和发掘消费者没有满足的需求和用户的新愿望，勇于发掘自身产品当中的缺陷并且及时改正，开发出有针对性的且满足顾客需求的产品、生成消费者喜闻乐见并且能强化品牌和产品价值的内容。

(二)不断创新，勇于自我挑战

敢于不断创新直面挑战也是防止企业陷入成功路径锁定陷阱所必备的要素。当一个企业成为某方面或某领域的引领者，竞争对手就会很快地进行模仿。这时企业不应该像龟兔赛跑中的兔子一样打瞌睡，而是应该时刻敦促自己对已有的计划和方案进行革新，以获取更高层次的进步与成功。创新可促进企业组织形式的改善和管理效率的提高，从而使企业不断提高效率，不断适应经济发展的要求。对于一个企业而言，创新可以包括很多方面：理念创新、管理创新、产品创新、技术创新、经营模式创新等。

在20世纪90年代，随着富士的发展及数码影像技术革新，柯达在美国市场的占有率不断下降。为了巩固自己的市场龙头地位，1998年柯达以12亿美元并购中国亏损胶卷企业的方式，加大对中国市场的投入，使柯达在中国的市场占有率达到创纪录的70%，一举打败了富士。为了应对新技术的冲击、保持市场占有率，柯达将大量资金用于传统胶片工厂生产线和冲印店。柯达为了维持这些传统产业的经营和利润，只能不断推迟转型进程，将越来越多的精力耗于其中。这种如同恶性循环的自我强化，既让柯达疲于应对传统业务的萎缩，又无力进行转型，企业被锁定在这种无效率的状态下而停滞不前，不仅脱身乏术，而且随着时间的推移进一步恶化，直至破产、倒闭。传统胶卷业务的辉煌最终变为柯达转型时的巨大包袱，因为无法割舍曾经的辉煌，阻碍了改革进行，陷入了成功路径锁定陷阱。

(三)拥抱失败，快速转向新市场

奖赏和认同往往是授予胜利者的。但是不要忘记，今天的成功和胜利是以过往失败作为代价的。企业不应该将失败的经历看得过重而让企业的员工感到备受质疑。相反，一个想要成功的企业应该改变这种观念，授权员工进行大胆的尝试，敢于拥抱失败，让员工可以放手进行改革和创新，这样才能发现成功的新大陆，才能快速地将重心转向新市场以博取新战场的胜利。

一个已经成功的企业往往只会对足够大的市场感兴趣，但是当一个市场大到足够引起企业注意力的时候再去安排时间和资源进行投入可能已经太迟了，这个时候竞争对手可能早已站稳脚跟。所以，企业应该趁着对方立足未稳或尚未察觉的时候重拳出击，快速占领市场，将潜在的对手扼杀在朦胧之中。当一个企业成功之后，其承受失败的能力会锐减。安于现状的心态会促使企业管理者寻找持续这次成功的保障，而忘记之前奋力拼搏的经历。成功的企业管理者应当及时地打造一个新的团队并投入更多的资源，给予他们失败的权力，这样才能打造出创新的发展道路，而不是紧抓曾经的成功不放，最终随着时间流逝而被时代所抛弃。

三、案例分析

赛菲奴

不断超越自我，引领国潮新时代

提起"中国鞋都"，不知你是否会想起福建晋江这座神奇的城市。"晋江一天不开工，全世界两千万人没鞋穿"是一句流传在当地民间的玩笑话，却足以证明其作为鞋都的江湖地位。大家所熟知的安踏、特步、鸿星尔克、361°等运动休闲鞋品牌都诞生于晋江，备受年轻人青睐的潮鞋品牌"赛菲奴"也诞生于此。

艰难创业，从打工人到老板的转变。"赛菲奴"品牌创始人汤先生的人生经历是非常励志的。汤先生出生在江西省吉水县黄桥镇汤家村，隔壁村就是宋代大文豪杨万里的故里，虽然家乡文风鼎盛，重视读书，但汤先生由于从小家境贫寒，中学毕业后就外出打工补贴家用，先后做过小厨、杂工、流水线管理、外贸公司质检等工作。在经历种种挫折与磨难后，汤先生凭借努力奋斗，成为鞋企高管并当上了厂长。2001年中国加入WTO后，对外开放优惠政策让外贸企业越来越多，此时的汤先生也对当地鞋类的生产流程有了一定的了解，经过深思熟虑之后，在2007年初，他决定自己创业，做起了鞋类贸易。万事开头难，在创业的初期，不懂英语又没有获客的渠道，手里的资源仅仅是认识几家鞋类加工厂，为了找到合作的客户，汤先生自己带着样品去专柜较多的物流园、保税区、码头等地进行地推以拓展客源。这种广撒网式的推广模式虽费时费力，但在网络通信不发达的时代却十分有效。凭借这种吃苦耐劳的精神及待人真诚友善的良好品格，汤先生的企业收获了第一批外贸订单。

一次超越，成功拓展鞋业外贸市场。在改革开放的浪潮下，中国大陆城市开始承接外来制造业的产业转移。彼时掌握了世界80%以上品牌鞋生产和贸易的中国台湾鞋业，正在寻找成本更加低廉的下一个着陆点。隔海相望的福建因此成了首选，晋江和莆田就是主要的生产加工承接地。在此契机下，汤先生看准市场的巨大潜力，迅速租下一个独栋厂房用于生产，虽然环境简陋，但是完全可以满足流水线的作业，而且工人也其乐融融，因为当时工厂有着大量的订单，只要上班就能拿到相对的高薪资。迅速的反应加上较短的交货期，外贸业务的订单从首年十多万双到第二年增长为三十多万双，接到的订单数量不断在增长。汤先生虽为老板却也承担着向外推销的重任，从参加每年两届的广交会到拖着行李箱去迪拜当地市场拜访客户进行实地推广，这些努力使公司的外贸业务订单量每年都在稳步上涨。

二次超越，创建品牌开拓内销市场。企业的外贸贴牌加工生产业务虽然带来可观的收益，但是工厂作为中间生产商，既没有自主设计、品牌支撑，又没有很好的渠道系统。外贸业务虽然订单多且稳定，但单位利润却很低。汤先生意识到如果一直保持这种生产模式，只做外贸市场的话，在一时来看可能影响不大，但是在未来必定会受到限制，落入成功路径锁定陷阱，企业会被市场淘汰。在行业内朋友的帮助下，汤先生下定决心创立自己的品牌"赛菲奴"，目标市场定位为年青一代，进军国内休闲潮鞋市场。因此，汤先生实施"两手抓"：一手继续抓好外贸贴牌生产业务，为企业提供稳定的收益；一手狠抓内销，打造鞋类品牌。打造品牌并非易事，从寻找设计师、打版师到设计生产流水线，再到产品分销，营销渠道构建，都需要不断探索并付出大量心血。在自有品牌建设中碰到各种困难，就像赛菲奴在成立的第二年，由于库存信息管理不完善，只埋头生产，没兼顾到出货情况，导致大量的库存积压。公司迫于资金周转方面的压力，只能将积压的鞋子按照出厂价的三折进行处理，损失巨大。但此事之后，汤先生及时吸取教训总结经验，在赛菲奴建立起自己的运营体系，生产销售流程步入正轨，管理成本降低、产品品质提升。功夫不负有心人，"赛菲奴"这一潮鞋品牌在国内街头潮牌鞋中的名气越来越大，被消费者亲切地称为"国潮赛菲奴"。

继续前行，构建线上线下结合的社区营销渠道模式。仅仅让企业能够系统化地生产并不是汤先生的最终目标，他希望公司和员工都能更好地相伴成长，因此成立了赛菲奴商学院，开设公司管理课程，与新媒体接轨，不断吸收最新的资讯，将新知识和新技术应用于生产，使企业及全体员工与时俱进，不断地超越自我。休闲潮鞋行业作为充分竞争的行业，仅仅依靠传统的代理分销渠道，以及传统电商等模式，自有品牌的经营面临种种困难。汤先生本着"做好一双鞋，用周全服务为顾客创造美好生活"的经营理念，构建线上线下相结合的新型社区营销渠道模式，通过为顾客提供周全的鞋类洗护等相关服务，与终端渠道合作直接铺货，精减供应环节，为消费者提供超高性价比的品质国货，为顾客的美好生活贡献一份力量。如今中国展现大国担当，国潮复兴成为时代主流。在新国潮时代，在这个属于每个人的潮时代，赛菲奴全力打造国潮成长品牌，为国货崛起而助力。相信不久的未来，赛菲奴定会引领属于自己的国货潮流，创造更多的可能。

资料来源：根据对赛菲奴创始人汤先生的深度访谈内容，以及赛菲奴提供公司资料改编。

分析点评

战争蕴含了诸多复杂且变幻莫测的因素，孙子提出的"战胜不复"思想是一种战略思维艺术。每一次战胜敌人的兵法，从来都不会是重复的。任何好的计策与用兵方略如果反复使用，都会失去其"出其不意"的效果，不仅难以取胜，还容易招致失败。所以，一个优秀的将帅，会灵活运用各种出兵方式与破阵之法，不会受规则与模式的限制，会根据外部情形随机应变。商战中，"战胜不复"思想告诉我们，成功的经验只能用来参考，任何成功人士、任何创业奇迹，都不能凭"一招鲜"走遍天下。

中国加入WTO后，对外开放优惠政策让外贸企业越来越多，看准市场机遇的汤先生开始自己创业做鞋类贸易，在通信不发达的当时，凭借广撒网式的地推广模式收获了第一桶金。随着改革开放让中国城市开始承接外来制造业的产业转移，巨大的市场潜力让汤先生的生产车间承接着大量且稳定的外贸订单，形势一片大好。可贴牌生产虽能创造收益，利润却是极低的而且还没有自主权，如果不作改变，只是保持这种当下有利可图的生产模式，必定会陷入成功路径锁定陷阱，很快就会被市场所淘汰。所以，汤先生选择创立自己的品牌"赛菲奴"进军国内休闲潮鞋市场，一边外贸维稳，一边内销打造鞋类品牌。经过在市场的实际考验中不断地纠错改进，赛菲奴已经成为备受年轻人青睐的潮鞋品牌，但若止步于此只会被市场的浪涛所席卷，时代在进步，顾客的需求与市场的选择也在变化，赛菲奴认清了这个现实，通过不断的学习吸收新知识新技术以满足新需求，让成功的策略随企业所处的境况而变化以创造最大的收益与成效，通过构建线上线下相结合的新型社区营销渠道模式以力争打造专属于赛菲奴的潮流之路，让赛菲奴不会被过去的成功所禁锢。

成功是不能复制的，成功的策略也不是一成不变的，同样的方法应用于不同的事情可能会有截然不同的成效。过去的成功经验和模式，在未来的环境下和场景中，不一定会适用。企业应该根据具体情境选择相应策略，成功经验可以借鉴，但不能刻舟求剑式的生搬硬套。

第四节　避实击虚：市场竞争要避实击虚

避实击虚，避开敌人的实处，专击敌人的虚处，前提是能真正探明敌方真正的虚实。获取情报，根据敌人的调动来决定自身的行动方案，做到避实击虚，才能因敌制胜。"避实击虚"思想的原文如下：

夫兵形象水，水之形，避高而趋下，兵之形，避实而击虚。水因地而制流，兵因敌而制胜。故兵无常势，水无常形，能因敌变化而取胜者，谓之神。

《虚实篇第六》

一、"避实击虚"阐释

唐太宗李世民感叹说："孙武十三篇，无出虚实。"他认为，整部《孙子兵法》核心就在"虚实"二字。《虚实篇》中说："夫兵形象水，水之形，避高而趋下，兵之形，避实而击虚。"是从规律上阐明用兵打仗的常规模式。实，即坚实；虚，即虚弱。在部署行动上，兵力多者为实，部署周全为实，得天时地利者为实，反之为虚；在敌我状态上，士气高涨、军纪严整、供给充足、休息充分为实，反之为虚。

优秀的将领往往是经过缜密勘察和反复研究之后，能准确判断敌人的虚实布局，避开敌人的坚实之处，攻击敌人的羸弱之处，保证战争取得胜利。梅尧臣注："水趋下则顺，兵击虚则利。"古今中外的战争，真正能做到"避实击虚"何其难？关于避实击虚，可以从以下几个层面来全面理解。

（一）敌人有实有虚，我也有实有虚

关于敌我"虚实"，我们要正视一点：敌人有虚实，我也有虚实；敌人有弱点，我也有弱点。能不能把自己全都做实了，所有的地方都防备好，一点都不虚，那是不可能的。所有的地方都防备好，就必然所有的地方都防备不好，因为资源是有限的，人的关注点、时间精力，也是有限的。

我们时常会一厢情愿，比如"木桶理论"，要想木桶装水多，我们就要把自己的最短木块补长，否则加长最长木块是没有用的。这里的最长木块，是我的强项，就是我的实；最短木块，是我的弱项，就是我的虚。成功靠加长最短木块吗？非也。弱项就是弱项，要承认自己有弱项，承认自己不是神，而是人，是人就有弱项和不足。

《虚实篇》中说："备前则后寡，备后则前寡，备左则右寡，备右则左寡，无所不备，则无所不寡。"所有的好事都落在我们这边是不可能的，但人们就愿意相信所有的好事都会落在自家，因为人们喜欢这个假设。我们从小就被教育："人无我有，人有我优，人优我快，人快我变。"这样的前提就是对方是人，我是神。所以，这种想法便是臆想。现实情形是"人无我有，人有我无"，这才是真实世界。

（二）深入勘察研究，掌握敌军虚实

"知彼知己，百战不殆。"在战前的"知"，是《始计篇》讲的"五事七计"。"五事"即"道、天、地、将、法"，"七计"即"主孰有道？将孰有能？天地孰得？法令孰行？兵众孰强？士卒孰练？赏罚孰明？"五事七计，是战略面、政治面、资源面、实力面。

上了战场，如何在战术层面知彼呢？我们就要通过"故策之而知得失之计，作之而知动静之理，形之而知死生之地，角之而知有余不足之处"的方法来掌握敌军的虚实。

策之而知得失之计。分析研究双方情况，可得知双方所处条件的优劣得失。孟氏注解："策度敌情，观其施为，计数可知。"梅尧臣注解："彼得失之计，我已算策而知。"

作之而知动静之理。接近敌军，故意刺激他一下，探视敌军的行动规律。魏武侯问吴起：两军相遇，不知道对方将领能力大小，怎么办？吴起说：派小股勇士锐卒攻击他，一交手就佯败而退，观察敌人的一举一动，如果他们追击我军，假装追不上，见到我们丢弃的兵器旗帜财物，假装没看见，那就是智将。如果他们倾巢来追，旗帜杂乱，行止纵横，又贪利抢东西，那就是将令不行，可以马上对他发起攻击。

形之而知死生之地。"形之"，让敌人暴露出军形来，通过侦察敌情和战地，可知是否利于攻守进退。杜牧注解：死生之地，就是战地虚实。我们要"多方以误"敌人，观察他的反应，随而制之，就知道死生之地。张预注解：我形之以弱，诱他进；形之以强，逼他退。在他进退之际，我就知道他所据之地的死与生了。

角之而知有余不足之处。派小规模的兵力与敌试探性较量，可知敌人兵力部署的或有余或不足等虚实情况。曹操注解："角，量也。"杜牧注解："角，量也。以我之有余，角量敌人之有余；以我之不足，角量敌人之不足。"

通过战略面和战术面的深入勘察，了解敌人的翔实情况，掌握敌人的虚实状况。

（三）准确识别虚实，掌握主动权

张预说："致敌来战，则彼势常虚；不能赴战，则我势常实。此虚实彼我

之术也。"虚实彼我，通过调动敌人，形成敌人"虚"我方"实"的态势。

李世民说：我读所有的兵书，没有超过孙子的。《孙子兵法》，又以《虚实篇》为首。用兵能识虚实之势，则无往而不胜。诸将人人都会说避实击虚，但是到了战阵，却没能看得出敌方虚实的。结果不是调动别人，是反被别人调动。你怎么看这个问题？

李靖回答说：识虚实，要先懂奇正。诸将大多不知道以正为奇，以奇为正，怎么能识别实是虚、虚是实呢？奇正，就是用来致敌之虚实的。敌实，我必以正；敌虚，我必以奇。如果不懂得奇正之用，就算看出敌军虚实，也不会打。

李世民说：以奇为正者，敌以为我是奇，而我却以正击之。敌以为我是正，而我却以奇击之。这样敌势常虚，我势常实。

李靖最后总结说：千章万句，不出乎"致人而不致于人"。

致人而不致于人，是我调动你，不是你调动我。做到极端，是"我不管你怎样，我只管我怎样"。首先是不被敌人调动，没机会就熬、等，甚至不打也行，一定是先胜后战，赢了再打。想做到"致人而不致于人"，就要守得住寂寞，熬得住耐性者，才是常胜将军。

二、市场竞争要避谁的实，击谁的虚

避实：避开防备坚固之处。在商业竞争中，避实就是避开强大竞争对手的竞争优势，不与其发生正面冲突。对手的实正是其能赢得客户的关键点，是其最突出的优势。击虚：在军事战争中，就是攻击对手薄弱的环节。在商业竞争中，击虚不仅仅是攻击竞争者达不到的目标市场，更要瞄准消费者的痛点、爽点和痒点，服务好顾客。因此，市场竞争中要避开强大竞争者的"实"，击中消费者需求的"虚"，这才是竞争制胜的王道。

（一）避开强大竞争对手的"实"

避开强大竞争对手的"实"，也就是避开竞争对手最突出的优势，这样就可以避免与对手直接竞争，从而降低竞争风险。强大的竞争对手通常具有较高的品牌知名度、较大的市场份额、较强的技术实力和营销能力等优势，如果与强劲的竞争对手正面竞争，很难获得竞争优势，容易面临失败的风险。因此，避开强大竞争对手的实，可以降低竞争风险，增强企业在其他方面的竞争力，从而获得更好的发展机会。

避实的目的是避免与竞争对手发生正面冲突，让自己的产品或服务不受竞争对手的影响。为了有效地避实，企业需要充分了解竞争对手的产品、服务、市场、营销、财务等各方面情况，这样才能真正找出竞争对手的实，并有策略地避开这些实。企业可以找到自己的优势，并使用这些优势为客户提供更优质的产品或服务，这样就可以与竞争对手区别开来，吸引更多的客户。企业还可以深度发掘未开发的市场，并在这些市场中提供高质量的产品或服务，从而避开竞争对手的实，获得新的增长机会。

如果对手比我们先进入市场，他们的竞争优势也许已经在客户心中留下了很深的印象。企业如果死磕对手的优势一争高下，势必是要付出巨大代价的，照葫芦画瓢的产品肯定比不过率先占领市场、在顾客心中已经有了一定地位的对手产品。如果对手的竞争优势是价格实惠，这时候企业如果还想打价格战，价格只会被压得越来越低，并且价格战进行到了最后，企业甚至还要倒贴资金来销售自己的商品。由于企业之间进行价格战，行业会出现恶性竞争，这对行业和企业自身的后续发展都是极为不利的。显然，避免直接撞上对手的竞争优势，避免价格战之类的恶性竞争，尽量选择能够共赢的良性竞争才是明智之举。

如果对手已经有了很强的优势：几乎垄断了市场，这时候再去争夺这个市场便更加难以取胜，最好换一条赛道。众所周知，腾讯通过 QQ 和微信这两个软件，已经成为中国互联网社交领域的霸主，而阿里也想打进社交领域，先后推出对标微信的产品"来往"，以及在支付宝上加上社交功能，全都铩羽而归。阿里意识到中国的互联网社交市场，已经被微信和 QQ 牢牢地控制住了。正面进攻，无法撕开这一领域的阵地，再做出另一个微信来与腾讯抗衡是不现实的。腾讯的竞争优势就是互联网的个人社交领域，这方面的市场已经近乎饱和了，阿里硬要和对手在这一点上以实击是难以取胜的，这告诉了我们避实的必要性。

(二) 要击中消费者需求的"虚"

击虚主要击的是消费者的"虚"，即顾客尚未被满足的需求，或者顾客急需解决的问题和困难。企业需要进行差异化和补缺定位，寻找被忽略的潜在市场。击虚尤其要抓住消费者的痛点、爽点与痒点。企业的产品要想通过击虚获得成功，可以关注竞争对手忽略的细分市场的消费者和被忽略的地域市场，使产品适合特定客户的需要。

为了有效地击虚，面对客户的痛点、爽点和痒点，企业需要有针对性地解决消费者问题、提供满足消费者需求的产品或服务。其中痛点是消费者最关心的、最难解决的问题，可以通过分析消费者的需求并提供相应的解决方案来满足消费者；爽点是消费者最想享受的、最容易得到的好处，可以通过突出产品或服务的优点、提供超值的服务、创造感官体验等增加消费者对产品或服务的喜爱度；痒点是消费者想要的但不知道该怎么满足的需求，企业可以通过为消费者提供真实、优质、个性化的服务戳中消费者的痒点。

阿里在两次失败的尝试后推出了钉钉。从定位上来说，钉钉这个产品巧妙地避开了与微信和 QQ 在个人用户市场方面的争夺，而是切入企业社交软件这块用户需求尚未被满足的市场，将目标客户从个人用户转向了企业服务。由此，在微信几乎已经垄断整个社交领域的格局中，钉钉却以企业社交软件为着力点，成功打入这一领域，并在短短几年的时间里，就迅速扩张：从最早的基础性企业社交软件，进化到办公协同服务平台，进而进化到企业智能化移动办公解决方案提供商。当腾讯意识到企业办公这块巨大的空缺，推出企业微信加以反击时，已经有点晚了。阿里的成功主要在于它发现了企业社交软件这一未被开发的潜在市场，之前企业社交用 E-mail 把问题转来转去非常浪费时间，钉钉的出现在很大程度上降低了企业社交的麻烦程度，钉钉就这样对腾讯的个人社交软件进行了补缺定位。

"击虚"是主动出击，最关键的就是寻找"虚"。为了达到这一目的，我们可以使用市场细分法，通过调查来掌握当今市场上的商品供求关系变化，适时地生产某些需求量大的产品。找到虚点之后，一定要迅速出击，因为这只是一时的虚点，也许一段时间之后就会消失。因为市场是动态的，而且消费者的需求也在不断变化，我们的竞争对手也在努力想找到虚点，现在的空白点不可能永远空白下去。因此，寻找空白点是一件要持续下去的工作，如果找到之后快速果决地为此投入资源，集中自己的一切优势来开拓这一潜在市场进行补缺定位，则成功指日可待。

三、案例分析

锐赛生物

避"实"站稳市场，击"虚"谋求发展

上海锐赛生物科技(集团)有限公司(以下简称锐赛生物)于 2008 年 12 月

成立，经过十多年的发展，如今的锐赛生物已经是集研发、生产、销售于一体的生物医药研发企业，也是国内率先从事临床医学检验、新型诊疗技术和生物药研发、细胞产品定制和医药研发外包（Contract Research Organization，CRO）业务的技术平台之一。集团整合和优化优势资源，目前已经形成多个成熟的业务模块，其业务方向涵盖CRO、临床医学检验、细胞存储、细胞治疗及新药研发等业务模块。目前，集团拥有各类专利85项，其中：发明专利28项，尚有正在申报审查中的发明专利7项。锐赛集团旗下有三家国家高新技术企业、两家省级专精特新中小企业、一个浙江省级高新技术企业研发中心。回顾锐赛生物15年的发展历程，一路走来充满挑战。

艰难创业，避开竞争对手之"实"，在生物科技行业站稳脚跟。在锐赛生物创立之初，就已有超过300家各类生物医药企业在上海落户。2007年8月，全球第二大CRO公司科文斯（上海）中心实验室在张江药谷落成，其余跨国CRO还有MDS和保诺科技。在2008~2012年，上海锐赛生物没有正面与世界知名的CRO企业直面竞争，而是一直深耕于CRO板块中的细分市场领域，围绕"SPF动物实验基地"提供一站式的整体解决方案，为制药企业、研究机构及科研工作者提供全方位的临床前研究服务。主要包括药物发现、药学研究及临床前研究。服务平台涉及分子、细胞、动物、病毒、质谱、代谢、测序、生物信息等多个平台，服务项目包括蛋白靶标验证、化合物活性筛选及优化，体外体内功能评价，药物毒理效果评估等。锐赛生物从名不见经传到慢慢行业内小有所成，从最开始的团队化逐渐发展为公司化，企业运营步入正轨，管理也更加规范，企业效益越来越好。

积极创新，击中客户之"虚"，突破发展瓶颈开拓新市场。2013~2014年，CRO服务向高端化发展的步伐放缓，生物医药企业同质化竞争严重，导致产能过剩，从而使市场环境更加恶劣。面对艰难处境，锐赛生物仔细地分析强劲竞争对手的主营业务类型及市场中客户和消费者的痛点需求，积极创新开拓新的领域和业务模块，抓住机会，顺势而为，快速切入IVD体外诊断市场和基因检测细分赛道。纵观体外诊断发展历程，从生化诊断到免疫诊断再到分子诊断，产业变迁已成必然趋势，基因测序在遗传性肿瘤的早期预防及肿瘤治疗阶段的精准用药将发挥不可或缺的作用，其潜在的市场空间极为广阔。面对这样的一片蓝海市场，在产业升级的驱动及想要为人类造福的使命感激励下，锐赛生物开启了进军精准医疗的新篇章。

2014~2015年，锐赛生物一边筹措资金增加研发投入，一边引进紧缺型人才构建高素质人才队伍，并基于高通量 NGS 测序技术、分子病理检测技术及分子遗传学分析平台的加持，研发出肿瘤精准用药、NGS 病原微生物检测等多条市场产品线。

美国生物学家乔治·戴利指出："如果说 20 世纪是药物治疗时代，那么 21 世纪就是细胞治疗的时代。"随着科学技术的不断进步，生命健康产业方兴未艾，细胞治疗(CGT)日益成熟，锐赛生物依托多年积累的专业知识和资源，迅速抢占介入细胞存储这一尖端生物科技领域，并成为首家通过卫健、科技、市场监管等政府部门严格审查、验收合格的"舟山区域细胞制配中心"的企业，确保了细胞存储业务的合规合法，包括 MSC 脐带间充质干细胞存储和 NK 免疫细胞存储。

2016~2018 年，公司基于细胞存储开启细胞治疗的研发，研发出新的临床科研项目和健康端口的康养项目两大模块，成功推动诸多分子诊断产品、肿瘤个性化疫苗、DC 疫苗和 TCR-T 等细胞治疗技术进入临床前或临床试验，并已建设干细胞临床转化与示范。

顺应时代趋势，转型升级发展，锐赛生物走在生物科技领军企业的路上。2018 年舟山市开始大力发展健康产业，锐赛生物看准时机，抓住这次开拓市场并转移竞争压力的机会，凭借在上海深耕 10 年的科研服务基础和技术优势，获得了舟山市政府的认可，成了舟山市招商引资重点培育企业，于 2018 年 6 月成立浙江自贸区锐赛生物医药科技有限公司。锐赛集团依托上海锐赛和浙江自贸区锐赛的资源，始终坚持科技驱动，致力打造生命健康产业新高地，连续多年参与了科技部重点专项及上海市科委创新培育项目。目前，锐赛生物在上海张江国际医学园区和中国(浙江)自贸区拥有两大研发和生产中心，总面积超过 8000 平方米。锐赛集团旗下拥有上海锐赛循益生物技术有限公司、浙江自贸区锐赛生物医药科技有限公司两家"专精特新"企业。

2022 年锐赛生物继续克服重重困难，产值比上一年翻了一番，取得了骄人的成绩。正如其创始人罗卫峰董事长所说：多年在科研服务行业的深耕，成绩有目共睹，但这只是万里长征一小步，距离成为世界一流的科研服务行业的龙头企业还有很长的路要走。不忘初心、牢记使命，继续前进！相信随着研发投入的逐年增加和生物制药产业基地的建立和使用，并且在公司高层的战略指导与全体员工和科研人员的共同努力与积极探索下，锐赛集团一定能成为世界一流的科研和生物制药的领军企业！

资料来源：笔者根据对锐赛生物创始人的深度访谈，以及公司提供的资料编制。

分析点评

"避实而击虚"，作战时的兵力部署也应如水流一样避开敌人坚实的地方，选择其薄弱环节进行攻击。凡能以"实"击"虚"则必胜，若以"实"击"实"则胜负难分，即使取胜也来之不易并且会有损伤。这一军事战略思想应用于现代商业竞争中，就要求企业独辟蹊径规避竞争锋芒，找寻对手的薄弱点进行突破；采用蓝海战略，开拓新的市场空间；针对市场中客户和消费者的需求为其提供相应的产品和服务。

在锐赛生物创立之初，市场中已有很多同类型的企业，并且还有行业巨头的存在。既不能与大企业直面竞争又必须获取一定市场以保生存，面对这重重压力，锐赛生物选择提供差异化的业务服务以避"实"，即围绕"SPF动物实验基地"提供一站式的整体解决方案，这让企业从名不见经传到小有所成，且运营也更加规范化，但之后CRO服务向高端化发展的步伐放缓，生物医药企业同质化竞争严重。面对此艰难处境，锐赛生物在分析竞争对手的主营业务及消费者和客户的需求痛点之后，看准基因测序在遗传性肿瘤的早期预防及肿瘤治疗阶段的精准用药存在的蓝海市场空间，开始进军精准医疗以击消费者的"虚"，顺利突破发展瓶颈并开拓新市场。2018年舟山市开始大力发展健康产业，锐赛生物抓住这次机遇成了舟山市招商引资重点培育企业，并果断决策进行技术迭代，抢占细胞存储和CGT这一生物科技高地，在转移竞争压力的同时还可以击浙江市场的"虚"，成为新的竞争市场的先入者创造优势。

管理者应该意识到企业与竞争者、企业与消费者之间都存在着"虚"与"实"的关系。企业想要生存，就必须持续地为其消费者提供他们所需求的产品和服务，不断满足消费者的需求之"虚"。管理者应该将"避实击虚"的战略思想融会贯通于市场竞争之中，避实力强劲的竞争对手之"实"，击消费者需求之"虚"，满足客户的痛点、爽点和痒点。

附录　《虚实篇》原文与翻译

请扫描二维码，了解《虚实篇》的原文与翻译。

商解《军争篇》制胜之道

　　《军争篇》开始进入实战，讨论两军争利争胜之道。主要阐述敌对双方在战略展开的实际行动中，互相争取先于敌军到达或占领军事战略要地，先于敌军在有利地形上营造有利态势，先察明敌人弱点，以便出其不意，发起进攻。为了在战争中取得胜利，提出要善于采用迂回曲折的方式，方能达到良好效果；还论述了在实际作战中要统一指挥，以及如何采用灵活战法攻心夺气打击敌人，取得最后胜利。

第一节 以迂为直：理解商业竞争的辩证法

数学中两点之间直线最短，但在军争中，往往是通过迂回曲折的途径才会取得良好效果。孙子"以迂为直"思想的原文如下：

孙子曰：凡用兵之法，将受命于君，合军聚众，交和而舍，莫难于军争。军争之难者，以迂为直，以患为利。故迂其途，而诱之以利，后人发，先人至，此知迂直之计者也。

《军争篇第七》

一、"以迂为直"阐释

一切都筹划好了，上了战场，两军对垒，要开始战斗，那才是天下最难的！兵法学者华杉讲：兵法的设想都是完美的，只是一上了战场，兵法全忘了。还有更难的就是：以迂为直，以患为利。明明有直道，偏偏要去走看上去曲曲折折的弯道。孙子的"以迂为直"思想内涵深刻，可从以下两个方面来解读。

（一）行军打仗没有直通捷径可走

孙子曰："莫难于军争。"一难：你懂兵法，敌人也懂兵法；你会的，别人也会；你在做的，别人也在做，可能比你做得还好。二难：运筹帷幄时，滔滔不绝，条条是道，上到真战场，兵马纷纷纭纭，现场看上去乱糟糟，六神无主，不知如何是好。

两点之间直线最短是数学公理，但在战争中却不一定适用。我军将领要从 A 地领兵到 B 地，有路线是大路直路，你能走吗？这种路线，要么敌人有埋伏堵截，你是过不去的，去了就是送死，要么敌人在这条直路上设置了很多的障碍，如把必经的桥梁炸了、埋了地雷阵等，你也过不去。即使过去了，可能付出更大的代价。如果选一条敌人意想不到的迂回路，虽然看起来走了弯路，但由于没有遭到敌军的拦截和埋伏，不但行军速度更快，自己也不会有人员和物资损失。

战争中攻城也是这样，直接强攻，攻不下，人员物力还可能损失惨重。利用计谋，如围魏救赵、围点打援等待迂回方式，反而能取得很好的效果。以迂为直，告诉我们一个亘古不变的道理，通往成功的道路没有捷径，弯路就是近路。看看足球赛就知道，没有人能从己方后场一路直线攻进对方大门，每一次带球传球，都是以迂为直，最后将球送进对方的球门。正如有人说：走弯路是走路的一部分，花冤枉钱是花钱的一部分，都必不可少。

(二) 迂回曲折的路径才是制胜之道

走的是弯路，却能取得走直路的好效果，靠什么呢？孙子给了很多妙招：诱之以利、攻其必救、乖其所之(改变敌人的行动方向)、急行军等。曹操注解："迂其途者，示之远也。后人发，先人至者，明于度数，先知远近之计也。"远远地迂回，是让对方感觉我很远，放松警惕。能后发先至，是因为我早已度量好地形，知道哪儿远哪儿近，从哪儿穿插过去。

赵奢破秦军。秦伐韩，驻军在阏与。赵惠文王要去救。问廉颇，廉颇说，道远险狭，难救。问乐乘，看法跟廉颇一样。再问赵奢，赵奢说，狭路相逢勇者胜，我去。

秦国知道赵国发兵，于是再出一支军驻扎武安城西，和阏与成掎角之势。这仗，更难打了。赵奢受命于军，合军聚众，出邯郸城只三十里，扎下大营，不走了。传下军令："有来妄言军事的，斩！"

这时秦军势大，武安城外秦军中击鼓勒兵，城内屋瓦皆震。赵军中有一将看主帅按兵不动，忧心如焚，冒死进谏，请战救武安！赵奢知他是个好人，但是正等他这样的好人送人头来一用，成其以迂为直之计，立即喝令把他推出去斩了。

赵奢一驻，就驻了二十八天，还在加固营垒，根本没有出战的意思。秦军派间谍来，赵奢更是倾情表演，让他死心塌地相信赵军不会出战。秦将闻报大喜，认为赵军只是应付一下韩国的求救，并不愿也不敢真来作战。赵奢这边，前脚刚送走秦国间谍，后脚就"卷甲而趋"，卷起盔甲轻装急行军，两天一夜，没遇到任何抵抗埋伏，安全到达阏与。

他到达阏与后，在离城还有五十里停下来扎营，选择了有利地形。这时又有一位军士，叫许历，冒死进谏，说："先据北山者胜。"赵奢一听，说得对！

派一万人，占了北山制高点。许历说："我话说完了，请受死。"赵奢问："受什么死?"许历说："您的军法呀! 妄言军事者斩。"赵奢说："回邯郸再说。"回邯郸后许历得了封赏，受封为国尉。

秦军听说赵奢已经到了阏与，大惊失色，赶忙撤了武安军来救，赵奢占据有利地形，大破秦军，阏与之围遂解。

秦军本来都给他安排好了，是要调动赵奢。秦军在阏与、武安成掎角之势，就等着围点打援，在半途消灭赵奢。结果他以迂为直，神兵天降，没逮到他，而在他摆好战场后，变成秦军被他调动，他请客，秦军来吃饭了，最后遭殃的当然是秦军了。

二、怎样理解企业经营的辩证法

"以迂为直"中的"迂"表现为"迂回曲折的途径"和"间接的方法手段"，而"直"则是指获得良好效果，表现为不仅成功胜敌，而且时间花费少，人力财力消耗损失小。战场如此，商场亦如是! 商战中，"直"是一种良好状态，表现为投资少，见效快，效率和绩效好;"迂"表现为回利慢，甚至先要亏损，而后才获利。"迂"看上去不是企业经营的最佳路径，却往往更加与实际情况相符合，反而是最佳的经营策略。"以迂为直"不仅是指导商战的一种价值观，更是解决企业经营问题的方法论。

(一) 企业经营要多用"间接的方法手段"

某些时候企业经营采用间接的方法手段，反而能达到很好的效果。企业在营销时，思维不要仅局限于在一个狭小的空间里就事论事，对于要达到的目标十分困难而不能采取直接行动时，可以考虑把矛盾放在相互关联的环境中考察，仔细思考关联因素是否可以利用起来，为顾客提供一些差异化的增值服务。很多时候，经营成败的关键正是没有考虑到的地方。

日本山本旅馆地处偏僻生意惨淡，一天老板看着后边大片的荒山坡，心生一计："本旅馆后山有大片宽阔又幽静的空地，专门留作投宿本店的旅客植树之用。您若有雅兴，欢迎前来种下小树一棵，树上还可挂一块木牌，上面刻下您的姓名和植树日期。这样，当您再度光临时，定能看到您亲手栽下的小树已枝繁叶茂。"长期在拥挤的城市中生活的人，都想在节日时到野外一游，如能亲手再栽上一棵树，更是其乐无穷。这样一来，植树野游的人多了，住旅馆的人自然多了。

山本旅馆本来的目的是解决住客少的问题，一般人可能会考虑到通过提高服务质量、提升增值服务等途径提升客流量，但结果可能并不尽如人意。山本旅馆的老板吸引客流量时却采用"迂直之计"，即绕过这一问题，把注意力放在与此关联的"第三者"植树上，这样旅馆的生意问题就不"战"而解了。在商战中，灵活运用这种迂回谋略，往往能使陷入困境的经营者峰回路转，渡过难关。

（二）企业经营中有时候要舍得花"冤枉钱"

在企业经营中，特别是前期的市场推广，花"冤枉钱"也是企业总投入的一个组成部分，甚至是不可缺少的一个组成部分。企业在市场营销中，不要一开始就想赚钱，也不要一开始就想让自己的所有产品赚钱，一些前期投入看似是"冤枉钱"，其实并不冤枉。

广州白云山制药总厂在前期花重金树立品牌形象，有两个招数：一是把营销药品同赞助新药学术交流活动和免费医疗服务活动相结合，二是在过去实行"三包"的基础上，又加上包药品降低价格和药品淘汰损失。这种赔钱的"两包"虽然花费了许多成本，却树立了白云山制药厂的"金字招牌"，获得了市场竞争的主动权。因而，药店、医院和患者都愿意买它的产品，广州白云山制药总厂获得了市场的肯定。

企业斥巨资塑造品牌形象，虽然需要大量的前期投入，但良好的品牌形象能为产品顺利销售打开大门。

品牌效应具有两大功能：一是情感吸引功能。企业对公众负责，公众必然内化出对企业的肯定态度。二是情感持续功能。企业良好形象在社会公众心目中形成的肯定态度，具有情感的持久性。广州白云山制药总厂斥巨资树立品牌形象，通过被认可的"招牌"在市场上名利双收，可谓"迂直之计"商业运用的典范。

（三）企业经营要懂得"以退为进，绕道前行"

以迂求直，以患求利，行迂远之路以求更好地达到目的。在企业经营中正确使用迂直之计，才能化忧患劣势为优势。在"后人发，先人至"的迂直之计中，以退为进、绕道而行最为典型。以退为进指的是，企业在面对的问题上，如果暂时无法有所突破，可以考虑采取某种与自己的利益、期望相抵触的做法，即有所退让或后退，最终达到解决问题的目的。绕道而行则指企业在思考解决某个问题或者是遇到难以克服的障碍时，不直接去与之正面交锋，而是走一条迂回曲折的道路，绕开障碍以降低解决问题的难度，减少损失的同时取得预期甚至是更好的结果。

奇强公司"占领农村—包围城市"的发展模式很好地体现了"绕道而行"。奇强公司在面对无孔不入、几乎占据中国各大城市超市货架的宝洁公司时选择了以迂为直，农村包围城市，先占领刚刚发端的农村市场，再向城市发展且定位为中档以躲避高端市场的竞争，绕道而行，坐稳了全国洗衣粉市场老大的位置。哈啰单车选择不直接进入一线城市抢占市场，而是转向被忽视但有巨大市场空间的二三线城市，以二三线城市为切入点，占领当地市场、扩大企业规模，通过竞争、融资等手段站稳脚跟，抓住机遇、整合资本、扩大实力，并推出新型业务，与城市紧密合作，迅速占领更多市场。然后向一线城市进军，从而达到了最终的目的。

三、案例分析

海底捞
花"冤枉钱"让自己更值钱

生活中每当人们说到聚餐，大家首先想到的就是吃火锅，那说到去哪里吃火锅，很多人最先想起来的肯定就是海底捞了。

众所周知，海底捞是火锅界的楷模，每到饭点路过海底捞门口，看到的都是排队取号的人海。其实对于火锅这一类餐饮而言，菜品基本上大同小异，唯一出挑的便是店里标志性独特的服务，而海底捞正是将这一点做到了极致。

海底捞以创新为核心，改变传统的标准化、单一化的服务，提倡个性化的特色服务，将用心服务作为基本理念，致力于为顾客提供"贴心、温心、舒心"的服务。首先，在顾客取号排队时，海底捞会有一片自己整齐干净的等候区，给每一位顾客提供各种免费的零食小吃、茶饮、水果、桌游等，对于茶水等可以不间断续杯，还可以折叠五角星，其不仅能打发时间，并且能够抵一部分饭钱。其次，海底捞有免费的美甲手护、打印照片、擦鞋等服务，虽然都是最基础的护理，也许这些护理服务没有外面的专业，但其服务质量一直很好，从不敷衍顾客，因此受到很多顾客的喜欢。总之顾客在等待的过程中，不会觉得无聊疲累，相反能得到适当的休息。当然也有少数人并不是真的想进去消费，只是想找一个免费休憩的地方，但海底捞的服务员并不会介意这一点，对每一位坐下的顾客都会提供一样的服务，这样一来，人们也不好意思一直"白嫖"，无形之中拉拢了一部分新的消费者。当消费者进店消费时，海底捞依然会提供一系列的免费服务，如为顾客哄孩子、帮顾客打游戏，主动为顾客庆生，消费结束时，还会赠送各种小零食。可以看出，在整个消费的前中后过程中，每一阶段都渗透着他们的免费服务，无形之中一步一步地提升了消费者的体验好感，增强了消费者的黏度，同时也传播了品牌"服务至上、顾客至上"的理念。

海底捞不仅对上门消费的顾客提供免费服务，当社会需要帮助时，也会积极主动提供免费救助服务。2021年7月20日，河南省遭遇极端强降雨，多地发生区域性严重洪涝灾害，造成部分地区交通中断停水停电、郑州等地市民外出受困等现象。海底捞火锅郑州万象城店、海底捞火锅郑州瀚海璞丽中心店等多家门店，自7月20日晚起，将门店等位区、大厅、包间、游乐园、母婴室等设置成临时救助点，为附近被困居民提供留宿、简餐等服务。此外，受极端暴雨天气影响，郑州市儿童福利院内涝严重，转移后仍面临物资短缺问题。海底捞获悉后与福利院院长取得联系，安排附近两家门店筹集被褥、披肩、餐具、酸奶、零食等物资用品，准备好热气腾腾的面条、豆浆等餐品，送往儿童福利院临时安置处，以解决受困儿童的燃眉之急。对于其他受困群众，海底捞也是第一时间伸出援手。为支持抢险救援工作的开展，海底捞郑州、洛阳、许昌、安阳、南阳、焦作等50多家门店免费向市民开放，设立临时援助站，并根据门店实际情况提供休憩、热水、充电、简餐、留宿等服务。海底捞不局限于店面的盈利而提供免费服务，在天灾面前，仍积极主动承担社会责任，将这种免费服务用于社会，这无疑在消费者心中树立起良好的形象，收获了新一批的消费者。

当然，在海底捞持久性提供免费服务的情况下，大众不禁疑问它会不会亏本。从其披露的招股说明书来看，2015～2017年分别实现净利润4107万元、9.78亿元和11.94亿元，门店也越开越多。截至2021年12月31日，海底捞在全球开设了1443家直营餐厅，其中1329家门店位于中国大陆，114家门店位于中国香港、中国澳门、中国台湾及海外，经营状况颇佳。对于企业来说，海底捞每月几十万元的免费水果和服务支出以及在社会中的有所作为，无形中打造了企业的品牌形象，构成了核心竞争力，带来上亿元的利润，看上去花了大价钱，却带来了巨大的收益。

资料来源：贾玉静. 海底捞河南门店变临时援助站：免费提供留宿、简餐服务［EB/OL］. 人民资讯，2021-7-21. https：//baijiahao. baidu. com/s？id＝1705992663960049614&wfr＝spider&for＝pc；海底捞官网，https：//www. haidilao. com/.

分析点评

两军交战是武力与计谋的综合较量，难就难在你懂兵法，对方也知兵法，使用直线思维往往难以奏效。孙子的"以迂为直，以患为利"告诉我们战场并非直线最短，表面迂回弯路，其实是近路，学会迷惑对方，再以小利牵制对方，后发先至。同样地，对于企业经营，企业可以走弯路，因为不走弯路，就没有路，也要大方地花冤枉钱，因为不花冤枉钱，就花不了对的钱。

海底捞在业内一直是以服务著称，虽然"顾客是上帝"，但能将服务做得如此彻底，形成自己竞争优势的还是独此一家。在顾客消费前，提供休息区、零食、茶水、美甲、小游戏一应俱全，这样一来，即使等待用餐的时间长，顾客也愿意等着。在消费过程中，帮带孩子、代打游戏、为顾客庆生等服务更是层出不穷。消费结束后，小吃礼包更是大方送上。就在顾客的整个消费过程中，这些所有的服务还都是免费的。从表面上看，海底捞的确是下了大成本，似乎捞不到好处，还不免有人白嫖，仿佛是在走弯路，但其实正是这种服务牢牢抓住了它的忠实顾客，还吸引了潜在顾客。

在社会需要帮助时，海底捞也是将它的免费服务贯彻到底，实实在在地帮助受灾群众，救人之急，无形中打造了良好品牌形象。

马云曾说："免费的才是最贵的。"对于顾客而言，免费意味着以后的更多付费，海底捞免费贴心的服务也正是印证了这一点。

海底捞以"免费服务"为"迂"，以"紧抓顾客"为直，当你在疑惑它是否会因这些免费投入而亏本时，服务却已成为海底捞的核心能力。故而对于企业而言，眼前的小利并不重要，重要的是能否花"冤枉钱"锁定更多的忠诚顾客，提升企业的整体业绩。

第二节　一人耳目：多头管理给企业带来危害

军队之所以为军队，在于其指挥系统。没有统一的指挥系统，军队就没有强大的战斗力。孙子"一人耳目"思想的原文如下：

> 《军政》曰："言不相闻，故为金鼓；视不相见，故为旌旗。"夫金鼓旌旗者，所以一民之耳目也。民既专一，则勇者不得独进，怯者不得独退，此用众之法也。故夜战多金鼓，昼战多旌旗，所以变人之耳目也。
>
> 《军争篇第七》

一、"一人耳目"阐释

军队没有有效的指挥系统，多少人也不过是盲流，不是军队。只听说过将在外君命有所不受，没听说过将在战场，军令有所不受，不执行军令，那一定要斩首。千军万马之间的默契配合，就像是人的左右手一样运用自如，就是因为有统一的"指令系统"。下面将从三个方面来解读孙子的"一人耳目"思想。

（一）指令系统包括视觉的和听觉的

《军政》说："言不相闻，故为金鼓；视不相见，故为旌旗。"

因为相互听不见说话，所以设置锣鼓来指挥。金和鼓，金是青铜的锣，敲起来"当当当"的，声音尖厉震人。鼓，是牛皮的，擂起来"咚咚咚"的，让人血脉偾张。擂鼓进攻，鸣金收兵，这是最简单的。还有各种号、角等，各自传递不同的信息。

因为相互看不见，所以设旌旗来指挥。旗帜有各种不同的颜色和图案，用于传递指挥信息。还有旗语，不同动作代表不同敌情和指挥信息，属于视觉通信工具和符号指令。

(二) 军队指令必须统一

夫金鼓旌旗者，所以一人之耳目也。人既专一，则勇者不得独进，怯者不得独退，此用众之法也。

有了金鼓旌旗，就能统一军人的耳目，一致行动。勇敢的人，没有前进指令，不能独自前进；胆怯的人，没有撤退指令，不能独自撤退。这就是指挥大部队作战的方法。

军法很严："当进不进，当退不退者，斩之。"独自撤退要斩，独自进攻也要斩。

吴起带兵，有一个故事，和秦国作战，两军对阵，还未开战，有一个军士，不胜其勇，自己先冲上去，斩了两颗首级回来。吴起就把他斩首。有军吏进谏说："这是人才啊！让他戴罪立功吧。"吴起说："军令没有分谁是人才。"

将在外，君命有所不受。但是，将在战场，军令绝对不可不受。这就是战场指挥的严肃性。所以，你若带军队追击敌人，眼看要得手了，后面鸣金收兵，你就是放敌人逃走，也必须得收。因为指挥的责任不在你，战场全局你是不清楚的，听从统一指挥。

(三) 指令系统随形势变化而变化

孙子曰："故夜战多火鼓，昼战多旌旗，所以变人之耳目也。"夜战多用火光和鼓声来指挥，白天则多用旌旗，适应人的视听而变动。

曹刿论战的故事我们都知道，齐鲁长勺之战，齐军败退，鲁庄公要追。曹刿说等等，爬到车上仔细观察一阵，说可以追了，一口气追杀了三十里。后来鲁庄公问他什么道理。他说敌军败退，但若追击，又怕他有埋伏。但我看他车辙乱了，旌旗也倒了，就可以追了。

旌旗倒了说明什么呢？说明指挥系统已经瘫痪了，都在各自逃命，这时候敌军可以说已经不是军队了，就是一股盲流，那就可追了。

当然他旌旗乱了，你也可能上当。你以为他指挥系统没了，其实他安排了金鼓暗号来指挥，故意乱旌旗来骗你的。

杜牧的注解里，还介绍了军营里夜晚火鼓的运用。"止则为营，行则为陈。"晚上扎营的道理，和白天布阵差不多。大阵之中，必包小阵。大营之中，也有小营。前后左右之军，各有营环绕。大将之营，居于正中，诸营环之，曲折相对，就像天上的星象。营与营之间的距离，在五十步到一百步，道路相通，中间的空地，足以出营列队。壁垒相望，足以弓弩相救。每于十字路口，则设一小堡，上面架上柴火，下面挖有暗道，令人看守。

若敌人晚上来劫营，则放他进来，然后击鼓。诸营齐应，火堆全部点燃，亮如白昼。所有士兵不可跑动，全部壁立列阵，而乱哄哄到处跑的全是敌人，弓箭手登高四面射箭，多少人进来全给他灭了。诸葛亮的军营规划，就有这番天罗地网。所以他撤退后，司马懿去观摩他的营垒，叹曰："此天下之奇才也！"

二、多头管理给企业带来哪些危害

指挥千军万马作战而不会陷于混乱，关键在于统一指挥。孙子指出：将帅要善于运用金鼓、旌旗等工具构建指挥系统，对作战部队进行统一指挥，明令"勇者不得独进，怯者不得独退"，强调将帅要根据士卒视听特点而变换指挥方式，以确保能顺利、有效地实施指挥。孙子的"一人耳目"思想，同样适用于企业管理。企业中出现的政令多出、一人多头的各种管理乱象，会给企业带来资源内耗、效能低下等众多危害。

(一) 多头管理使员工不知所措

在多头领导的结构中，一个下级往往接受来自多个上级的指导和命令，下属可能会不清楚自己应该听从哪个上级的指示，或者哪个上级的要求更加紧急重要。大家熟知的手表定律：当一个人没有表的时候，他断然是无法精确地知道时间的；当一个人只有一只表时，则可以确切地知道现在是几点钟，而当这个人同时拥有两只走时不一的表时，他仍旧无法确定时间。同理，管理之中，对于员工也是一样，一个员工不能由多个领导同时指挥，这就和看不同时间的表一样，只会使这个人无所适从，进退两难，行为和思维将陷于混乱。

(二) 多头管理导致组织效率低下

在多头管理的情境中，下属需要同时向多个上级汇报工作情况，这意味着下属需要花费更多的时间和精力来处理汇报和反馈，并进行不同的报告、会议和任务安排，而这些工作需要耗费大量的时间和精力，从而导致下属的工作效率下降。此外，在日常业务处理时，一些本该在单一部门就能处理的问题，一定要其他部门的管理者出面才能解决，严重干扰了正常的业务流程。比如，采购办公用品时，本来审批权在采购部门经理这里，每个月按照惯例采购，经理审批就可以了。偏偏财务部门经理也要来看一下才行，这本来简单的事情就变得很复杂了。

(三)多头管理易造成越级管理

如果放纵多头管理的存在，久而久之就会在企业内形成越级怪圈，员工期望通过越级汇报来获得认可和升职，上级倾向于使用越级指挥来展示威望，从而破坏组织正常的秩序和同心合作的气氛。此外，越级管理会削弱被越级者的责任感，甚至架空中间层的管理，使被越级的中间层领导产生挫败感，影响其权威，使其逐渐丧失对问题的分析能力，不愿执行指令和进行决策，乃至对上级产生抵触、反感的情绪。由此可见，组织内部管理混乱将导致多头管理，同时多头管理也是造成企业更加混乱的根源之一。

(四)多头管理会降低企业应对外界变化的能力

指令系统应该随着外部环境的变化而快速变化，兵法曰："夜战多火鼓，昼战多旌旗，所以变人之耳目也。"白天和夜间作战的指令系统不同，以更好地适应环境的变化，进而应对不同的作战情景。企业如果不能根据外部环境的变化，灵活迅速地改变不合时宜的指令，将会使公司错失瞬息即逝的市场机遇，甚至造成决策指令的混乱。在数字社会中，任何企业都和外部环境紧密相连，由于企业面对的外界环境是不确定的，极可能遇到之前从未遇到的状况。多头管理的出现势必破坏信息传递的完整性和指令的一致性，有些信息某一个部门的管理者不必知道，也不应知道，但是在多头管理下，员工不得不向其所有上司汇报该信息，由于多部门的参与导致决策效率减低，甚至出现决策出来后，最佳的市场时机早已错失的情况。

三、案例分析

乔家大院
5A被摘牌，谁之过?

电视剧《乔家大院》作为 2006 年的开春大戏，它的热播引起了全国的"乔家大院热"，天南地北的游客纷纷慕名而来，想看看晋商乔家的发祥地。乔家大院因房屋建筑雕刻精美而在晋中居民中具有突出代表性，20世纪90年代初张艺谋著名电影《大红灯笼高高挂》在这里拍摄，很多人因此知道山西乔家大院，而《乔家大院》在央视的热播，让该地游客倍增。

2019年7月31日，文化和旅游部通过其官方网站公告，文化和旅游部对复核检查严重不达标或存在严重问题的7家5A级旅游景区的处理，其中，给予山西省晋中市乔家大院景区取消旅游景区质量等级处理，同时公布了乔家大院存在的一系列问题。从2019年8月7日开始，乔家大院景区暂停运营十天，整改工作陆续展开，对过度商业化、硬件设施、软件服务、景区外环境等问题进行集中整改。一个知名5A级旅游景区被彻底"摘星牌"，这背后隐藏的问题值得深思，除去一些实际症结，后续因景区改制引发的多头管理问题也逐渐浮出水面。

文化和旅游部对乔家大院的暗访调查报告点出了其"摘星牌"的症结所在：一方面，景区旅游产品类型单一，更新换代较慢，展示方式相对陈旧，维护不力；另一方面，景区过度商业化问题严重，影响景区品质提升，景区内购物场所数量较多，面积较大，经营秩序有待提升。此外，景区内各类软硬件设施也普遍存在问题。在安全、卫生、综合管理方面存在的问题被重点批评，网上有对乔家大院的各种吐槽，部分游客还遭遇了强买强卖。出现上述一系列问题的根本原因，就是乔家大院管理体制存在较大问题，多头管理严重影响了景区的发展。

新中国成立以来，乔家大院经过数次改制之后，其归属一直不明不白，围绕乔家大院的经营权风波频频发生，导致管理上的混乱无序已不是鲜为人知的事情，每年几千万元的门票收入不知去向。乔家大院表面很热闹红火，但在政府每年的百万元维持运行下，连职工的养老保险都交不起，实在令人唏嘘。新华社报道指出，过度商业化、环境差等问题将矛头直指乔家大院的管理部门，引进的市场化公司在景区运营过程中的能力也遭受质疑，管理体制不顺同时制约着景区发展。报道指出，乔家大院景区此前共有6家运营主体，多头管理导致景区管理混乱。祁县文化和旅游局、乔家大院管理处、乔旅公司、乔家大院民俗博物馆等均对景区有一定的管辖权，"九龙治水"的管理局面导致旅客面对乱象投诉无门，发生各类问题无人负责。

相关部门表示，对暴露出的相关问题及责任人，将对其失职情况开展认真调查，并按干部管理权限予以严肃追责。经过整改后，景区解决了管理机制问题，明确其直接管理单位为乔家大院景区管理处，细化出33条具体问题，每一条，都对整改措施、牵头领导、责任人、责任单位、整改时限做了明确规定。如今管理体制已经顺畅，分工也很明晰。经过整改后，乔家大院每天吸引超过 8000 名游客前来参观，游客普遍反映，相较之前景区变得干净、整洁、人性化了，游览体验感也有较大提升。大部分商业店铺已经拆除，有的变成非遗文化展区，有的变成休息区，并且提供免费的茶水；景区还增设了许多自动贩售机，用于销售饮料及纪念币等物品，价格也有明显下降。乔家大院景区管理处表示，正在进一步理顺管理体制，厘清责任，以推进景区尽早完成恢复 5A 荣誉。5A 并不是终点，而是一个起点。

资料来源：乔家大院景区被"摘星牌"谁之过？［EB/OL］.央广网，2019-8-12. https：//baijiahao. baidu. com/s？id=1641625103678248593&wfr=spider&for=pc.

分析点评

军队之所以成为军队，在于有效的指挥系统，军令严明、指挥统一才能发挥良好的作战效果。倘若军令不从，或意见不一，抑或多方指挥，即使是强大的兵力也会被分散削弱，这也是孙子提出"一人耳目"的核心要义。一个企业如果出现多头管理，就会没有明确的管理制度和统一的标准，会导致出现职责不明确、架构不清楚等问题，还可能导致相互推卸责任，从而阻碍企业的良性发展。

乔家大院因影视作品的热播而被大家所熟知，吸引了众多游客前来参观。被评为 5A 旅游级景区的它，本可以带动区域经济发展，却因管理不善被"摘星牌"，归根结底是存在的多头管理导致的职责不清、运营混乱、管理标准不统一等问题。乔家大院景区共有 6 家运营主体，均对景区有一定的管辖权，涉及的单位多，就会出现权责不明晰的问题，无法实现"一人耳目"。再加上有的运营主体是市场化公司，对文化产业并不了解，缺乏专业水平，只注重其旅游经济价值，而忽视了它所承载的历史文化价值，因此使景区管理更为混乱，损害了乔家大院的形象。好在经过及时的整改，景区解决了管理机制问题，让分工更加明晰，相信不久后，景区就可以恢复其 5A 荣誉。

乔家大院的事情并非个例，企业的经营管理应该在统一的标准和指挥下，即使由意见分歧造成的多头管理不可避免，但公司也一定要解决好在哪一层统一、怎么统一的问题，真正做好系统指挥。

第三节 攻心夺气：商战中的心理战

此心不动，随机而动。领导内心强大，军队才能气势如虹，将领修炼自己稳定强大的心，才能在遇到复杂多变的情形时不会乱了阵脚。孙子"攻心夺气"思想的原文如下：

> 三军可夺气，将军可夺心。是故朝气锐，昼气惰，暮气归。善用兵者，避其锐气，击其惰归，此治气者也。以治待乱，以静待哗，此治心者也。以近待远，以佚待劳，以饱待饥，此治力者也。无邀正正之旗，勿击堂堂之阵，此治变者也。

《军争篇第七》

一、"攻心夺气"阐释

"夺敌将之心，夺三军之气。"攻心先攻敌军将领的信心和决心，将领之心没了，整支队伍就散了；打击敌人的士气，让敌军气势低落颓丧、失去斗志，提不起劲；士气没了，战斗力也就没了。杜牧说："心者，将军心中所依赖以为军者也。""攻心夺气"思想不仅包括治气、治心，还包括治力和治变。

（一）治气

避其锐气，击其惰归。要打击敌军的气势，就要懂得避开敌军的锐气，趁他的气势处于低落颓丧时，气势衰竭时，给予猛烈打击。

曹刿论战里的齐鲁长勺之战。齐军一鼓，鲁庄公要战。曹刿说："未可。"严摆阵势，擅自出战者斩！齐军冲不破鲁军军阵，退回去，重整旗鼓，再来。鲁军还是不战。等齐军击了三通鼓后，鲁军才击鼓冲锋，冲上去决战，大胜齐军。鲁庄公问他原因。他说："夫战，勇气也。一鼓作气，再而衰，三而竭，彼竭我盈，故克之。"

齐军一鼓作气，兴奋起来，鲁军却不搭理。搞了三次，齐军兴奋不起来了，气势锐减，而鲁军将士则铆得劲足足的。这叫彼竭我盈。所以，善于用兵的人，要避开敌人初来时的锐气，等他松懈思归时再攻击他，这就是治气的方法。

（二）治心

孙子曰："以治待乱，以静待哗，此治心者也。"用自己的严整等待敌人的混乱，用自己的镇静等待敌人的急躁，这是治心。统领千军万马的将领，心境要始终静如止水，不受纷繁杂乱的外在环境和事务干扰。

什么叫"乱"，什么叫"哗"？陈皞注解："政令不一，赏罚不明，谓之乱。旌旗错杂，行伍轻嚣，谓之哗。审敌如是，则出兵攻之矣。"

杜牧注解："司马法曰，'本心固'。料敌制胜，本心已定，但当调治之，使安静坚固，不为事挠，不为利惑，候敌之乱，伺敌之哗，则出兵攻之也。"

管理者的一举一动，都关系着财产万千、人命关天、是非曲直、毁誉忠奸。管理者的心境波澜不断，产生各种不良情绪，就会干扰自己的决策和行动，也会影响着整个军队的士气。很多决策都是因为压力和焦虑作出的，为舒缓自己的压力和焦虑，作出轻率的决策，或者在困难和危险面前，不能做到"泰山崩于前而不惊"，慌不择路，容易走向灭顶之灾。

（三）治力

先到战场，等敌人远道而来；自己安逸休整，等敌人疲劳奔走；自己吃饱，等敌人挨饿。这是"治力"，保持战斗力的方法。

李世民讨伐王世充，窦建德怕唇亡齿寒，破了三足鼎立的均势，带大军来救。窦建德大军在汜水东岸列阵，横亘数里，兵势强盛。李世民在山上看了，对诸将说："我们先按兵不出，等他列阵久了，士卒疲倦了，肚子饿了，必将自退。他一退，我们就出击，可一战而胜。"

窦建德列阵，从早上六点到中午十二点，兵士又累又饿，开始坐地上，又抢着喝水。李世民看了，说："可击也！"一战生擒窦建德。

李世民按兵不动，等窦建德部队列阵整整一上午，就是让敌方由治变乱，由静变哗，由逸变劳，由饱变饥，由不渴变渴，消耗他的战斗力。这就是李世民治力的高明之处。

（四）治变

治变就是要善于根据敌军的具体情况调整自己的战略战术。如果对方旗帜整齐，阵容堂皇，就不要去攻击。避他一避，耗他一耗。等他"朝气锐"没了、渴了、饿了、不兴奋了，变成"昼气惰，暮气归"了，再出战。

曹操围了邺城，袁尚带兵来救。曹操说："尚若从大道来，当避之。若循西山来，此成擒耳。"为什么呢？他若从大道来，那是正正而来，堂堂而陈，无所畏惧，必有奇变，不可邀击。他若顺着山根溜溜地来，蹑手蹑脚，那是心中无数，没有自信，打他就是。袁尚果然循西山而来，曹操逆击，大破之。

"治变"，是善治变化之道，以应敌人，根据敌人的情况来变通。曹操那么强，他也不轻视袁尚，若袁尚堂堂正正而来，他也准备避其锋芒。《军政》曰："见可而进，知难而退。"又曰："强而避之。"

二、商战中的心理战应该怎么打

"攻心夺气"中的"心"即指挥官的心态和心理，战争中，指挥官的心态一乱，心理崩溃，整支军队也会陷入混乱而毫无战斗力的情况；"气"即士气，战斗中，有士气就有战斗力，战争的胜负和士气高低有直接关联，战士之所以能冲锋陷阵而不怕死乃是高昂的士气所致。"攻心夺气"思想同样适用于商战，很多时候商战也是在打心理战，只有善于"心理战"的企业管理者才能稳操胜券。

（一）打击竞争对手之"心气"，获得消费者之"心"

商战中，不仅要打击竞争对手的"心气"，更重要的是要获得目标消费者的"心"，获得更多的忠实消费者。

1. 以柔克刚

孙子讲的"治气"，也就是避其锐气，击其惰归。当年日本精工大战瑞士机械表就巧妙地避开了瑞士表的锋芒。驰名于世的瑞士表其优势就是机械表，想和瑞士表掰手腕，先要避开它的精通领域——机械表，转向石英表进军。

经多年研究，日本精工表虽然先于瑞士石英表问世，但精工在技术、人才和资金方面仍然不是瑞士表的对手，它还不敢把精工表投向瑞士市场，以免打草惊蛇。20世纪80年代末，精工表的销量已跃居世界前列，人才济济，技术先进，到了向瑞士表发动总攻的时刻，当瑞士人意识过来后，虽然进行了几次反击，但效果不佳，之后"士气"锐减，最终未保住世界钟表行业第一的位置。

2. 抢占先机

"治力"即先到战场，等敌人远道而来；自己安逸休整，等敌人疲劳奔走；自己吃饱，等敌人挨饿。在市场竞争中可以理解为先抢占市场，即率先得到消费者的"心"。要想成为真正的赢家，就必须抢占先机，与时俱进不断创新，不能老走别人走过的路。无论是微软兼并诺基亚，还是吉利收购沃尔沃，都说明抢占先机的重要性和必要性。苹果手机从一代一直到现在，几乎代代风靡，产生轰动效应，主要还是因为它有效地抓住了先机，以创造的活力赢得市场。

3. 善于变通

在军事战争中，"治变"，就是要根据实际情况改变自己战术。企业竞争同样如此，宝洁公司初入中国牙膏市场时，定位低端，想通过价格换市场，但是在国产日用品牌激烈的价格战下，这一策略效果并不好。然后，宝洁对国内牙膏行业进行了大量的调研与分析，发现了中国市场日用品制造商的特点：他们的产品价位大多处于中低档的水平，虽然品牌众多，但是并没有大品牌形成垄断之势，整体市场处于无序的状态。中国有相当数量人群的中产阶级和富人，他们的消费水平高且渴望高端产品，宝洁公司一举把定位中高端的品牌"佳洁士"推向市场，采用一系列衔接紧密的营销策略，很快就获得了目标客户的青睐，把国内的日用品制造商打得猝不及防。宝洁公司"善变"，根据仔细观察竞争对手的具体情况，然后改变战术，最后大获全胜。

(二) 激发我方员工之"士气"，稳定管理者之"心"

军战中，将领首先要能稳定军心，鼓舞士气，军队才会有强大战斗力。企业管理者要始终稳定自我之"心"，并不断激发员工的"士气"。

1. 稳定领导之"心"

"治心"最重要的是要稳定领导层的"心"。公司高层动荡甚至发生内斗，对企业的影响是致命的。张维迎研究发现，领导层内斗越激烈，员工"权力投资"越大，经营性努力越小。这种权力斗争通常会产生三种效应：一是业绩效应。因权力斗争最终将改变控制权归属，因此控制人的能力会影响公司业绩。二是分配效应。因控制人享有公司利益的分配权，因此控制权归属决定着受益方与受益程度。三是耗损效应。因权力斗争会消耗企业的资源，因此也间接消耗了企业声誉与前景，而且这种消耗完全是浪费资源。有为数不少的企业都被内斗拖垮，因此企业高层内斗又被称为"内耗"。可见，当企业领导人心不齐时，在激烈的权力斗争下，企业由经济组织演变为政治组织，完全改变了公司治理的本质与初衷，最终导致垮台。

2. 激发员工"士气"

商战中的"治心"要求企业在纷繁复杂的外界环境中凝聚内部共识，心往一块想，劲往一处使，激发员工士气。华为通过强大的激励机制和企业文化来激发员工的士气。在通信领域，大部分的业务都来自运营商的采购，而具体采购哪家，就要看产品的功能是否满足，价格是否够低。运营商往往都是在最后一刻才说明需要采购什么产品的，这时候大部分设备厂商内部对是否接单争论不断，意见冲突严重，因为其现有产品都很难完全满足运营商的功能需求，重新改进研发又要花费大量时间金钱；华为的销售只要判断不是什么大难题基本承诺自己的产品满足要求，按时提供产品，此时在华为后方，狼性文化氛围下的所有研发员工，包括各级经理和员工都严阵以待，用最快的速度开发出满足要求的产品。在关键时刻，当其他设备厂商浮躁喧哗、犹豫不决时，华为销售和研发团队像是一群整装待发的"狼"，所有人的目标只有一个，保质保量满足运营商的要求，这是华为能走到今天的法宝。由此可见，企业员工的士气对运营绩效极为重要。

三、案例分析

企业 vs 国家
华为与美国的心理战较量

很多人把历史上蒙古的对外扩张理解为蒙古族人凭借快马弯刀对先进文明的征服。事实上，蒙古的崛起还是有许多富有军事战术智慧的输出，我们熟悉的运动战、闪电战、大迂回等战术都可以向上追溯到蒙古时期。还有一种蒙古首创的帐篷心理战：蒙古军队会在攻城前准备白、红、黑三顶帐篷，在围困城池时会先撑起白帐篷，表示今天接受投降并宽恕所有人；过一段时间就会换成红帐篷，表示如果这时投降，杀光城内所有男人但留下妇孺；最后阶段就换上黑帐篷，表示不再接受投降，下场只有蒙古大军的屠城。如罗斯福所说"我们唯一值得恐惧的就是恐惧本身"，基于强大的武装威慑力，蒙古人用帐篷颜色把"恐惧"心理实体化。具象化恐惧使得此后蒙古大军作战前，不少城池在白帐篷阶段就纷纷开城投降。

如今的美国深谙此心理战术，并试图在芯片大战中用此战术来迫使华为屈服。

2018 年，美国执意发动中美贸易摩擦，美国人利用自己在芯片行业的优势，玩起了蒙古人的帐篷战术。贸易战一开打，美国人正想着在哪里树这个白帐篷，没想到 ZX 在这个关键时刻把自己送到了枪口。2018 年 4 月 16 日，美国商务部工业与安全局(BIS)以 ZX 对涉及历史出口管制违规行为的某些员工未及时扣减奖金和发出惩戒信，并在 2016 年 11 月 30 日和 2017 年 7 月 20 日提交给美国政府的两份函件中对此做了虚假陈述为由，做出了激活对 ZX 拒绝令的决定。美国商务部下令拒绝中国电信设备制造商 ZX 的出口特权，禁止美国公司向 ZX 出口电信零部件产品，期限为 7 年，架起了 ZX 城头下的白帐篷，ZX 疾呼："不公平，不能接受！受拒绝令影响，本公司主要经营活动已无法进行。"美国商务部趁机表示，白帐篷阶段接受投降。最终，ZX 接受天价罚金，并改组董事会，接受美国派驻的协调员，得到的回报是相关禁令的解除。美国商务部一看帐篷战术初战告捷，心理上已经给了中国通信业下马威，马上紧锣密鼓开始找进一步竖红帐篷的地方。既然打下了一个通信巨头，那这次目标就定位一个更大的通信巨头。

2018 年 12 月 1 日，MWZ 在加拿大温哥华机场转机，突然被加拿大警方逮捕，而且美国竟然无耻地要求引渡。MWZ 作为任正非的女儿，同时担任着华为的 CFO，曾有传闻称"MWZ 会是华为的接班人"，美国的这一行径就是给华为树立威慑帐篷。从表面看，这是一次因为各方利益产生的商业牵扯，但究其本质，是美国妄想通过 MWZ 事件对华为甚至对于中国给予心理打压，通过对领头人物的打压，展示自己的"绝对控制力"，在士气上碾压对手。此次事件令人震惊，也的确在心理上让一部分人产生了对美国的"强者恐惧"。

2019 年 1 月 29 日，美国司法部宣布了对 MWZ(2018 年 12 月已经被加拿大控制)的指控，并正式向加拿大提出引渡 MWZ 的请求。2019 年 5 月 15 日特朗普签署行政命令，宣布进入国家紧急状态，在此紧急状态下，美国企业不得使用对国家安全构成风险的企业所生产的电信设备和服务。同日，美国商务部宣布，将把华为及其子公司列入出口管制的"实体名单"。2020 年 5 月 15 日，美国商务部公告升级了对华为的芯片管制——在美国境外为华为生产芯片的晶圆厂商，只要使用了美国半导体生产设备，就需要向美国申请许可证。这意味着，从芯片制造到芯片设计 EDA 软件再到半导体设备，美国使用"釜底抽薪"的方式阻断全球半导体供应商向华为供货，同时启动了"无限追溯"机制。这次的禁令升级给华为带来的影响可谓全方位立体化，几乎等于直接斩断了华为整个供应链上最重要的若干个环节，目的就是让华为直接从整个产业中出局，这一顶黑帐篷意味明显，直接表明美国"屠城"的野心，人们纷纷开始担忧，华为何去何从？

面对系列帐篷的威胁，华为没有屈服，并作出了积极应对。芯片战事件一出，华为海思立即宣布，保密柜里的备胎芯片"全部转正"，同期发布了自主开发的操作系统(OS)鸿蒙。发布会上CEO余承东更是直接表明"鸿蒙OS比Andorid有更强性能"，通过企业领导人自信的发言和对全球开发人才的呼吁，不仅消费者感受到华为的沉着应对，华为更是通过此举彰显即使美国事实上的禁运措施导致供应链中断，包括半导体在内，也能凭借自主技术渡过难关的决心。发布会后任正非也表示，"即使没有高通和美国其他芯片供应商供货，华为也不会有事，我们不会像有些企业那样，在美国的要求下改变我们的管理层，也不会接受监管"。华为系列强势的回应与市场操作使得华为在2019年实现全球销售收入8588亿元，同比增长19.1%。正如任正非所言，华为的增长会放缓，但影响不大。通过市场稳固人心的同时，任正非与MWZ多次在访谈及相关报道中明确立场，没有流露出丝毫畏惧之色。在党和政府的对外交涉帮助下，MWZ于加拿大扣押1028天后终于回国，新闻媒体争相报道，MWZ本人更是在回国感言中多次感谢祖国，与民众合唱，群众纷纷表示感受到了华为格局，更是将华为的胜利上升为国家的胜利，表示坚定支持华为，使华为在心理上有了王者之气。同时，华为利用这股士气，在强大网络媒体的助力下，不断向世人强化：华为5G技术全球第一，华为5G专利全球第一，华为拿下的5G合同世界第一，华为5G技术领先对手至少十个月，等等。让消费者逐步相信：华为有能力也一定可以在这场战役中取得最终胜利！

资料来源：老王聊历史. 蒙古的帐篷心理战与今日华为之处境[EB/OL].知乎，2020-05-28. https://zhuanlan.zhihu.com/p/143500496.

分析点评

"三军可夺气，将军可夺心"是孙子所阐释的士气理论的核心。在战争中，决定最终成败的不是数量上的单纯对比，将士的志气和精神起着至关重要的作用，能够激起士兵的高昂斗志是将帅的指挥艺术。"攻心夺气"应用于现代商业，就要求企业打好经营心理战，只有善于"心战"的企业家，才能使自己在激烈的竞争中稳操胜券。攻消费者的心，夺竞争者的气，同时也要避开竞争者的锐气。管理者需时刻保持清醒的头脑，不被对手的计划扰乱阵脚。

美国与 ZX、华为的对战事件就类似于蒙古帐篷心理战。美方撑起的白帐篷让 ZX 放弃抵抗接受了制裁，便进一步想要通过红帐篷让华为"缴械投降"，妄图通过一连串行动击垮华为甚至阻碍我国发展势头。面对美方的芯片制裁与禁令，华为以治待乱，以静待哗，不仅没有屈服，还作出了积极应对，让保密柜里的备胎芯片"全部转正"并发布了自主开发的鸿蒙系统，使美国的攻击如同拳头打在棉花上，毫无施展之力。面对美国对 MWZ 不合理的逮捕，华为也没有自乱阵脚，反而通过舆论之力让民心一体，共同对抗美方的野心宣战。强大的自控力与精神力量使美国的战略之术无法实现，却帮助华为开创了新的发展舞台。

在认清这场贸易博弈本质的前提下，华为甚至中国需要继续保持战略定力，努力发展自身，提高综合实力。人心齐，泰山移，凝聚力和意志力是齐头并进的底气和信心所在。在这场贸易持久战中，静待华为与中国以强劲实力和完备的心理战手段应对接下来的挑战。

附录 《军争篇》原文与翻译

请扫描二维码，了解《军争篇》的原文与翻译。

商解《九变篇》制胜之道

　　"九变"谈用兵之变，"九"泛指多，"变"指不按正常原则处置。《九变篇》阐述了对各种特殊情况的应变措施，应当随机应变、机动灵活。本篇篇幅最短，但知识点较丰富，包括五种地形，五种情况及根据当时具体形势而应做的灵活应变，指出智者之虑杂于利害，战略上统领各诸侯的方法策略，强调有备无患，最后提出将领有"为将五危"的警告。

第一节 五个不为：企业要圈定经营边界

舍去，放弃，是一种变通，需要大智慧。上了战场，要通九变之利，坚持初心原则，有时就要"不为"，舍得放弃。孙子"五个不为"思想的原文如下：

孙子曰：凡用兵之法，将受命于君，合军聚众。圮地无舍，衢地交合，绝地无留，围地则谋，死地则战。途有所不由，军有所不击，城有所不攻，地有所不争，君命有所不受。

故将通于九变之利者，知用兵矣；将不通于九变之利，虽知地形，不能得地之利矣；治兵不知九变之术，虽知五利，不能得人之用矣。

《九变篇第八》

一、"五个不为"阐释

有所为，也要有所不为，有时要主动放弃。孙子曰："途有所不由，军有所不击，城有所不攻，地有所不争，君命有所不受。"孙子的"五利"原则，教导我们放弃也是变通，要有所不为，那么如何判断该为还是不该为呢？要以全局利益而不是局部利益作为衡量标准，放弃局部利益，做到有所不为。

(一)途有所不由

道路有的虽可以走，但不走。反过来，有的不可以走，也可能走。这就是变。

李筌注解："道有险狭，惧其邀伏，不可由也。"险狭之地，怕有埋伏，所以不走。

曹操注解："险隘之地，所不当从；不得已从之，故为变。"不该走的地方，有时候不得不走，这也是变。

韩信的背水一战中，就有一条不该走的行军路线——井陉口。只是韩信的运气比较好，得到谍报，赵军将领陈余不用李左车的计策，没有分兵在井陉口设伏，才得以顺利通过。如果有伏，如韩信后来俘虏了李左车后对他说："陈余如果用您的计策，那我就被您擒了。"

(二)军有所不击

敌军有的虽可以打，但不打。

曹操注解："军虽可击，以地险难入，留之失前利，若得之，则利薄。困穷之兵，必死战也。"发现敌军，虽然可以打，但如果是小股困穷之兵，又据险地死战，吃掉他没多大利益，而代价很大，甚至耽误整个战局进展，那就不要打。

杜牧注解，前面的"锐卒勿攻""归师勿遏""穷寇勿迫""死地不可攻"，都是军有所不击。还有一种情况，如果我强敌弱，敌人前军先至，也不可击，不要把他打跑了，要等他后军到齐，一举全歼。

贾林注解，"不战而屈人之兵，善之善者也"，如果可以招降，也不必击。还有，如"穷寇固险而守，击则死战"，也不要击，静观其变，等他心惰，再取之。

张预补充，"纵之无所损，克之无所利"，也不必击。

莫贪小利，食之无味，弃之不必可惜。看见利就想取，反而耽误正事，坏了大局。

不战，也是战斗的一部分。要衡量利弊，是杀敌一千，自伤八百，不值。要有全局观，不要局部有利，但全局可能不利，耽误时间，耽误决胜的战机。

(三)城有所不攻

城池有的虽可以攻下，但也不攻。

曹操注解："城小而固，粮绕，不可攻也。操所以置华、费而深入徐州，得十四县也。"

这里曹操举了自己的一个战例。他说如果那城又小，又坚固，守军粮食又多，就不要攻，因为利益不大，代价却很大。所以，他在攻打徐州的时候，放弃了华、费二城，得以兵力完全，直取徐州，得十四县地盘。

杜牧注解，如果敌人在要害之地，深控城壕，多积粮食，就是为了拖住我们的部队。如果攻拔他，不足为利；如果攻不下来，更是挫我兵势，这种情况，就不要去攻打他。

(四)地有所不争

有的地方虽可以争，但不争。

曹操注解："小利之地，方争得而失之，则不争也。"杜牧注解："言得之难守，失之无害。"伍子胥进谏夫差去争越国的地，不要去争齐国的地。因为吴国是南方人，灭了越国，得了越国的地，既能守住，也能耕种。取得了北方齐国的地，没什么用，也守不住。

不过此时夫差志得意满，又正被勾践伺候得舒服，每天搂着勾践送给他的西施，根本不认为有灭越的必要，北向中原，与齐晋争霸天下，才是他的志向。结果，他又中了勾践的离间计，杀了伍子胥。正在他举兵北上的时候，勾践乘他后方空虚，突然袭击，杀了他的太子。又过了几年，吴国为越所灭，夫差自杀。

(五)君命有所不受

国君的命令，有时是不应接受的，如不符合前线实际情况的，可以不接受。

"君命有所不受"，这也是《孙子兵法》里的名句之一。曹操注解："苟便于事，不拘于君命也。"只要有利于战事，就不必拘泥于国君的命令。

"君命有所不受"主要是说给国君听的，就是说您要让听得见炮声的人作决策，尽量控制自己遥控指挥的冲动。同时，也告诫将领要讲究"变通"。所谓变通，就是说这不是一般情况，是很特殊的情况。君命有所不受，意思是说不听国君的命令是死罪，但是遇到极特殊的情况，听了肯定得死，不听却可以为国家建功，这时候可以变通，不听。

二、企业为什么要圈定经营边界

军事战争中，孙子强调"五个不为"原则，提出要从全局出发变通战术策略，勇于舍弃，有所不为，善于变通。企业经营亦是如此，企业在制定发展战略时也要借鉴"五个不为"思想，要根据自身的资源能力、企业使命和战略规划，圈定自己的经营范围，不能盲目无边界地扩张，而要"有所为有所不为"，防止企业发展战略出现方向偏差甚至背道而行。

(一)有利于企业明确发展领域

"五个不为"原则的第一条就是"途有所不由"。企业圈定经营范围时，必须考虑本企业的战略规划和经营目标，通过适合的路径实现该目标，学会选择"为"和"不为"之路。市场中有很多机会，如果想每个机会都抓住，结果往往是什么都做不好。研究以往失败的案例，不难发现，漫无目的地追求多元化经营扩张，大规模撒网，涉及几个甚至十几个没有相互联系的产业，没有确定好企业所经之路，是导致企业失败的一个重要因素。当年的巨人集团是搞电脑的，但还涉及保健品、房地产等六个行业，行业间跨度太大，新进入的领域几乎和巨人集团的核心业务毫无关联；当时巨人拥有的资源却非常有限，本来就十分短缺的流动资金被牢牢套死；巨人的主业——电脑业的创新发展一度停滞，却把大把的精力和资金投入自己以前从未涉足的行业，一番操作几乎拖垮了整个集团。

(二) 有利于企业权衡经营利弊

"军有所不击""城有所不攻"强调的是不能攻击那些不具备被歼灭条件的敌军，至于究竟哪些敌军不能攻打，应当根据总体战略做决定。在商业中可以理解为竞争对手不好拿下时，要衡量利弊再行动，否则杀敌八百，自损一千，得不偿失。在战场上，一个将军要想带领军队取得胜利，不能莽撞进攻强大的敌人，以免损失太多，甚至可能招致杀身之祸，正确的选择是合理地权衡利弊，制定出获胜的战略。企业圈定经营范围时，要结合商业环境和竞争对手情形，审时度势，权衡出最优的战略定位。当今商业环境瞬息万变，就像战场一样，作为企业管理者要学会制定出灵活变通的市场策略。当企业方向出现偏差时，粗放和广泛的投入与营销只会使企业付出大量成本，收效甚微，所以确定好企业定位与经营边界，以此而采取有效的行动，才是企业成功的不二法宝。

(三) 有利于企业锁定经营地域

"地有所不争"即有的地方虽可争，但是不争，主张从敌情、我情出发，制定行军路线和进攻方案。在市场拓展时，有些地区暂时可以选择放弃。华为在进军国际市场时，已经在国内聚集了资金和技术，并且拥有强大的技术和成本优势，成为国内通信行业的佼佼者。但是在全球市场布局中，华为选择首先避开竞争激烈的欧美市场，进而从非洲、西亚、东欧、俄罗斯等力量薄弱的地带取得了突破。华为的战略，就是利用"地有所不争"的原则。西方发达国家人口也就十亿多一点，与其拼尽全力争夺该市场，不如去人口更多的发展中国家寻找机会，并以此为立足点，再打入通信行业的主流市场。现在来看，华为的战略无疑是正确的，华为已经成长为全球最具竞争优势的企业之一。

(四)有利于防止企业"迷失自我"

老子曾说过这样的话:"将欲歙之,必固张之;将欲弱之,必固强之;将欲废之,必固兴之;将欲取之,必固与之。"欲弱固强,欲废固兴的道理说明:事物处于兴盛强大的同时,却蕴含着发展的风险和危机。几乎所有的公司都会在占领一个垂直领域后,寻求构建新的用户场景,但是探索之路不易。与其去应对未知的竞争者,不如将已知的业务做到一流水平。如同阿里的核心优势是在线购物和在线支付业务,腾讯的优势是构建用户聊天场景,美团的优势是外卖派送。

守好核心优势,才能把控企业的发展方向,不至于在扩张的过程中"迷失自我"。提倡"五个不为",是希望企业不"妄为",从而使企业可持续稳步发展。

(五)有利于企业构建竞争优势

企业圈定经营范围时,要立足已有的资源能力,紧扣企业战略重心,不要偏离。企业将自身有限的精力和资金放置于核心业务,构建自身竞争优势,才能在市场上站稳脚跟。企业圈定经营范围时,要选择自己擅长的领域,不擅长的领域,要善于"舍弃"。"不为",是为了避己之短,本身就是一种"有为"。把有限的资源和竞争优势集中于主业,把主业做强做大,是为了扬己之长,这不仅是"有为",而且是有"大为"。乔布斯再次归来之后,快刀斩乱麻似的修剪了以前错综复杂的组织结构和产品系列,重新认识自己、客观地分析环境和竞争对手,将有限精力全部着力于最根本的领域,回归有优势的主业,握紧拳头,围绕主业不断进行技术创新、管理创新,快速翻转了苹果公司当时的不利局面,夯实了苹果公司的基础。这些措施使苹果公司很快走出低迷,走向辉煌。

三、案例分析

恒大反思
肆意扩张之后的边界意识与自限意识

过去二十多年,我国房地产市场一片繁荣,恒大作为中国房地产龙头企业一路高歌猛进风光无限，2013年恒大销售额突破1000亿元，2016年超越万科成为全国房企销售第一，巅峰时期市值达到了4000多亿元，一度被誉为"宇宙第一房企"。此后现金流充裕的恒大集团野心勃勃，快速推进多元化战略，在此期间以政府支持和优质地产业务背书，自诩"大而不可倒"，疯狂加杠杆举债拓展业务，除恒大冰泉、恒大粮油、恒大保险、恒大金服等业务板块，还进军汽车和健康产业，而无一例外，全部亏损严重。加之2020年，疫情暴发，房地产市场不景气，国家层面又出台房企融资"三条红线"，使恒大的现金流雪上加霜，拖欠员工工资、员工上访等负面事件屡见不鲜。

2021年6月底，三棵树披露恒大商票逾期，到2021年7月网上突然曝光了一份法院的民事裁定书，裁定书中广发银行分行向法院申请对恒大地产和恒大地产子公司恒誉置业执行1.32亿元的财产保全(冻结)，而理由则是情况紧急，若不立即申请保全，将会使该银行合法权益受到难以弥补的损害。这使刚刚从房地产"三条红线"中缓过来的恒大集团又蒙上了一层阴霾，各大银行纷纷效仿要求提前收回恒大贷款，这让恒大现金流受到严重挤兑，资金流出压力急剧上升，资金链断裂风险蔓延，债务问题持续发酵，多米诺骨牌已经推倒。直到2021年12月3日，恒大发布公告宣布2.6亿美元的债务可能违约，不确定是否拥有充足资金继续履行财务责任，恒大集团爆雷的传闻最终坐实。公司员工、资本市场投资人、楼市购房业主、供应商陷入恐慌之中，纷纷上门讨债维权，恒大的债务风险已然外溢。

2022年，恒大当时的总资产为2.3万亿元，而恒大光表内债务就高达2万亿元，其中1.5万亿更是当年到期，若考虑表外债务，其负债恐高达3万亿元，昔日辉煌的恒大集团，如今彻底陷入了资不抵债的泥潭，时至2022年10月，其债务重组仍未完成。

在2021年12月爆雷事件发生后，广东省人民政府约谈了恒大集团实控人许家印，并同意派出督导组推进其风险处置工作。对于本次风险事件政府官方表态是恒大集团经营不善，盲目多元化扩张，最终导致风险爆发。

回顾近几年恒大无序且多元化的扩张，恒大集团缺乏长远的行业形势理性预期，对于房地产行业前景过于乐观，在中央"房住不炒"的政令号召下，仍通过银行、信托贷款等诸多手段将"高杠杆—高周转"的运转模式发挥到极致，杠杆程度过高，发展战略过于激进，"底线思维"和风险管控意识严重缺位。当行业和经济下行压力落地时，恒大资金链危机便迅速发酵，再无力承担债务。在此基础上，恒大奉行多元化战略但实质上的盲目扩张为恒大埋下了定时炸弹，恒大近十年间投资了恒大冰泉、恒大粮油、恒大汽车、恒大健康等业务，诸多业务线路与房地产本业相去甚远，盲目进行的跨界使新增业务盈利困难，亏损严重，单论新能源汽车业务，在2018~2022年据说亏损超130亿元，仍未能量产，面对诸多科技出身的竞争对手，恒大更是难以立足。恒大单一的注资购买模式难以形成有机的多元化生态，一味追逐风口抢占先机而忽略风险管控，忽略行业具体发展要求，盲目入局，不加设限，只以结果论成败，无疑结局是不容乐观的。

恒大的爆雷对房地产上下游行业乃至整个国内市场经济平稳运行都有着恶劣的负面影响，"狂飙时代"终将落下帷幕，没有任何一家企业能无视风险，无视整体利益，盲目无节制地多元化，恒大也必然为其激进自大的经营模式付出沉痛代价。

资料来源：孙德馨."负"可敌国的恒大究竟为何从神坛跌落？[EB/OL].新浪网，2023-8-17. http://k. sina. com. cn/article_7395349859_1b8cc156301901aywn. html.

分析点评

"冰冻三尺非一日之寒"，恒大集团的濒临破产不是平白无故而是企业长期宏观战略失误累积的企业内部系统性风险的集中爆发，是没有边界意识的集中表现。今天的恒大与曾经的安然公司有诸多相似之处，寄希望于泡沫繁荣的永存而忽略公司优质资产的管理与创造，将企业价值架空在投资和金融工具之上，追求结果的可观而忽略过程的理性，在多元化投资战略下渐行渐远，缺乏理性市场研判和企业能力匹配，当经济下行的压力传导到企业过高的杠杆系数上而无力偿还时便引发多米诺骨牌式的全线崩溃，导致资金链断裂并丧失风险管控能力，最终深陷清算破产的泥沼。

恒大的教训是深刻的，在考察其盲目的多元化投资扩张和超高杠杆率的主体弊病同时，我们不能忽略恒大面临宏观经济下行的客观规律和事实。企业"有界而不为"的具体划定，除了考虑本企业内部变量如现金流、盈利能力、技术积累，更应该纳入宏观经济环境这一关键变量。在经济与行业走势下行的背景下，企业经营活动更应该趋于谨慎，降低风险反应阈值，积极识别和规避外部风险，适当降低投资收益预期，理性保守地制定投资决策，专注于自身强势行业的价值创造和增值，稳固企业信用，保证健康现金流。

"途有所不由，军有所不击，城有所不攻，地有所不争，君命有所不受。"经商如行军作战，企业在发展中明确自身的经营边界是必要的，不可冒进，也不能畏首畏尾，设立匹配本企业当前综合实力和资源能力的经营界限，建立领导层的"底线"思维，量力而行，控制杠杆。"有所不为，为所当为"，这并非给企业发展套上枷锁，反而能促使企业及时纠错，明确发展任务和目标，优化企业资源配置，有效抵御系统性风险，使企业真正行稳致远。

第二节 杂于利害：管理者在决策中要权衡利害

趋利不忘避害。人们总是心存侥幸、一厢情愿，习惯于害中见利，总认为害发生概率小，没什么大事发生。我们要懂得利害哲学：要害中见利，更要能利中见害。"杂于利害"思想的原文如下：

是故智者之虑，必杂于利害。杂于利而务可信也；杂于害而患可解也。
是故屈诸侯者以害，役诸侯者以业，趋诸侯者以利。
故用兵之法，无恃其不来，恃吾有以待之；无恃其不攻，恃吾有所不可攻也。

《九变篇第八》

夫兵久而国利者，未之有也。故不尽知用兵之害者，则不能尽知用兵之利也。

《作战篇第二》

一、"杂于利害"阐释

趋利避害，是人的本性，但人们总是一厢情愿地考虑利，少考虑甚至不考虑害。孙子提醒：有智慧的将领思考问题，既要考虑利，也要考虑害，甚至要首先考虑害。孙子的"杂于利害"思想主要包括以下三个方面的内涵。

（一）兼顾利害，敢于认输

智者之虑，总是能兼顾利、害两个方面，既看到有利条件，也看到不利条件。SWOT 分析，优势、劣势、机会、威胁。利就是机会，害就是威胁，你两个方面都得分析到，不能只顾一头。

曹操注解："在利思害，在害思利，当难行权也。"看到利，就多想想它有什么隐患，藏着什么危险。看到害，就多想想它有什么积极的一面，能转害为利。遇到困难或突发事变，要懂得变通。

在实际中，我们经常是在害思利易，在利思害难！因为人们的心理，总是一厢情愿，总是贪利而避害，总是有侥幸心理。贪利是真贪，避害却不是真避，而是在心理上逃避，侥幸而疏于防范。见到利的时候，心里知道背后有害，但却认为那不会发生。见到害的时候，坚决相信背后有利，并且一定会发生！因此，在"利与害"面前，要做到先避害、再趋利，实在是非常难。

人们对"危机"的理解能体会其中含义。人人都同意，危机＝危险＋机会，我们要化危险为机会，危机的"机"，就是机会的"机"。实际上危机的"机"，是扳机的"机"，你不要去扣那个扳机。大多数情况下，危险出现了，该买单就买单，及时认赔止损，砍掉沉没成本，是最积极的处理方式。不要老想"坏事变好事"，试图在坏事上还能另外捞一笔。

认输才会赢。贾林注解："利害相掺杂，智者能虑之慎之，故能得其利也。"张预注解："智者虑事，虽处利地，必思所以害；虽处害地，必思所以利。此亦变通之谓也。"不认输，不买单，继续投入，害没能转化为利，反而越来越大，最后被套得动不了，彻底翻不了盘。

（二）杂于利，而务可信也

考虑到利益，就会信心大增，有利于完成艰巨的任务。

曹操注解："计敌不能依无地而为我害，所务可信也。"

把敌人可能害我的地方都考虑过，怎么算他都害不到我，则我们的计划就可以实行了。

杜牧注解："信，申也。言我欲取利于敌人，不可但见敌人之利，先需以敌人害我之事掺杂而计量之，然后我所务之事，乃可申行也。"

要取利于敌人，不能只见到利。要把敌人可能害我的地方都考虑到，要做的事才能成功。

张预注解："以所害而掺所利，可以伸己之事。"

张预讲了一个案例。郑国出兵打败了蔡国，国人皆喜，唯有子产很忧惧，说："小国无文德而有武功，祸莫大焉。"果然，很快楚国就兴兵发郑了。因为楚国历来将蔡国视为它的势力范围，你打我的小兄弟，我就打你！

(三) 杂于害，而患可解也

考虑到危害，就会谨小慎微，即使祸患降临也容易解决，因为事先有思想准备甚至有解决预案。

杜牧注解："我欲解敌人之患，不可但见敌人能害我之事，亦需先以我能取敌人之利，掺杂而计量之，然后有患乃可解也。比如敌人围我，我若但知突围而去，志必懈怠，即必为追击。未若励士奋击，因战胜之利，以解围也。"

杜牧说，我想解敌人之患，不能只看到敌人能害我的一面，还要看我能取利于敌的一面，掺杂对照衡量，才能解患。比如我们被敌人包围了，如果只想着突围而去，那就斗志懈怠，最终被人追杀。不如以战胜之利鼓舞将士，拼死一战，则更能解围。

贾林注解："在害之时，则思利而免害。故措之死地则生，投之亡地则存，是其患解也。"

张预讲了一个战例，西晋八王之乱，张方入洛阳，连战皆败，有人劝他宵遁，他说："兵之利钝是常，贵因败以成耳。"当夜潜进逼敌，遂至克敌。

张方的话，前一句，意思是胜败乃兵家常事，后一句，很有味道，"因败以成"，贵在因败以成，一路失败，最后把事办成了。这就像搞科学发明实验，或经营创业，全部是因败以成，顺着失败，一路在失败中不断总结教训，最后却成功了。

二、管理者在决策中怎样权衡利害

将领在军事行动的决策中，始终在对"利"与"害"这对矛盾进行翔实的权衡比较，孙子提出"杂于利害"的辩证思维原则，也是军事战略思维必须遵循的重要战略思维原则。同样，企业管理者在进行商业决策中，也应权衡利害两者的关系，尽可能做到利害都要考虑到，而不能只偏于某一方。企业要想在市场竞争中占据主动，就应该对利害进行全面评估，通过权衡利害进行正确决策。那么，管理者该如何在决策中权衡利害呢？

(一)精确分析"利害",是做好决策的关键

决策前,必须认真分析,权衡决策的"利"与"害"。不能一厢情愿地只考虑哪些对自己有利,对于藏在暗处的"害"处,我们总是习惯性地屏蔽掉,或者根本就不去考虑。1965 年,日本全国的土地价格正不断上涨,一直从事不动产经营的西武集团,却突然宣布不再增购土地。为什么做出和别人不一样的战略决策呢?原来,西武集团透过不断上涨行情的势头,已经预见到将来竞争的激烈性,并断定政府会加以干预,如果贪图眼前的利益,将来必定会付出更大的代价。事实证明,当时跟着地价不断上涨而纷纷加入竞争的企业,结果在政府干预地价的情况下,纷纷破产,有的被庞大的债务压得透不过气来。西武集团却由于决策正确没有争购土地,避免了损失。如果用孙子的战略思维决策观来看,西武集团的决策思维,正是"杂于害,而患可解也",即在有利时看到了有害的因素,因此能够预先排除潜在的祸患。

看看我们当今的房地产行业,许多企业越是在房价高涨时,越争相购买土地,它们只看到了"利"的一面,没有看到或根本不愿意看到"害"的一面,结果就是在政府住房政策的一再干预下,陷入了深渊。如果懂得孙子提出的"杂于利害"的辩证思维原则,便可以在房地产行业中提前规避风险,获得较大利益。

(二)先把"害"处想清楚,是做好决策的前提

把最坏的结果想清楚,万一失败了,最惨的情况会是怎么样,这才是决策的本质。"傻子瓜子"在 20 世纪 80 年代,就曾经历惨痛的失败教训。在 20 世纪 80 年代,"傻子瓜子"因为风味独特,价格低廉而占据了中国南方炒货市场一半以上的市场份额,但是由于一直沿用小作坊的生产方式,管理与营销经验缺乏,所以红了一段时间后,质量与效益都大幅下滑。公司为了扩大市场,轻率地做出巨额有奖销售活动这一重要决策,不但占用了大量的资金,而且由于资金额度过大,公司迟迟不能开奖,使公司陷入信任危机,最后甚至落到淡出市场的结局。总经理年广久也因此问题而陷于牢狱之灾。

为什么"傻子瓜子"的巨额有奖销售活动失败了?就是因为决策思维违反了孙子所强调的"尽知利害"这一原则,即管理者只看到该活动可以促进销量,完全无视了其背后的巨大资金风险。企业在经营决策时,不要只想到有"利"的一面,不考虑或不愿考虑"害"的一面。因此,商战决策思维首先要把"害"想在前面,进行"不可行性"论证,从最困难和最坏处考虑问题,往最好处努

力，最大限度地避免决策带来的风险，打有把握之仗，打未战先胜之仗。

(三)决策者不能只看当下，要考虑更长远的利益

权衡利害要目光长远，从长远的根本利益出发，以发展的、战略的眼光审视当下的问题，只看到现在的"利"而忽略长远的"害"，这是短视行为。毛泽东同志作出过很多次改变中国前途的重大决定，但是以前的决策都没有是否出兵朝鲜难。难在何处？主要是利害取舍。援朝带来的"害"显而易见，不但可能会把战火引到中国本土，而且更重要的是会延缓中国刚刚开始的国民经济恢复进程，甚至会导致国民经济长久难以恢复。如果出现这种情况，将引起一部分人的不满，甚至削弱我国的政治基石。毛泽东同志看到了这一点，但他认为不出兵损害更大。彼时美帝国主义的战争矛头直指东北地区，如果朝鲜垮台，即使他们不进入中国国境，那东北人民也将时常在美国威胁的笼罩中度日，要进行社会主义和平建设几乎不太可能。

当时美国要把三把刀插在我们身上，从朝鲜一把刀插在我们头上，以我国台湾地区一把刀插在我们腰上，把越南一把刀插在我们脚下。若有变故，它就从三个方向攻击我们，那我们就被动了。也就是说，中国对援朝置之不理，可以避免和美军发生军事冲突，继续执行自己的经济建设计划，却不能改变国际发展趋势朝对自己不利的方向发展，不能清除我国边境的战争乌云。抗美援朝以暂时的牺牲，换取长久稳定的和平发展环境。因此，毛泽东同志当年在给周恩来同志的电报中说："我认为应该参战，必须参战。参战利益极大，不参战损害极大。"现在回过头来看毛泽东同志的决策非常英明，"打得一拳开，免得百拳来"，抗美援朝这一仗，打出了国威，打出了中国几十年的稳定发展环境！这正是毛泽东同志擅于从长远、全局、战略的高度权衡利害的结果。

三、案例分析

华为对决思科，利害兼顾定乾坤

曾经的中国企业想要出海特别难，但为了战略的实施和企业的发展，再难也要出海，再难也要走出去拥抱世界。1996年，华为成立还不到10年之时，就开始谋求海外市场，成为披荆斩棘的开创者，在没有路的情况下，硬拼出了一条中国企业的出海之路。

华为在出海过程中面临的巨大挑战源自思科。该公司成立于 1984 年，是通信行业的霸主，而与华为交锋时的思科 CEO 钱伯斯更是个铁腕人物，他被时任美国总统克林顿称为互联网工业界、美国经济乃至全球经济的真正领导者，《商业周刊》称他为"互联网先生"。在钱伯斯的带领下，思科在 2000 年的销售收入已经高达 121.5 亿美元，市值一度超过 5000 亿美元，成为全球最具竞争力的十大公司之一，而当时华为在海外市场的收入刚过 1 亿美元。

2002 年，华为正式在美国电信展上亮相。那时美国电信老大"思科"的当家人钱伯斯看到了华为的产品，当他了解到华为的通信产品在质量上同思科看齐，但价格最高能便宜一半后，他回到公司就宣布：华为是思科最强劲的对手。后来在南美的一场招标会上，思科败给了华为，钱伯斯再也不能允许华为的攻城略地。2003 年 1 月，思科正式向华为宣战，高调起诉华为剽窃。自此，一场有关知识产权的"世纪之讼"拉开帷幕。华为当时国内有李一男的港湾网络虎视眈眈，公司内部又矛盾重重，而思科在公司已经成立了"打华为"计划组，欲置华为于死地。华为当时面临空前的危机，管理者在这种局面下进行决策必须更加认真地分析，多方权衡利害，把最坏的结果想在前面。

任正非心里很清楚：思科搞这一出诉讼大戏的目的，并非和解获取赔偿，其真正用意是通过诉讼打击华为在市场上的竞争力，从而遏制华为，保住思科在美国市场乃至世界范围内一家独大的地位。任正非面临着疾风骤雨般的考验，他笑着安慰华为内部众人，说："这不过是思科送给华为的一个意外的春节礼物！"但给大家加油打气是一方面，和思科正面撕得头破血流是万万不可的，华为当时刚处于出海的初期阶段，在国外还没有站住脚跟，彼时的华为必须以退为进，把最坏的结果想清楚，争取小输即可。于是任正非和高层开会研究后，定下了由任正非在国内主持大局，孙亚芳带着应诉团队飞去美国应战，团队分工明确，有人负责研发和知识产权，有人负责法务，有人负责公关，有人统筹安排。任正非的态度是"敢打才能和，小输就是赢"，在飞机起飞前，任正非握着郭平的手叮嘱要学韩信忍胯下之辱，一切只为了让华为最终能站起来。

当时美国主流媒体上轮番报道华为"偷"了思科的源代码，思科也做好了舆论准备，不仅公布了一项在全球投放 1.5 亿美金的广告计划，还在国内外进行公关，想要用舆论压倒华为。在法庭上，思科展示了必胜的傲慢，觉得华为是必死无疑，甚至一度不屑与华为对话。华为的团队一方面联系自己在美国的合作伙伴如 3COM 公司、IBM 公司等，听取它们的意见，另一方面聘请专业的律师团队应诉，聘请公关公司在媒体上争取舆论。随着法院方面对双方源代码的鉴定，事实证明思科指控华为抄袭是站不住脚的，而在舆论上，公众也扭转了偏见，开始认识到华为并不像思科所宣称的那样"窃取"知识产权。同时任正非又拿出 IBM 这种巨头的信任背书，让美国和世界都知道了华为是真正的现代化组织管理的国际大企业。见事不可为，思科果断终止了诉讼，2003 年10 月 1 日，经过 9 个多月的鏖战后，思科和华为正式签署和解协议。

当然华为确实因为这场"世纪之讼"遭受了冲击，拓展美国市场的目标暂时不能继续进行，有些产品也被撤回，本来在美国大好的市场形势被迫打断，只能留在美国偏远地区发展一些小客户，但这一切都在华为的掌控之中，因为在团队出发前往美国之前，华为就已经想到了最坏的结果：彻底退出海外市场。正是对"害"处的深度思考让华为敢于主动回击，事实上这场较量华为最终也获得了"利"处，通过与思科这种级别对手的同场竞技，华为开始真正走向全球市场，"世纪之讼"等于是给华为打了一次漂亮的广告，这点钱伯斯也承认：诉讼让华为获得了更多商业机会，而华为也由此树立争取世界先进的信心。

商场如战场，有时候商场比战场还要复杂多变，其中有太多的博弈和利害权衡，企业要争一时之短长，但更要争长远之格局。倘若华为当时选择了硬碰硬，不懂忍辱负重，不顾企业发展计之深远，只争输赢，不讲求和，那华为可能不能成为今天的华为。

资料来源：老方说. 从兵临城下到握手言和，华为与美国思科旧事：狭路相逢勇者胜！［EB/OL］. 2020-09-22. https：//baijiahao. baidu. com/s？ id=1678529573348176741&wfr=spider&for=pc.

分析点评

"杂于利害"是孙子反复强调的一个思维原则，将领在下命令前一定要权衡利害，从长远出发，不唯利是图，见利就争。商场如战场，在企业经营中，企业领导者在做决策之前也应该权衡利害，并且多考虑"坏"结果，不被一时的"利"蒙蔽双眼。

当年华为刚在通信市场上崭露头角时，就遭到了行业巨头思科的迎头重击，思科高调起诉华为剽窃。华为对此战秉持着"敢打才能和，小输就是赢"的思想，因为任正非知道以华为当时的实力并不足以和思科硬碰硬，况且一时的输赢并不重要，让华为在海外市场站稳脚跟才是最终目标，可见任正非对华为的长远发展思虑周全，是在慎重权衡利害之后才做出的决策。华为高层议定之后，派出了应诉团队前往美国应战思科，当最后判定华为无剽窃行为时，思科选择和解，华为也欣然接受。可见华为并没有沉浸在一时的胜利喜悦中，没有紧抓思科不放，而是从大局考虑。

"利害"分析是企业管理者决策的基础，企业管理者在决策时应当避免带有情绪，不能冲动决策和盲目决策。管理者也不能过分乐观，只一厢情愿地考虑"利"，却习惯性地屏蔽藏在暗处的"害"，以这样的思维去决策是万万不可的。因此管理者在决策前，首先就要把"害"放在第一位，把最坏的结果想清楚，这样才能真正做好决策。

第三节　为将五危：管理者要避免极端个性

领导力在很大程度上是一种性格体现。领导力的灾难，往往也是管理者性格缺陷导致的。将领的五种性格缺陷，是非常危险的。"为将五危"思想的原文如下：

故将有五危，必死可杀，必生可虏，忿速可侮，廉洁可辱，爱民可烦。凡此五者，将之过也，用兵之灾也。覆军杀将，必以五危，不可不察也。

《九变篇第八》

一、"为将五危"阐释

性格决定命运。带兵作战的将领其性格不仅决定了自身的命运，也决定了整个军队的命运。孙子认为，将领不能有极端和偏激的性格，将领如有必死、必生、忿速、廉洁、爱民五种性格缺陷，是非常危险的，弄不好会把军队带入万劫不复的境地。

（一）必死，可杀也

曹操注解："勇而无虑，必欲死斗，不可曲挠，可以奇伏中之。"
遇到那有勇无谋，拼死要斗的，不跟他正面争锋，引他来，设伏兵吃掉他。

《司马法》说："上死不胜。"就是说如果将领没有谋略，只是知道身先士卒去冒死作战，那就没法取胜。

黄石公，就是传说中送《太公兵法》给张良的那位神仙，说："勇者好行其志，愚者不顾其死。"勇者好行其志，勇敢的人，就喜欢按自己的意愿行事，不愿意因为危险而放弃自己的计划。如果他正好又愚蠢，他就不顾其死，看不到死亡的危险。

吴起说："凡人之论将，常观于勇；勇之于将，乃数分之一耳。夫勇者必轻合，轻合而不知利，未可将也。"

吴起说，一般人论将，都把勇敢放在第一。其实，勇敢的品质，对于将领来说，不过占几分之一。因为勇敢的人，必然轻于合战。没有把怎么做对自己有利想清楚，就挥师合战，那是不能做将领的。

孙子讲为将之道，排序是智信仁勇严。克劳塞维茨讲为将之道，专门强调勇敢是第一。吴起则干脆说勇敢只占将领必备品质的几分之一。

（二）必生，可虏也

曹操注解："见利畏怯不进也。"

《司马法》说"上死不胜"，也说"上生多疑"。贪生怕死，就疑神疑鬼，放大危险，害怕损失。没有斗志，那也是兵家大患。

东晋时，桓玄篡晋称帝。晋将刘裕起兵讨伐，溯江而上进击桓玄，战于峥嵘洲。那时候刘裕只有几千兵，而桓玄兵马颇盛。但是桓玄怕失败，怕死。在他的战船旁总系着轻舟，随时准备跑。他的士兵看在眼里，也就都没有斗志。结果刘裕乘风纵火，尽锐争先，桓玄大败。

孟氏注解："将之怯弱，志必生返，意不亲战，士卒不精，上下犹豫，可急击而取之。"

这几句很深刻，如果你怯弱，志必生返，心里想着一定要活着回来。那你不能去打仗，因为打仗没有一定要活着回来这一说，一定要活着，只能逃跑或投降。

"意不亲战"，不准备亲自上阵作战，让手下在前线冲杀，那也不行。因为要打仗，是你的事，大家是跟你办事，帮你办事。不能你不去办，都让别人办，那就不用你了。

这和今天我们做任何工作都一样，你不能脱离一线，脱离了一线，从思想上来说，你不接地气，脱离实际，领导力会削弱；从组织上来说，你没有跟战士在一起，没有亲自带兵，那么就会"士卒不精，上下犹豫"，就会被别人"急击而取之"。

（三）忿速，可侮也

杜牧注解："忿者，刚怒也。速者，偏急也，性不厚重也。"
王皙注解："将性贵持重，忿狷则易挠。"
曹操注解："疾急之人，可忿怒侮而致之也。"

为将者，性格一定要持重，要厚重，要稳重。如果刚急易怒，心胸褊狭，敌人就会利用你的性格弱点，激怒你，侮辱你，引你上钩。

五胡乱华十六国时期，姚襄攻黄落。前秦苻生派苻黄眉、邓羌讨伐。姚襄深沟高垒，固守不战。邓羌对黄眉说："姚襄性格刚狠，容易激动。如果我们大张旗鼓，长驱直进，直压他的营垒，他肯定受不了我们的嚣张气焰，一定要出来决个高下，可一战而擒之。"黄眉依计而行，姚襄果然受不了，愤而出战，被黄眉等所斩。

李世民斩隋将宋老生，也是一例。宋老生率精兵两万守霍邑城。李渊来攻。李世民说宋老生有勇无谋，肯定出战。于是李渊在城外埋伏，李建成、李世民带几十骑到城下去辱骂宋老生。宋老生果然受不了，率军出城。结果中了李渊埋伏，后面又被李世民夺了城门，断了归路，被击斩于阵。

（四）廉洁，可辱也

这廉洁，不是说不贪污，是洁身自好，极端爱惜自己的羽毛，爱惜名声，容不得自己身上有一点污点，一滴脏水。你坏他名声，他觉得跳进黄河也洗不清，那么他一要找你拼命，二是宁死也要证明自己清白，就会乖乖地中计送上门来，甚至明知是计，也甘愿来上当。

受不了污名，是一大性格弱点；沽名钓誉，追求自己的清名，也是一大毛病。因为你越是清清白白闪闪亮亮，就是越害周围的人得强迫症，每个人都想揭你污点，泼你脏水，因为你太刺眼。所以，中国古代有"君子自污"之说，我自己可以给自己洒点无伤大雅的污垢，不要那么刺眼，作为一种避祸之道。

（五）爱民，可烦也

过于仁慈善良，特别是有妇人之仁，就会被拖死，干不成大事。美国电影上的大英雄，最后都是把他女朋友抓住了，他就是刀山火海也得来。将领如果爱惜人民，就以人民为人质去胁迫他。大家熟悉的就是《三国演义》的故事，赤壁之战前，曹操打来了，刘备带着人民走，所以走得慢，被曹操追上了。

但是有的人不吃这一套，如周亚夫，七国之乱，叛军攻打梁国，非常紧急，危若累卵。梁王苦战求救，他根本置之不理，任由梁国挣扎在生死边缘。实际上他压根就是让叛军的士气、粮草都在梁国耗尽，他最后以逸待劳收拾残局。最后结果如他所算，梁国顶住了，叛军粮食没了，正要撤退，周亚夫"击其惰归"，一举平叛。不过梁王恨他也恨透了：苦战的是老子！平叛的是周亚夫！

周亚夫不顾梁王，比他更狠的是刘邦，他连自己的父亲、妻子、儿女，统统都不顾。项羽捉了他的父亲和妻子吕雉，把他爹剥光了衣服捆在案板上，旁边架一口大锅，说你不出战，就把你爹烹了，把你老婆杀。刘邦站在城墙上大声回应说："咱俩在怀王面前约为兄弟，我爹就是你爹，你要烹了咱爹，那也分一碗汤给我喝。至于我老婆，你要杀便杀，无所谓。"项羽在他这流氓嘴脸面前，气得脸色铁青，但最终还是没伤害他家人。

又一次，刘邦被项羽打得大败，落荒而逃，夏侯婴驾车，他和一对儿女在车上，也就是后来的汉孝惠帝和鲁元公主。后有追兵，情况紧急，刘邦嫌车上人太多，跑得不够快，两脚把一对儿女蹬下车不要了，自己跑。夏侯婴赶紧停下车，把两个小孩抱上来，"如是者三"，搞了三回，而且每次夏侯婴把孩子们抱回来，惊恐的孩子紧紧搂着他脖子，他还不马上催马狂奔，而是慢慢地哄孩子们平复一下，才快马走。刘邦气得想杀掉夏侯婴，但杀了他又没人赶车了。最终还是安然无恙逃离了险境。

像刘邦这样，"不必死，不必生，不忿速，不廉洁，不爱民"，则无敌了。

二、管理者要避免哪些极端性格

商道如战道，稍微对比一下，就不难发现，孙子所说的"为将五危"，其实也是企业管理者很容易犯的毛病。企业的运营是以人为中心的，策略由人制定，战术由人来执行。因此，公司的成功无疑就是人的成功，是团队的成功。管理者是否优秀，对一个公司的发展具有举足轻重的作用。如果管理者偏执蛮干，缺乏经营策略，就可能在竞争中失败；畏首畏尾，害怕失败，则难以发展；急躁易怒，难以带好团队，也会失去客户；追求虚假的知名度，可能难有功绩；过于"护犊子"，可能会导致团队缺乏战斗力。下面五种偏激个性，管理者要力求避免。

(一)过于偏执

企业中，总有一些十分偏执的管理者，他们有如下特征：①相当死板，自己认定的观点难以改变，当别人与之交流时，他们会完全忽略和自己观点不同的说辞，即使是确凿的客观证据，他们也不会做出改变。②总认为自己是对的，别人是错的。③对别人的错或认定是别人的错，哪怕一丁点儿，都铭刻在心，不予原谅或包容。

偏执型管理者的这种偏执，事实上源于偏见，而偏见的主要根源在于盲目自信。美国康奈尔大学的两位心理学教授最先提出了 Dunning-Kruger 效应(达克效应)，无知的人通常十分自信，甚至是自负。随着一个人知识的增加，自信心会下降，降低到突破临界点后，自信心会回升，但无论怎么回升，都不会像最初一无所知时那么自信。同时，自我反思能力的缺失也会导致偏执，这类人往往缺乏理性思考的能力。偏执型管理者如果能不断学习、开阔视野，放下自己所谓的架子和面子，将来的某个时间点，他们一定可以认识到自己的不足并改正，认可他人的建设性意见。

(二)畏首畏尾

管理者在管理团队时总是畏首畏尾，不敢管人，不想管人，不能去统领全局，这样的人无法作为一个优秀的企业管理者。员工在进入公司工作之后，时间长了就会看到一些管理者，无论做什么事情都喜欢拖延，做什么项目都害怕挑战，出现问题不想也不敢去应对，更没有能力去解决；决策能力特别差，导致团队里并没有太多积极乐观的氛围，甚至在团队出现了问题后，管理者推脱责任，反而使员工成了背锅侠。

有效的管理，就要放开手脚，大胆去实施：

首先，管理者不要说不可能，要把不可能的事情变成可能。能够让员工把简单的事千百遍都做对，能够让员工把公认的非常容易的事情认真地做好，高质量的管理，就是能完成看似很困难的任务。其次，管理者不要怕问题，凡是问题必须追根究底。承担责任不是问题出现之后，而是应该在问题出现之前。要效果，不要借口。最后，任何时候，责任都要合理划分，假如一方承担过多的责任，另一方就会相应地减少，管理者不能把责任都推给部下，把成绩都归功于自己。

（三）暴躁易怒

企业管理者在实际的工作中，容易暴躁发怒，乱发脾气容易得罪周围的人，失去人心。在企业中，每个人的基本人格都是需要尊重的。你的下属绝不是你的附属。他们是你工作上的助手，是你事业上的帮手，更是你职场成功的贵人。如果你把他们当成了附属，当成了下人，甚至当成了工具，毫不尊重他们的人格，对他们毫无原则地批评训斥，甚至辱骂，那样必然得罪下属，必然失去人心，更会失去信任。毫不客气地说，你的下属，对你十分反感，甚至恨之入骨，一旦遇到风吹草动，他们就会对你群起而攻之，阻碍你事业的发展。

戾气导致凭感觉用事，顾此失彼。在商业竞争中，管理者不仅要有足够的分析判断能力，更要有强大的全局把控能力，尤其是在千变万化的市场中，更应该做到审时度势，头脑清醒，冷静分析，认准方向，这样才能稳操胜券。那些满身戾气的人，却容易意气用事，难以做到审时度势，难以做到运筹帷幄。他们在工作中，往往会跟着感觉走，凭感觉用事，容易造成决策失误，顾此失彼，严重影响企业的发展。

（四）重惜名声

太在乎名声的人不能做企业管理者，因为名声很容易把人绑架，甚至把人异化。与名声相伴相生的一般都是各种猜疑和不信任，甚至还有公开的诋毁和谩骂。那么，要想做好管理者就要面对名声的诱惑，不能被名声所绑架，还要做好面对一切猜疑甚至诋毁和谩骂的心理准备。

如果企业管理者爱惜羽毛，在乎身后的评价，以至于要事事公平公正，还要让人们明白。现实中没有什么绝对公平与公正的事情，当然也没有什么真正的河清海晏。太在乎名声的人容易把事情过于理想化，却不知道办起事来完全不是那么回事。在公司经营中，资本会参与进来，人情会参与进来，各方面掣肘，哪里有多方都不得罪的可能性呢？即便按照规章制度决断了，也容易引起非议，甚至引发一些不良的影响。要是做企业管理者的总是忌惮负面评价，就会犯下不作为的错误，当然也不会有什么功绩了。做企业管理者的一般都手握决策权，为了利益而去衡量，而去实行一定的措施，当然也会顾及一些名声，但在名声和利益面前，不要做维护个人名声而损害公司整体利益的事。

(五)溺爱其民

这里的"民"指的是管理者的下属。对下属的关怀不可或缺,但是凡事有个度,关怀过度会导致物极必反。管理者在处理与下属的关系时,往往把握不好其中的度,新"官"上任,为了表现自己对下级的关爱,同时展现自己的工作激情,而导致了对下属的过度关怀。尤其是当这种关怀是对异性下属时,就更容易带来一种说不清、道不明的暧昧关系,甚至招致他人的闲言碎语。

很多企业管理者,不只是对个别员工十分关怀,而是对所有员工都这样,这些管理者往往不像一个领导,更像是一个"保姆"。这种"妇人之仁"式的关心,是领导负责的表现吗? 非也! 物极必反,过度关怀还不如不关怀,因为每个员工都有自己的私人空间,他们不希望上司知道他们工作以外的事情,过分关心只会招致反感。此外,过度关怀员工将导致管理者角色过载,管理者把大部分精力用在如何关爱员工身上,将会导致没有充足精力关注企业重大利益的决策,这是得不偿失的。

三、案例分析

宋志平

中庸谦和的儒商典范

宋志平被称为"中国的稻盛和夫",曾任中国建材集团有限公司党委书记、董事长,中国医药集团总公司董事长,在国企掌门人庞大的团体里,是中国唯一亲手带出两家世界500强的国企董事长,真正的明星级人物。很多人觉得这样的一个大人物肯定有着自己的铁血手腕,待人不苟言笑,但其实平和、谦虚,温文尔雅才是宋志平给人的第一印象。

宋志平认为管理企业就好比父亲管教孩子,有的父亲是严父,孩子不听话是要打屁股的;有的父亲是慈父,从来没有训斥过孩子们,但这两种父亲都是爱孩子的,都是为了对孩子负责。做企业同理,不管是有严格要求的领导,还是比较包容的、温和的、宽厚的领导,都是为了让企业更好。宋志平选择了后者,他认为自己是个中庸的人,主张待人宽厚,无论是对员工、对企业,还是对竞争对手,都是用一颗包容之心看待处理一切。

在对待员工方面,宋志平主张用善意表扬来引导大家,而不是一天到晚去训斥大家，去找他的毛病，找他的不足，不足和毛病谁都会看到，但是宋志平更多的是让大家说谁做得更好，通过善意引导让员工认识到自身的不足并主动改正。如面对员工迟到，他只是每天站在厂门口看着，并没有去批评、处罚迟到的员工，之后没有一个人再迟到。对于员工没有责任心，经常导致厂里的热烟炉熄灭，宋志平亲自举起火把点燃热炉，他说要点燃的是员工心中的热情之火，从此厂里的热炉没有再熄灭过。他不忍看到工厂的员工下岗，采用扩展新项目来增加岗位的方式避免员工下岗。他认为企业一定要有机制，要让员工真正以厂为家。

在对待企业竞争方面，宋志平提倡竞合，就是竞争中有合作，而不是恶性竞争，过去所谓的市场竞争，实际上，目的就是打垮对手，要独占市场，每个企业都有这么一种想法，但是，现在的竞争要学会和竞争者和睦相处，在行业里大家共赢。大家共同维护行业的健康，拒绝恶性杀价；对民企，不赞成把国企和民企对立起来，而主张国企与民企的关系像茶水，你中有我，我中有你；大企业和中小企业是相互依存、共生共赢的关系。他还提出"行业利益高于企业利益，企业利益孕育行业利益"的观点，认为可以大规模地进行兼并重组，用重组来代替过去的倒闭。现在的供给侧改革、去产能并不是让有些企业关门大吉，而是大家都要去掉落后的产能，然后把市场腾给一些先进的产能，这就是进步的地方。

作为企业家做到胸怀包容本非易事，我们更多看到的是雷厉风行、急功近利，最终走向没落之地。曾经的标王秦池酒在第一次看到了"标王"给自己带来的巨大经济利益后，想靠"标王"名号继续称雄市场，却错误地估量了企业自身的实力，更在成功蝉联标王后，财大气粗地宣称1997年销售额要达到15亿元，但后来却被媒体爆出秦池酒收购川酒进行勾兑，消息一出，秦池酒受到各种批评，并且由于没有及时采取公关措施制止舆论，秦池酒的市场开始恶化，到最后一发不可收，再也无法实现"每天开进央视一辆豪华奔驰，开出一辆加长林肯"的梦想。在"顾客是上帝"和"以人为本"的背景下，秦池酒在营销过程中急功近利、唯利是图，被一时的利益蒙蔽了双眼，只考虑到经济利益，而忽视市场经济发展规律和自身实力，甚至不择手段，这样的企业必然走向衰落。

企业家，是绑在桅杆上看方向的那个人，要经受大自然的风吹雨打，即便承担巨大的心理压力，也要在孤独中做出战略决策。于是，我们见识到太多的"霸道"总裁，为企业倾其毕生，做着威严的大家长。宋志平，也是那个被绑在桅杆上看方向的人。只是他更像民谣里的老船长，始终带着如沐春风却足够坚毅的笑容，让员工幸福，让投资者幸福，让人幸福，让企业幸福。

资料来源：宋志平．儒雅思想闪光芒，中国企业研究会［EB/OL］．2021-11-08. https：//baijiahao. baidu. com/s？ id=1715828156316870588&wfr=spider&for=pc；立早．秦池"标王"之殇，谁之过？［EB/OL］. 2020-09-15. https：//www. douban. com/note/777881776/？_i=1361415w2MNcCp.

分析点评

战争中，带兵作战的将领其性格十分重要，不仅能够决定自身的命运，也能够决定整个军队的命运，因此，孙子认为有极端和偏激性格的将领不能要。其实，任何一个团队的管理者都不能有这样的性格，因为这不仅影响个人的发展，也会把企业带入万劫不复的境地。

宋志平以其包容之心，善待员工，面对员工的错误，通过温良的行动加以引导，给对方一点时间，让员工主动去改进不足，及时跟上大家的步伐。宋志平还将员工利益放于心上，保证员工岗位，不仅能培养员工对企业的忠诚度，还能和谐企业内部关系。面对竞争者也不会赶尽杀绝，而是寻求良性合作，兼顾各方利益，努力达到双方共赢，造就健康行业。

曾经辉煌的标王秦池酒，既无宽容之心，也犯了管理者性格的大忌。在尝到央视标王甜头后，急功近利，不顾企业规模和实力，盲目投入十几亿元蝉联标王，结果却无法有效生产，竟收购川酒进行勾兑来蒙骗消费者。可见一个企业管理者如果过于激进、唯利是图只会失去消费者的心，更重要的是难以做到稳控大局、运筹帷幄，最终只能是失去领导力。

企业管理者就是要以企业为家，要做好企业的家长。做企业需要包容，做企业的家长首先要有包容之心，勤于修身，修炼好包容的精神，以博大的胸怀和宽容的态度去对待企业内部与外部的事情，摒弃极端和偏激的个性，才能收得住人心，稳得住局面。

附录 《九变篇》原文与翻译

请扫描二维码，了解《九变篇》的原文与翻译。

商解《行军篇》制胜之道

　　《行军篇》中的"行军"与现代汉语中的意义不同，本篇主要讨论战术地理问题。本篇中的"行军"内涵更加丰富，不仅包括运兵作战过程中的行军驻军和安营扎寨，还包括侦察敌情的相敌方法、治军附众等思想内容。

第一节　处军思想：不同地域的营销策略也各异

面对各种不同的地形，如山地、水陆、平原及其他特殊地形，行军和宿营的方法策略完全不同。"处军思想"的原文如下：

孙子曰：凡处军相敌：绝山依谷，视生处高，战隆无登，此处山之军也。绝水必远水，客绝水而来，勿迎之于水内，令半济而击之，利；欲战者，无附于水而迎客；视生处高，无迎水流，此处水上之军也。绝斥泽，惟亟去无留；若交军于斥泽之中，必依水草而背众树，此处斥泽之军也。平陆处易，而右背高，前死后生，此处平陆之军也。凡此四军之利，黄帝之所以胜四帝也。

凡军好高而恶下，贵阳而贱阴，养生而处实，军无百疾，是谓必胜。丘陵堤防，必处其阳，而右背之。此兵之利，地之助也。

上雨，水沫至，欲涉者，待其定也。

凡地有绝涧、天井、天牢、天罗、天陷、天隙，必亟去之，勿近也；吾远之，敌近之；吾迎之，敌背之。

军行有险阻、潢井、葭苇、山林、翳荟者，必谨覆索之，此伏奸之所处也。

《行军篇第九》

一、"处军思想"阐释

"处军思想"是孙子对行军方式和驻军扎营方面的集中阐述。孙子认为，针对不同的外在环境(山地、水陆、斥泽、平陆)，处军方式也完全不同，不能千篇一律；处军必须坚持有利和必胜的原则；进而论述了特殊地形的处军策略及其注意事项。

(一) 山地处军

孙子曰："绝山依谷，视生处高，战隆无争，此处山之军也。"

"绝山依谷"，绝，就是通过；依，就是靠近。在山地行军宿营，要靠近山谷。曹操注解："近水草便利也。"山谷既有水源，又有草可以放牧。因为军队有马，要吃草。炊事班还带着牛、羊和猪，也要吃草。

李筌注解："夫列营垒，必先分卒守隘，纵畜牧，收樵采，而后宁。"宿营要在险要地方分兵把守，还要能放牧牲畜，打柴煮饭。

后汉时期，武都羌族叛乱，马援去征讨。羌族在山上，马援占据山谷，夺其水草，坚守不战。羌人水源断绝，粮食吃尽，穷困不堪，就投降了。

"视生处高。"宿营，要靠近山谷，但不能在谷底扎营，要在高处向阳的地方。曹操注解："上者，阳也。"生，就是阳面，就是朝南。在高处，视野开阔，便于防守。如果在山谷里扎营，就容易被人包围，居高临下攻击。李筌注解："向阳曰生，在山曰高。上高之地，可居也。"为什么强调要在阳面呢？因为阳面相对干燥、温暖、舒适，不易生病。如果在阴湿的阴面，那士兵就很容易生病了，若流感横行，在缺医少药的古代，则可能造成大规模的死亡。拿破仑说，再残酷的战斗，也没有营地不卫生对士气的打击大。瘟疫流行的非战斗减员，也远比战斗减员来得可怕。因为战斗减员，你的人战死，敌人也在战死，而非战斗减员，是你自己病死，一点没伤到敌人。

"战隆无登。"杜牧注解："隆，高也。言敌人在高，我不可自下往高，迎敌人而接战也。"仰攻总是吃亏的，不要硬上。

(二) 水陆处军

孙子曰：绝水必远水，客绝水而来，勿迎之于水内，令半济而击之，利；欲战者，无附于水而迎客，视生处高，无迎水流，此处水上之军也。

"绝"，通过。"绝水必远水"，渡河之后要远离河流。敌军渡河来攻，首先我们列阵要远水，不要依附在水边。也不要在水上迎击敌人，等他渡过一半再击。不在水边列阵，水边列阵可以阻止敌军渡河，但他不渡过来，我们也没法打他。

我们放弃河岸防守阵地，引他渡河。他渡河，也不在水面上迎击他。等他渡过一半的时候打。这样敌军只有一半的兵力能投入战斗，而且他们在河滩，在低处，我们从自高往低冲击他，对我们有利。

想和敌人交战，就不要在水边列阵迎敌。因为你若列阵在水边，敌人就不敢渡河来战。

张预注解："我欲必战，就不要近水迎敌，因为怕他不渡河。反之，我不想战，则阻水拒之，让他渡不了河。"

在山地宿营要"视生处高"，在水边也要视生处高，在高处，在向阳面。

曹操注解："水上亦当处其高也。前向水，后当依高而处之。"

要向阳面，前面说了，干燥卫生不生病。

居高处：一是视野辽阔便于观察敌情；二是不要被人放水淹了，或夜间大雨山洪暴发河水上涨什么的；三是若敌人来袭击，还是高处势便。

无迎水流。曹操注解："恐溉我也。"怕敌人放水淹我，跟前面"视生处高"一个意思。

贾林注解："水流之地，可以溉吾军，可以流毒药。"这是除了水淹，还有被敌人在水中放毒的危险。

诸葛亮说："水上之陈，不可逆其流。"这是讲水战的。水战是顺流而下地占便宜，占大便宜。若逆流去攻敌，则还要和水流作战，胜算就很低了。所以，历代襄阳和安庆都是军事重镇，襄阳或安庆一陷落，顺流而下，南京基本就守不住。

(三)斥泽之地处军

孙子曰："绝斥泽，惟亟去无留；若交军于斥泽之中，必依水草而背众树，此处斥泽之军也。"

"斥"，盐碱地；"泽"，沼泽地。"绝斥泽，惟亟去无留"，部队通过盐碱地、沼泽地，要快速通过，不可久留。

陈皞注解："斥，碱卤之地，水草恶，渐洳不可处军。《新训》曰'地处斥泽，不生五谷'是也。"

王晳注解："斥，卤也，地广且下，而无所依。"

张预注解："以其地气湿润，水草薄恶，故宜急过。"

这些注释，讲了斥泽——盐碱沼泽的四大威胁：

- 不生五谷，没有食物，得不到补给。
- 水草薄恶，难以宿营。
- 地势宽广而低下，防守无所依靠，难以构筑工事。
- 地气湿润，容易生疫病。

所以，"惟亟去无留"，赶紧走，不要留。这里我们也看到当年红军长征过草地的苦处。

万一和敌人在斥泽之地遭遇，一定要靠近水草而背靠树林。

近水草，是必须有水源。如果盐碱地，没有水喝，军队就支持不了。

背靠树木，一是背靠险阻，不至于四面对敌。二是沼泽地你不知深浅，说不定哪个地方一个泥塘，一脚踩进去就出不来，我们在电影里都看过，红军过草地，走着走着一个战士突然就陷进水中没了顶。沙漠也有这种情况，某些地方沙是松的，一个深坑，你一旦踩进去，自己爬不出来，一点点陷进去被沙埋了。去拉你的人也危险，说不定给一起陷下去，而长有树木的地方，地面就比较坚实，没有这种危险。

李筌的注释讲到了这一点："急过不得，战必依水背树。夫有水树，其地无陷溺也。"如果不能快速通过，比如这沼泽地太大，一天走不完，宿营、备战，一定要寻找有水有树的地方。

（四）平陆处军

孙子曰："平陆处易，而右背高，前死后生，此处平陆之军也。"

军队在平原驻扎，要选择平坦的地方，没有沟沟坎坎，便于车骑奔驰往来。

古代为了防止北方游牧民族南侵，不仅有长城，还在平原地带大量种树，就是因为北方游牧民族大多是骑兵，我们是步兵。要用树林来减缓他们的速度，否则就"突突突"地长驱直入了。

平陆处易，要找平坦的地方，但不是四面都平坦。四面都平坦，我们就四面受敌了。最好要"右背高"，右边背靠着高地，左边平坦。这样我们后有屏障，前可杀敌。前死后生，前面是战场，是死地；后面有靠山，没危险，是生地。这样我们打起仗来就便利了。

所以两军交战，谁先到达战场，先占了有利地形，谁就多了很大胜算。曹操注解："战便也。"这么安排，我比较方便。

为什么是右背高，不是左背高呢？

李筌注解："夫人利用，皆便于右，是以背之。"都是用右手，端枪也是左手在前，右手在后，所以右边方便。

贾林注解："岗阜曰生，战地曰死。后岗阜，处军稳；前临地，用兵便；高在右，回转顺。"山冈是生，战地是死。背靠山冈，军形稳定。前临平地，用兵方便。高处在右，回转比较顺。如喊口令"向后转！"，都是向右顺时针转，也有向左反着转的，那大家就要哄笑了。

姜太公说："军必左川泽而右丘陵。"右边靠山，左边临水。那最好了，我们要啥有啥，敌人只有一条路可以来，我军防守的压力也小些。

二、怎样制定不同地域的营销策略

"处军思想"告诫将领，行军宿营要结合具体的地理地形条件，在不同的情形条件下，有不同的章法可循，根据具体情况确定符合地理环境的最佳策略和实际方案。企业营销策略的制定同样如此，不同国家、不同地域，实施不同的营销策略，即使是同一个国家或地域，其经济水平、文化习俗、消费习惯、气候等方面也不尽相同，采取的营销策略也不能一成不变。无论实施何种经营策略，都应遵守基本原则：为顾客创造更多价值、获取更多忠实顾客。

(一)深入挖掘本土文化，彰显地域特色

洞察地域特色的具体差异，找到品牌切入点，有效地表现差异化的地域特色。从地域差异方面来看，不同地域有自己具体的风土人情、人文文化、饮食习惯、地理坐标等特征，品牌可以从这些方面展开发散思维，如产品表现地域特色，如果产品口味做不到地域差异化，可以从产品包装、产品调性上表现地域特色。江小白就曾从城市的地理坐标入手，在自身产品的包装上进行表现。2017年，扎根巴蜀的白酒品牌江小白推出"重庆味道"，8款产品的瓶身包装展示了重庆的八个标志性建筑：解放碑、长江索道、洪崖洞、重庆大剧院、磁器口、一棵树、湖广会馆、人民大礼堂。用特色包装和产品调性吸引消费者，在推广产品的同时向更多人展示重庆的风景特色。

(二)聚焦本土集体记忆，建立情感连接

品牌要想打动更多目标受众，需要深入挖掘地域的精神内核，寻找地域集体记忆的载体，以地域特有的情怀唤起消费者的记忆，在品牌与消费者的共创中产生情感共鸣，让消费者感受到品牌的温度与情怀。这需要品牌提炼该地域人文气质的精髓，聚焦地域受众的生活哲学，同时通过花式创新的营销活动将品牌与地域气质相融合，打造出一系列富有地域特色的IP。进入中国市场的宜家，在多个城市用当地方言来写文案，如在河南、重庆和东北等地，使用当地方言对产品的特性、用途和活动进行宣传；诙谐的语气，通俗的表达，这种接地气的营销立刻拉近了与该地域消费者的距离，提升了他们对该品牌的好感度和亲切感。

(三)根据地域文化差异,构建营销策略

考虑到不同地域的社会结构、发展水平、地理环境、民俗风情、文化习惯、政治经济等方面有所不同,不同地域也就形成了各具特色的地域文化,根据这些地域文化差异,需要构建适合不同地域的营销策略。产品上,营销之初,需尽可能收集并分析用户和市场的反馈,研究产品特性并定位目标市场。价格上,根据竞争目标确定是采取竞争定价策略、属性定价策略,还是价值定价策略。渠道上,首先要选择营销渠道是线上还是线下;如果是线下,主要是哪些城市,城市中的哪些地点,甚至是哪个商场;如果是线上,选择短视频和直播带货,也需要在短视频中凸显地域差异和文化特色,在直播中呈现产品的地域化差异,表现出产品的地域化特色。宣传推广上,需要考虑如何投放宣传物料,选择传统渠道还是网络渠道,是抖音、微信还是电视、地铁广告,还需要考虑投放时间等问题。

(四)保持尊重和敏感度,权衡利弊因素

地域化营销需要品牌具有对各地的地域文化深度的认知和理解能力,在开展营销活动时要避免出现文化误读、文化歧视等现象,合理摒弃地域文化中不符合品牌调性和文化敏感的部分,创新和传承地域文化中的精华,让本地和外地消费者都能感受到亲切和对地域文化的尊重,如果稍有不慎,就会弄巧成拙,危害品牌形象。2020年12月,连锁奶茶"雅克雅思"推出一款主打南京人特色的纸杯,纸杯上秦桧与祖冲之、曹雪芹、孙中山等历史名人并列而排。把历史上著名奸臣秦桧放在历史名人的队伍中,不仅混淆了历史人物形象,混淆了公众对历史的正确认知,更是逾越了荣辱边界,混淆了是非标准。

所以品牌针对不同地域开展的地域营销,不仅要以深入挖掘地域特色文化为前提,进一步建立情感连接,构建本土化的营销策略,还要注意文化的边界,保持尊重和敏感态度,正确利用地域文化,才能达到出圈和推广的目的,做出真正具有创新特色的地域营销策略。

三、案例分析

光明冷饮与安慕希的地域营销之道

光明冷饮推出"一城一物"战略,旨在打破时节的限制,减小地域物产与

消费者之间的隔阂。2021 年 6 月 3 日，在历史悠久的千年古城仙居开启光明冷饮"一城一物"战略的首发，以仙居特产杨梅为原料，打造具有地方特色的冰棒——一枝杨梅。

截至 2020 年底，全国累计批准的地理标志产品有 2391 个，但受时令、地域等因素限制，这些标志性物产无法让各地人民品尝到。与此同时，为了响应国家在新时代背景下推出的"内循环"发展思路，让更多的特色物产走向更广阔的市场，光明乳业在其品牌诞生 70 周年之际提出了"一城一物"可持续创新战略。光明乳业与仙居政府就"一城一物"可持续创新战略合作进行签约，宣布长三角"一城一物"可持续创新战略正式启动。光明乳业与仙居当地企业——浙江扬百利生物科技有限公司共同研发，匠造推出"棒冰型的杨梅果"——饱含真实果肉和果汁，杨梅果汁含量高达 30%，力求还原仙居杨梅果的原生态口感，松软绵密、酸甜交织的口味。同时此次合作将持续振兴乡村产业发展，加强双方资源优势互补，共同打造仙居杨梅的地方优质农产品乡村振兴之路，实现仙居杨梅精深加工的有机发展，为全社会提供更优质的仙居杨梅产品。接着，光明冷饮又推出"一品咖啡"冰棒，让消费者体验云南保山小粒咖啡的浓郁风情。

类似这样的地域营销策略，也在不断地被不同企业采用，如 5G 安慕希酸奶等。在 2020 下半年，安慕希推出"5G 酸奶"，以 5G 蛋白作为核心卖点，跨界中国移动动感地带，开启城市营销的独特战略。在活动预热时，安慕希就下足了功夫：主打 3C 风，明确科技风主题，推出悬念预热海报，将酸奶与科技相结合，这样的反差吊足了消费者的胃口。在活动宣发后，安慕希又打造了一场 5G 发布会，将"5G 酸奶"创意落实到线下，发布会之外，又用机器人、VR 等科技吸引年轻群体。除了线上的一系列营销，安慕希还联动六大城市从当地特色文化入手，开展地域营销。

安慕希将酸奶与地方特色融合，丰富品牌的趣味形象，对品牌的创新属性进行了新的强化。在广州，安慕希与老字号品牌陶陶居合作，打造出了一场"穿粤"三代茶楼，通过早茶文化与消费者进行沟通，打造年轻人喜欢的新派早茶，让参与者体验到传统茶楼的新式韵味。此外，安慕希还结合广州地标建筑、传统文化等内容拍摄了一个城市核心 video，演绎品牌城市理念，传递"喜新念旧，反倒有型"的精神核心；在沈阳，结合东北重工业文化，打造"有型工厂"，创造巨星打造车间、蒸汽浴室车间、逢烤必型车间三大车间；在重庆，与交通茶馆联手，麻将版酸奶、超大牌扭蛋机等互动设计，将喝酸奶、搓麻将的概念传递给消费者；在北京、上海、武汉分别抓住当地的传统特色，京味儿十足的北京或是摩登腔调的上海，六大地域营销让安慕希获得了大量的关注。

资料来源：冯虎．"一城一物"可持续创新战略线下始发，光明冷饮布局高端冰品，开启全新征程[EB/OL].中国经济网，2021-06-09. http://www.ce.cn/xwzx/gnsz/gdxw/202106/09/t20210609_36631261.shtml；Adobe. 整套城市营销，安慕希5G酸奶的成名之路[EB/OL].数英网，2020-11-03. https://www.digitaling.com/articles/366806.html.

分析点评

　　山地、河川、沼泽、平原等地理条件不同，相应的作战方案也定会有所不同。"凡此四军之利，黄帝之所以胜四帝也。"孙子认为古代黄帝之所以能战胜四方部族首领，是因为成功地利用了地形条件，因此，他也高度重视"处军相敌"在作战指挥中的重要作用。在现代商业竞争中，根据不同地域条件进行与当地有关的个性化营销是管理者应该掌握的策略之一。将自身产品特色与当地文化或地域标签相结合，可以给消费者带来独特的产品印象，从而在市场竞争中脱颖而出。

　　一方水土生一方物，每个地方特产都凝聚着各方的水土风情，但时节的限制往往导致地域物产与消费者产生"隔阂"，而光明冷饮推出的"一城一物"战略，不仅将中国的地域特色物产和产品创新进行融合，还能打破时节的限制，让消费者可以随时品尝到当地的特色美食，满足了消费者更细微的消费偏好，如与仙居杨梅相结合推出的"一枝杨梅"冰棒，让消费者在非杨梅成熟季节就能品尝到仙居原汁原味的杨梅，很好地实现了地域特色化营销。安慕希推出的新品"5G酸奶"也一直在进行着城市营销，联动六大城市从当地特色文化切入，如广州的早茶、沈阳的老工业基地、重庆的麻将等，为品牌赢得了大量关注。

第二节　相敌方法：经营者要善于做市场调研

　　采用多种侦察敌情的方法，利用多角度、多方面和多维度来判明敌情，才能获得真实的"知"，制胜才有基础，孙子提出了三十二种相敌法。"相敌方法"思想的原文如下：

> 敌近而静者，恃其险也；远而挑战者，欲人之进也；其所居易者，利也。
>
> 众树动者，来也；众草多障者，疑也；鸟起者，伏也；兽骇者，覆也；尘高而锐者，车来也；卑而广者，徒来也；散而条达者，樵采也；少而往来者，营军也。辞卑而益备者，进也；辞强而进驱者，退也；轻车先出居其侧者，陈也；无约而请和者，谋也；奔走而陈兵车者，期也；半进半退者，诱也。
>
> 杖而立者，饥也；汲而先饮者，渴也；见利而不进者，劳也；鸟集者，虚也；夜呼者，恐也；军扰者，将不重也；旌旗动者，乱也；吏怒者，倦也；粟马肉食，军无悬瓿，不返其舍者，穷寇也；谆谆翕翕，徐与人言者，失众也；数赏者，窘也；数罚者，困也；先暴而后畏其众者，不精之至也；来委谢者，欲休息也。兵怒而相迎，久而不合，又不相去，必谨察之。

《行军篇第九》

> 故策之而知得失之计，作之而知动静之理，形之而知死生之地，角之而知有余不足之处。

《虚实篇第六》

一、"相敌方法"阐释

相敌：观察、分析、判断敌情，属于"知彼"范畴。"相敌三十二法"是大数据分析的始祖，根据三十二种现象判断、分析敌人处于什么状态，作为我方的军事决策依据。相敌三十二法可分为以下八种。

(一) 相敌营情况

"敌近而静者，恃其险也。"敌人离我们很近，却不动，那是占据了险要、有利地形，有恃无恐。"静"，是静止不动，不一定是安静不出声。

"远而挑战者，欲人之进也。"敌人离我们很远，又派少数部队来挑战，那是要引诱我们前进。若敌人隔得远又来挑战，我们不要全力击之，留一手，打打看看。

"其所居易者，利也。"如果敌人占据要害地带，地形肯定对他有利，他想诱我们过去决战。

(二)相行军征候

"众树动者，来也。"看见树木摇动，那就是敌人来了。大部队开来，要一路伐木开道，或伐木制作兵器，搭建营盘。总之看见树木摇动，就是敌军来了。

"众草多障者，疑也。"曹操注："结草为障，欲使我疑也。"如果在草丛中设置障碍，那是布下疑阵。敌人可能已经跑了。

"鸟起者，伏也。"曹操注："鸟起其上，下有伏兵。"张预注得更形象："鸟适平飞，至彼忽高起者，下有伏兵也。"那鸟本来飞得挺正常，到那儿突然高高飞起，那就说明下面有伏兵。

"兽骇者，覆也。"一是敌人藏在林木之中，偷袭过来；二是"广陈张翼"，兵相当多，攻击面相当大，倾覆式掩杀，所以树林里野兽都藏不住，全赶出来了。这时候问题就严重了！

"尘高而锐者，车来也。"尘土高而尖的，是战车来了。

"卑而广者，徒来也。"若尘土低而宽广的，是步兵来了。战车是排成一行前后走，所以扬尘比较窄。步兵列队比较宽，所以扬尘也宽，但人步行扬起的尘土，没有车扬得高。

"散而条达者，樵采也。"尘土分散而成条状的，是敌人在砍柴。

"少而往来者，营军也。"尘土很少，有来有往，时起时落，那是在扎营。

(三)相军史往来

"辞卑而益备者，进也。"敌军使者来，言辞谦卑。我们派探子去侦察，发现他正加紧战备。这是敌人在麻痹我们，让我们骄傲，使我们放松警惕，敌人准备进攻了。

"辞强而进驱者，退也。"卑辞而来的是要进攻，反之，来使措辞激烈，摆出前进架势的，就是色厉内荏，要跑了。

(四)相阵法谋略

"轻车先出居其侧者，陈也。"轻车先出来，是要列阵作战，派轻车到两边定下列阵的边界。车定好位，插上旗，各个部队在自己旗下集结。这是摆好阵势准备开战了。

"无约而请和者，谋也。"没有实质性的谋约就请和的，一定是有阴谋。

"奔走而陈兵车者，期也。"敌军士兵奔走，展开兵力，摆开兵车列阵的，是期待着和我们交战。

"半进半退者，诱也。"半进半退，就是进退不一，有的在进，有的在退；有时在进，有时在退，队形杂乱不整，那就是要引诱我们前进。

（五）相士卒情况

"杖而立者，饥也。"斥候去侦察，如远远看见敌军都倚仗矛戟而立的，证明他们饥饿疲惫，军粮没了。

"汲而先饮者，渴也。"如果看见敌军出来打水的人，打了水自己先咕咚咕咚喝一通的，证明敌军营中没水了，都渴得不行了。

"见利而不进者，劳也。"敌军来，见有利可图而不能进取的，证明他们士卒疲劳，没有战斗力了。

（六）相穷寇乱军

"鸟集者，虚也。"看见鸟儿在敌营聚集，就知道那已是一座空营了。

"夜呼者，恐也。""夜呼"，也称"惊营"，军心不稳，夜间惊慌。

"军扰者，将不重也。""军扰"，军中扰乱，那是将领没有威望，不稳重。

"旌旗动者，乱也。"旌旗是用来指挥的，如果旌旗乱动，那就证明已经没有指挥系统了，队伍乱了。

"吏怒者，倦也。"或统帅无方，政令不一；或赏罚不均，人人怨愤。军吏就拿下面人出气，无故发怒。这样的队伍，军心已失，很多人反而会希望己方失败，借以报复主帅。

"粟马肉食，军无悬瓿，不返其舍者，穷寇也。"把人吃的粮食拿来喂马，把运粮的牛杀来吃了，树枝架着煮饭的陶锅没了，砸了，不要了，不准备煮饭了，也不回军营。这是破釜沉舟，"穷寇"，准备与咱们以死决战，拼命了。

（七）相敌将表现

"谆谆翕翕，徐与人言者，失众也。"若斥候看见敌营中总是有人站着谈心的，就是敌将已经失去众心了。如果是将领找人谈，那是军心不稳，他在做工作。如果是士卒之间相互谈，那是他们在诽议他们的主将。

"数赏者，窘也。"拼命地赏赐将士，那是已经非常窘迫了，大家都不愿干，对主帅也没有什么敬畏，那主帅喊谁也喊不动了，只有把家底拿出来，期待重赏之下必有勇夫了。

"数罚者，困也。"赏得多是问题，罚得多也是问题。大家都疲了，宁愿被处罚也不愿干了，就会以加大处罚来胁迫他。

"先暴而后畏其众者，不精之至也。"先是粗暴严厉，之后又害怕部下，这是最不精明的将领了。

（八）相敌人企图

"来委谢者，欲休息也。"敌军来使态度委婉谦逊的，是想休兵息战了。

"兵怒而相迎，久而不合，又不相去，必谨察之。"敌军盛怒出阵，但搞了半天，既不接战，又不退去，必有蹊跷，一定要仔细侦察。

总之，兵非益多也，惟无武进，足以并力、料敌、取人而已。夫惟无虑而易敌者，必擒于人。打仗不在于兵力越多越好，只要不轻敌冒进，并能集中兵力，判明敌情，也就足以战胜敌人了。那种无深谋远虑而又轻举妄动的人，势必成为敌人的俘虏。

二、企业的市场调研应该怎么做

为了摸清楚敌情，需要对敌人进行军事侦察，孙子提出了"相敌的三十二法"。在市场营销中，企业管理者也需要相竞争对手，相顾客，要进行市场调研。所谓市场调研就是运用调研方法和手段，搜集、整理和分析市场情报，把握市场的现状及变化趋势，为市场预测和科学决策提供客观依据。好的市场调研会给企业带来巨大收益，相反，如果市场调研出现了问题，企业制定的营销策略不符合市场需求，甚至与市场需求相悖，将给企业带来巨大风险损失。那么企业应该怎么做，才能让市场调研为企业添彩呢？

（一）明确调研目的，透过现象看本质

在进行调查之前，首先要明确调研目的，围绕目的进行调研设计，确定调研形式和内容；调研设计越合理，就越能够有效地获取真实可靠的调研结果。乔布斯曾提出在市场调研中的一个悖论："消费者并不知道自己需要什么，直到我们拿出自己的产品，他们才发现'这是我要的东西'。"正如智能手机出现之前，顾客可能根本没想过触屏这一新形式。设计市场调研不是寄希望于通过调研让顾客给出解决方案，而是要发掘顾客需要完成的任务、需要解决的问题和希望获得的体验。调研的目的是洞察消费者的真实需求，研判市场的未来趋势。电影《教父》中有个桥段，教父柯里昂说：花一秒钟就看透事物本质的人，

和花半辈子都看不清事物本质的人，注定是截然不同的命运。所谓"透过现象看本质"，就是分析问题时，不仅仅看到表面现象，更能够摸清楚这个问题背后的底层逻辑，理解它真正的来龙去脉，而不是被这个事物花里胡哨的表象、无用因素和个人主观偏见等影响了判断。

（二）深度调研市场，洞察顾客真正需求

市场调研需要有深度，流于表面只能是用来讨好应付的工具，市场调研只有深入才有价值。提倡跑市场，调研者与消费者进行"亲密接触"与"零距离沟通"，要和消费者过日子。调研者做任何一个项目，都必须到市场上亲自走访，和消费者面对面接触，拒绝整天坐在办公室里闭门造车。进行调研时，除了受众对产品的喜爱程度和感情倾向，还要有对宏观环境、行业特征，以及市场规模的深入分析。宝洁公司早期一款尿不湿产品进入日本市场后，通过前期调研，得出很好的结论，于是信心满满地投入大量广告，主打广告投放的诉求是妈妈用了尿不湿，晚上再也不用起来给小孩换尿布，然而市场反响非常一般。后来重新深入消费者进行调研，才发现不是这些妈妈不想买，而是不敢买。由于日本民俗和民族文化原因，如果妈妈为了晚上不用起床，给小孩买尿不湿，会被婆婆指责为是一个偷懒、不尽责的妈妈。后来宝洁公司调整了广告投放诉求，主打小孩用了尿不湿，晚上睡觉更干爽，一下子就迅速打开了日本市场。就像可口可乐为了和对手竞争推出新口味的可乐却惨遭老顾客投诉，他们都忽视了宏观环境分析，忽视了社会上的文化价值因素，给自己的企业造成了巨大损失。关于可口可乐，有人会问："明明新的口味更受欢迎，为什么要因为一小批老顾客对生产线进行大改呢？"其实就像在网上购物时总习惯去看一看评价，本来挺喜欢的，但是一百条好评中突然冒出一条有理有据的差评，你就会重新考虑甚至直接放弃。

（三）分析调研信息，预判市场新趋势

市场调研方法有很多，有问卷调查法、实地观察法、深度访谈法和大数据挖掘等，采用哪种调研方法，应根据调研目的而定。企业应该运用多种调研方法，通过多种渠道获取市场情报信息，进而在对获取的情报信息进行深入分析的基础上，才能正确预判市场发展的新趋势。市场调研的主要目的不仅是寻找顾客的痛点、爽点、痒点，也是能把握未来市场发展的走向。只有深入全面地了解了新的市场需求，进行了客观的调研及预测后，才能基于产品定位给消费

者提供更好的购买体验。在分析研究市场情报信息时，应该谨防经验主义陷阱。明确市场调研不是简单的获得数据和消费者情感倾向表达，不只有调查，还有分析研究。要做好市场调查的研究，企业管理者需要懂得经验思维的科学运用。经验思维能力是在长期实战中积累经验，经历厚积薄发的沉淀和严谨思维的训练后才能获得的，对企业管理者的战略决策具有重要作用，但也不要执迷于自己的"成功"经验，陷入经验主义陷阱，而要用新时代的思维对经验进行不断的总结，提升对未来市场发展趋势的预判能力。

三、案例分析

你能洞察顾客的真实需求吗

曾经有位老兄开了一家酵素微店，专卖酵素。有一天他突发奇想：人的饮用水市场巨大，万亿元级的市场需求量；但是宠物喝的水，却几乎没有什么大的品牌。如果发挥我现有的酵素优势，做成一款宠物喝的酵素水，那市场需求量一定很大。所以，他想做一款宠物饮用的酵素水，宠物喝了这种酵素水，不但能排除宠物口中和粪便的异味、保护宠物肠道、促进消化吸收，而且能有效促进新陈代谢、新细胞的生长、增强免疫力，反正这种酵素水对宠物来说好处多多。他想到现在饲养宠物的人越来越多，市场需求量肯定很大，宠物饮用酵素水的市场前景肯定非常好，于是他立即花重金组建团队进行宠物饮用酵素水的研发。

经过几个月的研发，终于隆重推出了宠物饮用酵素水，他本以为这个产品会广受欢迎，但事实上除了少数尝鲜者，市场反应非常平淡。他感到很苦恼，也非常困惑，这么好的东西，明明应该重击消费者的需求才对，为什么没人喜欢？实际上，要解决这个问题，我们首先要理解需求的本质。需求，是整个商业世界系统动力的"核反应堆"。如果"需求"这个源动力不足，那么后面所有的商业逻辑，都是"沙地上的高楼"。这个问题的本质，是店主把拍脑袋当创新，将产品的大厦，建立在了一个"伪需求"上。

为什么说"宠物饮用酵素水"是个"伪需求"？因为这只是听上去很美的"需求"，是店主自己在脑海中为顾客创造出来的需求，实际上顾客根本没有真正的需求。如果经过市场调研就会发现顾客的心声：很多宠物饲养者认为，给宠物喝一些凉开水就足够了，根本就没有必要给宠物买价格比人喝得更贵的酵素水，因为毕竟是一个牲畜，难道比人还重要？这才是顾客最真实的想法。因此，做生意永远不要拍脑袋决定问题，在开拓新的市场领域前一定要深入市场调研，洞察顾客最真实的需求。

1999年，罗宾·切斯创立了专门提供共享汽车的公司：ZipCar，后来估值最高时公司市值超过12亿美元。与买车相比，ZipCar会员每年能节省几千美元，还不用将大把时间花在停车、维护、修理、保险等琐事上。从"产品功能"上来看，省钱、省事、还环保的ZipCar，简直是对传统汽车的颠覆。

但从1999年创立到2003年，ZipCar发展非常缓慢，只在3个城市，拥有130辆车和6000名会员。"产品功能"如此丰富的共享汽车为什么没能受到消费者的广泛欢迎呢？直到斯科特·格里夫斯担任CEO，这个问题才揭开谜底。格里夫斯刚上任就着手调研顾客最真实的需求，开始在用户的"情感诉求"上下功夫，对没有加入ZipCar的观望派做研究。研究结果就一个字：远。对于消费者来说，一年能省几千美元，挺好，但要走30分钟取车，有点远。为了几千美元，多走几步也不行？嗯……不行。

"偷懒"，有时候比"省钱"更重要，这就是用户的"情感诉求"。在了解顾客的真实需求后，格里夫斯认识到，ZipCar走向未来的关键在于密度。他迅速改变策略，把多个地方分散投放，改为在一个地方密集投放，让取车时间缩短为5分钟。"即时密度"战略，让成千上万人开始注意到ZipCar的魔力特质，ZipCar因此大获成功。这就是"情感诉求"的力量，这就是顾客真实需求的力量。

再提一个生活中非常细微的小例子，大家平日里用的电饭煲，每次盛完饭，勺却不知道放哪儿。一般是拿个小碗，把勺放在小碗里。

一直以来可能从未有人觉得这是个"麻烦"。直到市面上出现了一种新的电饭煲，它的勺很特别，勺头和勺柄之间有个凸起，勺柄重一点，勺头轻一点，这样用户往桌上一放，勺柄和凸起支撑了勺子，勺头就翘起来不会被弄脏了。也就是说，用了这个勺，很多中国家庭再也不用小碗了。之前每天都要多洗一个碗，是多么"麻烦"的一件事啊，但消费者自身可能从未意识到，更别说主动提出需求。

只要麻烦存在，需求就存在，因而市场调研才有其重要的价值。通过市场调研发现顾客生活中存在的各种麻烦，并从"麻烦"背后发现顾客的真实需求，这种需求是顾客潜在的、未被发现的、未能说出口的、最真实的需求。

资料来源：文艺传承网.魔力公式：创造无法割舍的情感共鸣，微众控股说营销[EB/OL].搜狐网，

2020-10-20. https：//www.sohu.com/a/426093590_434342；杰克大叔. 每个麻烦的背后，可能都隐藏着一个未被满足的需求[EB/OL].知乎，2020-12-10. https：//zhuanlan.zhihu.com/p/321253171.

分析点评

孙子提出"相敌三十二法"，通过多方打探和侦察，将领才能收集到多角度、多方面和多维度的敌情信息，从而更准确地判断敌方状态，为我方的军事决策提供依据。在商业竞争中，"知彼"非常重要，顾客的真实需求是企业商业经营的基础，如果没有"需求"这个原动力，所构建的"商业大厦"只会轰然倒塌。

宠物饮用酵素水的研发完全是店主自己拍脑袋决定的产物，他搞反了现在的市场法则，应该是需求促进生产，而不是生产拉动需求，没有需求的产品可能会因为一时的新鲜感引起人们的注意，但绝不可能长久。随着物质日益丰富，消费者越来越追求情感上和精神上的富足，因此企业在考虑产品功能性完备的同时，也要充分考虑顾客的心理因素。ZipCar即使"产品功能"如此丰富，就是因为没有考虑到顾客想要"偷懒"的"情感诉求"，在前期才会发展极其缓慢。

在很多情况下，顾客并不会主动说出自己的真实需求，这就需要企业有一双发现顾客潜在需求的眼睛，通过市场调研去洞察顾客需求。通过深入调研洞察的需求才是顾客真正的需求，即使市面上没有这种产品，你也不用担心会像宠物饮用酵素水一样"出厂即失败"，因为这不是你在脑中为顾客创造的需求，而是你代替顾客说出的需求。顾客的需求多种多样，企业不可能满足顾客的所有需求，也不可能满足所有顾客的需求，因此企业可以通过问卷调查法、深度访谈法、可行性试验测试法和大数据挖掘法等调研方法，明确目标市场消费者最想要的需求，这才是企业的制胜之道。

第三节　治军附众：管理者有效管理员工的策略

打仗靠自己的子弟兵，不能指望友军；文武兼训，多花时间训练自己的子弟兵，构建官兵默契的协同协作关系，关键时刻才不会掉链子。"治军附众"

思想的原文如下：

> 兵非益多也，惟无武进，足以并力、料敌、取人而已。夫惟无虑而易敌者，必擒于人。
>
> 卒未亲附而罚之，则不服，不服则难用也。卒已亲附而罚不行，则不可用也。故令之以文，齐之以武，是谓必取。令素行以教其民，则民服；令不素行以教其民，则民不服。令素行者，与众相得也。

《行军篇第九》

一、"治军附众"阐释

"足以并力、料敌"，在于取人，在于选拔人才。选拔人才在哪儿选拔呢？曹操注："厮养足也。"不假外求，就在我自己养的兵里面。厮养的，就是自己的子弟兵。这是一个重大的战略和组织观念，就是依靠自己内部的力量，从内部选拔人才，重要人才不依靠外援。因此，将帅要加强治军，团结兵力，让兵卒服从指挥。

卒未亲附而罚之，则不服，不服则难用也。

如果在士卒对你还没有亲近依附之前，就用处罚去管理，他们就会不服。不服，就很难使用了。

杜牧注："恩信未洽，不可以刑罚齐之。"

梅尧臣注："德以至之，恩以亲之，恩德未敷，罚则不服，故怨而难使。"

所以你一定要先对大家有恩德，你的处罚，才是令人信服的。要先让士兵敬爱你，士兵才会敬畏你。一去就想让士兵都怕你，那当不了领导。

卒已亲附而罚不行，则不可用也。

反过来，如果大家对你已经亲附，但你却不能严格执行纪律，这种队伍也不能用于作战。

曹操注："恩信已洽，若无刑罚，则骄惰难用也。"

只有恩没有威，只有爱没有罚，则骄兵惰将，不可用也。

这都是厮养之道。厮养不是厮混，打成一片没问题，纪律严格也不能含糊。

故令之以文，齐之以武，是谓必取。

曹操注："文，仁也。武，法也。"

"文"是怀柔安抚，是胡萝卜；"武"是军纪军法，是大棒。胡萝卜加大棒，才能打造必胜之军。

晏子举荐司马穰苴，说他"文能附众，武能威敌"。

吴起说："夫总文武者，军之将；兼刚柔者，兵之事也。"

令素行以教其民，则民服；令不素行以教其民，则民不服。令素行者，与众相得也。

"素"，平素、平时。军令不是上了阵才开始执行，不是突然就说："现在开始要打仗了哈！军令要开始执行，不像平时那么随便了哈！"而是平时就严格执行，让大家养成服从执行的习惯。

如果平时很放松，不给大家养成好习惯，要上战场了才开始宣布要严格，那大家就会不服，因为没有服从的习惯。

只有平时就令行禁止的军队，才能兵将相得，上下协调一致。

杜牧注解：居常无事之时，需恩信威令，先着于人，然后对敌之时，行令立法，人人信服。

"令要在先申，使人听之不惑；法要在必行，使人守之，无轻信者也。三令五申，示人不惑也。法令简当，议在必行，然后可以与众相得也。"

法令的关键，一在事先申明，人人明了；二在有法必行，没有例外。

"三令五申"，是我国古代军事纪律的简称。

"三令"：一令观敌之谋，视道路之便，知生死之地；二令听金鼓，视旌旗，以齐其耳目；三令举斧，以宣其刑赏。

"五申"：一申赏罚，以一其心；二申视分合，以一其途；三申画战阵旌旗；四申夜战听火鼓；五申听令不恭，视之以斧。

三令五申都搞清楚，法令简单恰当，而且议在必行，没有例外，这样大家就都踏踏实实，清清楚楚，明明白白。

如果三令五申，都是空话；人人犯错，选择性执法，那就个个侥幸，人人焦虑，心里都不踏实。

《尉缭子》说："令之之法，小过无更，小疑无申。故上无疑令，则众不二听，动无疑事，则众不二志，未有不信其心而能得其力者也，未有不得其力而能致其死战者也。"

这是讲制定法令的方法，你制定的法令，如果之后发现有问题，有些小的缺点，如果不是要命的，也不要变更，就这么执行。有些小的不明白的地方，也不要重申补充。这样法令就是法令，下了就执行。

法令的严肃性、权威性、稳定性，比法令的现实性更重要。诸葛亮和魏军作战，以寡敌众。但是，正在此时，有一批士兵的服役时间到了，按法令应该回家。诸葛亮说："信不可失。"没有留他们打完这仗再走，照样到时间就放他们回去。结果人人愿意留下一战，上下相得，士气暴涨，大败魏军。

二、管理者怎样有效管理员工

孙子认为，打仗不能把赌注全部压在友军身上，还是要自己强大。将领通过有效的"治军附众"，官兵上下一心，士兵一切行动听指挥，士气高昂训练有素，战斗力大大提升，才能战无不胜。企业管理者要从"治军附众"思想中吸取智慧，调动企业员工的积极性，挖掘员工的潜能，提升企业组织绩效。企业管理者可从以下四个方面入手，达到"官兵亲附，将士同心"的效果。

（一）有效管理员工的前提是使之"亲附"

"卒未亲附而罚之，则不服；不服则难用也。"员工还没有亲附你，你就处罚他们，他们会不服气，这样的团队就不好用了。这里的亲附是指获得员工的认可、敬重，不是由于权力的压服，口服心不服，而是心悦诚服。只有先获得人心，才有调动这些人的本钱，否则一上来就吆五喝六的，手下人不听话，管理者就是光杆司令。

若想让员工亲附于你，首先，管理者应具有良好的品德。管理者的工作对象是人，人就会对管理者的人品有个评论，如果你的人品出现了问题，员工就会从这里找到不愿意服从你管理的理由，而不会去贯彻执行。其次，管理者要不断提高自身能力素质。想让员工认可你佩服你，你就要有比他强的地方，你在自身业务上最好是出类拔萃的，是部属学习的榜样和追赶的标杆，所以即使当了管理者，也不能忽视自身能力素质的培养。最后，管理者必须真正关心员工，真心实意为他们好。管理者总是在与员工打交道，处理员工的各种问题，无论处理什么问题，都要从员工的角度考虑，即使是处罚，也要从帮助和教育员工的角度出发，既不一棍子打死，辞退了之，又不迁就姑息，当老好人，做到严者仁心。这样，员工不仅认可你敬佩你，而且会真正从内心感激你。

（二）亲附的员工违法乱纪也要严厉惩处

"卒已亲附而罚不行，则不可用也。"前面讲了如何让员工亲附，那么，让他们亲附的目的是什么？就是听从指挥、上下一心干事情。如果员工已经对你亲附，甚至建立了良好的关系，员工违反了企业制度，你却不能严格执行惩处纪律，那这个团队就是不合格的。

纪律就是规矩，如果没有纪律，团队一定会混乱不堪，甚至陷于瘫痪。纪律建设关键要看团队管理者，纪律制定要全面细致，如会议前手机要关机或静音、开会学习程序化。凡是纪律，都具有必须服从的约束力。管理者要告诉团队中每个人"纪律是一把刀，谁碰谁流血"，任何无视或违反纪律的行为，无论和管理者的私人关系如何好，也绝不会放纵之，而是要根据性质和情节受到程度不同的批评教育甚至处罚。只有这样，员工才会注意个人行为，遵守公司纪律，不迟到、不早退、不旷工、高标准地完成公司的每一项工作。在这种纪律文化下，团队的执行力和公司的竞争力必将提高。

(三)文与武两种管理手段要双管齐下

"故令之以文，齐之以武，是谓必取。""文"是胡萝卜，"武"是大棒，这种软硬兼施的方法被称为"胡萝卜加大棒"管理法，一方面奖励胡萝卜吃，另一方面又用大棒给予惩戒。对于这种管理方法，拿破仑的评论一针见血，他说："我有时是狮子，有时又像绵羊。而我的全部成功就在于，我知道自己什么时候应该当狮子，什么时候应该当绵羊!"绵羊就是唱红脸，狮子就是唱白脸。在企业管理中，既要有管理者对下属唱红脸，也要有管理者唱白脸，这是每一个企业管理者都应该懂得的学问。如果企业管理者只会唱红脸，而不会唱白脸，下属则会认为你没有魄力，缺少领导权威；反之，如果管理者只会唱白脸，下属则会认为你过于冷血狠毒，缺少人情味。所以说，管理者要想管好一个企业，就一定要掌握红白脸管理艺术，力求做到张弛有度、宽严相济，才真正称得上一个称职的管理者。

(四)平时要加强对下属的日常训练

"令素行以教其民，则民服；令不素行以教其民，则民不服。令素行者，与众相得也。"平时对下属的定期训练至关重要。企业对员工的训练有两个目的：一是培养员工对企业的认可度，提高员工遵守规章制度的自觉性；二是提高员工工作素质及技能。在新经济社会中，员工必须持续学习才能了解时代最前沿的信息，才不至于被快速发展的时代所淘汰。《华为基本法》第九条写道："我们强调人力资本不断增值的目标优先于财务资本增值的目标。"对此，华为建立了完整的员工培训体系，华为的员工培训具有突出特点：一是浓厚的军事文化。华为为新入职的员工和部分老员工进行定期军事化训练，标准按照正规的部队要求，以此培养员工服从性。二是培训方法和手段多样化。华为培训包括在职培训和脱产培训，方式采用课堂教学、案例教学、上机操作和工程维护等，让学员无论身在何处都能接受培训。三是培训内容广与专相结合。华为培训内容包括企业文化、组织流程、知识产品、营销技巧等方面，此外还为不同类别、不同层次的员工量身打造培训方案。华为完善的培训体系使其从一家小型民营企业快速发展成通讯行业的佼佼者。

三、案例分析

张瑞敏"治军附众"，让海尔迈向行业巨头

每个到过海尔文化中心的人，都会看到一张发黄的稿纸，也许有人会为上面的内容感到可笑，诸如"不许在车间大小便"的条款竟赫然在列，与人们心目中企业的"规章制度"迥然不同。这就是著名的13条款，是张瑞敏当初上任海尔后，颁布的第一个管理规章。也正是这个起点极低、令人不以为然的制度，彰显了张瑞敏作为一个企业家敏锐独到的眼光和善于抓住本质解决关键问题的魄力，这个制度也成为海尔走向辉煌的开始。

1984年，张瑞敏刚刚到电冰箱厂上任。迎接他的是一个濒临倒闭的小厂，产品质量粗糙，滞销积压，资金匮乏，无法周转，长期发不出工资；管理混乱，人心涣散，迟到旷工、打架斗殴、偷窃财物都是家常便饭，甚至在车间抽烟喝酒、随地大小便，此等恶劣现象比比皆是。一年内三任厂长都未能在此立足，有的知难而退，有的被工人赶走，这就是当时厂里的整体情况。

面对这样一个烂摊子，张瑞敏没有畏惧，没有退却。他上任伊始，就做出了一个出乎人们意料，又在情理之中的举措，他从朋友那里借来几万元，为每位员工发了一个月的工资，解决了员工生活的燃眉之急，使员工深感意外的同时，也深受感动。

解决了员工的生活之忧，稳住了员工的情绪，张瑞敏根据他的独特思维和经营理念，结合当时社会发展形势、企业的状况，以及员工迫切希望企业走出困境、谋求发展的心理，及时制定规章制度，开始严格按照规章制度管理工厂。

第一个规章制度就是上面提到的13条，其中包括严禁盗窃工厂财物、严

禁打架斗殴、严禁在车间大小便等一系列现在看来是一个企业员工最起码要做到的事情，而在当时又确确实实严重存在的问题，需要从制度上开始根除这种种劣习。

实施这些制度，张瑞敏并没有采取强硬死板的措施。由于这 13 条，都紧紧扣住了员工的道德底线，都是起码的常识要求，并非高不可攀，所以一经推出，就让员工感到确实不应该违背，否则从道德和良心上也说不过去，这就为制度的实施打下了可操作性和可执行性的坚实基础。

在这个基础上，张瑞敏没有让 13 条停留在纸上，而是逐步顺理成章地落实在行动上，他抓住每一个违反制度的典型，并不是急于处理，而是发动大家认真讨论，挖掘出这种行为深层次的思想根源，让员工深刻认识到其危害性，从内心深处认真反省，进而养成自觉遵守的习惯。

同时，张瑞敏引导员工把这种认识上升到理念的层次，层层推进，以这种理念为依据，制定更加严格的制度，使制度逐步得到提升，并积淀为一种文化理念。这样一步一步以理念为依据制定制度，以制度的执行推动理念的养成，使海尔制度建设越来越完善，越来越严格，文化的积累越来越厚重，整个团队思想越来越统一，行动越来越迅捷和一致，形成了如今强大的执行力。纵观海尔整个企业的运作，每一个方面都有这种文化的强大渗透和影响，每一个方面都有严格的奖惩制度作为支撑，一切行动听指挥，有令必行，言必信，行必果，形成了颇具特色的"制度与文化的有机结合"，在未来发展的道路上行稳致远。

资料来源：根据新浪财经《海尔十三条的奥秘》改编。

分析点评

孙子在如何治军这一问题上强调要"令之以文，齐之以武"，也就是文武兼施，赏罚并重。"文"时，将帅也不能放纵士卒，"卒已亲附而罚不行，则不可用也"；"武"时，也要掌握好分寸，"卒未亲附而罚之，则不服；不服则难用也"。如此，则可实现"治军附众"，打造上下同心战斗力极强的军队。企业管理者在管理员工时，也应让员工"亲附"的同时配以完善的规章制度进行管制，实现文武并用。

刚来到海尔的张瑞敏面对工厂的"烂摊子"并没有选择直接惩罚或是责骂员工，也没有订立强制性的规章制度，而是通过补发拖欠工资的方式来获得人心，让员工"亲附"于他。接着他运用"武"的手段，通过制定解决问题的规章制度，针对迟到、早退、旷工、偷窃等普遍存在的行为进行严格的约束与禁止，激发员工的自尊心、责任心与义务感。"令素行以教其民，则民服"，面对每一个违反规则的人，张瑞敏都通过交流讨论与说教相结合的方式让员工从内心深处认识到这种行为的危害，使其真心摆脱恶习，也对其他员工起到了较好的指引与警示作用，更进一步提升了员工对企业的归属感和认同感。

在当今社会，"和气生财""关心员工利益"等，在各行各业都广泛流行，而与之相对应的是"健全法制""完善规章制度"等。"文武之道"，一张一弛，企业管理者应灵活运用，同时也要赏罚分明，最大限度地激发员工的自觉性，使企业获得更大的竞争力。

附录 《行军篇》原文与翻译

请扫描二维码，了解《行军篇》的原文与翻译。

商解《地形篇》制胜之道

　　《地形篇》主要研究自然地形、地理环境。上半部分阐述了与作战有密切关系的地形，孙子把地形区分为六类，在作战前必须认真精密研究，这是制胜的重要前提；下半部分阐述了军队必败的六种情况，简称为六败，并提出了将帅节操标准。最后阐述了爱兵的重要性和待兵之道，并提出了战事评估思想。

第一节　六类兵败：管理者容易出现的过错

兵败，都是败给自己，都是主将的责任。"六类兵败"思想的原文如下：

> 故兵有走者，有弛者，有陷者，有崩者，有乱者，有北者。凡此六者，非天之灾，将之过也。夫势均，以一击十，曰走；卒强吏弱，曰弛；吏强卒弱，曰陷；大吏怒而不服，遇敌怼而自战，将不知其能，曰崩；将弱不严，教道不明，吏卒无常，陈兵纵横，曰乱；将不能料敌，以少合众，以弱击强，兵无选锋，曰北。凡此六者，败之道也；将之至任，不可不察也。
>
> 《地形篇第十》

一、"六类兵败"阐释

故兵有走者，有弛者，有陷者，有崩者，有乱者，有北者。凡此六者，非天之灾，将之过也。军队有"走、弛、陷、崩、乱、北"六种必败的情况。这六种败况，不是天灾，都是将领的过错，主要是由于将领在军队管理和指挥中犯下的错误。

(一)"走"

夫势均，以一击十，曰走。本来敌我双方的实力条件差不多，将领却自作聪明，用十分之一的兵力去和敌人作战，那就一定会败走。这种打法与孙子倡导的"以实击虚"及"以强打弱"的战术理念不同，孙子特别提倡集中优势兵力歼灭敌人。由此可知，导致"败走"的原因是将领在指挥作战中的战略方向错误，是将领的过错。

(二)"弛"

卒强吏弱，曰弛。兵士强悍，将领懦弱，指挥不动，纪律松弛，叫"弛"。造成这种兵败现象，主要是由于将领不善于用人，也不善于培养指挥官。唐穆宗时期，镇州军乱，朝廷派田布为魏博节度使平叛。田布从小在魏博长大，魏博人都轻视他，不听他的。数万人在军营中骑驴而行，田布也管不住。过了几个月，要合战，军士都不愿出战。田布无奈，给皇帝上了一封遗表，陈述军情，并说自己无能为力，只能以死相谢，自杀了。所以用人，他不仅要有才能，还要有威望。只有才能，没有威望，只能做副手。

(三)"陷"

吏强卒弱，曰陷。这种情况与"弛"相反，是指挥将官能力素质都非常好，但是他们不会训练士兵，造成士兵能力素质跟不上。曹操注："吏强欲进，卒弱则陷。败也。"将领很强，能力很强，士卒跟不上。将领说："跟我冲!"他冲进去了，后面的士兵都没跟上，他就陷进去了。将领的责任是训练带领士卒，不是单打独斗。如果平时不善于训练士卒，上了战场自己一个人刚勇，那就把自己陷进去了。

(四)"崩"

大吏怒而不服，遇敌怼而自战，将不知其能，曰崩。"崩"，崩溃。曹操注："大吏，小将也。大将怒之，心不厌服，忿而赴敌，不量轻重，则必崩坏。""大吏"，就是小将。小将对大将不服、怨恨，遇敌时，擅自率自己的部属出战，大将不能控制，这样的军队，就会崩溃。陈皞注："此大将无理而怒小将，使之心内怀不服，因缘怨怒，遇敌使战，不顾能否，所以大败也。"那小将气急败坏，看见敌人他就要打一场，也不管自己死活，更不顾整体战略了。那小将怨恨在心、情绪失控，他不仅自己要乱打一气发泄，而且很可能更糟，希望己方失败，让主将蒙羞。你不是骂我吗？看看你自己怎么样!

(五)"乱"

将弱不严，教道不明，吏卒无常，陈兵纵横，曰乱。将领懦弱，管理不严格，教导不明确，则吏卒没有规矩章法，出兵列阵纵横不整，横冲直撞，这叫"乱"。张预注："将弱不严，谓将帅无威德也。教道不明，谓教阅无古法也。吏卒无常，谓将臣无久任也。陈兵纵横，谓士卒无节制也。为将若此，自乱之道。"

"将领懦弱"，是没有威德。"教道不明"，是没有方法。"吏卒无常"，在军中的职位都没有任职时间长的。就像一个公司，没有几个老员工，所有职位都是新人，谁也干不长，那公司不乱才怪。出阵横冲直撞乱走，那是没有人节制士卒，都没人管，这就是乱军了。

(六)"北"

将不能料敌，以少合众，以弱击强，兵无选锋，曰北。"北"，就是败北。将领不能判断敌情，用少数去打多数，用弱兵去打强敌，用兵也不懂得选择精锐，这就叫"北"。这里关键是"兵无选锋"的"选锋"，用兵一定要"选锋"，把最精锐的士卒选拔出来，组成先锋队，像一把尖刀，插向敌人。可以说，没有选锋，没有兵锋，就没有战斗力。

齐威王问孙膑，两军相向，"地平卒齐，合而北者何?"战场是平的，人数也差不多，为什么一方会战败，孙膑回答说失败的一方必然是因为"其阵无锋也"。《尉缭子·战威》也讲："武士不选，则众不强。""选锋"思想给我们一个启示：你的选锋在那里，胜利就会出现在那里。带队伍，一定要选锋。

二、管理者容易出现哪些过错

行军打仗，天时与地利固然重要，但将帅也是决定胜负的重要因素。将帅作为军事战争的统领者和管理者，担负着决策、指挥、协调等一系列重任。孙子总结了将帅在军事战争中六种招致失败的状况，称为"六类兵败"，并且指出这些失败都是由将领的过错造成的，强调将领要深刻认识自己的重大责任。那么，当代企业管理者能从"六类兵败"思想中吸取哪些经验教训呢?

(一)违背常识导致战略方向偏差

"六败"中孙子在"走""北"两处强调了不能以寡击众，以弱击强。在兵力对比不利的情况下与敌交战，这是兵家之大忌，极易导致失败。所以，用兵一定要符合强胜弱败的客观规律，要在深刻理解强胜弱败的客观规律基础上灵活用兵。

企业管理也是如此。俗话说"方向不对，努力白费"。战略设计与选择是管理者最重要的决策，其会直接影响企业的经营业绩，尤其是在当今瞬息万变的市场环境中，管理者必须抓住发展机遇，采取积极的战略行动，持续培育未来所需的竞争力。管理者如果对企业战略定位不准确，会导致事倍而功半的结果。

2019 年，德鲁克中国管理论坛在北京召开，方太集团荣获首届德鲁克中国管理奖。方太联席执行总裁何东辉在论坛上以方太文化为主题，分享了方太践行中西合璧管理模式的经验。他认为经营企业最重要的是三观要正，要明确什么可为、什么不可为的大方向。因而方太集团时刻谨记抓住行业发展趋势，坚持自主研发创新，以用户需求为导向，以"硬"科技为动力，发布了集成烹饪中心 Z 系列、集成烹饪中心全隐升降系列、嵌入式洗碗机 G1、折叠灶等一系列新品及新科技，顺应了消费者需求的大方向，赢得了消费者的广泛喜爱。

(二) 人力资源管理方面的过错

"六败"中的"弛"是指兵士强悍，将领懦弱，指挥不动，纪律松弛。造成这种兵败现象，主要是由于领导者不善于用人，也不善于培养指挥官。"陷"与"弛"相反，是指挥将官能力素质都非常好，但是他们不会训练士兵，造成士兵能力素质跟不上。造成"弛"与"陷"，是因为用人选将不当，最终导致兵败。

这些现象不仅在古代军队中存在，现代企业管理组织中也会出现。企业的战略最终需要人来实现。人才是企业的资源，对人才的管理关系到企业的成败。因此，管理者需要将人力资本放在优先发展的位置，当人才队伍无法满足战略需求时，管理者需要采取措施优化人才结构，形成新的人才队伍，推动目标实现。

海尔集团作为全球家电零售量最大的家电企业，离职率非常低，究其原因，是其重视人力资源管理，构建了完善的人力资源培训体系。根据企业自身的管理理念和企业文化，海尔制订出因地制宜的新员工培训计划，共分为四步——稳定员工心态、鼓励说出心里话、培养"家"的感觉、培养员工树立职业心。海尔从新员工入职起，便从员工的心态和需求出发，鼓励他们提出自己的意见和想法，为员工提供优质的福利待遇，给予员工"家"的温暖，从而让所有员工与海尔同呼吸、共命运，成为一个不可分割的整体。

(三) 领导团队建设方面的过错

"六败"中的"崩"，副将对主将不服，甚至产生怨恨，遇敌时，擅自率部属出战，主将不能控制，这样的军队，就会崩溃。孙子在分析"北"的原因时讲道"兵无选锋"。所谓的"锋",是整个作战力量中的精锐之精锐,是统帅手中的"王牌"。如果没有王牌技术、王牌战队、王牌资源,需要攻坚克难的时候就无法形成决胜力量。因此,作为统帅,必须善于"选锋",精于"用锐"。总之,"崩"是由于领导班子不团结而导致失败,"无锋"是由于领导不善于组建尖刀团队而导致失败。

微软作为全球最大的软件公司,始终坚持雇用最佳员工的原则。因为最佳的管理制度必须依赖最佳的人员去建立,员工素质的高低会直接影响企业的成败,因此微软长期以来一直坚持只雇用5%最顶尖的人才。此外,微软还非常注重员工成长型思维的培养,善于从企业内部挖掘顶尖人才,善于从内部"选锋"。微软创建了"人才对话"项目,CEO和高管团队每年都会一起审核企业员工,挖掘隐藏的人才。他们讨论提升人才或调动人才的可能性,进行头脑风暴,讨论开发员工特定能力和拓展技能的方法。

(四)企业内部管理方面的过错

"六败"中"崩""陷""乱"都提到了军队作战时的乱。两军交战,如果士兵不听指挥、军官各行其是、"吏卒无常"、"陈兵纵横",岂有不败之理?纵观战争历史,有些军队的失败,并不是敌人强大,也不是敌将高明,而是败在阵脚自乱上。

古人云:"万人操弓,共射一招,招无不中。"面对激烈的市场竞争,管理者需要让成员明白团队存在的价值,倡导以团队利益优先,加强内部管理,构建高效的协同机制,打破部门壁垒,紧密协作并互相负责,才会更容易获得成功。

李·艾柯卡是克莱斯勒汽车公司的前总裁,被誉为领导企业的最佳典范。他临危受命,把这家濒临倒闭的公司从危境中拯救了过来,使之成为全美第三大汽车公司。他的成功是因为他打造出了一个高度团结并勇于创新的工作团队。艾柯卡为了拯救克莱斯勒,提出了"共同牺牲"的大政方针。艾柯卡从自己做起,把他当时36万美元的年薪降为1美元。他强调:作为企业领导,最重要的一点就是身先士卒。这样员工的眼睛都看着你,大家都会模仿你。他的奉献精神也影响了公司的其他成员,在他的带领下,公司员工上下一心,一切以团队为重,主动发挥自己的才能帮助公司解决问题,为共同的目标而奋斗。克莱斯勒公司最终从逆境中崛起,成为商业传奇,同时也造就了很多像艾柯卡一样取得不凡成就的人才。

三、案例分析

企业管理者要避免管理中的"陷阱"

"在错误的道路上走得越快、错得越离谱"，在企业发展的关键节点，正确的战略选择深刻影响着企业未来的走向。在瞬息万变的市场环境中，企业管理者必须做出正确的战略定位，抓住发展机遇，果断采取行动。

刘强东敏锐地发现，彼时电商面临的普遍问题就是物流拖后腿，极大影响用户体验以致影响整个公司的发展。他态度坚决地决定自建物流体系，确立长期投资物流建设的战略。十几年来京东在物流和仓库上投资了 1000 多亿元，融资的 70% 用于建立物流体系。一体化供应链物流服务是京东物流的核心业务。2018 年，刘强东决定将京东物流定位为全球供应链基础设施服务商，通过整合供应链来提升效率，使京东甚至能超过"四通一达"等物流快递公司，成为仅次于顺丰的物流头部企业。

京东以物流的极致体验和正品好货的形象成功占领用户心智，以物流保障和售后服务大幅度提升用户体验，这种品牌效应成为京东在用户端的护城河。在企业端，对商户而言，高效的营销与物流效率使京东的渠道具备强大的盈利能力和稳定性。品牌方在京东自营合作模式下普遍具有更低的营销费用率和物流费用率，以及更高的净利率。刘强东的物流战略使得京东如今无论是在 toC 还是在 toB 赛道都占有优势。

企业发展除了战略选择，另一个相当重要的影响因素就是组织内部的人员管理。为了实现企业发展，管理者需要在人才建设工作中投入大量成本。对人才的教育和培训是提高人才素质的重要渠道，人才素质得到了提高，公司才会有发展的机会。当人才队伍无法满足战略需求时，管理者需要采取措施优化人才结构，形成新的人才队伍。

对于企业来说，一套完善的培训体系就是优化人才结构的最佳方法。全球最大的零售企业沃尔玛的飞跃式发展正是得益于此。沃尔玛的经营者在不断的探索中，领悟到人才对于企业成功的重要性。沃尔玛公司把如何培养人才、引进人才，以及对既有人才的培训看成一项首要任务。

在员工培训计划上，沃尔玛始终推行培训与个人发展相结合的方式，专门成立了沃尔顿学院。沃尔玛不仅有科学的培训计划与丰富的培训内容，还有有效的培训方法。在培训方法的创新上，沃尔玛开创了一个部门员工到其他部门学习、培训上岗的交叉培训机制。沃尔玛公司对合乎条件的员工进行横向培训和实习管理培训。在工作态度及办事能力上有特殊表现的员工，会被挑选去参加横向培训，符合条件的员工会被派往其他部门接受业务及管理上的培训。

创始人山姆·沃尔顿先生道出了沃尔玛的培训之道，花大钱通过培训提升员工能力而赢得雇员的忠诚和热情。我们想让员工知道：我们很重视公司的员工，对我们来说，他们非常重要，因为事实确实如此。

除了内部培训，在企业团队建设中，高质量人才的招募与吸纳也极为关键。如今已经成长为行业领头羊的华为在人才引进方面就做得极好。为了吸引行业内的顶尖科技人才，任正非在 2019 年发起了一项名为"天才少年计划"的招聘项目。

正如任正非所说，"招募天才少年就像'泥鳅'一样，钻活我们的组织，激活我们的队伍"。企业永远要有高质量的新生"血液"往前冲，而不能使人才流动板结化、干部结构老化。如今华为在世界范围面临的外部压力，正需要这些具有解题、破题能力的"单项突出"人才攻坚克难，从华为内部迸发巨大力量。

华为已招募了大量"天才少年"，他们在各自的领域取得了丰硕的成果。2019 年入职的钟钊，仅用不到 1 年的时间，就带领团队功开了 AutoML 大规模商用的先河。2020 年入职的张霁负责开发一个全知全能的存储系统智能大脑，实现存储系统的智能化。黄青虬一直在智能汽车解决方案 BU 工作，不到两年就成长为能带领 50 人团队的负责人。因为任正非对顶尖人才的渴求和重视，有这些天才少年的带领，华为才有底气立志在"卡脖子"领域破题。

资料来源：数字化转型：华为变革之冰山一角［EB/OL］.2023-10-23. https：//www. shangyexinzhi. com/article/14184155. html；沃尔玛企业培训案例分析［EB/OL］.2017-03-15. https：//www. yjbys. com/hr/peixunfa zhan/535312. html.

分析点评

两军交战，胜败往往在开战前就已注定，对此孙子提出"六类兵败"：走、驰、陷、崩、乱、北，这些过错都是将帅不容忽视的。将帅的决策判断往往对战局有着关键性的影响，在现代商业世界中，作为企业管理者也要提前识别这些可能会导致失败的情形，并采取相应的解决措施。

孙子在"六败"中提到"走""北"两种情形，强调要避免以寡击众，以弱击强。"乱"则是由于管理混乱，教导不明，导致战斗力低下。在企业管理中也是如此，要认清环境形势，竞争前期的战略设计与选择将深刻影响企业最终的经营绩效。刘强东在京东发展前期，面对市场环境做出了精准判断，稳稳拿捏住用户痛点，力排众议建立自己的物流体系，后来的事实证明这是一次正确的战略选择。沃尔玛与华为在人才的管理上避免了"六类兵败"当中的"陷"与"弛"等企业内部管理问题，从而在竞争激烈的市场中脱颖而出。

商业世界瞬息万变，当看到自己身边的某家大公司在一夜之间垮掉时，也不必感到惊奇。也许正是因为在过往忽视了某个不起眼的问题，最终带来不可预计的蝴蝶效应。因此，作为企业管理者一定要在问题发生前就敏锐地识别各种可能招致失败的征兆，提前绕过泥坑才能走上企业发展的"康庄大道"。

第二节　将帅节操：经理人应遵守职业操守

孙子的职业道德观：进不求名，退不避罪。为了国家民族的利益，可以不顾及个人的名利得失，这种职业道德水准，至今仍然值得推崇。"将帅节操"思想的原文如下：

故战道必胜，主曰无战，必战可也；战道不胜，主曰必战，无战可也。故进不求名，退不避罪，唯人是保，而利合于主，国之宝也。

《地形篇第十》

一、"将帅节操"阐释

关于"将帅节操"的思想，主要体现在："故进不求名，退不避罪，唯人是保，而利合于主，国之宝也。"进不求战胜之名，退不避违命之罪，一切只为保护民众，真正有利于主君的，这才是国家之宝啊！

为什么这样的人是宝呢？张预注解："进退违命，非为己也，皆所以保民命而合主利，此忠臣，国家之宝也。"进退都不是为了自己，而是为了国家、人民和主君的利益，这是真正的忠诚。

何氏注："进岂求名也？见利于国家、士民，则进也；退岂避罪也？见其蹙(cù)国残民之害，虽君命使进，而不进，罪及其身不悔也。"

进不是为了求名，见利于国家、人民，则进。退不怕得罪，如果进则有祸国殃民之害，君命让进也不进，哪怕因此得罪，也不后悔。

何氏这里自己发挥了：孙子所论，并非仅为了国家人民，而是唯人是保，利合于主。保护人民，保护将士的生命安全，不要他们作无谓的牺牲，而利益呢，要符合君主的利益。君主的利益，和国家人民的利益，还是有区别的。

谁是这样的国宝呢？岳飞是不是？岳飞不是。岳飞的进退，符合国家利益、人民利益，但不符合君主之利，不符合皇上赵构的利益。迎还二帝，赵构做什么呢？北宋灭亡，赵构是最大的既得利益者，因为他本来没资格当皇帝的，却当了皇帝。岳飞抗金迎还二帝的主张，是大大地不符合宋高宗赵构的利益。高宗和金国议和，继续扣留他的哥哥宋钦宗，而送还了他的亲生母亲显仁皇后。宋高宗成为南宋中兴之主，以八十一岁高龄善终。所以，利合于主的是秦桧，不是岳飞。岳飞占了个"唯人是保"，秦桧占了个"利合于主"，各占一半。

有一个人，符合"唯人是保，而利合于主"的标准，其是唐朝的郭子仪。

郭子仪戎马一生，屡建奇功，八十四岁高龄才告别沙场，天下因有他而获得安宁达二十多年。他"权倾天下而朝不忌，功盖一代而主不疑"，在举国上下，享有崇高的威望和声誉。

郭子仪权倾天下，位极人臣。但是，他坦坦荡荡，从来不对皇上设防。有奸臣猜忌他，说他要谋反，要皇上召他来，看他来不来。不来，就是要谋反；来，就可以把他拿下。郭子仪从来是一分钟都不耽误，马上就去，不带任何护卫。他说我这脑袋本来就是皇上的，皇上要取，拿去便是。

公主嫁给他儿子郭暧，两小口子吵架，公主说我爹是皇上，你还敢对我无礼！郭暧说，皇上算个屁！那是我爹不想做罢了。我爹要想做，那还轮得到你爹吗？把公主骂回去了。公主回去向皇上哭诉。这事在任何朝代都是死罪。郭子仪听说这荒唐事，慌忙进宫谢罪。皇上说，小孩子家吵架乱说，咱们管他干什么。最后郭子仪自己把儿子打了一顿，这事就过去了。郭子仪既做到了"唯人是保"，又做到了"利合于主"，他这一生荣华富贵、健康长寿、子孙满堂，还能善终，这真是历代做臣子的典范。

二、经理人应遵守什么职业操守

将帅应具有的节操体现在进攻或后退都不是为了自己，而是为了国家、人民和君主的利益。几千年过去了，"节操"这个词语仍旧熠熠生辉，要求我们每个人都要遵守心中的良知与道德。经理人作为一种近现代商业环境下衍生的职业角色，他们在所有权和经营权分离的企业中承担法人财产的保值增值责任，全面负责企业的经营管理，对法人财产拥有绝对的经营权和管理权。

在对职业经理人的描述中，"增值"和"责任"是绝对的关键词。"增值"是对职业经理人的基本要求，职业经理人本质上是受企业雇用提高营业收入和利润的员工，只不过不是普通类型的员工，而是具有较强的经营管理能力、在企业中具有较大经营权力的员工。"责任"是职业经理人应当具有的内在品质，需要做到对社会负责、对市场负责、对企业负责、对员工负责，还应当具有良好的职业操守，达到职业道德和专业规范的要求。

其中"责任"更为重要，一个职业经理人如果缺少职业操守，可能根本达不到"增值"的要求，他会想方设法地将企业的钱放到自己的口袋之中，而且还很有可能为了自己的财富扰乱市场秩序、丢弃社会责任，造成不良的社会影响。每位职业经理人都应当明确，比财富更重要的还有信誉、商业成就、行业威信、社会贡献和道德操守，如果从内心里不接受这一点，就应该放弃职业经理人这一角色的选择。因此，如果想要成为一名合格的职业经理人，就应当自觉遵守职业操守，具体来说有以下几点。

敬业，对于职业经理人来说敬业就是要敬重自己的工作，将工作当成自己的事，其具体表现为忠于职守、尽职尽责、认真负责、一丝不苟、任劳任怨、精益求精、善始善终等。在海尔，敬业精神是其企业文化最重要的组成部分，张瑞敏曾强调："把每一件简单的事情做好就不简单，把每一件平凡的事情做好就不平凡。"敬业精神对员工、对企业都有重要作用。作为合格的职业经理人，要忠于自己的职业选择，具备敬业精神，对工作负责。

诚信，其本义是诚实守信，与隐瞒欺诈相对。职业经理人的诚信内涵主要是指职业经理人对合约、承诺和规则的自觉遵守。职业经理人的诚信体现在三个方面，首先，对公司的诚信，在与雇主利益博弈中对于合约的执行状况，是否一心为公司着想。其次，对客户的诚信，在产品或服务的数量、质量和实践期限等方面严格遵守合约的规定或承诺，不为个人或公司的利益欺骗客户。最后，对社会的诚信，自觉承担社会责任，追求社会效益，将社会责任意识嵌入企业的经营管理之中，积极帮助社会解决各种迫切的社会问题。

自律，自律是指自觉地遵循法度、约束自己的一言一行。由于组织目标实现的需要，职业经理人一般都会被给予相当高的权力，如一定的财务管理权、核心技术知情权和管理权、大客户资源的维护和其他一些核心层的管理权。如果职业经理人守不住清贫、耐不住寂寞、经不起诱惑、扛不住干扰，将这些权力作为给自己谋取好处的便利，就会彻底丧失职业操守，并且由于职业经理人掌握着企业的商业机密，包括技术、专利、销售渠道、核心骨干、客户关系等。一旦离职后，在一定期限内，原则上是不可以到原雇主的竞争对手那里工作的，这也是对职业经理人较高的自律意识的要求。

忠诚，职业经理人的忠诚表现在三个方面：首先，忠于企业，对所选择的公司要忠诚。忠于企业最重要的是认同企业的价值观、经营理念、公司文化。同时，当公司利益与个人利益相冲突的时候要以公司利益为重。其次，忠于职守，对于职业经理人来说，要了解自己的岗位职责，知道自己必须做什么，做到什么程度，并且尽自己最大努力完成本职工作，不能为了自身利益而不去完成本职工作。最后，忠于上司，下级服从上级，这是公司执行力的保证。"忠于上司"允许经理人在决策的过程之中充分发表意见，充分讨论，一旦做出决策就必须不折不扣地执行。这要求我们的经理人有宽广的心胸，不能因为决策过程中没有充分采纳自己的意见就心怀不满，执行起来大打折扣。

三、案例分析

任正非的家国情怀

1987年10月，在深圳的一间破烂不堪的房子里，一个刚刚迈入中年的男人正眉飞色舞地向面前的几个好朋友讲述自己未来的计划：我要创办一家公司研究数字式程控电话交换机，公司的名字就叫"华为"，这位中年男人就是任正非。

刚刚改革开放的20世纪80年代，我国的电话业务还远远没有普及，但是我国的工商业已经开始蓬勃地发展起来，电话的需求呈指数级增加。然而，在中国的市场上竟然没有一家中国企业能够稳定地生产电话，当时中国电话接通和计费的程控交换机几乎全都来自国外。一方面，从国外买回来的交换机完全填不上中国市场的缺口；另一方面，国外进口的交换机经过关税后价格往往十分高昂。很多外国企业就此看准中国市场的巨大需求和高额利润，纷纷进入中国的通信市场。

1990年，靠着几个朋友相互凑出来的2万多元开始创业的任正非和他的华为遇到了新的危机，来自7个不同国家的同行抢占着中国的通信业市场。日本的NEC、富士通及美国的朗讯还有德国的西门子等厂商都在中国的通信行业攻城略地，并且不同厂商的交换机之间连接还要额外收取费用，这就给中国的通信行业带来了巨大冲击。

当时几乎所有的中国企业都被打得抬不起头来，纷纷选择撤出通信业或是从事组装来赚钱，华为的初代产品BH01也因为这些企业的竞争导致无法采购到原材料。这些厂商仗着中国人无法与他们竞争，于是在自己的通信业务上加了很多不合理的收费项目，各种巧令名目的高额费用让早期中国的通信费高得离谱。本就是通信工程兵出身的任正非看到被外国企业肆虐的中国通信市场，立刻有了自己的想法：为什么我们国家不能生产出优质的程控交换机？任正非为自己的公司定了个目标：自主研发生产优质的远程交换机。在一次次的失败与尝试后，1990年华为生产了BH01的续作BH03，BH03的每一块电路板包括芯片都由华为自主制作而成。一直在外国企业肆虐的乌云笼罩下的中国通信业，此时升起了一颗新星。

20世纪90年代的中国，房地产行业正在蓬勃地发展，所有人都知道只要进入房地产市场就有赚不完的钱，所以任正非的一些同伴也劝任正非：放弃通信业吧，我们去做房地产，反正都是赚钱，赚什么钱都是一样的。但是任正非却义正词严地拒绝了，在那次会议上他暴怒，拍着桌子对他的同伴说：我们赚来的钱都要用来研究技术，房地产这样的事情，等个三五年一样能大赚一笔，我可以等，但是通信技术等不得。我们现在正处于民族通信工业生死存亡的关头，我们绝对不能后退，必须竭尽全力。

20世纪90年代任正非是这么说的，也是这么做的。2019年5月16日，华为及其子公司被美国特朗普政府列入出口管制的"实体名单"：未经批准的美国公司不得销售产品和技术给华为公司。美国的第一轮制裁正式开始。第二天华为旗下的芯片公司海思半导体总裁何庭波发布了一封致员工的内部信称，华为多年前已经做出过极限生存的假设，预计有一天，所有先进芯片和技术将不可获得，而华为仍将持续为客户服务。面对一个世界超级大国的悍然威胁和制裁，任正非没有选择倒在威压下，而是时刻准备战斗，在更大的危机来临之前华为就已经坚定地做出了应对策略。

受禁令影响，微软、谷歌、英特尔、高通、ADM 等美国科技公司将无法与华为合作。谷歌宣布撤销华为 Android 许可证，意味着华为此后发布的手机将不能再使用谷歌服务。这点对国内用户来说影响并不大，但对于海外市场几乎是致命的。随后的第二轮、第三轮制裁，迫使华为进入无"芯"可用的困境。2020 年华为全球手机销量 1.89 亿台，同比下降 21.5%。形势已经相当不乐观。

如此困境下任正非并没有像有些企业一样光速滑跪，为了商业利益妥协，而是充分发挥了军人本色，勇于承担民族责任，顶住制裁压力，积极求变。技术的追赶总是需要时间，任正非所做的就是壮士断腕的同时转变发展策略。整体出售原本负责中低端手机业务的荣耀资产换取巨大资金流。国外市场腰斩，智能手机业务的拉新变得异常困难，那留存就变得异常关键，在这种背景下华为更新了鸿蒙操作系统，同时加速物联网领域的布局，包括联合其他企业造车，以及在智能家居方面的发力。只要鸿蒙系统这个生态能够健康成长，只要华为还有足够的用户留存，目前面对的困难，华为就有信心解决。解决面前的这些困境最需要的就是时间，而鸿蒙能为华为争取来的就是让老用户多留在这个生态里的时间。

资料来源："凤凰涅槃，中华有为"任正非的 30 年奋斗史［EB/OL］.2020-07-31. https://www.sohu.com/a/410750257_100256083.

分析点评

什么样的将领才是国家之幸，孙子提出"进不求名，退不避罪"，在大是大非面前，在重大利益面前，在民族危难之际，做出有利于人民、有利于国家的决策，而不仅是为一己之私，也不仅是为某小集团的利益，这样的将领才是国家最宝贵的财富。作为现代企业家或经理人，应该具备以国家、民族和企业的利益为重，具有家国情怀、责任心和职业操守，因为只有这样的人才能带领企业一步一步走下去，做大做强。

改革开放初期，任正非痛心于国内技术空白、通信市场外商肆虐的现象，痛下决心搞技术。在华为做大做强后，面对美国的制裁行为，咬牙坚持不畏强权，这些都生动地体现了孙子所提出的"进不求名，退不避罪"精神，他把企业利益和国家民族放在首位，不计较自身和小家庭利益，勇于承担责任，以身作则，为企业发展做出了重要贡献。

企业的成功离不开优秀的管理者，一名优秀的企业管理者必不可少的职业操守就是"责任"。任正非先生在面对外部困境时，并没有妥协，而是为了企业的整体利益、为了国家民族利益，充分发挥军人本色，勇于承担民族责任，顶住制裁压力，积极求变，不断推动企业的进步和发展。

第三节　待兵之道：正确处理管理者与员工的关系

要爱兵如子，但真爱不易，长久真爱更是难上加难。将领真不容易，将不仅要爱兵，又要使士兵怕他。上级要比敌人更可怕，才能有效驾驭下属，因为"畏我者不畏敌，畏敌者不畏我"。"待兵之道"思想的原文如下：

视卒如婴儿，故可与之赴深溪；视卒如爱子，故可与之俱死。厚而不能使，爱而不能令，乱而不能治，譬若骄子，不可用也。

《地形篇第十》

故令之以文，齐之以武，是谓必取。

《行军篇第九》

一、"待兵之道"阐释

将领如何对待士兵，一直是一个热门话题。孙子主张一方面要爱兵如子，另一方面也要严格要求，正所谓"令之以文，齐之以武"。

孙子曰："视卒如婴儿，故可与之赴深溪；视卒如爱子，故可与之俱死。"对待士兵就像对待自己抚养的婴儿一样，就可以叫他们一起去跳深溪（冒险）；对待士兵像对自己的孩子一样，就可以和他们一起去赴死。

战国时，吴起为将。与下属最贱者同衣食，卧不设席，行不乘马，自己背着自己的干粮，和士卒同劳苦。有一个士兵腿上长了疮，吴起亲自用嘴给他吮吸。那士兵的母亲听说后悲伤地哭了。邻居问，将军对你儿子那么好，你哭什么呢？那母亲回答说，往年他爹腿上长疮，吴将军就替他吮吸，他很快就战死了。如今吴将军又为我儿子吮疮,我儿子也要为他而死了。

梅尧臣注:"抚而育之,则亲而不离;爱而助之,则信而不疑;故虽死与死,虽危与危。"你抚育他,他就和你亲,不离不弃;你爱他帮助他,他就对你信任,可以和你同生共死,赴汤蹈火。

所以,对士兵要有抚育的真心。你别认为吴起那是作秀,若认为是作秀,你就自己去吮吸别人腿上的脓疮试试!没有真诚的爱,和带兵如带子的心,做不了杰出的将领。

何氏注解,后汉破羌将军段颎(jiǒng),也是行军仁爱,士卒受伤的,他都亲自去探视,亲自替他们包扎。在边疆十几年,"未尝一日褥寝",没有一天是在正经床上睡的,都是与将士同苦,所以人人乐意为他死战。

所谓身先士卒,兵法云:"勤劳之师,将必先己。暑不张盖,寒不重衣,险必下步,军井成而后饮,军食熟而后饭,军垒成而后舍。"(《尉缭子·战威》)这不是一次两次,一天两天,而是几十年如一日都这样,这是装不出来的,能装几十年,那也不叫装,是真的做到了。

能做到吗?极少人能做到!

将领爱兵如子,士兵就一定会听指挥,如果你是这样想,那就太幼稚了。

孙子曰:"厚而不能使,爱而不能令,乱而不能治,譬若骄子,不可用也。"如果只知厚待而不能指使,一味溺爱而不能命令,违法乱纪也不能治理和不会惩罚,那士兵就成了骄子,没法使用了。由此看见,将领仅仅对士兵好,是没有用的,还必须文与武并用。

杜牧注解,黄石公说:"士卒可下,而不可骄。"你可以平易近人,礼贤下士,但不可骄纵下属。恩以养士,谦和待人,这叫"可下";制之以法,这叫"不可骄"。

《阴符经》说:"害生于恩。"我们往往对一个人太好,结果却害人害己,把他害了,把自己也害了。为什么呢?因为一味只有恩,只有爱,却没有规矩,没有法,他习惯了、骄纵了、堕落了。你这时候想把关系调整过来,也不可逆,调不了了。你就只好放弃他。你放弃他,他机会没了。你呢,也白培养人了。

一旦已经习惯了的恩情没了,就成了仇人。其实有什么仇呢?并没有任何伤害,只是停止了恩情而已。对你来说,是停止了给予;对他来说,却是被夺走了既得利益。所以,恩怨、恩仇,没有恩,就没有怨,没有恩,就没有仇。曾经有多大恩,就有多大怨,就有多大仇。

吴起说:"鼓鼙金铎,所以威耳,旌旗麾章,所以威目,禁令刑罚,所以威心。耳威以声，不得不清；目威以容，不得不明；心威以刑，不得不严。三者不立，必败于敌。故曰，将之所麾，莫不从移；将之所指，莫不前死。"

吴起提出威耳、威目、威心。要经常训练，要有操练，要有仪式，强化指挥系统的权威，养成令行禁止的习惯，这样才能做到不怕牺牲，指哪打哪。旌旗一指，战鼓一敲，马上就冲，因为不冲的后果很严重！

李靖说："畏我者不畏敌，畏敌者不畏我。"怕将领的，不怕敌人；怕敌人的，不怕将领。所以，将领一定要比敌人更可怕。冲锋陷阵的，不一定会死；吹了冲锋号不冲的，就应该马上正法。

李靖后面说得更恐怖："古之为将者，必能十卒而杀其三，次者十杀其一。十杀其三，威震于敌国。十杀其一，令行于三军。"什么意思呢，先杀自己人。差的杀十分之一，厉害的杀十分之三。杀十分之三，威震敌国；杀十分之一，三军听令。

张预注解："恩不可以专用，罚不可以独行。专用恩，则卒如骄子而不能使。独行罚，则士不亲附而不可用。王者之兵，亦德刑参任而恩威并行矣。"只有恩，兵就成了骄子，没法用。只有罚，士卒不亲附你，也不可用。因此，恩、罚，两者应该结合起来并用。

《尉缭子》说："夫不爱悦其心者，不我用也。不严畏其心者，不我举也。"所以有爱，才乐于效命，有畏，才不敢不出死力。

将驭之道，就是爱与畏，赏与罚。畏的本质，在于"畏我者不畏敌，畏敌者不畏我"。怕上级的，他就不怕敌人也不怕死。不怕上级的，就一定怕敌人也怕死。因此，畏的标准，就是上级要比敌人更可怕。

二、管理者应如何处理与员工的关系

孙子的"待兵之道"，一方面强调爱兵如子，另一方面也强调严令法治。企业管理者如果想要处理好与下属之间的关系，其实也应两手并用，一方面与下属建立良好关系，构建人本主义的企业文化，另一方面健全企业制度，以制度治理企业，将德治与法治相结合。

管理学家彼得·德鲁克曾说：人是我们最大的资产，管理者需要把人才看作一种核心资源，并且使这些人才充分发挥效用。人是企业的根本，一个企业的人才资源越丰富、质量越高、安排越合理，这个企业的发展就会越兴旺。管理和使用优秀的人力资源，需要管理者掌握合理且高效的管理方法和技艺。

（一）管理者要与员工构建良好关系

管理者应当经常与员工进行情感上的沟通和交流，关心他们的日常生活、身体健康、情绪健康、工作幸福感、工作满意度，以及内心成就感。

企业中的沟通渠道一定要便捷，可以设置沟通信箱或每周组织沟通会等，建立起健康的沟通机制，让管理者与下属之间建立良好的关系。如果下属感受到上级对自己情感上的信任和重视，就很容易对企业产生个人成就感和认同感，才会更加认真地投入工作，才会愿意一直留下来，成为"终身制员工"。

在现代社会中，跳槽的现象很严重，与下属之间建立起除工资以外的连接很重要，真正与下属建立起情感上的连接，能够帮助管理者留住人才。

（二）管理者要充分了解员工情况

管理者必须充分了解自己的下属，知道每一位员工的特性和工作能力，根据各自的特点发挥他们的特长，把合适的人放到合适的位置，做到人尽其才。企业里的员工各种各样，针对不同性格、不同背景、不同经历的员工，管理者需要采取不同的管理方法。例如，对于新入职的员工或是有潜力的员工，管理者可以考虑给他们犯错误的机会，使他们从错误中学习体会到更多的内容；对于入职多年的老员工，可以考虑将他们与新员工放在一起工作，这样既可以在一定程度上引领新员工入门和熟悉工作的事务，又可以让他们接受年轻且新鲜的观点，促进思想上的变革，实现进一步的成长。

（三）管理者要让员工诚心信服

如何做到让下属诚心信服，首先是以身作则，说得再多，也不如亲自做一遍，管理者要以自己的工作态度、工作方法和待人处事的原则去影响下属，在实际行动中教育下属。其次是处事公平，管理者对于公司事务的处理需要以公平为准则，公平公正，不滥用职权，一切按照公司的规章制度办事，并且对事不对人，不将私人感情带到工作中，对于违反组织制度的员工应当进行严格的惩罚，这既能让该员工自身产生敬畏之心，也能对其他员工起到震慑作用。最后是充分尊重下属，管理者应当重视下属的意见，构建员工特别是基层员工表达自己意见的渠道，给予他们表达的权利和空间，让员工从心底真正信服企业的管理者。

(四) 管理者在员工面前要树立威信

没有威信的管理者，即使再有能力，在下属的眼中也会显得一无所有。管理者跟下属搞好关系固然很重要，但凡事过犹不及，若距离太近，则会导致难以支配下属。任何管理者想要真正处理好与下属之间的关系，都必须学会运用相关手段来树立起自己的威信。"威信"是一种无言的召唤和无声的命令，树立威信的第一要素就是"严"，指的就是要求，管理者应当对下属严格要求，事无巨细，工作中的每一件小事都应当要求下属做到极致，威信就是靠平时的一点一滴建立起来的。树立威信的第二要素是"威"，制定严格的企业管理制度，让每一位下属自觉地遵守企业纪律，通过法治加强管理者的威信。威信的建立能够让下属不自觉地对管理者服从，即使是在没有监督的情况下，也能严格要求自己高标准地完成工作。

管理者与下属之间的关系，究其本质还是一种工作关系，作为企业管理者，既要了解员工、关爱员工，与员工构建有温度的工作关系，又要严格要求、奖惩立威，与员工构建适度压力的上下级关系。未来的管理者还需要根据不同时代的员工群体，在实践中不断探寻与摸索，把握好与下属相处的度，真正有效地构建起健康的上下级关系。

三、案例分析

管理者与员工相处之道

"对所有的烦恼说拜拜，对所有的快乐说嗨嗨"，在海底捞过生日的趣味短视频席卷网络，成为时下年轻人过生日必做的清单榜首，以热情周到的员工、细致贴心的个性化服务而出圈的海底捞火锅深受年轻人的喜爱。海底捞能够出圈离不开它别具一格的服务模式，更离不开这种模式背后备受称赞的"海底捞之道"。

"双手改变命运"是海底捞的创业理念，也是企业的核心价值观，而它的员工正是这样一群不愿仅仅止步于温饱，而是想通过自己的双手去努力创造更好生活的人，因此比起社会中"领导"与"员工"冷淡的从属关系，海底捞更愿意把员工当作家人，充分关爱员工，尊重员工意见，处处为员工考虑，致力于给予员工"家"的温暖。例如，海底捞设立了健全的后勤和福利保障制度，为员工提供宿舍、餐食、娱乐空间、家政服务、保险服务等，满足员工各方面的生活需求，使他们能够在结束每天疲惫的工作后得到充分的休息，从而以饱满的热情继续开始第二天的生活；设立轮岗制度，员工可以在工作组内相对自由地互换岗位，这样能够在很大程度上帮助他们消减单调工作带来的枯燥与乏味；践行"平等主义"，设立公平公正的晋升制度，每一位员工都可以凭借自己的努力成为管理者，增强他们的企业认同感。海底捞亲情化的管理在物质和精神两个方面都充分给予了员工"家"的温暖。

作为服务行业，任何一家企业都希望打造一支高效率、高满意度且具有强烈服务热情的员工队伍，但似乎只有海底捞做到了这一点，而这正是源于员工的"主人翁意识"。这份"主人翁意识"来自海底捞给予员工在结账时打折、免单、赠送菜品礼品的权限，充分提升了他们的归属感，也给予了他们充分的信任与尊重：他们并不只是为了一份工资而受人指使、任人差遣的"打工人"，他们还是这个企业的一分子，他们拥有自己的主动权。

海底捞充分关爱员工，同时也会严格要求员工，会通过垂直与平行式的评价方式进行考核，时刻督促约束员工的日常行为，工作中屡次出现失误会被通报批评，屡教不改会被处以一定数量的罚款，但若该员工之后有较大进步，"罚款"又会以本利的形式返还，既起到了警示作用，又维持了和谐、积极的工作氛围。这就是海底捞的"相处之道"：关爱但绝不溺爱，而这种"道"也正是海底捞"快乐工作，微笑服务"的秘诀。

无独有偶，知名企业惠普内部也奉行类似的企业文化。谈及惠普，大家并不陌生，作为硅谷神话，惠普是全球仅次于IBM的计算机及办公设备制造商，成立六十多年来从未停止创新和变革的步伐，在科技产业屹立不倒，而它凭借的便是在业界备受推崇的"惠普之道"：惠普创始人威廉·休利特和戴维·帕卡德以人为本的管理思想。

在惠普的文化中，质量是企业的生命，提高质量有很多种办法，而培养人才是其中最重要的一种。在高科技公司"金钱驱动"的竞争环境中，帕卡德意识到，对于一个企业最重要的，不是技术，而是人才，员工的工作质量对于企业的信誉而言有直接的影响，因此为了留住可贵的人才，休利特和帕卡德以充分的信任与近乎完美的工作保障向员工展示了惠普的真心与诚意。

休利特和帕卡德将公司的全体员工当作"博士"看待，认为每个员工的尊严和价值是"惠普方式"极其重要的组成部分，正因为对每个员工都很看重，所以惠普公司有一条不成文的规定——每位员工一经聘用，绝不轻易辞退，即使在经济危机爆发人人自危时，惠普也同样做到了这一点。除此之外，管理者与下属间的相处模式是"走动式的惠普管理方式"：经理会经常在自己的部门中走动，或者出现在随意的讨论中；员工可以在公司中举办茶话会、交流午餐，以及在办公室走道里随意交谈等。管理者通过随意交流或正式会谈与员工保持密切联系，进而融入其中拉近两者距离，其中体现的同样是对员工的信任和尊重。融洽和睦的上下级关系、充分给予的尊重与信任、温厚坚实的人文关怀、温馨积极的工作环境，这一切都是惠普员工不断创新、敢于突破、坚持变革的原动力，其激发着一代又一代的惠普人坚定无畏前行，使惠普在风云莫测的高科技领域屹立不倒 60 多年。

资料来源：海底捞内部薪酬、职级、管理设计[EB/OL].2020-06-28. https：//zhuanlan. zhihu. com/p/151322411；把员工尊为"博士"——惠普的企业文化[EB/OL].2021-05-13. https：//zhuanlan. zhihu. com/p/372133670.

分析点评

在战争中，除了作战时多变的战略，军队本身也起到决定性的作用，因此作为将领，待兵之道是其必修之法。将领如何"待兵"，孙子认为要"视卒如爱子"，同时主张"譬若骄子，不可用也"，也要做到严格要求，不可只溺爱不管教。

在现代企业管理中，管理者与员工之间的关系也应该做到一方面与员工建立情感连接，另一方面对其严格要求。

海底捞始终秉持"以员工为重"的精神，充分关心员工的日常生活和情绪健康，以人性化和亲情化的管理让员工感受到"家"的温暖，同时设立标准化和规范化的制度，辅以必要的惩罚措施，使员工对工作本身保持敬畏心，从而保证工作本身的质量。"关爱但绝不溺爱"的"海底捞之道"让管理者与员工之间"有距离"地亲近，从而形成企业独特的风格，使海底捞在市场上大获成功。"惠普之道"则更加充分地解释了"视卒如爱子"在企业管理中的成效，给予员工充分的尊重和信任，以及温厚坚实的人文关怀让惠普留住了大批人才，也让员工敢于创新、不断突破、坚持变革。"走动式的惠普管理方式"使管理者与员工之间和谐相处，使企业成为一个整体，从而抵挡住 60 多年的风风雨雨。

作为企业的管理者，充分关爱员工，建立具有人文关怀的企业文化，可以给予员工心理层面的鼓舞，使他们发自内心地产生对企业团队的归属感与集体荣誉感，进而更好地在精神上成为企业的一部分。与此同时，管理者也需要通过健全企业规章制度去规范和约束员工的行为，从而使员工与企业步调一致，增加团队的核心凝聚力。坚持"以人为本"与"严令法治"相结合，这就是企业成功必不可少的"上下相处之道"。

第四节 战事评估：企业要把握入市时机

敌我双方的军事实力如何，什么时候投入战事，什么样的敌军可以去攻打，对这些情况都要进行详细评估。即使没本事知道敌人，也一定要知道自己，还要知天、知地、知环境。孙子"战事评估"思想的原文如下：

知吾卒之可以击，而不知敌之不可击，胜之半也；知敌之可击，而不知吾卒之不可以击，胜之半也；知敌之可击，知吾卒之可以击，而不知地形之不可以战，胜之半也。故知兵者，动而不迷，举而不穷。故曰：知彼知己，胜乃不殆；知天知地，胜乃不穷。

《地形篇第十》

一、"战事评估"阐释

到底能不能打，孙子讲了三种情况。

第一种情况：知吾卒之可以击，而不知敌之不可击，胜之半也。这是知己，不知彼。知道我军能打，不知道敌军也很强大，不一定打得下来，那胜算只有一半。

在战场上，不仅要能知己，也要知彼，知己知彼，才能胜券在握。李世民能看透敌人，也能认清自己，而且能动态地把握、驾驭敌我军情、军心的变化，制造必胜的时机。他说如果你们没有我这个水平，不用把敌人看透，只要能认清自己，也不至于失败。

第二种情况：知敌之可击，而不知吾卒之不可以击，胜之半也。知道敌人有懈可击，却不知道我们自己的部队不行，不一定能拿下来，这是知彼，不知己，胜算还是只有一半。

所以知己不知彼，或知彼不知己，都不能决胜。

李世民说："吾尝临阵，先料敌之心与己之心孰审，然后彼可得而知焉。察敌气与己之气孰治，然后我可得而知焉。是以知己知彼，兵家大要。今之大臣，虽未知彼，苟能知己，则安有失利者哉。"

李世民说，他每次临阵对敌，总是先分析敌人的作战意图，和我方的作战意图，到底谁更审慎周密，这样就可以知彼了。然后再察看敌军的士气，和我军的士气，谁更旺盛，这样就可以知己了。所以，知己知彼是兵家大要。今天的大臣，就算不能判断敌人，但只要对自己有判断，有清醒认识，也不会轻易失败。

这是李世民的知己知彼观，你没本事知道别人，但一定要知道自己。我很认同这一点，我们在学习知己知彼的时候，关注的都是怎么知道别人，自以为对自己很了解。实际上，人的毛病，都是不能正确认识自己，而不是不能认识别人。做企业也是，别老研究所谓的竞争对手，知道别人在干啥，没多大用。要知道顾客需要啥，知道自己能干啥。

第三种情况：知敌之可击，知吾卒之可以击，而不知地形之不可以战，胜之半也。知道敌人可以打，也知道我军能打，但不知道地形不可以打，还是只有一半胜算。这是说知己知彼还不够，还要知地形。不知道战地的地形地貌和地理环境，取胜的把握也只有一半。

"故知兵者，动而不迷，举而不穷。"所以，懂得军事的人，行动不会迷惑，措施变化无穷。

行动之前都看透了，想透了，因此不会迷惑。知己知彼、知天时地利，因此有任何变化都了然于胸，随时应对，不会穷困而无计可施。张预注："不妄动，故动则不误；不轻举，故举而不困。识彼我之虚实，得地形之便利，而后战也。""故曰：知彼知己，胜乃不殆；知天知地，胜乃可全。"因此，知己知彼，胜利就没有危险；懂得天时地利，胜利就有完全的保障。

二、怎样才能有效把握入市时机

孙子强调将领不能贸然出兵，要观察好局势，把握好机会再出兵，以达到一击即中、一招制敌的效果。在市场经济下，企业竞争无处不在，入市时机非常重要，把握好这个时点能够让企业在市场竞争中一击即中、脱颖而出，占据消费者心目中最重要的位置。

充分把握入市时机主要看市场竞争环境和消费者的需求，这就是所谓的"知己知彼"和"知天知地"。其中"知己知彼"很好理解，就是在入市前将自己和潜在的竞争者进行优劣势的比较，明确自身的市场定位。"知天知地"指的是顾客的需求有一定的市场环境作为支撑，在正式进入市场之前，企业一定要对市场环境做出准确的判断，即使顾客有非常大的需求，也要看市场环境是否支持，否则就很有可能像摩拜单车那样，为他人培养市场，成为别人的垫脚石，因此企业需要把握好进入的市场环境和消费者需求之间的适配性。企业应当如何把握入市时机呢？总结起来有以下五个要点：

（一）了解市场环境

了解市场环境是把握入市时机的基础，企业应当充分了解市场中的消费者群体、竞争对手、市场规模、行业发展趋势等信息，这样才能对市场有一个清晰的了解，从而准确把握好入市时机。了解市场环境的方法有很多，包括调研、观察、分析等。企业可以通过问卷调查、专家访谈、消费者观察等方式，搜集有关的市场信息；也可以通过观察市场动态、分析竞争对手的动向、追踪行业发展趋势等方式，以充分了解市场环境。

（二）加强实力建设

进入市场需要有足够的资源支撑，包括人力、物力、财力、技术等。企业应该在观察市场的同时，加强自身的实力，积累足够的资源，以便在合适的时机进入市场。积累资源的方法有很多，包括融资、收购、合并等，企业可以通过股权融资、债券融资、银行贷款等方式，获得资金支持；也可以通过收购其他企业的资产或业务，增加资源；还可以通过与其他企业合并，实现资源整合。在积累资源的同时，企业还应该注重人才的培养和引进，建立完善的技术研发体系，加强自身的技术实力，为把握入市时机提前做好准备。

（三）制定营销策略

企业进入市场的类型不同，采取的策略也应不同。如果是进入新兴市场，应该先考虑"趋势跟随"或"快速入市"等策略；如果是进入成熟市场，可以考虑"增量进"或"市场重构"等策略。因此，企业在进入市场前应根据市场环境和自身实力，充分考虑市场环境、竞争对手的动向等因素，制定合理的市场进入策略，并进行策略选择。如果企业在技术方面有优势，就可以考虑进入技术含量较高的市场；如果企业在财力方面有优势，就可以考虑进入竞争比较激烈的市场。制定合理的市场进入策略，有助于企业在市场竞争中占据先机，并取得较大的市场份额。

（四）关注市场信号

市场信号是指市场上出现的各种信息和信号，包括市场动态、政策变化、竞争对手的动向等。关注市场信号有助于企业及时把握入市时机，并做出相应的调整。关注市场信号的方法有很多，企业可以通过观察市场动态、分析竞争对手的动向、追踪行业发展趋势等方式，了解市场信号；也可以通过收集市场信息，如媒体报道、行业研究报告、政策文件等，掌握市场信息；还可以通过参加行业展会、举办推广会等方式，直接与消费者沟通，了解市场需求。

（五）结合自身实力进行判断

把握入市时机不仅要考虑市场环境，还要结合自身的实力进行判断，企业应当充分发挥自身的优势，在市场竞争中占据有利地位。在结合自身实力进行判断的同时，企业还应当注意不同市场对资源配置的要求，并进行合理的资源配置。如果企业进入新兴市场，则需要更多的研发资源和市场推广资源；如果企业进入成熟市场，则需要更多的生产资源和财务资源，提前做好资源配置方面的工作，可以让企业更加准确地把握入市时机，也能更加有效地在入市之后取得明显的竞争优势。

三、案例分析

进入市场太早可能成为先烈

你上班途中是否见过地铁站旁的共享单车"海洋"？前些年引起广泛讨论的"共享单车"，已在共享经济这波浪潮中尸体横流。先入为主者和傍资本大腿者可能会脱颖而出，但总有新的产品不断问世，一时的成功不代表一世的成功，曾经轰轰烈烈的摩拜单车与ofo之争，最终皆是惨淡收场。遵循互联网风口的生命周期，如今活下来的哈啰单车俨然是最后的战士，哈啰单车可以最终逆袭，可能要归功于它对市场环境的正确判断，能够做到有效把握入市时机。

共享单车在中国的发展并不是一蹴而就，而是先后经历过几次模式迭代，才真正兴起的，在我国的发展共经历了三个阶段：第一阶段是 2007～2010 年的萌芽期，这一阶段，国外兴起的公共单车模式开始引进国内，国内模式以政府主导分城市管理，单车多为有桩单车。第二阶段是 2015～2018 年的无序发展期，2014 年中国移动互联网的快速发展和普及为共享经济提供了有利条件。以 ofo 为首的互联网共享单车应运而生，更加便捷的无桩单车开始取代有桩单车，这一阶段随着资本的大量涌进，互联网共享单车呈现爆发式发展，而后逐渐趋于冷静，进入平稳发展阶段。第三阶段是 2019 年至今的健康成长期，当初大量涌入共享单车市场的众多企业已经纷纷落寞退场，最终形成了美团、青桔和哈啰三足鼎立的局面，共享单车市场慢慢走出疯狂烧钱、恶意竞争的混乱无序阶段，迎来健康成长的盈利阶段。

回顾共享单车市场的发展历程，共享单车的拓荒者无疑是 ofo，当时的 ofo 创始人从大学就开始摸索共享单车的模式，并不断积累经验逐渐发展，故而虽然起初 ofo 的规模较小，但基本处于稳步发展之中，以自我滚动的方式良性循环发展。

在 ofo 尚处于校园之中发展的时候，摩拜单车也开始进入这个市场，与 ofo 不同，摩拜单车从一开始就高度依赖资本的扶持，进行了第一轮的融资之后开始在上海运营，随后依靠资本的扶持迅速向全国扩张。摩拜单车的发展让投资机构开始注意到还在校园市场埋头发展的 ofo，投资机构最终成功打动了 ofo，于是 ofo 也依靠资本展开了全国扩张。

ofo 和摩拜单车在短时间内飙升至数十亿美元的估值，共享单车市场引来众多资本争相下场想分一杯羹，"极短的时间、极高的估值、极多的资本参与"，曾经的共享单车赛道用这三个极端来形容，一点都不为过。无数企业、无数资本疯狂厮杀，试图通过烧钱的方式，提供大额补贴先人一步占领整个市场。

2018 年是共享单车行业的第一个节点，在这一年，曾经以割据为战的头部企业，摩拜单车被巨头并购，成为后来的美团单车，ofo 拖欠钱款艰难求生，更别说一众盲目入局的小玩家了。

从共享单车市场的发展中可以看到，当风口来临时，跑得早不一定跑得赢，通过对市场竞争环境和消费者需求的准确判断，选择正确的入场时机，做到"知己知彼""知天知地"，才能成为笑到最后的赢家。

相反，错误的入场时机则会导致连年亏损。在零售业有一种说法："世上只有两家便利店，7-Eleven便利店和其他便利店。"从1927年在美国得克萨斯州创立到现在，7-Eleven经历了近百年世界经济的多个高峰低谷周期，也经历了在美国市场的衰落和重生。7-Eleven日本公司最初拷贝了美国南方公司的模式，但它坚持"善变"与"方便"，适应变化，屡建奇功，最终收购了美国南方公司。21世纪的前20年，7-Eleven日本公司门店总数逾百万，遍布全球200多个国家，年营业总额突破4万亿日元，7-Eleven日本公司的经营模式成为全球的教学范本。

1978年，中国台湾统一企业集资创办"统一超级商店股份有限公司"，并于1979年引进"7-Eleven"。1979年5月，14家"统一超级商店"在台湾开业。然而，"7-Eleven"开业之后，连续亏损7年，直到第8年才扭亏为盈，第11年才收回投资成本。在母公司统一企业的全力支持下，统一超商经历了一段时间的努力与摸索，通过积极展店和创新行销，开启了台湾便利商店的黄金时代。

为什么"7-Eleven"在美国和日本都大获成功，到了中国台湾却连年亏损，直到第8年才扭亏为盈呢？深入调研后发现：当时中国台湾的消费者购物习惯是到大型超市，对这种便利店的零售业态没有习惯，开始根本就不接受这种零售业态。还好，"7-Eleven"的背后老板是实力强大的统一企业，否则，这么长时间的亏损，早就关门大吉了。

资料来源：共享单车两巨头渐行渐远，一家独大的哈罗展现资本追求厚利的本色[EB/OL].2020-01-15. https://zhuanlan.zhihu.com/p/102771470.

分析点评

一名优秀的将领往往有着对战局敏锐的觉察能力，真正懂得用兵的将领往往目标明确而不被战局迷惑，只有作出清晰的战事评估，正确地判断敌我的优劣势，才可能有百分之百的胜算，正所谓"知彼知己，胜乃不殆；知天知地，胜乃不穷"。商业竞争中亦是如此，在群魔乱舞、相互厮杀的竞争中，只有正确地判断时局，选择最恰当的入市时机，才能赢得最后的商业胜利。

在共享单车市场中，摩拜单车与ofo入场时间最早，然而即使消费者对共享单车有巨大需求，当时的市场环境却还不成熟，摩拜单车和ofo通过烧钱补贴的方式吸引消费者，以高额的代价培养市场，最终倒在黎明前，成为他人的垫脚石，选择在中后期入场的哈啰单车，直接拥抱了成熟的消费者需求和良好的市场环境，最终活到了稳定盈利的市场成熟期。7-Eleven进入中国台湾市场时，并没有事先做好全面的市场调研，面对不契合的消费者习惯，只能以长期的亏损为代价，经过对市场与消费者进行不断的教育和培养，最终入场十年才堪堪收回成本。

在现代商业中，市场总是瞬息万变，因此时机非常重要，企业要把握好入市时机，做到在市场竞争中一击即中，直接占领消费者心智。"知己知彼"和"知天知地"是抓住入市时机的不二法宝，只有精准地把握当下市场环境与消费者需求，才能做出明智的决策，带领企业获得最大收益。

附录 《地形篇》原文与翻译

请扫描二维码，了解《地形篇》的原文与翻译。

商解《九地篇》制胜之道

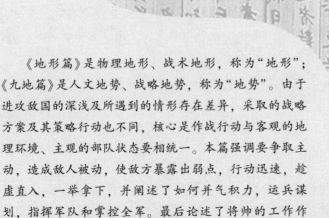

　　《地形篇》是物理地形、战术地形，称为"地形"；《九地篇》是人文地势、战略地势，称为"地势"。由于进攻敌国的深浅及所遇到的情形存在差异，采取的战略方案及其策略行动也不同，核心是作战行动与客观的地理环境、主观的部队状态要相统一。本篇强调要争取主动，造成敌人被动，使敌方暴露出弱点，行动迅速，趁虚直入，一举拿下，并阐述了如何并气积力，运兵谋划，指挥军队和掌控全军。最后论述了将帅的工作作风，深入他国后的行动内容及行动保密与机动。

第一节 九地用兵：企业经营不能"一招鲜吃遍天"

所谓"九地"，是指进攻敌国的深浅及对战略行动有影响的各种不同情形。进攻敌国时，在不同战地，所采取的战略方案和策略行动也要随之变化。"九地用兵"思想的原文如下：

> 孙子曰：用兵之法，有散地，有轻地，有争地，有交地，有衢地，有重地，有圮地，有围地，有死地。诸侯自战其地，为散地。入人之地不深者，为轻地。我得则利，彼得亦利者，为争地。我可以往，彼可以来者，为交地。诸侯之地三属，先至而得天下之众者，为衢地。入人之地深，背城邑多者，为重地。行山林、险阻、沮泽，凡难行之道者，为圮地。所由入者隘，所从归者迂，彼寡可以击吾之众者，为围地。疾战则存，不疾战则亡者，为死地。是故散地则无战，轻地则无止，争地则无攻，交地则无绝，衢地则合交，重地则掠，圮地则行，围地则谋，死地则战。
>
> 凡为客之道：深则专，浅则散。去国越境而师者，绝地也；四达者，衢地也；入深者，重地也；入浅者，轻地也；背固前隘者，围地也；无所往者，死地也。
>
> 是故散地，吾将一其志；轻地，吾将使之属；争地，吾将趋其后；交地，吾将谨其守；衢地，吾将固其结；重地，吾将继其食；圮地，吾将进其途；围地，吾将塞其阙；死地，吾将示之以不活。
>
> 故兵之情，围则御，不得已则斗，过则从。
>
> 《九地篇第十一》

一、"九地用兵"阐释

孙子在《地形篇》中提出的六种"地形"，是指地形地貌的物理状态。这里的"九地"是指地势，战地的形势；由于进入敌国的深浅、与周边国家的关系、敌我军心及综合支持等方面存在差异，在不同地势上也应采取不同的战略行动方案。

根据用兵的规律，从战略层面来说，有九种地势对作战有重大影响，分别是散地、轻地、争地、交地、衢地、重地、圮地、围地、死地。不同的地势，行军作战的方式也不同。

(一)"散地"

诸侯在本国境内作战的，叫散地。

为什么在本国境内叫"散"呢？曹操注："士卒恋土，道近易散。"就在自己家附近，管不好就溜回家了，军心容易散，士卒容易溃散。

李筌注："卒恃土，怀妻子，急则散，是为散地也。"

杜牧注："士卒近家，进无必死之心，退有归投之处。"

在散地的作战原则是什么呢？孙子说："散地则无战。"不要轻易作战。贾林注："不可数战。"不要打太多次，要战，一次搞定。如果敌人深入我国国境，一心一意就要求战。我们只能坚壁清野，派轻兵阻断敌军运输线，绝其粮道。这样他挑战不得，给养又跟不上，抢掠又没东西，必然三军困馁。这时候观察他的状态，再设计诱击敌人，方可成功。如果一定要野战，则必须依靠地势，依险设伏。没有险要地势，则依靠天气阴晦、昏雾，总之要隐蔽，出其不意，攻其无备。在散地，退守城中，万众一心守住城。

(二)"轻地"

进入别人国境不深的地区，叫轻地。

"轻地"，刚刚进入敌境，又没有背靠险要，士卒心里，都希望回家，前进很困难，后退却很容易。这种情况，要选精锐骑兵，在侧翼埋伏策应。如果与敌人相遇，不要犹豫，即刻攻击。因为这时候敌人是在"散地"，战斗意志比我军还要差呢！

如果敌人没来，则迅速通过，不要在轻地停留，让士卒快快抛弃离家的愁绪，死了回家的心。进入轻地，让部伍营垒密近连属，一来防止敌人来攻，可以相互救助；二来也防止士卒逃跑。

(三)"争地"

我得则利，彼得亦利者，为争地。

"争地"，兵家必争之地，谁先占领对谁有利。为什么呢？曹操注："可以少胜众，弱击强。"只要占了这地势，少可以胜众，弱可以击强。因此，对方占了争地，己方就不要去硬攻。

李筌注："此阨喉守险地，先居者胜，是为争地也。"

"争地，吾将趋其后"，为了抢先占据争地，我们当疾进，抄到敌人后面，抢先到达。

(四)"交地"

我可以往，彼可以来者，为交地。

交地，就是平原无险，道路四通八达。甚至没有道路也可畅行无阻，我来得，敌人也来得，谁也挡不住谁。

在交地的作战原则是什么呢？孙子说："交地则无绝。"曹操注："相及属也。"就是你的部队要首尾相接，中间不要有空档，有空档，就容易被人截断，吃掉你的尾巴，或被分割，分别包围了，让你首尾不能相应。

部队不要分割，也不是绝对的。孙子说"交地则无绝"，是不要断绝，并不是绝对的首尾相属在一起，一点也不分开。比如，要保障粮道，就要分兵去保粮道。要占高阳之地，也可能分兵一部分，另据地形，成掎角之势。主动分兵，并不叫"绝"。你应当做的是注意行军布阵不要有空档，要能相互策应，保持联系，不能让敌人乘虚而入。

(五)"衢地"

诸侯之地三属，先至而得天下众者，为衢地。

衢地就是三国交界之地。"衢地则合交"，在衢地的战略方针，是搞好外交，和第三国结盟。到达衢地，不一定军队要先到，外交使者可以先到衢地，带着重币厚礼，先订盟约。军队虽然后到，盟约已成。两国合攻，敌人莫之能挡。这就是《谋攻篇》说的"上兵伐谋，其次伐交"的道理。衢地合交，结交诸侯，使其牢固，不要让敌人抢先和邻国结盟，也不可让他破坏了我们的盟约。

(六)"重地"

入人之地深，背城邑多者，为重地。

深入敌国很深，背后有很多敌国的城池了，很难返回自己国家了。李筌注："坚志也。"既然回国很难，就死了心吧，不想回国的事，专心一意，战斗到底的意志也坚强了。

重地的关键是给养，是粮草，是物资。因为我们深入敌境，后勤跟不上，就要因粮于敌，就地解决给养和物资。曹操注："掠彼也。"抢掠敌国。

（七）"圮地"

山林、险阻、水网、湖沼等难于通行的地区，就叫圮地。

贾林注："经水所毁曰圮。"曹操注："少固也。"何氏注："圮地者，少固之地，不可为城垒沟隍，宜速去之。"

圮地怎么办？"圮地则行"，下面都是水，没法固定，没法筑城，没法修筑工事，没法扎营，只能快速通过，不要停留。

（八）"围地"

所由入者隘，所从归者迂，彼寡可以击吾之众者，为围地。

"所由入者隘"，进去的道路很狭窄，而"所从归者迂"，要想回来，道路则迂回、曲折、遥远。困在这样的地形里，敌人用很少的兵力就可以击败我们。这就叫围地。

李筌注："举动难也。"杜牧注："出入艰难。"

不仅进得去、出不来，而且作战也施展不开。这怎么办呢？孙子的忠告是"围地则谋。"就是说：要想办法！如果没有奇谋妙计，还真出不来。

进入围地，被人包围了，自己把那缺口堵上，不让敌人攻进来，自己也不准备出去。敌我双方都展示出坚守的意志，这样我们的士卒也能"宾至如归"，以军为家，万众一心，安心御敌。然后，策划各种迷惑敌人的表演给敌人看，让敌人放松戒备，我们再奋起直战，倾巢突围。

（九）"死地"

疾战则存，不疾战则亡者，为死地。

各家怎么讲死地呢？曹操注："前有高山，后有大水，进则不得，退则有碍。"李筌注："阻山，背水，食尽，利速不利缓也。"处于"死地"，没有退路，只有"疾战"。

"疾战"应该解释为进行激烈战斗，决一死战。只有"吾将示之以不活"的决心全力投入战斗，说不定还有活路。即使不能活着突围，也要拉几个垫背的一起死，也死得够本。亡命徒的战斗力很可怕。

二、企业经营为什么不能"一招鲜，吃遍天"

孙子的"九地用兵"思想阐述了在战争中，要根据不同的地势境况，采用不同的用兵策略，而不能一成不变、故步自封。这一思想对企业经营策略选择具有指导性意义，由于地域差异、时代变迁以及消费者不同，企业采取的经营策略也不可能始终保持不变，不可能"一招鲜，吃遍天"，而应该顺应时代趋势和消费者变化，不断调整甚至改变自身的经营策略。

地域不同，企业采取的经营策略也要不同。不同国家之间，或者同一国家的不同地域之间，经济发展水平、社会人文环境、人文风土习俗等方面存在巨大差异，甚至有天壤之别，企业在经营过程中，要针对不同地域的实际情况，采取不同的经营策略。经营是一个脚踏实地的事情，但有些人总想着走捷径，以为可以"一招鲜，吃遍天"，用投机取巧甚至一劳永逸的方式来经营企业，这显然是行不通的。跨国企业开拓海外市场，最重要的是如何适应国外市场，这是打开国外市场的基础。在中西方文化差异的背景下，国外市场与国内市场在政治环境、文化环境、经济环境等方面都有较大差异。跨国企业在面对国外市场不同环境时，只有采取差异化的经营策略才可能取得好效果。跨国企业进入海外市场，应当首先对海外市场状况有较深入的了解，如海外市场消费者的购物习惯、消费水平、需求情况等，只有深入了解国外市场情况，才能有的放矢地采取适当的营销策略。

时代变迁，企业的经营策略也要不断迭代。进入 21 世纪后，各项颠覆性技术以指数级的速度发展，信息技术、互联网、大数据、云计算、区块链、人工智能、5G、物联网等科学技术，渗透在企业生产、经营、营销的方方面面。全球化、市场化、城市化、工业化、信息化紧密地交织在一起，现在的市场环境与之前相比发生了翻天覆地的变化。以前是市场产品稀缺、资金缺乏、信息闭塞、运输不便，而如今是市场产品严重过剩，获取资金的渠道越来越多样，信息十分透明，物流也高度发达，这一切的改变无不显示着时代变了。市场环境变了，而且这种"变"还是"瞬息万变"，企业如果还坚守着从前的那一套是完全没办法在如今的市场环境中存活下来的，而且政策会随着时代变迁不断调整，原来国家和地方政策可能非常支持某一产业的发展，多方面出台扶持性政策，但后来这一产业出现产能过剩，政策上不但不扶持，还可能要从财政、货币或者税收等方面出台抑制性政策。因此，企业的经营策略必须随着时代的变迁，不断更新迭代、与时俱进。

消费者变了，企业的经营策略也要随之改变。随着社会、经济、文化和科技的快速发展，消费者也在不断改变，无论是信息搜索、购物渠道，还是购物习惯和消费心理，都发生了很大的变化。在产品极大丰富、购物方式如此多元化的今天，消费者已经从追求物质上的丰富逐步过渡到渴望精神上的满足，"体验感"和"场景化"击败了产品价格、外观等因素，成为广大消费者的新追求。由于教育模式和信息传播方式的变革，年轻人的成长更为迅速，代际差异更加明显，代际的划分时段也进一步缩短，从原来的每三十年，缩短到每十年，甚至三五年，接续出现"N世代""Z世代""α世代"，并且在这些不同的世代中，还会因为群体接触的文化及流行元素的不同，出现明显的同一世代群体中的内部差异，最终形成多种形式的圈层文化。新生代消费者在消费时更多关注产品颜值、社交属性、潮流度以及自我喜爱度等，具有明显的小众效应和圈层文化效应。因此，企业应当建立以消费者为中心的经营策略，时刻关注消费者的变化，并及时响应消费者的需求。

当然，"一招鲜"在短期内或特定情况下，不能说没有一点作用，但绝不可能和以前一样成为普遍策略，企业更重要的还是得立足于一个长远稳定的战略，这样才能有长期健康的发展。说一千道一万，企业认认真真、踏踏实实做市场才是正道，才能抓住用户的心，才能最终把市场经营好。那些总是想着一招制胜的企业，本身就是投机取巧的心理作祟，而这恰恰是经营中最不可取的想法。

三、案例分析

肯德基
跨国企业的本地化经营策略

大盘鸡风味鸡腿双层堡你吃了吗？没错，肯德基又出新品汉堡了！继之前的麻辣香锅汉堡、小龙虾汉堡、卤辣辣卤鸭鸭汉堡等中国口味汉堡，肯德基再次发力，于兔年新年期间推出新品汉堡——大盘鸡风味鸡腿双层堡，以获得中国消费者的喜爱。

肯德基(Kentucky Fried Chicken)，来自美国的著名连锁餐厅，主要出售炸鸡、汉堡、薯条、蛋挞、汽水等高热量快餐食品，目前已成为世界最大炸鸡连锁企业。肯德基采取国际化战略，已在全球 80 多个国家拥有 26000 多家餐厅，但因为不同国家之间的经济发展水平、人文风土习俗、社会人文环境等方面存在巨大的差异，肯德基在实际经营过程中，一直坚持采用本土化经营策略，针对不同国家，推出不同的产品，采取不同的营销方式。

从中国市场的肯德基来看，为了迎合中国消费者的喜好，肯德基在中国始终坚持本土化原则，聘请多位国内专家学者作为顾问，负责改良、开发适合中国人需求的快餐品种。看中国肯德基官网，你会发现菜单一共有六大项：早餐、午餐、下午茶、晚餐、夜宵、甜品站，餐点种类多达上百种。其中，早餐系列特地推出豆浆、油条、春卷、粥品等，午餐系列推出香辣肉酱鸡腿饭、港式烧味脆皮大鸡腿饭、芙蓉荟蔬汤等，饮料系列推出黑糖珍珠奶茶、九珍果汁、K 记凉茶、热柠檬红茶等，每一项都迎合了中国消费者的口味。因为中国地大物博，每个城市的人文风土习俗也会存在较大的差异，肯德基当然也注意到了这一点，它还推出了城市限定产品，如武汉热干面、北京炸酱面、湖南牛肉米粉、福州鱼丸、河南胡辣汤、杭州小笼包、柳州螺蛳粉等。正是因为对中国饮食文化和风俗习惯的看重，才让肯德基占据了较高的市场份额，可以说为中国消费者推出适合其口味的产品是肯德基在中国市场持续成功的不二法宝。

肯德基在产品方面可谓下足了功夫，当然在营销方面也充分考虑了中国市场的特点，如巧借明星势能，让品牌赢得流量之战，中国市场"流量优势""粉丝经济""网红经济"突出，因此肯德基在明星代言上启用了"短期签约，聚焦引爆，快速收割"的策略，在明星最红火的时候借势，聚焦企业所有资源进行营销，并将所有话题都引向新产品和门店，在短期内为门店进行引流，收割明星的铁杆粉丝。此外，肯德基还很善于做跨界营销，利用双方品牌的渠道资源，覆盖更多的目标人群，一次好的跨界，不但能共享两个品牌的粉丝，还能在提升品牌形象的同时，给顾客带来新的体验，肯德基就曾与英雄联盟、天天爱消除、阴阳师、最终幻想、剑与远征等知名游戏的厂家进行合作，攻占游戏圈层的消费者；还与泡泡玛特合作推出 DIMOO 联名款盲盒套餐，攻占盲盒消费爱好者。肯德基通过产品和营销两方面的本土化经营策略，成功占领中国市场，成为中国消费者心目中知名的快餐品牌。

再看处于热带地区印度市场的肯德基，因为印度地区气候炎热，食物难以保存，因此按照当地的饮食习惯，更喜欢在食物中加入香料，做成糊状，因此印度人起初很难接受西方的饮食习惯。处于印度市场的肯德基首先从改良和开发产品出发，改变菜单以适应印度人的口味和文化，推出很多含草药和香料的产品，如咖喱炸鸡、辣味炸鸡、印度奶茶等，对于巨无霸牛肉汉堡，肯德基也将牛肉换成了鸡肉以符合印度的宗教文化。此外，因为印度有很多素食主义者，所以不同于其他国家的小食拼盘，肯德基特地推出了很多素食小吃。在营销方面，肯德基也同步发力，从店面布置开始就处处迎合印度人的观念；比如服务员都穿着统一的绿色围裙，与当地著名设计师合作，设计具有印度特色的产品；与当地的社交媒体平台合作，发布宣传广告短片、趣味营销视频、活动推广信息等。

最后，我们看看欧洲国家英国市场的肯德基，肯德基在英国也遵循着本土化经营策略，结合当地文化、口味和健康饮食需求，推出符合当地人口味的产品和服务，以提升品牌在本地市场的知名度和美誉度。在产品方面，肯德基根据英国人的口味和需求，推出了 Booster Wrap 和 Zinger Burger，还推出类似于英式早餐的餐品，煎蛋、熏肉和香肠等，并且肯德基在控制卡路里方面也做了一些调整，减少热量高的食品，增加低卡路里的选项，加强健康饮食的意识，以迎合英国人对健康饮食和卡路里控制的需求。在营销策略上，肯德基会结合英国当地文化和传统节日组织一系列的活动，比如在圣诞节时会推出圣诞狂欢主题活动；会在英国年轻人最爱的 YouTube 和 Instagram 上进行营销推广，以吸引众多年轻消费者的喜爱。

正如中国百胜餐饮集团总裁苏敬轼所说的那样：让消费者得到物有所值且本土化的服务才是肯德基对他们最大的尊重。肯德基一直坚持"九地用兵"思想的本土化经营策略，在不同国家采取不同的产品和营销策略，才会一步步成为全球知名的跨国企业。

资料来源：印度人口超十亿，肯德基麦当劳在这里发展却很不顺利［EB/OL］. 2017 - 11 - 09. https：//zhuanlan. zhihu. com/p/30883489；从肯德基的中国特色本土化，窥探跨文化营销如何破局新市场［EB/OL］. 2021 - 03 - 27. https：//www. 163. com/dy/article/G64NHR850511A7JO. html.

分析点评

《行军篇》中根据不同的地形来处置军队和观察判断敌情，在山地、江边、沼泽、平原等地分别采用不同处军原则；在商业竞争中，在不同地域采取不同的营销策略，将自身产品的特色与当地文化和风俗习惯相结合，能够带给消费者更独特的产品印象，从而获得更有效的市场推广效果。

肯德基作为一家跨国企业，连锁门店遍布全球，面对不同国家截然不同的经济发展水平、人文风土习俗和社会人文环境，以同一种产品和营销方式去做市场推广肯定行不通的，"一招鲜，吃遍天"是不可能的。肯德基采取本土化经营策略，在不同国家根据当地消费者的口味改良和开发产品，如在中国推出油条、豆浆、粥品等具有中国特色的早餐系列产品；在印度推出符合当地风俗习惯的咖喱炸鸡、辣味炸鸡和素食小吃等产品；在英国推出煎蛋、熏肉、香肠以及低热量产品。正是因为肯德基善于运用"九地用兵"思想，才能在国际市场上大获成功。

在当前市场竞争中，企业越来越注重差异化和个性化，并且随着企业发展的规模不断扩大，自然而然会在不同城市、不同地区甚至不同国家开拓新市场，这时"九地用兵"思想就显得格外重要，面对不同的市场环境，企业需要采取不同的经营策略，只有这样才能在激烈的全球化竞争中脱颖而出。

第二节　激发斗志：管理者要善于激发员工的斗志

士兵没有斗志，这支军队就没有士气，就不可能有战斗力。一位优秀的将领，一定是激发士兵斗志的高手。作为将领，在关键时刻，甚至要特意制造危机来激发士兵的斗志。有人总说，将领要民主，要仁爱；战争残酷，莫言民主。"激发斗志"思想的原文如下：

凡为客之道：深入则专，主人不克；掠于饶野，三军足食；谨养而勿劳，并气积力，运兵计谋，为不可测。投之无所往，死且不北，死焉不得，士人尽力。兵士甚陷则不惧，无所往则固。深入则拘，不得已则斗。是故其兵不修而戒，不求而得，不约而亲，不令而信。禁祥去疑，至死无所之。吾士无余财，非恶货也；无余命，非恶寿也。令发之日，士卒坐者涕沾襟，偃卧者涕交颐。投之无所往者，诸、刿之勇也。

将军之事：静以幽，正以治。能愚士卒之耳目，使之无知。易其事，革其谋，使人无识；易其居，迂其途，使人不得虑。帅与之期，如登高而去其梯；

帅与之深入诸侯之地，而发其机，焚舟破釜，若驱群羊，驱而往，驱而来，莫知所之。聚三军之众，投之于险，此谓将军之事也。九地之变，屈伸之利，人情之理，不可不察。

施无法之赏，悬无政之令，犯三军之众，若使一人。犯之以事，勿告以言；犯之以利，勿告以害。投之亡地然后存，陷之死地然后生。夫众陷于害，然后能为胜败。

《九地篇第十一》

一、"激发斗志"思想阐释

激发全体将士的斗志，增强军队的战斗力，这是将帅要干的事情。危机形势能有效激发士兵的斗志。孙子曰："兵士甚陷则不惧，无所往则固。深入则拘，不得已则斗。是故其兵不修而戒，不求而得，不约而亲，不令而信。"陷于危亡之地，人人持有必死之志，反倒无所畏惧，无处可逃就会坚定决心，深入敌后会更加遵守军纪，迫不得已定会拼死战斗。于是，士兵不严格管束也谨慎戒备，不鼓舞动员也斗志昂扬，不约法三章也相互团结，不三令五申也认真执行。当将领把军队投到除向前拼命外无路可走的地方，他们个个都像专诸和曹刿一样勇敢。有两种激发士兵斗志的方式。

一是主动激发，积极努力。孙子曰："投之无所往，死且不北，死焉不得，士人尽力。"把部队投到无路可走的地方，士卒宁愿战死，也不会逃跑。因为"无所往"，也没地方逃。"死焉不得"，士卒敢于拼死，焉有不得胜之理。曹操注："士死，安不得也。"士兵到了这种境地，就不得不尽力了。曹操注："在难地，心并也"，必须齐心并力。

《尉缭子》说："一贼仗剑击于市，万人无不避之者，臣谓非一人之独勇，万人皆不肖也，必死与必生，固不侔也。"一个强盗拿着剑在街上砍，万人皆避之。不是说这一个人勇敢，万人都懦弱。是因为他有必死之心，而其他人都想活。

"帅与之期，如登高而去其梯。"主帅交给部属任务，就像派他登上楼，然后抽掉梯子，他只能上，不能退。

"帅与之深入诸侯之地，而发其机，焚舟破釜，若驱群羊，驱而往，驱而来，莫知所之。"主帅率领军队深入敌境，就像拔弩机而射出箭一样，只可往而不可返；把船烧了，把饭锅砸了，就在今日决一死战。将帅指挥士兵，就像驱赶羊群一样，赶过去，赶过来，大家只知道跟着走，而不知道要去哪里。

二是客观激发，环境所迫。故兵之情：围则御，不得已则斗，过则从。所以士兵的心理，被包围就会抵抗，迫不得已就会奋勇战斗，陷于危急的境地，就会听从指挥。孙子曰："投之亡地然后存，陷之死地然后生。夫众陷于害，然后能为胜败。"把军队投放在亡地上，然后才能保存；军队陷入死地，反而能得生。因为士兵陷入危险的境地，反而能操纵胜败。不到生死存亡的时候，士兵不能置生死于度外，不能专心致志、死心塌地地殊死作战，因为他还有别的选择。所以，一旦军队投置于亡地、死地、绝境，才能爆发出他们的小宇宙，打败敌人。

为了有效激发士兵的斗志，孙子认为需要一系列的配套举措。①消除迷信。"禁祥去疑，至死无所之。"禁止迷信活动，消除部属的疑惑，战斗至死，也不逃走。曹操注："禁妖祥之言，去疑惑之计。"禁止巫婆神汉为士卒卜算吉凶，以防乱了军心，则士卒专心致志，誓死作战。当然也有反其道而行之的，将领装神弄鬼，给军队卜算一个大吉大利，让大家奋勇作战。田单守即墨，就运用了这种办法，其让一个士兵扮成神仙，向他行礼，侍奉他，每发令，都说是神仙的意思。②保守机密。"能愚士卒之耳目，使之无知。"不能让士卒知道作战意图。每个人只知道自己的任务，不知道整体的作战意图和计划，这是军事保密的需要。不要总想要发挥民主，让普通士兵参与进来，听听他们的心声，战争是残酷的，不要总是讲求民主。③周密部署。"易其事，革其谋，使人无识；易其居，迂其途，使人不得虑。"行动经常变化，计谋不断更新，别人无法识破机关。驻军经常变换地方，行军多绕弯路，谁也不知道要去哪。要让手下人保密，最好的方法就是他不知道那秘密，那敌人派多少间谍进来，也是白搭。④重重奖励。"施无法之赏，悬无政之令。""无法""无政"，是打破常规。贾林注："欲拔城，隳国之时，故悬法外之赏罚，行政外之威令，故不守常法、常政，故曰：无法、无政。"重赏之下必有勇夫，要攻城拔寨的时候，就要悬超越法定的奖赏。战争是非常时期，要颁布打破常规的号令。为了胜利，平时的一些规矩就不遵守了，但要遵守临时的、特殊的规矩。

二、管理者如何激发员工的斗志

孙子认为，外在的危机形势能够有效激发士兵的斗志，外在的危机形势有两种形成模式：一是主动激发，投之亡地而后存；二是客观激发，环境所迫：陷于死地而后生。企业管理者应当如何有效激发员工的工作积极性和主动性，让员工自发地工作呢？

(一)主动激发

企业管理者可以通过设定挑战性的目标来激发员工的斗志。设定挑战性的目标可以让员工感受到一定的压力，从而激发他们的斗志，促使他们努力工作。例如，企业管理者可以设定在短时间内完成一项重要项目的目标，这种方式可以让员工感受到时间上紧迫的压力，从而加紧工作。企业管理者还可以设定在竞争激烈的市场中取得明显优势的目标，在这种情况下，员工面临竞争对手和外在未知环境的威胁，自然会努力提升工作绩效，完成工作目标。因此，设定挑战性的目标可以有效激发员工的斗志，促使员工努力工作，提升工作效率，同时也能提高整个企业的组织绩效和竞争力。

企业管理者可以通过强化员工之间的竞争来激发员工的斗志。适当的竞争能够让员工感受到自己与他人之间的差别，并且给员工一种末位淘汰的危机感，从而促使他们努力工作。竞争可以通过各种形式来体现，比如让员工比赛完成一项任务的速度或质量，这样的竞争能够让员工感受到来自身边同事的威胁，并且适当的竞争还能提升员工的个人能力，增强他们的主动性和创造性。因此，企业管理者可以根据企业的情况适当地设定竞争机制，以此来激发员工的斗志，提升员工的工作绩效。

企业管理者还可以通过设置奖励机制来激发员工的斗志。奖励机制包括企业给予员工的各种奖励形式，比如奖金、分红、晋升机会、股权激励等。企业管理者应根据自身情况设定适当的奖励机制，并且设置一定的奖励情境，在员工完成危机任务后给予丰厚的奖励，以此来激发员工的斗志。企业管理者通过奖励机制能够让员工感受到企业对自己的肯定，从而促使员工自发地工作，并且这种正向的奖励还可以让员工更加清晰地明白企业想要什么样的行为，也更有动力和信心创造更高的工作业绩。

(二)客观激发

当企业面临社会危机时，如经济危机、重大自然灾害、社会卫生事件影响等，员工会感受到失业的威胁，也可能会激发他们的斗志。在社会危机时期，企业会面临资金短缺、经营困难、市场竞争加剧等问题，这些问题会压缩企业生存空间，企业很可能会作出裁员的决定。员工在这种情况下感受到失业的重大威胁，一般都会加紧工作，尽力为企业贡献自己的力量。同时，员工还会自觉加强技能培训，提升自己的竞争力，以应对更加激烈的就业市场。

当竞争对手在市场中取得明显优势，而本企业绩效下降、生存困难时，员工会感受到危机的考验，从而激发他们的斗志。在竞争激烈的市场中，如果企业的竞争对手在产品质量、技术水平、市场营销等方面取得竞争优势，并且这些优势使竞争对手在市场中取得更大的份额，威胁到本企业的市场地位时，员工就会自发地工作，提高自身工作的积极性和主动性，努力创造较高的工作绩效，帮助企业重新夺回市场份额。此外，员工还可能会主动参与到企业的市场营销活动中，帮助企业提升市场知名度和影响力，从而减少竞争对手的威胁。

当公司进行战略调整，员工感受到自己的工作岗位或者工作范围发生变化时，会产生危机意识，从而激发他们的斗志。公司战略调整时期是一个充满挑战的时期，公司内部的很多岗位很可能会随着公司外部战略的调整而调整，这就会威胁到员工工作的稳定性。这种威胁能够在很大程度上激发员工的斗志，促使他们创造高额绩效，向公司体现自己的价值。此外，员工还可能会自发地提升自己的综合能力和素质，来适应公司新的战略要求，充分利用自己的才华和潜力，为企业取得更好的成绩做出贡献。

三、案例分析

阿根廷队

激发斗志，勇夺冠军

北京时间 2022 年 12 月 19 日凌晨，卡塔尔卢赛尔体育场的绿茵之上，随着点球大战结束的一声哨响，阿根廷以总比分 7∶5 战胜法国队，时隔 36 年再次捧起世界杯"大力神杯"。这场胜利来得太不容易，阿根廷队的世界杯夺冠之旅，充满了艰难险阻。

首先让我们将视线拉回到世界杯小组赛，作为新科美洲杯冠军，阿根廷队一直被视为卡塔尔世界杯的夺冠热门。世界杯首场比赛中，阿根廷对阵公认的"大礼包"沙特阿拉伯队，开场仅 10 分钟就通过点球取得领先。这样的开局，更坚定了球队想用一种"经济实惠"的方式拿下比赛的想法，然而"蓝白军团"显然低估了沙特阿拉伯队的决心，也轻视了对方的战斗力，最终他们出人意料地败于沙特阿拉伯队，首轮过后在 C 组垫底。首战以 1∶2 输给沙特阿拉伯队，让阿根廷球迷痛哭流涕，不少人甚至认为他们将无法小组出线。

第一场小组赛就失利，给了阿根廷队一次重击，面对这样的困境和外部危机，阿根廷队球员必须快速自我反省，从逆境中振作起来，重新燃起斗志，在后面的比赛中努力拼搏，以达到"陷于死地而后生"的效果。事实上，他们做到了，这次失利极大地激发了阿根廷队球员的斗志，他们不再害怕失败，同时他们也不再轻敌，将每一场比赛都当作最后一场比赛来打，每一次都拼尽全力。

首战失利让阿根廷队球员彻底放下心理包袱，拥有触底反弹的能量。阿根廷队带着 36 场不败的成绩来到多哈，距离意大利队在 2018～2021 年创造的 37 场不败纪录只差一场。在容错率极低的世界杯赛场上，这样的压力可想而知。中场球员德保罗坦言揭幕战的失利对于球队来说有积极意义，"我们发现自己处于一种不习惯的状态，我们已经很长时间没有输过球了。但这也是我们触底反弹的时刻"。阿根廷队的明星球员梅西也认为这次失利给他们带来了更多的能量，"首战遭受沉重一击后，全队把每一场都当作决赛去拼，输球在让大家成长。这意味着抗压能力提升、能够直面'逆风球'的阿根廷人，已有足够准备，在决赛上向卫冕冠军发起强有力的冲击"。

阿根廷队最终的胜利离不开教练斯卡洛尼的指导。斯卡洛尼带领阿根廷球队持续进步，不断激发队员的斗志，培养队员之间超强的凝聚力，从而踢出了更好的团队足球。梅西在采访中评价斯卡洛尼："他最棒的就是沟通和管理能力。他总是很尊重所有人，是他让球队成为一个整体。"帕雷德斯也说："我觉得斯卡洛尼支撑着整个团队，我们作为一个团队一起成长，每场比赛都在不断进步。球员信任他，就像他信任我们一样，他和球员非常亲近。"

首场比赛斯卡洛尼排出 442 阵型，选择戈麦斯出任左中场，承担在左路接球、持球、发动进攻的任务。与此同时，迪马利亚主要在右边路拉开宽度，让梅西可以在中路更加自由地活动。在这样的安排下，阿根廷队的中场中路只剩下两名球员，全场比赛几乎没有利用肋部空间打出任何有效的进攻套路，导致球队的边路进攻往往以传中结束。由于中场人数不足，阿根廷队多次出现前后场脱节的情况，将中场完全让给了囤积"重兵"的沙特阿拉伯队，最终败于沙特阿拉伯队成为小组垫底。

小组赛失利之后，教练斯卡洛尼没有因此意志消沉，而是不断激发队员的斗志，鼓励他们放下心理负担，专注后面的比赛。同时他也不断反思自己的作战方针，及时调整比赛阵型，以发挥出每一个球员的实力。在随后的三场比赛中，斯卡洛尼将队型变阵为433，让恩佐·费尔南德斯从替补登场变为首发上场，利用他出色的传球和移动能力为阿根廷队的进攻带来了更多选择。人员和阵型的变化，让阿根廷队有了更多在禁区前沿和肋部做文章的空间，两名边后卫的助攻也更加靠前。阿根廷队小组赛阶段摸索出来的中场新组合和进攻模式，逐渐走上了正轨，球员也因教练的鼓励重燃斗志，团队凝聚力再次增强。

重整旗鼓、斗志昂扬的阿根廷队，以2∶0击败墨西哥队稳住阵脚，以2∶0完胜波兰队昂首出线，以2∶1淘汰澳大利亚队进入八强，与荷兰队鏖战120分钟后点球大战获胜挺进半决赛，兵不血刃地以3∶0完胜克罗地亚队——"开门黑"之后的阿根廷队表现得越来越好。直到决赛之夜，两球领先被法国队追平，再度领先又被扳平，以3∶3进入点球大战的阿根廷队，最终以7∶5获得冠军，如愿捧杯。

资料来源：卡塔尔世界杯 | 从小组垫底到打入八强，阿根廷改变了什么？[EB/OL].2022-12-04. https://www.thepaper.cn/newsDetail_forward_21019244.

分析点评

作为一名优秀的将领，如何才能带领浴血沙场的战士取得胜利，孙子在《九地篇》中提出"投之无所往，死且不北，死焉不得，士人尽力"，当士卒连死都不害怕了，自然会拼尽全力作战，当深陷危地，也就无所畏惧了，正所谓置之死地而后生。

团队的管理者也可以利用同样的方式来激发队员的斗志，或主动激发，或被动激发，要诀都是在于创造没有退路的紧迫形势，以此激发员工的干劲，提高工作效率，使企业获得成功。

阿根廷队时隔36年再次捧起大力神杯，让所有球迷泪洒现场，但2022年卡塔尔世界杯中，阿根廷队的夺冠之路并不是一帆风顺的。首次小组赛出战就败给了沙特阿拉伯队，出乎所有人的意料，也给保持36场不败记录的阿根廷队重重一击。面对这样的困境和外部危机，阿根廷队球员没有丧失信心，而是快速自我反省，从逆境中振作起来，重新燃起斗志，陷于死地而后生。阿根廷队的教练斯卡洛尼也不断鼓励队员放下心理负担，享受触底反弹的能量，及时调整上场球员和比赛阵型，充分激发球员的斗志，"开门黑"之后的阿根廷队表现得越来越好，直到决赛之夜打败法国队成为冠军。

　　团队的发展和成功离不开每一位成员的支持与贡献。作为管理者应该懂得，成员决不是一种工具，其主动性、积极性和创造性会对团队的成长会产生巨大的作用。要想得到成员的支持，就必须对其进行有效激发，充分挖掘他们的潜能，让他们自发地为团队付出。

第三节　率然之蛇：企业提高效能应构建有效机制

　　一支军队的整体战斗力高低，很多时候取决于军队各部之间的相互配合。构建良好的机制，军队各部才会密切配合，关键时候才不会掉链子。"率然之蛇"思想的原文如下：

　　故善用兵者，譬如率然；率然者，常山之蛇也。击其首则尾至，击其尾则首至，击其中则首尾俱至。敢问："兵可使如率然乎？"曰："可。"夫吴人与越人相恶也，当其同舟而济，遇风，其相救也如左右手。是故方马埋轮，未足恃也；齐勇若一，政之道也；刚柔皆得，地之理也。故善用兵者，携手若使一人，不得已也。

　　是故散地，吾将一其志。

《九地篇第十一》

一、"率然之蛇"思想阐释

　　善于用兵的人，就像"率然"一样，率然，是常山上的一种蛇。你打它的头，尾巴就来救应；你打它的尾，头就来救应；你打它中间，首尾一起来救应。善于用兵的人，能使全军携手作战，团结如一人。我们不禁要问：善于带兵打仗的将领，凭什么做到譬如"率然"？又凭什么能"携手若使一人"？又凭什么让所有人都"一其志"呢？这就要构建一种机制，把所有人都绑在同一驾战车上,谁也下不来。

(一)通过制造外部竞争促进内部团结合作

研究表明,外部竞争度越大,内部竞争度越小;外部竞争度越小,内部竞争度越大。竞争性组织由于要参与外部竞争,所以内部竞争度小;相反,垄断性企业内部竞争度大,因为垄断,没有外部竞争,好斗是人的天性,外部不斗,就会内斗。如果领导不想内斗,就要竞争外化,让员工参与外部竞争。孙子说:"夫吴人与越人相恶也,当其同舟而济,遇风,其相救也如左右手。"吴国人和越国人是世仇,但是当他们同舟共济,遇到暴风雨,他们都能像左手救右手一样协调地相互救援,军队何尝不能呢?

(二)通过构建环境态势推动内部协同配合

为了使参战各部能够像"率然"一样配合自如,依靠"方马埋轮"(把战马绑起来,把车轮埋起来)的方式,是不可靠的。必须构建一种环境态势,让所有士兵自动自发地协同配合。孙子曰:"投之无所往,死且不北。"把部队投到无路可走的地方,士卒宁愿战死,也不会逃跑。因为"无所往",也没地方逃。士兵才会做到"不修而戒,不求而得,不约而亲,不令而信"。这样的军队,不用整顿告诫,都懂得戒备;不要上级要求,都懂得出力;不要约束鼓励,都能亲密团结;不用三令五申,都会遵守纪律。

孙子曰:"故善用兵者,携手若使一人,不得已也。"

因此,善于用兵的人,能使全军携手作战,团结如一人,因为他能造成那不得不服从的情势,人人势不得已,只能听他的,除此之外无路可走,都被他绑在了战车上。李筌注:"理众如理寡也。"这和前面《兵势篇》说的治众如治寡、斗众如斗寡是一个道理,掌握军政之道的人,指挥多少人,都和一个人一样自如,同进同退,齐心协力。

(三)通过"分数形名"构建军队的组织架构和指挥系统

在《兵势篇》中,孙子曰:"凡治众如治寡,分数是也;斗众如斗寡,形名是也。"管很多人跟管很少的人一样,是因为有"分数",就是编制。"分",就是分成班、连、团、师、军之类,看你怎么分。"数",就是每个编制单位多少人。编制搞好了,组织架构搞好了,管很多人就跟管很少的人一样,和运用自己的手臂一样方便。开战了,指挥一支大军作战,跟指挥一个小分队一样,靠什么呢？靠"形名"。曹操注解："旌旗曰形，金鼓曰名。""形名"就是号令。因此，只有构建了好的组织架构，又有"一人之耳目"的指挥系统，军队的各个构成部分相互之间的协同配合才能做到"譬如率然"。

(四)共同构建"利益共损"机制使得所有人"一其志"

兵法讲到，是故散地，吾将一其志，将军让所有的将士心往一处想，劲往一处使，除了舆论宣传、思政教育，还必须设置好的机制，让"一其志"者受益，让有二心者受损、遭人唾弃。英国作家约瑟夫·康拉德的小说《台风》中有个故事：一群水手都有数量不等的金币，都用小木盒子锁好装在大铁柜子里。遭遇台风，木盒子都坏掉了，金币全部混掉了。怎么办呢？船长很为难，平均分吧，金币多的人吃亏；让大家自己报上数字来，汇总的总数一定大于实际；即使汇总后除以系数再来分配，老实人也吃亏。最后，船长作出了一个智慧的决定：每个人报上自己的金币数，如果汇总数高于实际金币数，所有金币统统扔到海里！结果每个人都乖乖地写下真实数字。

二、企业提高效能应构建哪些机制

孙子描述的"率然蛇"，在受到外界攻击时，能够充分有效地调动全身各部位紧密配合，共同对抗外来攻击。善于用兵的将领，也应当像"率然"一样，使全军各部默契配合，携手作战。在现代商业竞争中，企业如果能够真正做到如"率然"一样，企业的组织效能就能迅速提高。那如何做到与"率然"一样呢？答案是构建有效的机制。

(一)构建权责对等机制

责任过大，会导致管理者负不起责任；权力过大，会导致权力滥用；利益过大，会导致分配不公。权力为工具、责任为目标、利益为动力，三者相辅相成、相互制约、缺一不可，处理好这三方面的平衡关系，对于提高企业管理效能，以及促进企业健康有序发展有着非常重要的意义。构建权责对等机制，首先，选人用人是关键，企业应当选择素质较高、责任感强、过去实绩卓越的管理者，这样的管理者一般能够正确地使用授予的权力，很好地履行其职责；其次，责任要明确，并且尽可能予以量化，这样不仅有利于工作任务的完成和管理绩效的正确评价，还可以防止推卸责任，减少投机升职的可能性；最后，应当建立有效的监督机制，将"权力"关在笼子里，管理者的工作必须接受各方面的监督，包括上级监督、同级监督、员工监督、社会监督、新闻监督等。

(二)构建有效考核机制

没有考核就没有执行，也不会有结果。及时对员工进行公平的考核，让员工得到工作的反馈，才能对自己接下来努力的方向有一个清晰的认知。现代企业对于员工的考核大多数是考核结果，即对员工工作绩效的考核，这样的考核方式比较简单快速，同时也比较清晰明了好操作，但这种追求结果导向的考核方式往往很容易忽视员工工作过程中的付出，比如主动服务客户、帮助上级处理事务和协助其他部门拓展业务等，可能这些并没有对自己最终的工作绩效产生帮助，却实实在在地为企业做出了贡献。因此，未来的企业应当一步步地改变唯结果论的考核方式，多关注员工对企业的付出和贡献。

(三)构建内部竞争机制

如果企业内部能够引进合理的竞争机制，便能大大提高企业的运行效率和组织绩效。首先，弘扬内部竞争文化，强化员工的荣辱意识，激发员工的自尊心，管理者可以通过教育、启发、培训等多种方式激发员工，并且引导他们认识到自身的能力和价值。其次，搭建内部竞争平台，在员工中引入竞争机制的目的就是做到人尽其才。管理者必须为员工提供各种竞争条件，尤其是要给每个人充分的机会，包括犯错的机会、培训的机会、升职的机会等。最后，建立内部竞争制度，使内部竞争系统化、常态化、标准化，让制度推动竞争有序发展，推动企业形成"比学赶帮超"的良好态势。

(四)构建集权与分权机制

权力的集中与分散是相对的，合理有效、张弛有度的权力使用机制能够让企业运行得更加流畅。集权应有道，集权是指企业决策权在一定程度上集中在组织系统中较高的管理层次，有利于加强统一指挥，使政策和行动保持一致，集权是有方法的有条件的，错误地，一股脑地将权力集中在高层管理者手中，容易降低决策的质量，并且削弱了企业对外部环境的适应能力。分权应有序，分权是指企业决策权在一定程度上分散在组织系统中较低的管理层次，有利于激发下级的工作热情和积极性，但分权应当合理有序，按照组织的需求进行稳定的纵向分工。授权应有章，授权是分权的另一种途径，有一定的随机性，非常考验管理者的管理艺术性，授权能够帮助上级减轻负担、培养下属的能力，同时有助于培养上下级之间基于信任和尊敬的人际关系，但授权应当遵循一定的规章，不是管理者随心所欲的选择，应当选择合适的授权人选和授权方式。

有效的企业管理机制是运行效率的重要保证。如果没有设计好组织机制，企业就会出现缺乏活力、效率低下、执行不力、组织能力不强等问题。加强组织制度、工作流程和企业文化建设，构建高效管理机制，能让企业更加规范化和制度化，同时也能让企业更有力地面对外部环境中的风险与挑战。

三、案例分析

建立制度以提高组织运行效率

通过制度的建设与执行来提升组织效率，世界上做得最好的当属王永庆的"台塑公司"了。从20世纪70年代初，"台塑"从开始几年的摸索阶段到一而再、再而三地检讨、修改、改善与执行，已经是台资乃至国际上公认的最完善的制度。"管理制度化、制度表单化、表单电脑化"是制度化管理的总结。"台塑"的制度实施统一制定与管理，分级执行，紧密协同。其规章制度分为人事、财务、资材、工程、生产等12个业务类别，以及规则、办法、准则、细则、作业要点和计算机作业说明六个层面，适用于各种类别的部门。这些制度是其机构中总管理处的"幕僚机构"来组织制定与统一管理的，"幕僚机构"还是所有制度的监控与稽核的主要实施者，其本质是一个独立的机构，不参与公司的经营管理，这个机制对台资企业带来的影响力到今天还在持续着。

"台塑"成熟的管理制度可以把全企业雇员绑在同一个战车上，在一个井然有序的管理环境下，员工各尽其职实现高效率的生产和组织。这是因为其制度不仅可以使员工明确其工作任务并知道如何相互配合并完成工作，从而避免浪费时间、无效劳动和部门间的内耗，还可以优化企业的资源配置，能将企业有限的资源投放到最有价值的地方，避免不必要的资源浪费，调整呈现的不合规环节。

无独有偶，和尚分粥的故事本质上也与其类似。一座寺庙中有若干和尚，由于粮食资源有限，所有和尚每餐只能分食一锅粥。由于没有标准的度量工具，他们试图建立一种制度，公平合理地解决斋饭分配均衡的问题。

刚开始，由方丈确定一名僧人专门负责分粥事宜。然而，出于人性的私心，大家总是偏心自己多一些。僧众很快发现，负责分粥的僧人自己碗里的粥总比别人的又多又稠。更换为另一名僧人，结果还是同样。于是，方丈决定改为所有的僧人轮流主持分粥，每个人负责一天。这种"轮流执政"的方法看似公平，但却导致了很多僧人一旦掌权，总是抱着要狠狠"捞一把"的心理，行为更是过分。

专人负责制和轮流执政制均不可取，方丈就让大家推举一位德高望重的、大家都信得过的老僧来主持分粥。这位德高望重的老僧人，起初还能公平分配，过了一段时间，也逐渐为自己和自己亲近的人多分一些。

在道德和修行都靠不住的情况下，方丈决定大家共同讨论分粥的体制改革问题，于是，选举成立了"分粥委员会"和"监督委员会"。执行了一段时间，公平是基本做到了，可是在具体分粥的时候，"监督委员会"常常对"分粥委员会"的工作提出这样那样的挑剔，"分粥委员会"必然要辩驳，据理力争。如此争论不休，待达成一致再分粥的时候，粥早已凉了。

最后，他们决定实行每个僧人轮流值日分粥，并且明确规定：负责分粥的人必须最后一个领粥。

令人惊奇的是，在这个制度下所有人碗里的粥每次都是一样多，比任何量器都准确。道理明摆着——倘若分得不匀，最少的那碗肯定是自己的了，只有分得合理，自己才不至于吃亏。通过合理利用原本丑恶的利己心理，建立恰当的制度，分粥者即使只为自己着想，最后的结果也是公平公正的。

我们不禁感叹，在利益面前道德和修养有时是苍白的，而管理与制衡的争论往往导致机遇和效率的丧失。只有通过制定约束人性的制度，构建一种行之有效的机制，引导人去做有利于社会、集体和他人的事情，才能取得良好效能。一个优秀的机制能够避开人性的脆弱，甚至利用人性的弱点，从而达到绕开那些可能影响组织效率的事情，使其达到高效且公平的理想状态。

资料来源：王永庆是如何开始在台塑集团推行责任经营制的？［EB/OL］. 2023-06-06. https://www.sohu.com/a/682462534_264545.

分析点评

孙子举"率然之蛇"的例子：打它的头，尾巴就来救应，打它的尾，头就来救应，打它的中部，头尾都来救应。以此比喻一个优秀的军队组织严密、指挥得法时，全军上下齐心，高效工作的样子。想要组织高效运作往往需要构建一系列恰当的机制，如对等的权责机制、有效的考核机制、合理的竞争机制等。

"台塑"通过修改完善内部管理制度，不仅避免了大公司因部门及业务繁杂而导致工作混乱的通病，还大幅提升了整体的协同效率，依靠合理高效的内部管理机制一步步做大做强。在和尚分粥的案例中，建立恰当的权责对等机制，以此杜绝了利益分配者出于私心导致的分配不公问题，将"权力"关进笼子里，通过设计一个巧妙的分配制度，制约了人性不堪的一部分，使分粥这样一个利益分配的敏感事件，变得规范化、制度化，同时提高了整个组织的运行效率。

当今企业处于一个充满不确定性时代，这就需要其在动态环境中不断平衡，保持着伸屈自如的张力。构建有效的管理机制，能够让人才充分发挥自身才能。企业创建管理制度，目的不只是约束公司员工的行为，也是约束其本身的行为，形成一个规范，促使员工自发地奋斗。当组织机制构建起来之后，组织和人之间就不再是谁控制谁的关系，而是命运共同体的关系。

第四节　奖惩理念：管理者要善于实施奖惩策略

奖励和惩罚是治理军队的重要方式，奖惩的具体实施方法有很多的讲究，不能千篇一律，针对不同的场景、对象和事项等都会各不相同。奖惩思想在《孙子兵法》原文中多次提到，"奖惩理念"的原文如下：

施无法之赏，悬无政之令，犯三军之众，若使一人。

《九地篇第十一》

赏罚孰明？

《始计篇第一》

故杀敌者，怒也；取敌之利者，货也。车战得车十乘以上，赏其先得者。

《作战篇第二》

数赏者，窘也；数罚者，困也；先暴而后畏其众者，不精之至也；来委谢者，欲休息也。

《行军篇第九》

故三军之事，莫亲于间，赏莫厚于间，事莫密于间。非圣智不能用间，非仁义不能使间，非微妙不能得间之实。

《用间篇第十三》

一、"奖惩思想"阐释

奖惩决定战斗力，古今名将都是奖惩高手。善于带兵打仗的将领，舍得给大家分钱分利益。

最典型的就是唐代大将李勣，凡是抢到财物，全部分给兄弟们，自己分文不取。我只要皇上赏赐的，抢来的都归你们。这样大家都愿意跟他打仗，他的胜仗就多，官升得也快。同时，惩罚也处理得公正严明，军队治理得如虎狼之师。在整个《孙子兵法》中，多处出现奖惩论述。

（一）赏罚孰明

比较敌我双方谁的赏罚分明。赏罚是否分明体现在：及时、公正、适度和立威。

及时。《司马法》说："赏不逾时，欲民速得为善之利也。罚不迁列，欲民速睹为不善之害也。"这是讲赏罚要及时，做好事的利益，让他马上得到；做坏事的惩罚，让大家马上看到。如果不能及时，效果就要大打折扣。

公正。张预注："当赏者，虽仇怨必录；当罚者，虽父子不舍。"该奖赏，即使与我有仇恨怨愤，也必须奖励；该惩罚，即使与我是父子关系，也必须罚。

适度。王子（《孙子兵法》早期注家）注："赏无度，则费而无恩；罚无度，则戮而无威。"这是讲赏罚要适度，滥赏无度，大家拿了还不感激你；滥罚无度，人人愤恨，也没有威信。

立威。《黄石公三略》说："赏罚明，则将威行。"赏罚分明，将军的威信就树立起来了。让赏罚效用最大化的方法就是：杀，贵在敢杀大人物；赏，贵在能赏小人物。

(二)取敌之利者，货也。车战得车十乘以上，赏其先得者

激发士兵奋勇杀敌，一靠愤怒，二靠奖赏。

曹操注解："军无财，士不来；军无赏，士不往。"杜牧注："使士见取敌之利者，货财也。谓得敌之货财，必以赏之，使人皆有欲，各自为战。"杜佑注："人知胜敌以厚赏之利，则冒白刃、当矢石而乐以进战者，皆货财酬勋赏劳之诱也。"

军纪好与不好，都在于主帅的战略目的。军纪好，秋毫无犯，那是有政治目的。军纪不好，烧杀抢掠，那是有激励机制。往往一个城久攻不下，城里人死守不投降，对敌人秋毫无犯的必要也就没了，主帅就会作激励动员：破城之后，大掠三日，或七日，城里东西随便抢，抢到都归自己。

"赏其先得者"，就是夺得第一辆战车的士卒。因为先得者，往往是倡谋者。他先发动，大家才跟着一哄而上。攻城也是一样，第一个登上敌方城墙的人，一定中大奖，这样才能人人奋勇争先。

(三)数赏者，窘也；数罚者，困也

赏得多是问题，罚得多也是问题。处于困境，数奖数罚的效果都不会太好。

李筌注："窘则数赏以劝进。"拼命地赏赐将士，那是已经非常窘迫了，大家都不愿干，对主帅也没有什么敬畏，主帅喊谁也喊不动了，只有把家底拿出来，期待重赏之下必有勇夫了，但往往效果不好。

杜牧注解："人力困弊，不畏刑罚，故数罚以惧之。"大家都疲了，宁愿被处罚也不愿干了，就会以加大处罚来胁迫，这时的效果也不好。

(四)施无法之赏

孙子此处提到的"无法之赏"，与"无政之令"，目的是有利于指挥三军。

"无法""无政"，是打破常规。在特殊时期，要采取非常奖赏。贾林注："欲拔城，隳国之时，故悬法外之赏罚，行政外之威令，故不守常法、常政，故曰：无法、无政。"重赏之下必有勇夫，要攻城拔寨的时候，就要悬超越法定的奖赏。战争是非常时期，要颁布打破常规的号令。一切为了胜利，平时的一些规矩就不遵守了，但要遵守有临时的、特殊的规矩。

(五)赏莫厚于间

间谍是特殊人才,工作危险但价值重大。在间谍身上要舍得花钱。

在间谍工作上,花再大的钱,都是小钱,因为一是在买天下,二是在买自己的生命,结局就是得到天下和丢掉性命之间二选一。

比如楚汉相争,刘邦被项羽包围,陈平申请:"愿出黄金四万金,间楚君臣。"刘邦马上给钱,都不问具体的间楚计划,也不问钱怎么花?为什么是四万金?为什么不是三万金或五万金?最终间楚成功,刘邦夺得天下。

二、管理者应如何对员工实施奖惩

奖惩是将军治理军队的重要手段,是提升战斗力的重要保证。奖惩制度是企业发展的有力保障,在企业经营管理中,没有奖惩,就会失去发展动力,管理者应当学会熟练运用奖惩方法。企业的奖惩制度要充分体现奖勤罚懒、奖优罚劣、奖善罚恶的原则。奖惩是通过一系列正向刺激和负向刺激的作用,引导员工行为朝着符合企业需要的方向发展。对希望出现的行为,公司用奖励进行强化,即正刺激;对不希望出现的行为,利用惩罚措施进行约束,即负刺激。两者相辅相成、相互配合,才会有效促进企业目标的实现。

(一)奖惩应当公正且及时

奖罚公正,奖或者罚应只与工作效果、工作能力、工作态度相联系,而不能与其他事物如感情、人际关系等相联系。奖罚规则应尽量明确,奖罚的规则尽可能形成明文规章制度,以防止奖罚的随意性,随意奖罚就可能使奖罚不公平。奖惩面前,需要对企业所有成员一视同仁,不能搞双重标准,破坏生态平衡。同时,为了鼓励员工对企业的突出贡献以及纠正员工做出对企业发展不利的行为,奖惩必须做到及时。滞后或不执行的奖惩都无法达到应有的效果,反而会起反作用。只有奖惩实现公正且及时,才会达成较好的表率或警示效果。

(二)奖惩应与绩效相结合

对员工的奖惩应当与其绩效挂钩,需要对员工不同的绩效实施有差距的奖励或惩罚。孙子曰:"故杀敌者,怒也;取敌之利者,货也。车战得车十乘以上,赏其先得者。"首先,企业应当建立完备的绩效考核体系,定期对员工进行公平客观的绩效考核，按照绩效考核的结果对表现好的员工实施不同等级的奖励以示激励，对较为落后的员工给予帮扶，帮助其发现问题、解决问题，如果必要，可以实施惩罚。这样才能使受到奖励的员工产生自豪感，使受到惩罚的员工产生挫败感，激发其产生努力追赶优秀者的动力。

(三)重奖重罚才会有效果

当需要对员工进行奖励时，管理者应当不吝啬钱财，实施重赏；当需要进行处罚时，管理者也应当一步到位，实施重罚。轻微的奖励对员工来说可有可无，激励效果不强，员工无法从中获得继续保持积极状态的动力；轻微的惩罚对员工而言不痛不痒，警示效果不强，员工无法从中深刻意识到自己的问题所在，容易屡教不改。重奖重罚才能达到企业所需的激励与警示效果。

(四)实施奖惩要区分频率

孙子在《行军篇》中指出，"数赏者，窘也；数罚者，困也"。在困境条件下，频繁的奖赏和频繁的惩罚都不会产生好的效果。在困难条件下，对员工频繁奖赏，是无计可施的表现；对员工屡次进行处罚，同样是无计可施的表现。在商业竞争中，危及企业存亡之时，相比赏罚，专注于管理者自身的业务能力提升，以及对企业整体实力的构建和凝聚力的培养，才能更好地让企业生存下来。在企业经营中，对员工的奖励不能太频繁，要有根据不同的行业以及不同的对象，进行不定期的奖励，才能有好的效果。

(五)非常时期实施非常规奖赏

经常性的普遍奖赏往往已成为惯例，对员工的激励效果不好。在普遍性奖励之外，管理者应当打破常规，通过设置不定期的、灵活的奖励，对员工进行特别的激励。在2020年9月8日，字节跳动给员工发送邮件宣布发放奖金，金额为2020年8月固定薪酬的50%，以感谢员工在全球疫情以及宏观环境变化的挑战下所付出的努力。凡是在2020年7月1日至8月31日出勤超过26天的全职员工均可获得奖金。当时很多字节跳动的员工表示"以后住公司了""大半夜全朋友圈都在沸腾"。处在逆境之中，企业自身尚且艰难生存，字节跳动并没有选择通过降低员工的薪资等来削减开支，反而给员工发奖金来回馈员工。这种非常时期超常规的奖励，提高了企业认同感、向心力以及努力提高业绩的积极性。

在企业管理中，合理运用奖惩制度，有利于提高企业整体业绩，提升企业竞争力，推动企业发展。切实有效的奖励机制有助于提高员工的积极性以及对企业的认同感，适度的惩罚则可以帮助纠正和规范员工的行为，避免给企业带来不利影响。奖罚应指向具体行为，奖励应该和员工的具体行为相挂钩，使员工清楚知道什么行为是被企业所欣赏的、需要被加强的。同理，处罚也应指向具体行为，才能使员工明白什么行为是要被抑制的。奖励先进，惩罚落后，才能充分调动员工的积极性，提高工作效率，增强企业效益和竞争力。

三、案例分析

员工激励
从物质激励到精神激励

有研究发现，员工在缺乏激励的情境下，仅能发挥其实际工作能力的20%～30%，而得到充分激励的员工，其工作能力能发挥到80%～90%，这两者50%～60%的差距是激励作用所致，这充分体现了激励机制对员工工作积极性具有重要的促进作用。激励包括物质激励和精神激励，如何正确认识物质激励和精神激励的作用，并把两者有机结合起来，充分调动员工的积极性、主动性和创造性，是企业管理面临的一个重要课题。

假如你现在是一家企业的老总，为了激励销售人员的业绩而煞费脑力。

采取提成佣金制：销售员的收入分为底薪＋佣金，底薪旱涝保收，佣金是销售提成比例，比如底薪3000提成5%。对于产品线复杂的公司，可以根据产品直接提成，一盒眼霜30元，一个唇膏3元。佣金制看似简单粗暴，但非常有激励效果，能燃起大家的斗志，卖得多，分得多。

佣金制也有两个问题：第一，无法面对市场的评级，赋予区别对待，比如在上海卖化妆品，可能比在青海好卖，按销售额拿佣金就没人去青海开拓市场了，每个人都会尽量挑客户，而不是挖客户；第二，无法判断某区域的业绩是低还是高，10万元是这个区域的合理业绩吗？这个区域换个人，是否能卖到30万元？

为解决提成佣金制的弊端，你打算采用奖金制。基本逻辑是底薪加奖金，设定一个销售目标和一个与之对应的奖金，然后根据指标的完成情况，按比例获得奖金。比如销售指标10万元，奖金5000元，如果完成6万元，可拿3000元奖金，超过10万元，还有超额奖金。奖金制很好地解决了区别化对待销售业绩，比如上海销售指标 100 万元，新疆 10 万元，但奖金都是 5000 元，这样在新疆卖到 5 万元，拿到的奖金和上海 50 万元的奖金一样，就可以分别调节销售指标，鼓励优秀人才开拓新市场。奖金派需要考虑地区、销售量等外部条件，较复杂但更有效。

奖金制也有重大问题，销售一定希望指标越低越好，但公司一定希望每年不断提高指标。因此，你后面选择"鸡尾酒疗法"。把佣金制和奖金制结合起来：底薪+奖金+佣金。简单来说，就是定一个销售指标、一个奖金和一个提成比例，指标内完成拿底薪+奖金，超额完成拿超额的提成。这种鸡尾酒式的激励制度，兼顾了底薪、佣金和奖金不同的优点，在你公司初期大放异彩。

除了底薪、奖金加佣金，还要加上一个行为指标。因为在这种制度下，销售人员几乎都在乎短期利益，他们会为了佣金和奖金采用欺骗式销售，严重影响客户满意度，给企业造成长远伤害。于是在三者之外，很多公司加上了行为指标，比如：用新客户与老客户的比率，衡量是否不断扩大了新市场；用利润指标衡量是否大出血式销售；用客户满意度衡量服务；用销售人员流失率衡量团队是否可持续经营。行为指标是保障，否则所有的短期激励都是饮鸩止渴。底薪+奖金+佣金+行为指标，激励销售绝对不是"兄弟们跟我上"这么简单，只有在科学激励制度下，才能把你的销售团队变成狼虎之师。

经过悉心的经营，你的公司从一个人，成长为 1000 多人；从一个城市，成长为几个大区几十个分公司；从一个产品，成长为多条产品线；从一粒种子，成长为大树。但是在风光背后，只有你自己知道，暗流在涌动。因为，最近连续两年公司业绩增速下滑，缺乏后劲，并且离职率升高，新产品无论是外观还是功能都缺乏创新。此时此刻，你敏锐地意识到，公司出现了问题，之后你带着疑惑请教你的朋友李总。他一针见血地说：不管是工资、提成、奖金还是"超额奖金""业绩对赌"，这些激励方式都围绕着一个字：钱。在马斯洛需求理论中，钱只能满足最初级的生理需求和安全需求，对于更上层的精神激励，就无能为力了。在企业管理实践中，只懂得用钱解决问题的都不是真正的高手。对于更高级别的情感需求，只能用情感来激励。

有天上班，你发现大会议室里堆了很多月饼。中秋节快到了，要发月饼。可是，有必要真的买这么多月饼回来吗？王总笑着说：李总，我们的当务之急就是要满足员工的精神需求，仅仅采用物质激励是不够的。听到这里，你忍不住问：哦，那怎么办呢？

这些月饼，并不是发给员工的。现在的年轻人根本不吃月饼。我们只会给每位员工发两张贺卡，让他们写给对自己最重要的人，然后帮他们把月饼连同贺卡，一起寄出去。员工通常会把贺卡写给自己的父母，以及女朋友的父母。你继续追问，为什么要这么做呢？帮助员工获得尊重。在老家的父母，收到月饼和孩子亲笔写的贺卡，这得多激动：这孩子，到这家公司后长大了，懂得想着别人了。未来的岳父也会想啊：哎哟，不错哦，这孩子很懂礼貌，是个好孩子，我女儿的眼光不错。

王总接着说：还不够。李总，今年春节前夕，我还需要你亲笔给绩效考核前20%的员工，写一封信，感谢他们的父母培养出这么优秀的孩子。然后，一起寄给他们的父母。父母收到孩子老板的亲笔信，表扬自己的孩子，那多有面子。你要表达发自内心的感激和尊重。你没再多说半句废话，领了任务就冲回办公室写起来。一边写一边回想这些员工的贡献和优点，越来越发自内心地感谢大家。

几个月后，你明显地感受到，员工更有干劲了，而且这一段时间离职的员工人数大大下降。第二年底的时候，你一算，销售额增长率突破了瓶颈达到历史新高，今年总体销售额居然上涨了200%！只有少数几支团队没能完成业绩，大部分团队超额完成。这时候，你大为感叹，原来精神激励同样不可或缺。

除了归属感和尊重感，对于员工来说，最高级的激励是自我实现。把客户的表扬信定期精选发给全体员工，甚至贴在茶水间墙上，让大家感受到，自己的工作并不只是把用户满意度从75.4%提高到81.3%，而是改善了成百上千人的生活。把公司每个流程效率的改进，都用员工的名字命名。让专业水平高的师傅带一些学徒，学徒整天"师傅，师傅"地叫，这位师傅会充满成就感和责任感，帮助新员工成长。

归属感，能让员工为集体而奋斗；尊重感，能让员工为信任而奋斗。最有效的激励，来自每个人的内心。没有钱空谈激励，就是耍流氓，但如果只给钱，不谈感情，更是耍流氓。

资料来源：如何把销售团队变成虎狼之师：销售激励［EB/OL］. 2022 - 11 - 26. https：//www. shangyexinzhi. com/article/5605507. html.

分析点评

善于打仗的名将都善于利用合理的奖惩来管理军队，提升部队的整体战斗力。唐代大将李勣的治兵策略是战利品全部分给士兵，自己分文不取，这是他屡战屡胜的主要原因。李勣善于激励，他的部下和士兵才有干劲。奖惩在企业的经营管理中，也十分重要，但凡治理得好的企业，奖惩一定做得好。

对企业员工的激励不能局限于物质和金钱方面。企业管理者首先采用底薪+奖金+加佣金的鸡尾酒疗法、超额奖励和业绩对赌等物质激励手段，来激励员工，充分调动其工作积极性与主动性，满足员工对薪资的渴望。但是，当一个团队发展到一定程度，企业发展到一定阶段时，仅仅有物质激励是不行的，还要有更多精神层面的激励。公司在中秋节和春节两个特殊的时间段，通过贺卡和亲笔感谢信的方式给予员工情感慰问与精神激励，取得了很好的效果。最后在物质激励和精神激励的双重作用下，公司销售额再攀高峰。

物质激励在一定程度上激发了员工的积极性和创造力，保证了员工和企业的效率，是一个行业吸引人才、留住人才的重要手段，但单一物质激励是不够的，给予员工尊重，提升人才的价值体验感知，让员工有自我实现的空间和环境，也是现代企业激励人才的重要方式。人力资源管理要在了解人性的基础上，关注员工的情感诉求和价值需求，精神激励为员工提供更好的发展机会和价值平台。总之，物质激励与精神激励相辅相成，缺一不可。

附录　《九地篇》原文与翻译

请扫描二维码，了解《九地篇》的原文与翻译。

商解《火攻篇》制胜之道

　　《火攻篇》分为两大部分。前部分讲火攻，阐述了火攻对象、火攻器具、火攻时日及火攻如何里应外合；后半部分其实是《孙子兵法》全文的大总结，再一次指出战争是国家大事，要当政者冷静，不要随便点燃战火，因为"亡国不可以复存，死者不可以复生"，这也是孙子慎战思想的体现。

第一节　修胜理念：企业并购面临的挑战

孙子不仅指出要先胜，更提倡全胜，战胜之后，要做好战后安抚和重建工作，这就是修胜。孙子的修身理念原文如下：

夫战胜攻取，而不修其功者凶，命曰"费留"。故曰：明主虑之，良将修之。

《火攻篇第十二》

一、"修胜理念"阐释

如果仗打赢了，却"赢不起"，那就是巨大的灾难。赢得起，和输得起一样重要。

"夫战胜攻取，而不修其功者凶，命曰'费留'。"战胜攻取，却不能巩固胜利、修明政治，不进行战后重建，那是凶兆，要遭殃，这叫"费留"。军事胜利之后，必须有政治胜利，否则，军事胜利反而会成为灾难，会陷入战争的泥潭、战后的黑洞，费财疲兵，最后也会被拖垮，这是巨大的灾难。

"费留"的战例，典型的是春秋时吴伐楚之战，而这一战，孙子本人也参与其中。

阖闾杀吴王僚即位为吴王，锐意改革，军事强盛，就开始伐楚争霸。吴王阖闾三年，与伍子胥、伯嚭、孙子攻楚，获得大胜，当时阖闾就想直取楚国国都郢。孙子说，民众疲劳，不能攻打郢都，要等待时机。阖闾才作罢。

吴王阖闾四年、六年，吴国又两次大败楚国，中间第五年还击败越国一次。到了第九年，阖闾憋不住了，问伍子胥和孙子，说当初你们都反对我打郢都，今天如何？这回二人都同意，说联合唐、蔡两国就行。于是吴军再举攻楚，一举拿下了郢都，楚王逃亡，创造了春秋战史上攻下大国都城的首例。

连续九年都在打胜仗，怎么样呢？"费留"了。因为只有军事，没有政治，不仅占领楚国后政治没怎么搞，没能"修功"，自己本国政治也没弄明白。阖间在郢都"费留"，越国就乘虚而入攻打吴国。楚国向秦国求救，秦国也来攻打吴军。吴军和秦、越两国作战，都败了，阖闾的弟弟夫概见他哥哥在郢都滞留不归，他自己先逃回国去自立为王。

国内乱了，阖闾匆忙回师讨伐夫概，楚国收复郢都，夫概逃亡投降楚国。阖闾这一仗，最后什么也没捞到。不过第二年，他又伐楚，打了一个大胜仗。

阖闾的吴军一直很强大，威震华夏。不过，没有六十年的江湖，吴王阖闾十九年，阖闾在和越国的战争中伤重而亡。他的儿子夫差即位。阖闾临死告诉夫差，别忘了是勾践杀了你爹！夫差和勾践的故事大家都知道了，夫差的吴国后来为勾践所灭，成为春秋时期比较早灭亡的大国。

"夫战胜攻取，而不修其功者凶"，就是孙子时期的吴国，正是最典型的案例。中国古代有"数胜必亡"的道理，百战百胜，就要灭亡，这怪不怪？这典故就是评价吴国的。

百战百胜，不是国家之福吗？怎么反而会灭亡呢？

百战，打仗太多，则百姓疲于奔命；百胜，胜利太多，则国君骄傲自大。以骄傲自大的国君，去统治疲惫不堪的人民，那能不灭亡吗？

吴起也有类似思想：然战胜易，守胜难。故曰，天下战国，五胜者祸，四胜者弊，三胜者霸，二胜者王，一胜者帝。是以数胜得天下者稀，以亡者众。

战胜容易，守胜就难。所以说天下事，五战五胜，那是国家的灾祸；四战四胜，那会出问题；三战三胜，那是霸主；两战两胜，可以称王。一战而定，那才是天下之主。百战百胜而得天下的很少，灭亡的多。

项羽百战百胜，刘邦只赢了垓下一仗，却一战定乾坤。

战胜易，守胜难。美国当年打伊拉克，是摧枯拉朽，容易！但要守胜，在伊拉克守不住，在利比亚守不住，在中东和其他地方都守不住。美国在伊拉克，就"费留"了。

所以常胜将军，反而要灭亡。一战而定，关键在定。

二、企业并购的最大挑战是什么

孙子提出"修胜理念"，警示将领成功打败敌军之后，如果不及时巩固胜利、修明政治，不进行战后重建，得来的胜利也是暂时的，不是真正的胜利，最终还会输回去。在商业社会中，并购是企业迅速做大的重要途径，并购不仅能帮助企业提高市场份额，提升在行业中的江湖地位，而且能帮助企业整合资源，获得生产技术、管理经验、经营网络、专业人才等各类资源，提高企业的竞争力，但并购不是一件容易的事情，其中存在很多的挑战。

(一) 信息不对称带来的挑战

在并购中，能否及时获取真实、正确与有效的信息是决定并购行动成败的关键。如果能够在并购前全面地了解情况，收集到目标企业的实际运营情况和财务状况等重要资料，就能够有效地进行并购估值。如果未能掌握完整的信息，则很可能导致并购失败，曾经卡特彼勒收购了在开曼群岛注册并在中国香港创业板上市的年代煤矿机电设备制造有限公司，当时的交易对价是 6.77 亿美元，然而不到 1 年时间，卡特彼勒让该交易出现了 5.8 亿美元的非现金商誉减值。两个标志性的企业联合经营是一件非常难得的事情，彼此有着各自的优势，交易本应朝着好的方向发展，但这次失误了。直到后来人们才在这场交易中发现，年代煤机明显存在"蓄意且长期的会计不当"行为，而卡特彼勒并没有在并购前了解到这个信息，就直接以高价收购了年代煤机，最终导致失败而蒙受巨额损失。因此，企业在开始并购行动前一定要充分掌握信息，不可贸然进行并购。

(二) 难以产生协同效应带来的挑战

企业实施并购行动在很大程度上是为了实现协同效应，主要表现在经营协同效应、管理协同效应以及财务协同效应等方面。由于并购双方存在不同的制度、规则、流程和系统，且运营模式各有特点，各自拥有强大专长的职能部门，在这种情况下，想要实现协同效应的整合管理就会受到重重阻碍。因此，为了实现并购后的互补性，达到协同效应，并购后的企业还必须改善经营方式，甚至要整合经营战略和产业结构，同时对非经营性资产进行剥离，淘汰无效资源，进而实现资源合理配置。

(三) 组织人事融合方面的挑战

并购工作的完成，并不代表整个并购过程的终结，取得对目标企业的控制权后，必然要进行重组或整合。为了更有效地利用现有的人力资源，初步完成并购的前期工作后，企业就必须进行人事重组，派遣人员进入被收购企业，建立新的经营管理班子，安置原有领导班子和富余职员。并购后的人事重组非常重要，被并购方的员工面对新的变化，很容易出现心理焦虑，尤其是核心骨干人员，他们对于企业并购的态度需要得到并购方的重视，如果处理的方式不合适，则很容易摧毁并购公司的核心能力，导致并购效益降低。因此，并购企业应当做好充分的政策沟通，并且针对重要人才制订挽留计划，妥善安排好职位。也可以在并购后积极开展员工教育和培训工作，促进组织人事融合，提高并购后企业的整体效能。

(四)企业文化融合方面的挑战

由于并购双方不同的发展历程和管理风格，很可能会形成截然不同的企业文化，双方员工的价值观和工作理念等也会存在较大差异。在并购期间，由于双方企业缺乏组织上的信任度，双方员工之间缺乏交流和沟通的机会，因此发生文化冲突是在所难免的。此外，企业文化还存在着明显的延迟性、滞后性和对不同文化的排斥性，如果处理不当，会让双方员工均感受到不舒服，最后甚至可能会选择离开。并购双方的文化和价值观的融合是一个相对缓慢的过程，且具有隐蔽性和不易观察的特点。因此，在企业并购中一定要重视文化融合的重要性，可以专门成立一个文化整合领导小组，成员可由并购双方选派具有一定企业文化管理经验和影响力的人员组成，也可从社会上聘请有关专家参加，该小组全面负责组织、策划和领导企业文化整合管理的全部运作过程。

并购想要达成的效果是结秦晋之好，而不是两败俱伤。因此，并购双方不能一味想着成功的喜悦，全然不顾失败的后果。双方都需要在并购行动开展之前考虑清楚并购中存在的诸多风险与挑战，提前做好准备，想好应对措施。

三、案例分析

企业并购不仅仅是组织上合并

国际知名品牌沃尔沃和名不见经传的吉利相比，可谓天壤之别，在2004年，李书福打算收购沃尔沃时，许多人都认为不可能成功。可李书福团队有着破釜沉舟的决心，经过2004~2009年的五年准备时间，吉利数以万份关于收购沃尔沃的相关研究文件终于打动了2008年遇到国际金融危机、资金链断裂的沃尔沃母公司福特，并同意吉利收购沃尔沃的提议。然而"成功的并购"不等于"并购的成功"。"成功的并购"，是双方领导人签合同握手，而对于"并购的成功"，这才是万里长征走完了第一步。能左右并购成功与否，恰恰是并购后的那些事儿。吉利充分吸取上汽收购双龙毁于企业文化冲突的教训，充分尊重沃尔沃的企业文化，在收购重组后的人力资源整合、文化整合、品牌整合及战略设计等方面做了很多工作。

一、人力资源整合有道

在独立运营的基础上，进行了人力资源的整合。在沃尔沃，为它组建了全球一流水准的董事会和专业的经营管理团队。原来吉利的管理团队，只有一人在沃尔沃董事会，就是李书福，其余全部是外部聘请的行业精英，有奥迪公司的前任CEO、德国重卡公司MAN的前任CEO、国际航运巨头马士基的前任CEO、福特的前任高级副总裁等。此外，管理团队面向全球招聘，基本上是由大众、福特、宝马等全球一流汽车公司著名的高级管理人才组成。这有效保证了沃尔沃的独立性和高效的运营管理。同时，吉利本土对人力资源的管理之道也够格写进教科书。第一，"惜才、聚才"。并购之初，李书福会聚了顶尖的专业团队，对并购成功功不可没，这里面既有李书福的个人魅力，也有他的驭人之道。第二，"量才、用才"。不同历史阶段，吸引不同的人才，使用不同的人才。并购成功后，原并购团队的"功臣"无一人进入沃尔沃董事会，继续在原来的岗位为续写"吉利并购史"做贡献。第三，"选才、育才"。吉利有一套独创的人力资源管理方式，搭建了一个人才"评价中心"，对于即将引进的人才进行评估，根据性格特点量能适用，同时注重人才的培养，建立了吉利大学和很多职业学校，培育"小树苗"在吉利长成大树。

二、文化整合有方

并购重组的案例中有一个著名的"七七定律"，70%的并购案以失败告终，失败的案例中有70%是由于文化整合不到位，可见文化整合对跨国并购是多么重要。

吉利能够实现并购的成功，在文化整合方面可圈可点。吉利深刻认识到文化融合对并购带来的风险，倡导建立全球性的企业文化，包容不同的信仰和理念。在其管理层中，既有德国人又有瑞典人、英国人、法国人，即使吉利不是股东，也需要有跨文化的交流与融合。为了建立全球企业文化，吉利在其拥有的海南大学三亚学院专门设立了全球型企业文化研究中心，聘请了将近20位来自美国、英国、加拿大、瑞典和中国香港与北京等著名大学和研究机构的教授任研究员，去探讨和研究全球型企业文化理念。为了促进双方的有效沟通，李书福创新设立了一个全新的职位——"企业联络官"，选取富有亲和力、工作经验、经历适合且丰富的人员担任，没有多大的权限，也并不在企业的管理层之中，主要用以传播吉利的基因，主要职责就是沟通。通过策划活动、组织调研，将吉利的理念与被并购企业的需求进行充分的交流。通过这样的方式，有效化解并购带来的文化冲突。

三、品牌整合有招

品牌是沃尔沃最核心的资产，也是吉利与沃尔沃差距较大的地方。在低端品牌与高端品牌的对接中，吉利采取了双方独立运作的方式，最大限度降低互相干扰。沃尔沃品牌定位一直非常清晰，安全环保的价值内涵深入人心，精致工艺带来的品牌体验有口皆碑。在此基础之上，吉利对沃尔沃怀揣梦想和敬意，希望在新的市场上运营好沃尔沃品牌。"安全、环保"是百年沃尔沃的品牌核心价值，在多年的传承中不能轻易撼动，而且坚信随着中国汽车消费者慢慢回归理性，沃尔沃的"低调、奢华、环保"理念定会赢得中国市场的青睐。同时，针对市场的消费特点，在原来基础上加入了"人本"的因子，奠定了中高端豪车的价值基础，与时俱进，基本实现了平稳过渡。

收购对沃尔沃、吉利乃至民族汽车工业都产生了积极而又深远的影响。从沃尔沃的角度看，2021年，沃尔沃在瑞典斯德哥尔摩证券交易所重新上市，发行价为每股53瑞典克朗。从2010年吉利收购沃尔沃算起，十多年的时间，沃尔沃的市值超过200亿美元，财报显示其利润上涨138%。从吉利的角度看，此次收购，吉利不仅获得了先进的汽车制造技术和丰富的研发资源，还获得了一个具有国际知名度的汽车品牌，使吉利在品牌建设和市场拓展方面迅速取得竞争优势。从民族汽车工业的角度看，吉利的收购使中国汽车企业首次在欧洲汽车制造业站稳脚跟，为其他中国企业在全球范围内开展并购提供了先例。这次交易彰显了中国汽车企业在全球舞台上的野心，表明它们不再局限于国内市场，而是积极探寻全球商机。两者的并购真可谓跨国企业兼并收购中天作之合的典范。

资料来源：螳螂聊财经.当年举债120亿购沃尔沃，13年过去，吉利赚了多少？[EB/OL].百家号，2023-08-22. https://baijiahao.baidu.com/s? id=1774905961289508312&wfr=spider&for=pc；曹怡宁."以小博大"类企业并购案例启示：以吉利收购沃尔沃为例[J].中国储运，2023(4)：98；郭佳莹.追问李书福："蛇吞沃尔沃"下的什么棋[J].中国企业家，2020(6)：9，86-91.

分析点评

战胜攻取，却不能巩固胜利，不进行战后重建，那就是凶兆。现代企业并购最大的挑战莫过于并购成功后，并购企业双方组织人事、企业文化等多方面的融合，以求共同实现期望的商业价值。

"修胜理念"告诫我们，战争胜利了，还应注重战后安抚和战后重建，要巩固胜利。企业并购，并不仅仅是组织上的合购，更应重视并购后的人员融合和企业文化融合。

吉利收购沃尔沃，李书福为了充分了解沃尔沃的企业文化，不惜花5年时间准备数以万份的收购研究资料，收购成功后专门为它组建了全球一流水准的董事会和专业的经营管理团队，原来吉利的管理团队，只有一人在沃尔沃董事会，就是李书福，其余全部是外部聘请的行业精英。此外，吉利不仅充分尊重沃尔沃自身的企业文化，包容不同的信仰和理念，而且为其设计了清晰的品牌定位和发展战略。从而使沃尔沃得以将自身的优势发挥到极致，连带着将彼此的商业价值发挥了1+1>2的功效。

正如稻盛和夫所说：我在对事情作出判断时没有斤斤计较，也没有感情用事。合并是指文化完全不同的企业成为一体，就像企业间的结婚。因此，应该最大限度地为对方考虑。企业并购是价值的重新构建，若想创造1+1>2的价值，就需要并购企业的领导层充分地换位思考，多考虑对方企业的人员管理方式、企业文化、运营管理和战略定位，只有双方互相理解，才能呈现最好的效果，进而实现最大的商业价值。

第二节　三非原则：管理者要善于做决策

亡国不可复存，死者不可复生。孙子在本篇再次强调，不要随意发动战争，要慎之又慎，并提出了战争决策的三非原则，原文如下：

非利不动，非得不用，非危不战。主不可以怒而兴师，将不可以愠而致战；合于利而动，不合于利而止。怒可以复喜，愠可以复悦；亡国不可以复存，死者不可以复生。故明君慎之，良将警之，此安国全军之道也。

《火攻篇第十二》

一、"三非原则"思想阐释

只有战事不断，才更能体现将领的价值。孙子虽然身为大将，却主张和平，这就是孙子的伟大之处：考虑问题，从个人利益出发，而是要始终心系百姓和天下。他在《孙子兵法》中多次指出：战争是关乎生死存亡的大事，千万要冷静。国家领导集团在是否开战的重大决策时要慎之又慎，战争之火点燃容易，灭掉难。

孙子提出战争决策的"三非原则"。"非利不动"，是指对国家的根本利益没有利时，不要轻易调动军队参与战争；"非得不用"，是指如果没有取胜的有利条件和把握，也不要动用军队投入战争；"非危不战"，就是强调如果没有到国家生死存亡的紧要关头，就不要开战。不是有利不行动，不是能胜不用兵，不是危迫不作战。

在战争决策上，孙子特别提醒国君和将帅要力避主观、力求客观，不要情绪决策。孙子语重心长地指出："主不可以怒而兴师，将不可以愠而致战；合于利而动，不合于利而止。"国君不可以因一时愤怒就轻率地发动战争，将帅也不可以因愤懑而贸然开战，符合国家利益才行动，不符合就停止。领导决策要理性，决策时不能草率、不能冲动，要客观分析，理性决策。管理者决策前，要处理好情绪。我们对情绪的处理方式：情绪可以有，但要避免"情绪决策"。情绪是可以改变的，但"情绪决策"带来的后果，是不可逆的。因此，千万不要在作重大决策时带有情绪。

透过"三非原则"，可以看到在战争决策问题上有三点是至关重要的。

一是以利为本。"合于利而动，不合于利而止。"是否发动军事战争，要盘算一下，是否对我方有利，无利不起早，无利就不采取军事行动。孙子讲的"利"不是眼前的蝇头小利，而是长远大利，国家民族的大利，以维护和拓展国家与民族的利益为决策的根本原则。

二是慎重决策。战争的危害性太大，一旦战火点燃，必然造成巨大损失，所以要慎之又慎。问题是如何才能做到慎重决策呢？其实就是孙子反复提到的，决策时不要有情绪，要冷静理性，通过多渠道收集信息情报，做到胜算大才开战，胜算小则不战。这就是"非得不用"，没有大概率获胜的把握，就不要开战。

三是临危敢战。孙子讲"非危不战"，并非一概避免战争，而是如果没有危及国家核心利益，就不要轻举战事。但是，如果形势的发展危及核心利益，该出手时就出手，孙子虽然崇尚"慎战"，但他绝不是"不战主义者"或"避战主义者"，战争之剑，在关键时刻要敢于亮出来。

二、领导者应如何做决策

孙子进行战事决策的"三非原则"告诉我们：重大决定首要考虑是否"有利"，还提醒决策者必须慎重理性，不要情绪决策、冲动决策。

合于利而动，不合于利而止。商业决策时，要讲利益，看利益，重利益，要着眼长远，作出对战略有利的决策；要考虑决策付出的代价，优先考虑代价小、回报大的商业活动，而对于虽然会取得最后胜利，但要付出代价巨大的商业活动，要学会适当的舍弃。管理者做决策时不能草率、不能冲动，要理性决策。决策的主体是人，人在做决策时离不开个人意志、情感、情绪等非理性因素，而理性决策就是要把这些非理性因素的干扰适当排除。理性决策不是一定要追求最优决策，事实上，决策者做出的决策是不可能达到理论上的最优选择的。

(一)领导者决策的前提：打开思维空间

决策包含"决"和"策"两个面，策要放，要打开空间，决要收，要缩小范围。成功者的思维与失败者的思维往往截然相反，成功者拥有正向思维——积极的、开放的、建设性的、导向成功的思维方式，失败者拥有负向思维——消极的、封闭的、破坏性的、导向失败的思维方式。在决策时，打开思维空间，广泛了解多方知识与信息，在决策时把这些已知信息和影响因素都考虑进去，尽可能形成解决问题的更优决策。

(二)领导者决策的基础：策重可能性、决重可行性

决策中的"策"，只要有可能性，都可以作为备选的策略方案。但是，决策中的"决"，最后要选定的策略方案，要从可行性方面来考虑，是否能拿到好的结果。可行性论证是科学决策的必要环节，制定决策方案，目的是在实践中执行，方案必须是可行的，不可行的方案没有任何意义，所以行动方案制定之后，必须进行可行性论证。什么是决策的可行性呢？就是在特定的现实条件下，可以实施执行并能够拿到好的结果的策略方案。这样的策略方案才是我们所要的。

（三）领导者决策逻辑：先策后决、多策少决、慢策快决、外策内决

就是说，决策时，要先进行策略准备，后进行决策；准备多个行动方案，最终选择其中最为精良的策略方案；进行缓慢而精致全面的准备与策划，在恰当的时机，果断作出决定；对外多征询解决方案，最后的决策权由自己及其核心团队成员来选择。以上所有的决策逻辑其实都只有一个核心，那就是充分调动现有资源，进行现有状况的正确判断，并做好充足的决策准备，准备好多套方案，在恰当的时机及时做出有效决策，推动公司取得当前阶段甚至以后的胜利，取得发展主动权与行业话语权。

（四）领导者决策关键：策要智慧、决要胆识

策略的制定需要智慧，而选择策略方案需要胆识。制定策略需要充足的前期准备工作，需要根据复杂情况做出分析的细心与智慧。经过对复杂信息的分类整合，认真分析现阶段最有效的方案，并预测未来可能会发生的多种情况，根据不同的态势，分别进行方案准备，去除干扰项的影响，以期在未来问题或者突发情况真正发生的时候迅速高效地做出最正确的选择，抓住重要窗口期，抓住重要时机，果断做出决策。

（五）领导者决策忌讳 ：策忌狭隘、决忌摇摆

征询策略方案忌讳狭隘，范围要放宽，选择决定策略方案忌讳摇摆，选择策略方案时不要摇摆不定，要坚决果断。所有的动摇放在决策之前，所有的决心放在决策之后，不要掉入"布里丹陷阱"。做策略方案时需要把眼光放长远，"放长线钓大鱼"，坚持公司的可持续发展，进行长远的规划与安排。做决定的时候要干脆果断，决定做出之后就不要再摇摆不定，这样才能给自己及团队信心与动力，否则只会错失先机。

三、案例分析

比亚迪：走向新能源车巨头之路

比亚迪公司刚刚创立时，其主市场是手机电池制造领域——为诺基亚手机做精密代工。可在目睹诺基亚被市场逐步淘汰的严酷形势下，比亚迪创始人王

传福判断：手机电池已面临饱和危险，要想不被时代抛弃，必须找到下一个可持续发展的领域。在阅读大量汽车行业书籍后，王传福认为转型汽车领域才是拥抱未来的大势。其判断主要基于汽车领域的客观环境和自身企业的实际情况：中国市场是全世界最大的汽车市场，汽车行业重新洗牌的机会在于新能源车，而新能源车最大的瓶颈障碍是电池。比亚迪在电池技术攻关上有得天独厚的优势。

2008年，比亚迪宣布进入新能源汽车领域，股价大跌40%，在一片质疑和反对声中，王传福依然力排众议，坚决走上转型之路。他认为，一切技术首先要为战略服务，一个产品的失误造成的损失可能是几亿元，而一个战略的失误极有可能断送企业的生命。王传福有底气做出这样重大战略布局源于他缜密的调查：燃油车的能量守恒转化率在15%~20%，而电动汽车的能量守恒转化率高达90%左右，我国每年石油进口5万亿元左右，但实际上1升油的能量转化率和三度电的能源转化率是一样的，且后者作为清洁能源可以更加有效地缓解城市空气污染问题。因此，我国要走可持续发展道路，电动汽车是必由之路，比亚迪从手机电池转到新能源汽车领域，是正确的战略决策，一定会在未来带来不可估量的长期回报。

"我们要认准新能源方向，在这个大战略下，抓住核心技术，只有掌握核心技术，比亚迪才能站稳站牢，没有投入就不会有回报，在技术方面，靠买是买不到的，靠别人都是幻想。"王传福是这么说的，也是这么做的。为转型成功，比亚迪坚持"技术为王，创新为本"的发展策略。早在2000年，比亚迪就开始大力发展动力电池；2005年，比亚迪开始投入高研发经费自主攻关新能源车的核心技术IGBT；2008年，比亚迪斥资1.7亿元收购宁波中纬半导体企业，加速自身在半导体技术领域的突破；2009年，比亚迪推出第一代IGBT技术，打破国外巨头的技术垄断；2018年，比亚迪推出IGBT4.0芯片；2021年，比亚迪推出IGBT6.0芯片。至今，比亚迪技术研发人员已超4万人，获得专利授权已超2.6万项，掌握了新能源汽车领域的全产业链核心技术，同时也成为我国唯一拥有IGBT完整产业链的车企。

比亚迪官方发布消息称：2022年，比亚迪新能源汽车累计销量已超185.74万辆。若按照我国2022年新能源乘用车650万辆市场规模来看，比亚迪新能源乘用车市占率近29%，而这一比例在2021年底才攀升至20%左右。截至2023年5月，比亚迪新能源汽车销量24.02万辆，同比增长108%。这样一份漂亮成绩单的背后，是比亚迪长达近20年正确的产业布局、敢于啃硬骨头的技术攻关之心和优秀营销团队打造的强大产品力的合力效果，也正是这三者的综合，形成了比亚迪的核心竞争力。

企业真正的价值在于为社会提供可持续发展的高价值。针对中国的交通情况，在如何解决空气污染上，比亚迪交出了新能源汽车的答卷；在如何解决交通拥堵上，比亚迪又提出了云轨的解决方案：地下地铁太贵，地面公交太堵，空中云轨云巴不仅比地铁造价低，修建时间短，还能适应不同地形，可用于解决城市交通拥堵问题。这一经过深思熟虑的战略布局已投入实际运用中，比亚迪云轨建设已覆盖超过 20 个城市，并将成为其未来 10 年实现万亿元营收目标的重要战略。

由此可见，比亚迪公司的管理者每当需要作出重大决策时，都会仔细分析宏观环境的发展趋势、企业的实际情况、政府政策影响和未来市场发展前景等方面，实事求是，理性分析，放眼未来，拥抱真正能给企业长久发展带来利润的大方向，并在做出决策后坚定执行，不再动摇。比亚迪的成功绝非偶然，而是必然。

资料来源：2020 电动汽车百人会. 王传福：坚定信心，拥抱变革［EB/OL］.中国质量新闻网，2020-01-14. https：//www.cqn.com.cn/auto/content/2020-01/14/content_8029128.htm.；孟子说车.6 个月销量 125.56 万辆，比亚迪成为世界的新能源汽车销冠！［EB/OL］. 百家号，2023-07-11. https：//baijiahao.baidu.com/s？id=1771130268713151133&wfr=spider&for=pc；焦梦. 比亚迪：新能源车"中国芯"诞生记［EB/OL］. 2018-12-12. http：//ydyl.china.com.cn/2018-12/12/content_74266668_2.htm.

分析点评

孙子进行战事决策时遵循"非利不动，非得不用，非危不战"的"三非原则"，合于利而动，不合于利而止。在现代商业社会中也是一样，每当企业管理者做重大决策时，首先要考虑的就是此决策是否对全局或长远"有利"，绝对不能情绪决策、冲动决策。

比亚迪最初建立时的主业务是生产手机电池，后来却转入了新能源汽车领域，可谓重大的战略决策。王传福先生决定进入汽车行业，主要基于：第一，非利不动。世纪之交中国汽车市场潜力巨大，新能源汽车更是刚刚起步，蕴藏巨大经济利益，有利于公司的长远发展。第二，非得不用。比亚迪从投资收购、技术准备、生产研发到销售等各个环节都进行了精心安排，当年为了第一辆 F3 的上市更是准备了 2 年时间，打了有准备之仗。第三，非危不战。手机电池行业发展空间有限，受制于手机厂商，比亚迪电池业务遇到瓶颈，为了突破企业发展的"天花板"，比亚迪才决定转型新能源汽车行业。

因此，管理者在进行重大战略决策时，一定要着眼长远，根据客观情况理性决策，仔细分析社会发展大趋势，企业自身的实际情况，从市场的角度、技术的角度、行业的角度去分析企业未来发展的大势所趋，做拥抱时代大势的转型者，而不做故步自封逐渐被淘汰的守旧者。一旦作出决策，就不要怕变革所带来的种种困难，要在实践中突破瓶颈，直到胜利。

附录 《火攻篇》原文与翻译

请扫描二维码，了解《火攻篇》的原文与翻译。

商解《用间篇》制胜之道

　　《用间篇》主要讲情报信息的重要性、间谍类型与情
报获取途径，与《始计篇》首尾相接，遥相呼应。本篇提
出了用间的重要性、五类获取情报信息的间谍类型、情
报保密的纪律、间谍的任务和使用反间的重要性。

第一节　先知理念：企业经营要运用"先知"情报

孙子不仅看重"知"，更强调要"先知"，将领只有先知才能掌控主动权。孙子是唯物主义者，他告诫我们：要获得先知，不要迷信、不要臆想、不要猜测，要讲求客观事实，向知情者获取情报信息。先知理念原文如下：

> 相守数年，以争一日之胜，而爱爵禄百金，不知敌之情者，不仁之至也，非人之将也，非主之佐也，非胜之主也。故明君贤将，所以动而胜人，成功出于众者，先知也。先知者，不可取于鬼神，不可象于事，不可验于度，必取于人，知敌之情者也。

《用间篇第十三》

一、"先知理念"阐释

统兵打仗能否获胜，情报信息是关键。没有情报信息，行军作战就像盲人骑瞎马，后果可想而知。孙子曰："故明君贤将，所以动而胜人，成功出于众者，先知也。"所以明君贤将，其动辄战胜敌人，成功超出众人者，就在于事先了解情况。以下从两个方面对"先知理念"展开阐述。

(一) 将帅为了能够"先知"，应该舍得在间谍工作上花钱

孙子曰："相守数年，以争一日之胜，而爱爵禄百金，不知敌之情者，不仁之至也，非人之将也，非主之佐也，非胜之主也。"战争耗费非常大！相持数年，就为了争胜利的那一天！在每天这么大的耗费下，如果将领舍不得在间谍工作上花钱，因为不肯花钱而不知敌情，这将领真是最不仁慈、最不负责的人，不是国君的好辅臣，不是能取得胜利的好主帅。

整部《孙子兵法》的价值观，就是"用仁义，使权变"，仁义是本，权变是末。将领由于不舍得在间谍获取情报信息方面花钱，而导致战争失败，这是"最不仁"的表现，是国家和人民的罪人。"不仁之至也"，孙子对这种行为的

批评，把"不仁"放在第一位，因为这是不体恤国家、不体恤人民的行为。

楚汉相争，刘邦最舍得花钱，项羽最不舍得花钱。

楚汉战争到了最激烈的时刻。刘邦被项羽围困在荥阳城内达一年之久，被断绝了外援和粮草通道。陈平献计，让刘邦从仓库中拨出四万斤黄金，买通楚军的一些将领，施离间计，让项羽疏远了钟离昧，撵走了范增。最终刘邦得以突围而去。白登之围，刘邦被匈奴冒顿包围，还是陈平用计，重金去贿赂冒顿单于的阏氏，让冒顿放刘邦回去。

项羽在花钱的价值观上和刘邦相反。他是在面对人民的时候，能做到爱民如子；面对钱的时候，更加爱钱如命。韩信说他说得很形象："项王见人恭敬慈爱，言语呕呕，人有疾病，涕泣分食饮，至使人有功当封爵者，印刓(wán)敝，忍不能予，此所谓妇人之仁也。"项王待人恭敬慈爱、言语温和，有生病的人，心疼得流泪，将自己的饮食分给他，等到有的人立下战功，该加官晋爵时，刻好了大印，放在手里玩磨得失去了棱角，还舍不得给人，这就是所说的妇人的仁慈。

凡是能花钱解决的事，都是代价最低的。在间谍上花钱最多，又是最节省的。张预注："相持且久，七十万家财力一困，不知恤此，而反靳惜爵赏之细，不以啖间求索知敌情者，不仁之甚也。"每一天都有七十万家在花钱，这钱他不心疼，反而心疼给间谍的爵禄赏赐，不花钱去了解敌情，离间敌人，这真是不仁到极致了。

(二)将帅为了能够"先知"，情报信息来源一定要可靠

孙子曰："先知者，不可取于鬼神，不可象于事，不可验于度，必取于人，知敌之情者也。"任何事情，必须有人去现场实地看过，才能把握真实情况，事必躬行出真知。

一是"先知者，不可取于鬼神"。要想事先获得敌军情报信息，不能通过占卜问鬼神的方式。孙子是个唯物主义者，获取敌军情报信息方面，他相信情报信息的科学渠道。

二是"不可象于事"。不能用相似的事情推测。杜牧注："象者，类也。言不可以他事比类而求。"这句话很重要，信息量很大！

历代中国说客，要说服人的时候，都喜欢用打比方的方法。现在商家做广告，也喜欢打比方。比如牙膏广告，用冬天把树干刷白来打比方，告诉人刷他的牙膏能防止蛀牙。这两者之间有什么关系呢？什么关系也没有。能不能证明

那牙膏就能防止蛀牙呢？完全不能证明。但是，听上去就很有道理，看上去就印象深刻。这就是类比对人思维的影响。

因此，当我们真正要作出重大决策的时候，绝对要排除类比思维对自己的影响。开会的时候，要就事论事，禁止人打比方，打比方最能偷换概念，类比思维是最能自欺欺人的。

三是"不可验于度"。这句话又有不同解法。

曹操注："不可以事数度也。"不能用事物的一般规律、经验来猜度，因为任何例外都可能发生。曹操自己就犯过错误，赤壁之战，他把战船连在一起，别人提醒他防火攻，他以事数度之，说冬天不会刮东南风，结果就刮了。

李筌注："度，数也。夫长短、阔狭、远近、大小，皆可言之于度数；人之情伪，度不能知也。"把"度"解释成数据。

其后各家注说得都差不多，但都没说最关键的——"度数"是什么？

后学者便有解释，"度"：度数，指日月星辰运行的度数（位置）。不可验于度，是指不能用证验日月星辰运行位置的办法去求知敌情。我们看《三国演义》，诸葛亮经常夜观天象来预测吉凶。《孙子兵法》就告诉我们了，这靠不住。

所以古人什么都明白，没有一个迷信的，知道要了解敌情，"必取于人，知敌之情者也"。一定要有人实地在现场看过问过，才知道。读书，要有正确的读书价值观。从对"度"的解释，我们看到有一般规律说、数据说、星象说，哪个是对的呢？其实哪个对，已经不重要。每一个，都给了我们一个看问题的角度，而且都是非常有价值的角度，引发我们思考，让我们学到更多。

二、如何运用"先知"经营企业

统兵打仗能否获胜，情报信息是关键。一个企业能否在日益激烈的市场竞争中求得生存和发展，情报信息同样关键，对于情报信息的占有多寡及利用深浅决定着企业未来的命运。企业管理者如何有效利用好了"先知"情报，就能在企业经营中游刃有余。

（一）管理者要舍得在情报人员身上投资

情报信息对于企业发展的重要性是不言而喻的，管理者应当重视人才的培养，可以花高价聘请优秀的情报信息人才，甚至成立情报信息部门，经常性地对该部门的员工进行培训，提升他们的能力。当该部门为企业搜集到有效的情报信息时，管理者也要舍得奖励他们，无论是物质激励还是精神激励，都需要到位。通过多种手段将情报信息搜集人才留在企业，增强他们对企业的认同感、信任感、使命感，这类人才的跳槽会给企业带来非常大的损失——不仅仅是人才的流失，还有可能泄露本企业的秘密。

(二)"先知"情报充当企业经营的预警系统

企业最无法控制的因素就是经营环境，市场的"先知"情报信息能够为企业经营管理提前提供预警机制。企业的产品或服务一直受到来自市场的压力和挑战，应对这种挑战的良策之一就是"知己知彼"。因此，通过市场情报信息，企业可以发现市场需求、产品结构、生产厂家等方面发生的一系列明显或不明显、宏观或微观的变化，从而充分了解竞争对手、行业环境和发展趋势，也能提前看到企业经营中面临的不确定性风险，从而提前采取应对措施，避开威胁。

(三)"先知"情报是企业科学决策的重要依据

企业经营管理中风险最大的环节就是战略决策，"先知"情报信息能够为科学决策提供一个强大的支持。企业的决策者在进行重大战略决策时，往往需要一个科学决策过程，这个过程就是一个对情报信息的收集、分析、处理，并选择实施方案的过程。企业为了作出科学决策，需要对可获得的宏观环境、行业状况、企业实际等方面，开展详尽有效的调研，获取大量而准确的情报信息。企业需要在内部和外部的各个部门、各个环节之间进行充分沟通，把握时机，看清形势，作出正确的决策判断，最终实现预期目标。

(四)"先知"情报对企业产品开发具有导向性

产品创新是企业生存与发展的根本，是企业进入市场参与竞争最直接的载体。产品和服务的不断更新是企业竞争制胜的关键因素之一，但企业若要开发新产品，推出新服务，势必会增加投入，加大生产及销售成本，存在一定的风险。因此，企业应当以竞争情报为向导，通过竞争情报信息了解竞争对手的情况及发展态势，了解市场对将要开发的新产品和新服务的需求量和需求周期，了解该产品的技术含量和市场价值等有关信息，从而确定新产品和新服务开发的发展方向和主攻目标。

(五)管理者要充分利用"先知"情报呈现的结果进行布局

很多企业管理者在分析先知情报信息后，不愿意接受信息呈现的结果，对于企业发展新的机遇要敢于冒险，及时抓住机会。市场竞争日益激烈，市场机会转瞬即逝，管理者花了大价钱才搜集到这些情报信息，在真正利用时却畏畏缩缩，不敢放开手脚，那真是莫大的浪费。因此，在对这些情报信息整理分析后，管理者要敢于直面结果，并且积极采取行动。例如，对于竞争对手的相关市场经营策略做好应对准备，对于市场中消费者对本企业产品或服务的反馈进行改善和提升，对于企业中存在的问题及时解决，对于新机会和机遇及时抓住，对于该放弃的业务板块及早放弃，对于该防范的风险及早采取措施预防等。因此，企业一定要重视情报信息的作用，用好"先知"情报信息帮助企业构建竞争优势。

三、案例分析

信息成就超越

2002年，华为的子公司在美国亚特兰大市的商展会上宣布华为将进入北美市场，使北美的"地头蛇"竞争对手美国思科公司感到巨大威胁，思科公司遂以潜在消费者的身份通过咨询合作等方式间接获取了华为公司各系列产品的情况。

2003年1月23日，美国思科公司以华为公司侵犯其知识产权为由，向美国联邦法院提起法律诉讼，从而开启所谓的"IT第一案"，尽管华为再三强调自己有上万名工程师在进行技术研发，且每年都投入大量经费进行技术攻关，拥有自己的核心技术，甚至最后这场官司也以思科撤诉告终，但仍让思科在这场侵权舆论战中一举捕获了华为公司原目标的北美市场的消费者，消费者先入为主地认为华为存在侵权嫌疑，从而使华为损失惨重。

此次事件可谓给华为深深地上了一课，一方面，对知识产权专利制度力求通透理解，华为建立的知识产权部门从业人数的比例甚至超过了国际企业对法务人员要求的比例；另一方面，华为对情报部门的工作也抓得更紧，不仅局限于向外获取情报，更注重商业机密的保护。

华为的情报工作以搜集国际顶尖的同行企业的实践案例、管理方式、专利

技术为主，最初华为建立时，将重心放在了突破核心技术上，因此在技术情报
搜集上，华为有一整套方法论和情报体系，如大量定向阅览专利文献，通过深
入分析调查文献中的技术内容、专利申请者、申请时间、地点等，为华为自身
制定战略决策做参考辅助作用，根据专利申请量，判断该技术发展成熟度，以
确定研发此类技术的含金量，同时华为也注重对同行竞争企业可能产生竞争关
系的技术进行深入识别，以避免侵犯他人专利权；华为的商业情报保护系统从
制度设计到技术设计也做得极为出色，华为的《信息安全白皮书》甚至明确规
定了什么人在什么样的控制和监督下方可接触什么技术，设计研发方面，为技
术安全，华为的研发网络和互联网是完全断开的，研发人员的研发成果不会在
本地的计算机上，而是在一个设控状态的服务器上。

其实，在世界500强企业里，几乎每一家都有"竞争情报部"，专门用于
搜集对手企业的动向、研究内容、合作伙伴、经营情况等，甚至许多企业把猎
取最关键的情报视为制胜关键。

1997年，美国食品公司SCHWAN为了猎取竞争对手卡夫食品有限公司的
生产情况，不惜花重金聘请了美国竞争情报会的工作人员成为其顾问，而这位
顾问请了一位破获金融犯罪案和有组织犯罪的情报间谍高手巴里来搜集
SCHWAN公司想看到的卡夫公司最新食品生产情报资料。

美国经济间谍法并没有规定获取企业工厂的产量等资料为犯罪行为，这便
给了情报猎取人员通过合法途径获取目标情报的机会。

巴里首先是对卡夫公司进行背景调查，随后便买了新电话卡和传真户口，
先冒充《华尔街日报》的记者，给苏塞斯商会打电话，获得了卡夫公司比萨厂
的位置，而后又冒充环保主义者的身份，打电话给当地工厂建设的市建检察署
和消防署，通过女秘书得知了烘焙房、仓库等的具体布局、厂房面积等，以此
绘制草图，交给SCHWAN公司。

为了猎取卡夫公司日产比萨的数量，巴里伪装成一家纸盒厂的员工，给
卡夫公司比萨厂打电话，通过希望合作的方式获得卡夫公司比萨厂每日生产
比萨所需要的纸盒数和合作厂商，进而判断出卡夫公司日产比萨的数量，为
了确定获取的情报无误，巴里又伪装成卡夫公司比萨厂采购部员工，致电卡
夫公司比萨厂的合作厂商询问上个月供给的纸盒和纸托数量，发现比萨厂采
购部员工和供货商两者所言出现矛盾，在此情况下，巴里立即打电话给比萨
生产的货运码头，通过和货运码头工人的闲聊获取了准确的卡夫公司月度生
产比萨的数量。

  SCHWAN 公司还希望看到卡夫公司的全部生产能力，卡夫公司生产食品的速度关系到 SCHWAN 公司产品是否能先一步占领市场。基于此，巴里冒充写食品论文的大学生，直接给卡夫公司该厂食品生产线的经理打电话，从而获知卡夫公司该比萨生产厂每日生产量上线是 50 万，而常规生产是日产 30 万左右，且卡夫公司目前正在生产双品种比萨。

  这些关键信息被 SCHWAN 公司掌握后，SCHWAN 公司加大研发力度，并提前在市场进行预热销售，推出 FRESCHETTA 品牌薄饼，一下子从全美第 6 位跃为 1999 年底的第 2 位，情报战为 SCHWAN 公司的成功立下汗马功劳。

参考资料：蔡慧.跨国公司对华知识产权战略探析——"思科诉华为"和"微软黑屏计划"的再思考[J].商业文化（下半月），2012；铃儿响叮当.层层布防：华为商业机密管理秘笈[EB/OL].2008-03-14. http://www.360doc.com/content/08/0319/09/3323_1128272.shtml；郑理.这是场没有硝烟的战场：看跨国公司商业间谍情报战[EB/OL].新浪网，2002-5-20. http://news.sina.cn/w/2002-05-20/1626580971.htm.

分析点评

  "明君贤将，所以动而胜人，成功出于众者，先知也。"将帅为了能够"先知"，在间谍工作上不仅需要花钱，更需要上心，投入精力。作为企业管理者，一定要充分认识到情报的重要作用。

  华为崛起的最根本原因是核心技术的突破，而核心技术在从零到一的过程中如何突破？最重要的莫过于企业情报部门搜集大量关于现有技术、前沿技术的资料信息，通过集中研究调查后确定方向，技术研发部门从局部技术突破到重点技术突破，情报的重要性可见一斑。

  此外，企业为了获取关键信息，要舍得在情报系统，间谍网络上投入金钱。美国食品公司 SCHWAN 通过聘请获取情报的专家来为其服务，在完全合法的情况下获取了对其占领市场至关重要的对手卡夫公司生产新系列食品的关键情报，这一场先知战使其如打开上帝视角，加速对产品的生产和销售，1999 年底便取得了巨大胜利。

  正如谷尼国际软件副总裁邹鸿强所说，国外的调查统计表明，企业想获得的竞争情报 95% 可以通过合法的、符合道德规范的途径获得。在当今这个时代，企业管理者在情报系统上是非常有必要下大功夫的，很多决定企业关键命运的信息就源于情报的搜集工作带给决策层的先知能力。

第二节　间谍情报：企业获取商业情报的渠道

古代的通信不发达，通过间谍获得战事情报是重要途径。关于用间及获取情报信息的原文如下：

故用间有五：有因间，有内间，有反间，有死间，有生间。五间俱起，莫知其道，是谓神纪，人君之宝也。

因间者，因其乡人而用之。内间者，因其官人而用之。反间者，因其敌间而用之。死间者，为诳事于外，令吾间知之，而传于敌间也。生间者，反报也。

必索敌人之间来间我者，因而利之，导而舍之，故反间可得而用也。因是而知之，故乡间、内间可得而使也；因是而知之，故死间为诳事，可使告敌。因是而知之，故生间可使如期。五间之事，主必知之，知之必在于反间，故反间不可不厚也。

《用间篇第十三》

一、"间谍情报"思想阐释

不用间，无以胜，通过间接获得情报信息是制胜的关键。下面从间谍类型和重视反间两个方面对孙子的"间谍情报"思想开展阐释。

（一）间谍的五种类型，五类间谍要综合使用

"故用间有五：有因间，有内间，有反间，有死间，有生间。五间俱起，莫知其道，是谓神纪，人君之宝也。"间谍有五种：因间、内间、反间、死间、生间。五种间谍同时都使用起来，即便敌人高深莫测也无从应付，这是神妙的道理，是国君制胜敌人的法宝。

因间，是指利用敌国乡里的普通人做间谍；内间，是指收买敌国的官吏做间谍；反间，是指收买或利用敌方派来的间谍为我效力；死间，是指故意散布

虚假情况，让我方间谍知道而传给敌方，敌人上当后往往将其处死；生间，是指派往敌方侦察后能活着回报敌情的。

因间具有高曝光性、公开性，利用敌方的同乡做间谍既便于建立间谍系统，又能够深入敌方基层且不易引起敌人的注意。内间则可以深入敌人的心腹，探知更加高层、内部、机密的情报，并且可以利用内间的权力与地位借刀杀人除去劲敌。反间主要是循循善诱，目的就是利诱敌间反过来为我所用，这样不费太多人力、物力、财力就能获得敌方最重要机密的战略情报；死间巧妙利用间谍的信息传递功能，反其道而行之，故意将虚假情报传往敌方，请君入瓮，能够在一定程度上预知敌方的行为，达到契合原本我方计划的目的。而生间由于间谍亲临实地侦察情况，且本人活着回来汇报，信息的可靠性与真实性就更加有保障。

(二) 反间最重要，是用间的关键

孙子曰："必索敌人之间来间我者，因而利之，导而舍之，故反间可得而用也。"一定要把敌国派到我国的间谍找出来，重利收买他，把他留了下来，诱导他，这样反间就可以为我所用。

"舍之"，曹操注："舍，居止也。"让他住下来，有点软禁的意思。软禁起来，再腐蚀他，诱导他，策反他。张预注："索，求也。求敌间之来窥我者，因以厚利，诱导而馆舍之，使反为我间也。言舍之者，谓羁留其使也。淹延既久，论事必多，我因得察敌之情。"扣留对方使者，拖延时日，以期能策反以为己用。汉朝与匈奴，频繁相互派使者，大多有间谍任务，相互扣押使者，也是常事。其中，苏武被扣十九年不投降，留下了苏武牧羊的千古传奇。

因是而知之，故乡间、内间可得而使也。由反间了解了情况，则乡间、内间就可以为我所用了。梅尧臣注："其国人可使者，其官人之可用者，皆因反间而知之。"张预注："因是反间，知彼乡人之贪利者，官人之有隙者，诱而使之。"通过和反间谈话，知道敌国乡人中贪利之徒，也知道朝廷大臣谁跟谁有矛盾，就可以安排下一步利用。所以，反间也不一定完全是策反投降我们，就是把他留下来酒肉伺候着，不停地跟他聊，让他言多必失。

因是而知之，故死间为诳事，可使告敌。通过从反间那里了解的情况，可以知道什么样的假情报可以对敌方起到颠覆性作用，就可以派出死间去传递。

"因是而知之，故生间可使如期。"通过反间了解敌人的疏密，生间就可以按期回报敌情。

"五间之事，主必知之，知之必在于反间，故反间不可不厚也。"所以五间之事，反间为本。用间要下大本钱，反间要下最大本钱。

二、企业应怎样获取商业情报

间谍有五类：因间、内间、反间、死间、生间，每一类都能为将帅探寻重要的情报信息，为将帅的军事决策提供重要参考。在竞争激烈的现代商业社会中，"间谍情报"思想同样具有重要意义，企业管理的关键是决策，决策的依据是情报信息。

(一) 通过分析行业、竞争对手和消费者来获取情报

在现代商业环境中，情报其实是一个比较广泛的概念，它包括本企业所属行业的产业动态、法律法规、行业政策等，竞争对手的媒体声量、品牌宣传、新品发布、公关活动等，消费者的需求导向、消费偏好、购物习惯等。这些情报信息对于企业来说是非常重要的，因为它们可以帮助企业做出更有效的决策，从而使企业在竞争中获得优势。此外，商业情报还可以帮助企业预测未来的发展趋势，以便企业及时调整发展战略。

(二) 使用"五间"法分析现有商业生态获取情报

在商业活动中，因间、内间、反间、死间、生间均有不用的作用，下面就企业如何通过"用间"获取消费者信息、深度挖掘用户偏好进行分析。具体来说，因间可以被抽象理解为具有高曝光性，公开性，能和消费者融为一体的人、事、技术等，如 KOL、KOC 等，企业可以通过 KOL 和 KOC 了解消费者的需求和喜好，从而获取市场营销方面的商业情报。内间则为和消费者相关性高、关系密切、能够联动的事物，如微博、微信、小红书、抖音等各种社交媒体平台，这些平台让消费者能够与品牌、企业和其他消费者进行互动，并且可以通过点赞、评论、分享等方式对内容进行联动，从而让企业获取商业情报。反间即要求企业在挖掘消费者信息、理解用户过程中，让用户参与到内容制造、流量引导、品牌营销等商业环节，为企业所用，达到用户与企业双向互动、互惠互利的效果。如企业制造热点话题，邀请广大网友参与互动，在互动的过程中获取有效的商业情报。死间指企业故意散布虚假情况，在达到预先设定目的后，再利用其他媒介或手段在不伤及自身利益的前提下推翻虚假信息，

但此方法更适用于竞争对手而不是消费者。而生间是以公开合法身份出现的人、事、技术等，如企业相关人员进行市场调研、实地采访以获取消费者心理、行为、偏好等信息。

(三)通过二手数据获取有效的商业情报

一般来说，二手数据通常是由其他人或机构收集并整理后提供的，因此它们更加准确和完整，而且二手数据通常是由大量的数据汇总而成，能够提供更加全面的商业情报，所以利用二手数据来获取商业情报也不失为一种明智的选择。那么企业应当如何获取二手数据呢？①企业可以利用网络上免费的行业数据，如政府部门发布的统计数据、政策文件、法律规章，行业协会发布的行业数据、最新咨询、行业动态等。②企业可以从专业的商业数据提供商处和商业情报服务机构处购买商业数据资料。③企业信息知识地图法，多维度多层面收集竞争者的相关信息资料，把收集到的所有信息整合起来，就可以较为全面地了解竞争者的本质情况及其趋势。

(四)通过采用大数据挖掘等方法获取情报

随着互联网、物联网和 AI 技术的快速发展，数据呈爆炸式增长，并且随着人工智能技术的进一步发展，人、物、机逐步迈向高度融合，还将产生更多的数据。

"大数据"时代的来临，为企业带来了数据使用方式的根本性变革。数据竞争已经成为企业提升核心竞争力的利器，每个企业都希望充分利用大数据技术洞察到竞争环境和竞争对手的细微变化，从而快速响应，制定有效竞争策略。同时受惠于大数据技术的发展，企业在商业情报的收集、整理、分析方面也更加便捷，如企业可以利用专业的大数据挖掘工具对收集到的商业数据进行分析、对市场趋势进行预测，分析消费者购买行为、分析供应链数据、分析竞争对手动向等，从中获取有价值的商业情报信息。大数据时代一切都变化得很快，因此企业除了要搭建好必备的技术方面的基础设施，还要组建好具有大数据分析能力的商业情报团队，两者相配合才能将海量的数据转化为有用的商业情报。

当然，企业在建立自身商业情报系统的同时，还要提高防间意识和保密观念，对本企业的商业秘密、战略部署规划、业务扩张、人事调动等信息加强保密，防止因信息泄露而错失市场先机。

三、案例分析

抖音的"人人皆间谍"

在现代社会中，信息早已为王。对于企业而言，一旦情报工作落后，企业管理者作出错误的决策，便无异于将企业带向万丈深渊。美国金融世家摩根家族的家训中第二条便是，信息是赚钱的法宝。在当今时代的商海里，企业最需要想方设法获取的早已不仅是竞争对手的情况信息，得消费者得天下——通过大数据挖掘出消费者的喜好、厌恶，进而分析出消费者需求痛点、爽点，然后推出满足消费者需求的产品及解决方案。

以手机行业为例，无论是小米还是华为，都有手机原系统设置中的"用户体验计划"，默认设置为天然开启，用户日常搜索的内容、日常和朋友对话聊天的内容，都已成为智能分析的大数据来源，而手机窃取的消费者个人信息又会成为商家分析不同用户群体喜好、厌恶的重要情报，从而帮助他们作出正确的市场判断。

字节跳动很早便洞悉了数据的重要性，在其推出的头条号运营过程中，字节跳动敏锐地意识到：加强消费者黏性、获得稳定的流量才是一切的王道。在当今时代的趋势之下，怎么抓住消费者真实的喜好成为其关注的首要点，否则抓到的一切大数据都只是庞大消费者群体的虚假需求，并没有实际价值。以此为出发点进行深入思考后，字节跳动推出了抖音。

抖音的崛起与通过大数据挖掘消费者偏好，强化用户黏性密不可分。抖音可以实现根据用户的观看内容、观看时长从而将用户分类，对不同的用户推荐真正吸引其观看的内容。在抖音上，用户看到的不仅是自己已关注博主所发的内容，所有根据数据归类，能创造出对用户有着高吸引力的视频，未关注博主都会通过"推荐给你"的内容频道展现在用户的面前，这种不仅基于用户的关注对象推出内容，更基于用户自身的真实心理喜好为其推出算法推荐对象的行为，可谓一招入心，从而真正达到了全民抖音，全民皆抖音"间谍"、抖音粉丝、抖音网红创作者的目的。

在抖音的全球化战略中，针对海外市场，抖音平台会派专员对搜集的数据情报进行审核筛选，即使出现在某一国家爆火的内容，抖音平台也会根据海外市场的真实数据判断是否适合投入他国，如内容合适，才将其推向全球市场，如 Dura 舞、爱心手势舞等，这一基于大数据的数字化情报体系为抖音的出圈爆火可谓立下汗马功劳。

抖音大平台上的所有博主都在为抖音搜集用户的兴趣点，"人人皆间"这张牌被抖音打得炉火纯青，全民互动和商业化的璀璨结合，背后必然跟随着巨大的商业价值，胡润 2022 年全球独角兽榜估值抖音 1.3 万亿元，实非虚言。

参考资料：王申．抖音流量的分发机制你都知道吗？［EB/OL］．脉脉，2023-07-03．http：//maimai．cn/article/detail？fid=1793307893&efid=7．g4Yus23HWGmt4sgT5buA．

分析点评

不用间，无以胜，通过间接获得情报信息是制胜的关键。在当今社会中，窃取商业机密的行为是被严格禁止的，我国《刑法》对泄露商业机密行为是有明确处罚措施的，因此企业和企业间的"用间"并不常见。但在这个信息为王的时代，一个企业想真正做大，最需要的就是对消费者"用间"，通过大数据深入洞悉消费者的心理，便是极为关键的一招。

抖音通过去中心化机制和叠加推荐机制，使人人都成为抖音的"间谍"，抖音博主要想获得流量，就需要留心观察不同人群的喜好，从而打造爆火视频，而通过分类标签的推荐细分大数据，抖音又深度挖掘了用户喜好背后的商业价值，2023 年，抖音的用户已达 9.5 亿，抖音通过大数据间接获取庞大消费者群体的商业价值，可谓抖音估值达 1.3 万亿元的根本原因。

因此，在竞争残酷的商业世界，企业不仅需要善于"用间"，也需要建立一道"情报保护防火墙"，提高防间意识和保密观念，对自身商业秘密、战略部署规划、业务扩张、人事调动等信息加强保密，防止因信息泄露而错失市场先机。

第三节　将帅用间：管理者要善于用人

孙子指出，间谍是特殊人才，用好不同类型的间谍，获得有价值的情报信息对于战争胜负具有重要影响。将帅用间思想的原文如下：

故三军之事，莫亲于间，赏莫厚于间，事莫密于间。非圣智不能用间，非仁义不能使间，非微妙不能得间之实。微哉！微哉！无所不用间也。间事未发，而先闻者，间与所告者皆死。

五间之事，主必知之，知之必在于反间，故反间不可不厚也。

《用间篇第十三》

一、"将帅用间"思想阐释

间谍是获取情报的特殊人才，非常重要，但如何用好间谍却绝非易事。我们从将帅如何对待间谍和用间将帅的素养与能力要求两个方面来阐释"将帅用间"思想。

(一)将帅如何对待间谍，是用好间谍的关键

孙子认为对待间谍要注意三点：莫亲于间、赏莫厚于间、事莫密于间。五类间谍中，反间最重要，要格外厚待。

1. 莫亲于间

张预注："三军之士，然皆亲抚，独于间者以腹心相委，是最为亲密也。"三军将士都亲，但间谍最亲。杜牧注："受辞指纵，在于卧内。"梅尧臣注："入幄受词，最为亲近。"都得进入内室交代任务，所以是最亲近的。杜佑注："若不亲抚，重以禄赏，则反为敌用，泄我情实。"每一个派出去的间谍，都可能被对方发展为反间。如果不是亲自领导，重重赏赐，恩义相结，就可能反为敌所用，出卖我方军情。

2. 赏莫厚于间

间谍是拿自己甚至整个家庭的身家性命去换取情报，对间谍的奖赏肯定应该丰厚。

要肯花钱，在间谍工作上，花再大的钱，都是小钱，因为一是在买天下，二是在买自己的性命，结局就是，得到天下和丢掉性命二选一。

3. 事莫密于间

间谍获取的情报信息，关乎战争胜负，甚至军队国家的安危，因此间谍之事无小事。没有什么比间谍更秘密的事，间谍工作，就是地下工作，秘密工作。杜牧注："出口入耳也。"杜佑注："间事不密，则为己害。"就像陈平要买通项羽手下，散布谣言，如果事机不密，那就害死自己。

(二) 用间将帅的素养与能力要求高

用好间谍这种特殊人才，对将帅的素养与能力要求很高。孙子特别指出：非圣智不能用间，非仁义不能使间，非微妙不能得间之实。

1. 非圣智不能用间

杜牧注："先量间者之性，诚实多智，然后可用之。厚貌深情，险于山川，非圣人莫能知。"知人知面不知心，你要知他的心，知他的智，知他的能，还要能驾驭他，这是只有圣智之人才能做到的事。王皙注："圣智能知人。"

陈平是专为刘邦做间谍工作的，很多人都否定陈平的人品，最著名的传言就是"盗嫂受金"。"盗嫂"，是说他哥哥对他特别好，他却跟嫂嫂私通。这个没有明确证据，但传言很盛。"受金"，则是他跟刘邦当官后，收受下属贿赂，刘邦责问他时，他自己承认的，他说他刚来，没钱，没钱就办不了事，所以才受贿。看来陈平收钱是为了办事！很多人都否定他，刘邦却信任他，把最机密重大的谍报工作交给他负责。

陈平自己是不是圣智之人呢？他做谍报，用了哪些人，怎么用，史籍没有记载，但是记载了他年轻时的一件事迹，每年社祭，乡亲们都愿意让陈平做社庙里的社宰，主持祭社神，为大家分肉。因为他把肉一块块分得十分均匀。父老乡亲纷纷赞扬他说："善！陈孺子之为宰！"小陈宰肉宰得太好了！

陈平感慨地说："嗟乎！使我能宰天下，亦如是肉也！"假使我陈平能有机会治理天下，也能像分肉一样得当、称职。

所以陈平这样的人有什么本事呢？就是有分猪肉的本事。分猪肉的本事，就是平衡各方利益的本事，调动各方积极性的本事，协调各方关系的本事，这就是做宰相的本事。

陈平之后不仅为刘邦六出奇计，夺取天下，而且在刘邦死后，保全自己，吕后死后，诛除诸吕，匡扶汉室，立下了安邦定国之功。

2. 非仁义不能使间

"仁义"怎么解？陈皞注："仁者有恩及人，义者得宜而制事。主将者，既能仁结而义使，则间者尽心而觇(chān)察，乐为我用也。"

王皙注："仁结其心，义激其节。"

张预注："仁则不爱爵赏，义则果决无疑。既啖以厚利，又待以至诚，则间者竭力。"

因此，仁义是一种领导力，既能与人心心相印，又能不吝啬赏赐，决策断事还能果决无疑。你的胸怀、人格、情义、慷慨、洞察、决断、本事，都让人服气！让人除了踏踏实实、死心塌地跟你干，不作他想！

3. 非微妙不能得间之实

间谍工作太高深，太凶险了，我们的任何间谍，都可能被敌人策反，被敌人控制。驾驭间谍，既要推心置腹，恩义相结，又不能信任任何人。这推心置腹和不能信任之间的关系，太微妙了。

间者回来汇报，他说的是否实情？或者他以为是实，而实际是敌人制造的假象来骗他的。这要非常微妙地思考，才能得到实情。刘邦这样的用间大师，也会上这样的当。比如他上冒顿的当，派出十几拨使者，都看见匈奴的残兵弱马，每个人都说匈奴可击，只有娄敬说肯定是装出来麻痹我们的，引诱我们去攻击他。以刘邦的智慧，竟然把娄敬关起来，相信了那十几个说可击的，结果差点回不来了。

就像所有的骗术一样，冒顿的骗术是教科书式的，任何一本《骗术大全》上都写得明明白白的，非常简单甚至是拙劣的，是人都能想到的，一眼就能识破的。为什么以刘邦的智慧，也会上当呢？因为这假象符合他的期望，而且他贪图击破匈奴之功利。你有所期待，有所贪心，就会上当。

人们会相信一些事情，只不过因为他们希望那是真的。微哉微哉，无所不用间也。微妙，微妙啊！太微妙了！

二、管理者应该如何用人

"用间"其实也就是用人。识人用人，是企业管理者工作的重要组成部分，能否发现人才、用对人才往往决定着企业的成败。优秀的管理者，就是要通过别人来把事情做好，拿到想要的结果，即做好人才的管理者，借人才之力，最大限度将人才的价值发挥出来。成功的管理者能够准确识别和发掘员工的优势与潜能，用人之长，实现企业与员工的共同成长。

(一) 管理者的用人理念

管理者的用人理念是，讲文凭更讲水平，讲阅历更讲能力，讲职称更讲称职，讲资历更讲奉献。在招聘员工时，虽然文凭和阅历很重要，但更应当看重的是面试者的水平和能力，没有能力的员工是没有价值的；进入职场后，每个员工都有自己的职称，也会有相应的权力，但更重要的不是如何使用权力,而是要做得称职,对得起这个职位所付给你的薪酬;当员工在公司待的时间越长,他的资历也就越深,管理者对员工给予的福利需要看入职年限,但更要看他多年以来对公司的奉献,要让员工感受到他的奉献得到了公司的认可。

(二)管理者的用人标准

管理者的用人标准是,基层看才能、中层看德行、高层看胸怀。罗伯特·卡茨认为管理者应当拥有三大技能,技术技能、人际技能、概念技能,并且随着管理者层级的提升,概念技能发挥的作用越来越大,而技术技能越来越不重要。这也就是基层管理者看才能,最重要的是他能充分掌握该领域的技术知识,能够对基层员工进行技术上的指导;中层管理者看德行,处于中层的管理者起到承上启下的作用,这三种技能都很重要,并且需要能够妥善处理好与上级、同级、下级之间的关系;高层管理者看胸怀,最重要的是概念技能,看的是对一个问题思考的能力,能够高瞻远瞩,将企业视为一个整体来进行决策。

(三)管理者的用人技巧

管理者的用人技巧是,善于发现、倾情呵护、从容包容、区别使用。管理者要善于发现人才,同时也要有一颗爱才之心,要积极与有能力的员工构建深厚的私人感情,包容员工的错误和失败,让他们不怕犯错、敢于犯错,给予他们成长和锻炼的机会。此外,对于不同类型的员工,管理者应当区别对待,如个性鲜明的员工,应当依据每位员工的个性和特点安排相适应的工作,并且尊重每个人的意见,给予他们充分的私人空间;对于密间型人才,用人不疑,疑人不用,与"间谍"之间建立亲密的关系很重要,并且要给予他们丰厚的报酬。对于从竞争对手那里挖过来的人才,企业应当加以重用、委以重任,真正做到任人唯贤、知人善任,充分利用他们的知识和能力提升企业的内在价值。

(四)管理者的用人风尚

管理者的用人风尚是,六分人才、八分使用、十分待遇。企业的员工不可能个个都是非常具有能力的人,因此对于目前只有六分能力的员工,企业要采取八分使用的策略,让员工在工作经历中不断成长,并且经常对员工进行培训和教育,不断开发他们的潜能。此外,管理者对于员工一定要给予十分的待遇,让员工感受到自己被重视,这样会让员工对上级充满感激,对企业充满认同感。

（五）管理者的用人境界

管理者的用人境界是，对基层以待遇留人、对中层以情感留人、对高层以事业留人。对于基层人员，此时最重要的还是物质激励，管理者对于人才的奖赏一定要丰厚，海底捞创始人张勇曾说，"谈钱，才是对员工最好的尊重"，因此需要以待遇留人；对于中层人员，管理者需要构建私人感情，让员工对企业充满认同感和依赖感，情感是最大的撒手锏，对企业充满感情能够让员工忠诚地为企业效力，因此需要以情感留人；一般来说，在企业中能做到高层的员工，已经过了在乎金钱或感情的阶段了，他们更看重的是自我成就感和未来事业的发展前景，因此需要以事业留人。

当然，企业不仅要懂得如何善用人才、好好对待人才，还应该构建人才成长和施展价值的环境，以防人才因为没有发挥自我价值的平台而流失。因此，管理者需要采用多种手段满足企业人才，使其跟随着企业长期发展，减少企业内部的人才流失，确保企业能够实现长期可持续发展的目标。

三、案例分析

不惜代价用贤才

在任何一个时代，得人才者得天下，都是不变的定律，但千里马常有，伯乐不常有，伯乐有，如何留住千里马却是更值得深思的问题。

2010年，社交软件微博和米聊崛起，腾讯危机四伏，张小龙给腾讯创始人马化腾写邮件：将来置QQ于死地的，必定是移动社交软件，与其等别人革我们，不如我们自主研发相关产品。马化腾当机立断，决定采用赛马机制，同时放权给腾讯内部的三个团队，允许这三个团队拥有自主决策权和独处时间，寄希望于团队能开发出腾讯的新型社交软件，从而不至于在移动互联网时代被淘汰，这三个团队中有一支便是受张小龙领导的。

自古有言："女为悦己者容，士为知己者死。"临危受命、深得马化腾信赖赏识的张小龙自此几乎把公司当成了家，不分昼夜全力开发微信，2011年1月21日，微信1.0版本上市，引起市场的轰动，上线仅一年时间，微信注册用户就达3亿，在线人数超过1亿，长江后浪推前浪，米聊、飞聊、飞信甚至腾讯公司自身的QQ都被微信取代。2014年，微信增加"微信红包"功能，直接抢占了阿里巴巴集团开发的支付宝所占的市场份额，连马云也不得不说"我们被偷袭了'珍珠港'。"

腾讯有张小龙这样的顶级技术人才，自然有许多互联网公司日夜想着能"掠为己用"，但张小龙始终选择留在腾讯，这实在与腾讯管理层对其的呵护包容态度有很大的关系。张小龙有自己的性格和行事作风：爱睡懒觉、开会爱迟到、上班也爱迟到、喜欢利用上班时间玩游戏、不爱说话等。对此，马化腾表示都不重要，只要他开心就行，其他都不是事儿。

不仅如此，在生活上，马化腾甚至专门安排专车、司机接送张小龙上下班，同意他缺席公司的早会，张小龙有什么需求，马化腾都愿意满足；工作上，马化腾给张小龙开的工资年薪已达 3 亿元，《2019 年胡润财富榜》上，张小龙个人资产已达 110 亿元。

张小龙和腾讯可谓相辅相成，微信的开发成功使张小龙一夜成名，腾讯的互联网大哥地位继续稳如泰山；雷军错失张小龙这样的优秀人才也使其错过微信，小米研发的米聊也最终被市场淘汰。

其实，不只我国，在苹果、惠普、3M 等世界一流科技创新企业云集的美国硅谷，也毫无例外地将留住优质人才视为企业生存发展最重要的根本。全美科技人才最向往的企业奈飞的创始人里德·哈斯廷斯在留住优秀人才的问题上，给出过明确答复：

第一，物质上要给予高薪酬。奈飞坚持给每一个创造性岗位的员工工资薪酬都是同一时间世界市场同行业薪酬上的最高标准。第二，给予人才充分的自主决策权和反馈权。奈飞的每一个员工只需提供项目可执行度和市场情况，就可获得公司的支持开发其项目。

同样学习奈飞用人精神的字节跳动，不仅坚持人才第一，还坚持根据每个员工的特点，定制专属培养方案，不设级别限制；将更多的激励放到提高年终奖的比例上，与员工个人贡献直接挂钩。此外，字节跳动的年终奖一般分为3~6个月，允许部分员工将年终奖金等比兑换成期权；采取充分 Context、少量 Control 的模式，给予不同岗位员工决策权，公司仅在必要的情况下，进行少量干预，给予员工充分信任。

参考资料：吴倩男. 张小龙与雷军的第四次交集：20 年前收购功亏一篑，20 年后殊途同归[EB/OL]. 博雅天下，2018-04-01. https://www.boyamedia.com/category/detail/3748/；［美］里德·哈斯廷斯，［美］艾琳·迈耶. 不拘一格：网飞的自由与责任工作法[M].北京：中信出版社，2020.

分析点评

人才永远是一个企业最宝贵的财富，而企业领导者如何发现人才、留住人才、用好人才可谓决定企业生死存亡的关键问题。

马化腾慧眼识金，发现科技天才张小龙，选择抓大放小，只要能留住张小龙在腾讯工作，张小龙即使上班迟到、开会迟到、上班打游戏，他都不以为然，依然给予其充分信任和高薪酬、高待遇；张小龙最终没有去别的公司，为腾讯开发出微信，成为腾讯在移动互联网时代的立足之根。奈飞的创始人里德·哈斯廷斯也明确提出：对人才，企业在物质和精神激励方面都要达到能给到的最高水平。

优秀的人才很多，能否识别并用好一个优秀人才，需要企业领导人自身的眼光、阅历和格局。要留住优秀人才，企业不仅要给物质待遇，更应该创造良好企业环境，使其有归属感，能不断成长。华为 CEO 任正非就说：谈钱，是对员工最好的尊重。里德·哈斯廷斯在肯定物质激励的基础上，更是提出：对于优秀员工而言，好的工作环境并不意味着豪华办公室、健身房或是一顿免费午餐，而在于周围全是才华横溢的人，具有合作精神的人，让你不断进步的人，如果每一位员工都很优秀，他们就会互相学习、互相激励，工作表现也会得到迅速提升，员工便自然而然想留在这里。

附录　《用间篇》原文与翻译

请扫描二维码，了解《用间篇》的原文与翻译。

参考文献

［1］菲利普·科特勒，凯文·凯勒.营销管理［M］.何佳迅，等译.上海：格致出版社，2019.

［2］胡巧韩.营销团队领导者性格特征与团队绩效关系研究［D］.杭州：浙江工业大学，2015.

［3］华衫.华衫讲透孙子兵法［M］.南京：江苏凤凰文艺出版社，2015.

［4］黄智.孙子的哲学思想及其给企业领导者的启示［D］.长沙：湖南大学，2010.

［5］康凯东.“网易云音乐”App 发展战略分析［D］.南昌：江西财经大学，2021.

［6］李宜逊.传音手机开拓非洲市场的营销策略及借鉴［D］.乌鲁木齐：新疆财经大学，2020.

［7］倪澄澄.基于 SCP 视角的数字音乐平台竞争策略比较分析：以网易云音乐、酷狗音乐为例［J］.现代商业，2020，12（26）.

［8］沈一平.基于扎根理论的华为对美国制裁的竞争机制研究［D］.北京：北京外国语大学，2022.

［9］孙路峰.孙子兵法与拳击对抗的谋略制胜［D］.福州：福建师范大学，2011.

［10］孙卫东.中小微企业基业长青之道　基于企业全生命周期管理视角［M］.南京：东南大学出版社，2018.

［11］孙武.孙子兵法［M］.郭化若，译.上海：上海古籍出版社，2019.

［12］汤超义，汤落雁整理.掌控人生主动权：孙子兵法与人生战略［M］.上海：上海财经大学出版社，2019.

［13］王道峰.兵学商用人物：刘建斌［J］.孙子研究，2022，40（4）.

［14］王子阳，魏炜，朱武祥.组织激活与基于商业模式创新驱动的管理工具构建：海尔集团董事局主席张瑞敏的管理之道［J］.管理学报，2019，16（12）.

［15］徐梦丽.“钉钉出圈记”：可供性视角下的媒介实践［D］.合肥：安

徽大学，2021.

[16] 薛国安. 向《孙子兵法》学经营管理[M]. 广州：广东经济出版社，2018.

[17] 杨慧，李建军. 市场营销学[M]. 北京：中国社会科学出版社，2011.

[18] 张云超. 领导者的"决策偏见"及其防范[J]. 领导科学，2021,2(23).

[19] 张正勇. 脑白金品牌策略研究[D]. 上海：复旦大学，2013.

[20] 周梅子. 美国制裁中兴通讯案的影响与启示[D]. 乌鲁木齐：新疆财经大学，2020.

[21] 朱莹. 海底捞服务营销案例研究[D]. 长沙：湖南大学，2020.

后　记

　　合上笔记本电脑，夜已经深了，推开窗户，极目远望，璀璨的霓虹灯依然迷离，高楼林立的城市天际线似乎没有尽头，尽显魔都魅力。盛夏上海的深夜，海风吹散了白天的酷热，明朗的天空，群星闪耀；匆忙的申城，动感的都市，也已入酣梦；几丝晚风拂面而过，顿感几分惬意，思绪也随风远去，悠悠回到从前。本书写作过程中的酸甜苦辣，点点滴滴，历历如在眼前。

　　自2014年讲授"商解《孙子兵法》制胜之道"以来，已经10个年头了。《孙子兵法》作为中国传统文化典籍瑰宝，不仅是指导军事家用兵制胜的兵学圣典，里面的很多思想和理念对于商业经营管理和企业市场竞争也有很好的指导作用。多年以来，就想写一本从商业经营管理视角来解读《孙子兵法》的著作，但由于自身的种种原因，迟迟没有动笔，一直未能付诸行动。直到2020年的那个春天，由于疫情在家，才开始着手本书的整体架构及写作体例设计。虽然前期有一些积累，但真正要开始编写成书，还有许多的地方需要不断提炼和斟酌。为了增强本书的知识性、实践性和启发性等特色，提高本书的可读性，提升学习者的获得感，本书编写组的老师和同学夜以继日地搜索素材资料和开会反复研讨，力争日臻完善。在此，对编写本书的老师和同学表示诚挚感谢。

　　本书结构大纲由李建军设计，施萍、于雅雯、史丽颖、易小婷、安鑫润、屈子熙等参与大纲的讨论。李建军担了本书的审稿工作。各章的编撰分工如下：李建军负责本书所有章节的第一和第二部分，史丽颖负责第一章、第二章、第三章、第四章的案例分析部分，易小婷负责第五章、第六章、第九章的案例分析部分，施萍负责第七章、第八章的案例分析部分，于雅雯负责第十章、第十一章的案例分析部分，屈子熙负责第十二章、第十三章的案例分析部分，安鑫润负责第七章节和第八章节第二部分的整理校订；最后由李建军总纂定稿。另外，易小婷、史丽颖、安鑫润、施萍也参与了有关章节的资料收集、整理和校订工作。本书主要为广大《孙子兵法》爱好者和商业经营管理者编写的，也可作为经管类专业大学生、研究生和MBA的教学和自学参考。由于本书时代感强，信息量大，案例丰富，本书也是一本适合广大创业者的实用参考文献。

在本书的编写过程中，得到了很多同事和朋友的大力帮助。本书的编写得到了上海对外经贸大学南泰品牌研究院的资助，得到姜秀珍教授、王朝晖教授、杨浩教授、左鹏教授、杨军敏老师、戴永辉老师和史楠老师等的大力帮助和支持。江西财经大学工商管理学院刘爱军教授，上海国家会计学院汤超义博士为本书大纲和体例提出很多建设性的建议，文化产业管理系的胡月、陈琪、程鹏璠、段明明等老师，以及好友毛建新、黄翰斌帮助我们梳理和完善了很多概念。上海锐赛生物科技有限公司的罗卫峰董事长，晋江赛菲奴鞋业科技有限公司的汤武先董事长，上海摩肩农业科技有限公司娄华萌总经理从企业运营管理方面给我们提出了许多宝贵的意见。

一本教材的诞生离不开认真负责的编辑，他们也是价值的共同创造者。在此笔者要对经济管理出版社的领导和编辑表示真诚的谢意！是他们的热情指导和辛勤劳动才使本书顺利地与读者见面。本书写作过程中也参阅了国内外许多专家的论著、教材、期刊和研究文献等，在此一并表示感谢。特别要感谢上海国家会计学院汤超义师兄和知名学者华杉，他们研究《孙子兵法》的力作给予我很大的启发帮助。最后要感谢正在阅读的您——亲爱的读者，谢谢您阅读本书，但愿这本凝聚我们努力与心血的《商解〈孙子兵法〉制胜之道》能给您裨益和启发，愿您在未来的学习、事业中踏上制胜之道，同时也真诚地希望您不吝赐教。还要感谢我的家人，没有他们无私的关心、帮助、鼓励和支持，我不可能顺利完成学业。衷心祝愿关心爱护我的人安康幸福美满！

鉴于作者水平有限，加之时间仓促，书中不当之处在所难免，敬请读者批评指正，本人不胜感激！

李建军

2023 年 8 月 20 日于上海